기독교와 종교 다원성

기독교와 종교 다원성

헤롤드 네틀랜드 지음

박운조 역

베드로서원

추천의 글

목회 현장에서 성도들을 만나다 보면 그들의 가족이나 친인척들 중 다른 종교를 가지고 있는 경우를 종종 본다. 심지어 같은 부모라도 한쪽은 기독교, 한쪽은 가톨릭인 경우도 있다. 게다가 우리나라는 예로부터 불교의 영향이 매우 컸기에, 친인척 중 누군가는 불교 신자일 가능성이 높다. 이렇게 타 종교뿐만 아니라, 우리 기독교인들은 무신론자와 지근거리에서 살아가는 경우 또한 많다. 청년들의 대학 생활 속에서, 그리고 직장인들의 직장 속에서 같은 기독교인은커녕 종교인조차 만나기 어려운 것이 이 시대의 모습이다.

이러한 상황 속에서 많은 기독교인은 그들의 가정, 이웃, 학교, 직장 등지에서 타 종교인들과 어울려 살아가며 상호 교류할 방법을 찾고 있다. 하지만 많은 한국의 그리스도인들은 불교 신자인 부모를, 무신론자인 친구를, 이해하려 들기 전에 어떻게든 "개종"시키려고 안간힘을 써왔다. 물론 예수의 이름으로 세상으로 나아가 제자 삼는 것은 우리가 꼭 지켜야 할 사명이다. 그러나 문제는 그런 과정에서 이기적이고 무례하며 독단적인 모습을 한국 사회에 너무나 많이 보여주었다는 것이다. 더 나아가 상대의 신념이나 가치를 인정하려 하지 않고 막무가내로 기독교의 교리만 말하려 들어서 소중한 사람들에게 상처를 주는 경우도 적지 않았다.

우리는 다른 종교적 신념을 가지고 있는 사람들에게, 그리고 종교적인 세계관이 전혀 없는 무신론자들에게 어떻게 다가가야 할까? 그들의 신념과 가치관을 무시하지 않으면서 어떻게 기독교의 진리를 말할까?

"너희 마음에 그리스도를 주로 삼아 거룩하게 하고 너희 속에 있는 소망에 관한 이유를 묻는 자에게는 대답할 것을 항상 준비하되 온유와 두려움으로 하고"(베드로전서 3장 15절)

이 책은 다양한 종교인들 혹은 무신론자들과 어울려 살아가며 생산적이면서 동시에 신앙적으로 살아가고자 하는 사람들에게 큰 도움이 될 것이다. 우리는 분명 모든 민족을 위한 유일한 주님이자 구원자이신 예수 그리스도에 대한 믿음을 확고히 하면서, 동시에 타 종교인들과 올바르고 건강하게 어울리며 살아갈 수 있다. 그리고 이 책은 예수 그리스도의 제자로서 책임감 있게 복음을 전하고자 하는 사람들에게도 도움이 될 것이다. 기독교 진리를 변호하는 일에 있어 이성적 사고를 하는 것은 하나님이 일하시는 것을 침범하는 것이 결코 아니다. 이 책을 통해 많은 성도가 자신의 신앙에 더 큰 자신감을 가지고, 삶의 공적인 영역에서 능력 있는 그리스도인으로 살아가기를 진심으로 바란다.

소망교회 담임목사
김경진

추천의 글

종교에 대한 탁월한 복음주의 철학자인 해롤드 네틀랜드의 또 다른 뛰어난 책이다. 대단한 유효성과 신실함을 가지고 우리 시대의 가장 난해한 신학적 사안들 중 하나, 즉 비기독교 종교들의 도전과 그 도전이 기독교 신앙의 책무를 가진 자들에게 무슨 의미를 지니는지를 분석한다.

- 루이즈빌 대학, 테리 머크 교수(Terry C. Muck, Louisville Institute)

지난 20년간 종교 철학을 연구한 가장 훌륭한 복음주의자 중 하나로서 해롤드 네틀랜드는 세계적 환경에서 기독교 신앙과 대립하는 도전들에 세심하게 주의를 기울인다. 이 책에 있는 그의 개성적인 신중한 논의와 분석은 우리가 왜 기독교 선교가 승리주의적인 소동이 아니라 겸손하게 진행되어야 하는지 이해하도록 돕는다.

- 풀러 신학교, 아모스 영 교수(Amos Yong, Fuller Theological Seminary)

국제적, 후기식민지적 세계에서 예수를 어떻게 생각해야 하는지에 대해, 특히 이것이 인식론적으로 접근해야 할 때, 오늘날 해롤드 네틀랜드보다 더 낳은 저술가는 없다. 그는 열정적인 마음과 예리한 사고를 결합한다. 그는 기독교인으로서 듣기 불편한 전세계적 논의들을 신중하게 경청하고, 그런 논의에서 다른 종교의 신자들 사이에 선과 진실이 있다는 것을 인지함과 동시에 예수가 하나님께 이르는 유일한 길이라는 것을 어떻게 믿어야 할지 말한다.

- 비슨 신학교, 제럴드 맥더모트 교수(Gerald R. McDermott, Beeson Divinity School, Samford University)

해롤드 네틀랜드의 책의 범위는 놀랍다. 이처럼 광범위한 사안들과 대립되는 견해들에 대해 다양한 학문 분야의 해박한 지식을 가지고 한 책 안에서 다루는 것을 당신은 거의 찾지 못할 것이다. 종교적 이론들과 전통들에 대한 해설은 종교적으로 한쪽에 치우치지 않고 공정하다. 그리고 종교적으로 여러 복잡한 주장들에 대한 그의 평가는 예리하다. *Christianity and Religious Diversity*는 정밀한 연구, 분명하고 설득력 있는 저술, 그리고 관용 정신의 모범이다.

- 탈봇 신학교, 더글러스 게이벳 교수(R. Douglas Geivett, Talbot School of Theology, Biola University)

"이런 종교적으로 다원적인 세상에서 왜 굳이 기독교인이 되어야 하는가? 이 책은 이 질문에 답을 한다. 네틀랜드 교수는 세상의 다양한 종교들과, 종교다원주의에 대한 최근 학문적 논의, 양 쪽 모두에 해박한 지식을 가지고 있다. 그의 주장들은 신중하고, 예리하고, 합리적이다. 게다가, 이 책은 충실히 기독교적이며, 기독교 공동체에 매우 유용하다. 나는 이 책을 종교다원주의의 문제점들과 기독교 선교에 관심이 있는 모든 이들에게 적극적으로 추천한다."

- 클레어몬트 대학, 스테판 데이비스(Stephen T. Davis, Claremont McKenna College)

많은 학자들 가운데 적은 사람들만이 기독교와 다원적인 세계에 대한 논의가 가능할 것이다. 해롤드 네틀랜드 교수가 바로 그것이 가능한 학자다. 분명하지만 단순하지는 않은, 균형이 잡혀있지만 활기가 없지는 않은, 온화하지만 타협적이지 않은 이 책은 현숙한 신앙이 기독교 선교를 오늘날의 세계에서 잘 기반을 다질 수 있게 만든다는 것을 보여준다.

- 유니온 신학교, 스테판 윌리엄스(Stephen Williams, Union Theological College, Ireland)

수십 년 동안 네틀랜드의 작업은 종교에 대한 복음주의 신학의 길을 밝혀왔다. *Christianity and Religious Diversity*에서 네틀랜드는 종교, 종교와 문화의 교차 지점, 현대화, 그리고 세계화에 대한 그의 분석을 확장시킨다. 철학적 명료성, 신학적 어감, 그리고 종교간의 세심함을 가지고 네틀랜드는 우리의 종교적으로 다양한 세상을 이해하길 바라면서 예수를 따르는 자들에게 지혜롭고 신앙적인 가이드를 제공한다.

- 벧엘 대학교, 폴 애디(Paul Rhodes Eddy, Bethel University)

감사의 글

*Christianity and Religious Diversity*가 한국어로 번역된다는 것은 그 야말로 내게 있어 큰 영광이다. 지금 세상은 고대의 전통종교들이 현대화의 도전들에 대응하여 맞춰지고 조정되고 있다. 더불어 새로운 종교 운동들까지 끊임없이 발생하여 당황스럽고 놀랄 만큼의 종교적 다양성이 존재한다. 또한 우리가 그 종교들의 관계를 어떻게 생각해야 하는지에 대해 많은 불일치와 의견 충돌이 있다. 오늘날, 종교는 단순한 인간의 착각이라고 생각하는 비종교인들이 늘고 있다. 어떤 이들은 그들의 종교만이 맞고, 다른 종교들은 모두 오류라고 믿는다. 많은 이들은 신의 존재는 인간이 알 수 없다는 불가지론자이기도 하고, 종교에 대해 어떻게 생각해야 할지 모르는 자들도 있다. 심지어 기독교인들 중에서도 이러한 문제들에 대해 상당한 차이가 있다.

19세기와 20세기에는 종교다원주의를 향한 강렬한 운동이 촉발되었다. 종교다원주의는 "종교들 사이에 있는 명백한 차이들에도 불구하고, 모든 주요 종교들은 거의 동일하게 '진리'이며, 같은 '신적 존재'에 실질적으로 반응하고 있는 것으로 받아들여 질 수 있다"는 사상이다. 1980년대 클레어몬트 대학(Claremont Graduate University)에서 가장 영향력 있는 다원주의자인 존 힉(John Hick)교수의 지도 아래서 박사과정을 공부할 때, 나는 기독교와 다른 종교들과의 관계에 대한 질문에 처음 관심을 갖게 되었다. 나의 시각은 존 힉 교수와 많이 달랐지만, 그가 다른 종교들과 기독교 복음의 관계에 대한 근본적 질문들을 붙들고 고심하도록 만들며 역설하던 분명하고 솔직한 방식을 인정한다. 그러나 다원주의의 많은 방식들이 아무리 매력적이라 하더라도, 종교다원주의는 기독교 신학과 맞지 않고, 심지어 종교들을 그들의 방식에서 진지하게 여기지 못하게 한다. 난 한 사람이 일관되게 정통 기독교인이자 종교다원주의자가 될 수 있다고 보지 않는다. 그럼에도, 기독교인들이 존 힉과 같은 사상가들이 말하는 종교다원주의를 단순히 거부하는 것도 충분치 않다. 기독교 신학자와 철학자들은 많은 종교들의 현실에 의해 무시되기 어려운 많은 질문들에 답을 내놓을 필요가 있다.

기독교인들이 거대한 종교적 다양성의 세상 안에서 예수 그리스도의 제자로서 살아간다는 것은 무슨 의미일까? 우리는 타 종교들에 대해서 어떻게 생각해야 할까? 다른 종교들에도 진리와 선함이 있을까? 기독교와 다른 종교들 사이에 공통점이 있을까? 우리는 모든 민족을 위한 유일한 주님이자 구원자이신 예수 그리스도에 확고히 헌신하면서, 동시에 타 종교들을 어떻게 올바르게 용납할 수 있을까? 기독교가 참 종교라고 말하는 것은 무슨 의미일까? 타 종교인들과 어떻게 지내는 것이 좋을까? 우리는 타 종교 지지자들에게 예수 그리스도의 제자가 되라고 권장하면서도 더 평화롭고 더 정의로운 사회를 위해 그들과 함께 일을 할 수 있을까?

이런 질문들은 결코 답하기 쉬운 질문들이 아니고, 그것들에 책임 있게 직면하는 것은 몇 가지 개념들을 명확히 하는 것과 근본적 사안들을 구분하는 것을 요구한다. 이 책에서 이런 문제들을 탐구하며 나는 신학뿐만 아니라, 역사, 종교학, 그리고 철학과 같은 학과 내용들을 활용했다.

종교적 다양성과 종교다원주의에 대한 질문들은 이미 수많은 종교가 존재하던 아시아 사회에는 전혀 새로운 것이 아니지만, 지금 우리의 고도로 현대화되고 세계화된 세상에서 이런 사안들이 취하는 특정한 형태들은 다소 새로운 것들이다. 이 책에 나오는 내용들이 점차 더욱 다양해지는 한국 사회 안에서 예수 그리스도의 제자가 된다는 것이 무슨 의미인지 이해하려고 고민하는 한국의 기독교인들과 비기독교인 모두에게 도움이 되길 바란다. 끝으로 출판을 허락해준 베드로서원과 이 책을 번역하여 한국어 출판을 가능하게 만들어 준 분께 감사드린다.

해롤드 네틀랜드
2020년 6월 25일

역자 서문

오늘날엔 다양한 종교적 현상들이 전 세계에 걸쳐 존재한다. 2011년 기준, 4백만 명 이상의 불교 신자들이 유럽에 살고 있고, 2016년 기준으로 350만 명 정도의 무슬림들이 미국에 살고 있다. 그리고 2천 8백만 명의 기독교인들은 9억 6천 6백만 명의 힌두교인들과 함께 인도에 살고 있다. 또한 세계의 많은 큰 도시들에 힌두교, 불교, 무슬림, 기독교 등 다양하고 많은 종교 커뮤니티들이 공존하고 있고, 수많은 그룹의 해외 이주자들과, 셀 수 없는 유학생들, 해외 강사들, 그리고 국제기관들과 연관 있는 사람들이 전 세계에 퍼져 있다. 서로 다른 수많은 종교 단체의 사람들이 함께 같은 도시에 살고, 공적인 삶을 서로 나누고 있는 것이다. 이 모든 상황은 종교적 다양성이 단지 우리 삶의 모퉁이 구석에 동떨어진 현상이 아니란 것을 보여준다.

물론 우리나라 같은 경우는 미국이나 유럽과는 달리 상대적으로 그리 다양한 종교가 존재하지 않는다. 하지만 우리 주변을 돌아보면 상당히 많은 불교 신자들과 가톨릭 신자들(일부 보수적인 개신교 교단에서는 가톨릭을 거의 다른 종교처럼 취급한다), 무신론자들, 특정 종교가 없는 유신론자들, 그리고 주요 종교들에서 파생된 소규모 종교들을 따르는 수많은 사람이 있다. 친척들 내에서 서로 다른 종교를 가지고 있는 경우가 상당히 많고, 서로 다른 종교, 혹은 유신론자와 무신론자가 친한 친구로서 살아가는 사례는 다분하다. 다시 말해, 우리나라 내에서도 서로 다른 종교 전통들을 가지고 있는 사람들이 실제적으로 우리의 이웃에 존재하고 함께 어울려 살아가고 있다는 것이다. 종교 다양성은 한국 기독교인들에게도 불가피한 상황이자 도전이다.

국제적 교류와 교통, 통신, 매체가 눈부시게 발전한 오늘날에 비해, 과거 사람들은 이 정도 규모의 종교적 다양성을 절대로 인지하지 못했을 것이라 해도 과언이 아니다. 세계적으로 우리는 광범위한 종교적 전통들을 아우르는 전례 없는 시간에 살고 있는 것이다. 그러니 우리는 그리스도인으로서 스스로에게 반드시 이런 질문을 하여야 할 것이다.

"기독교 신학은 이 다양하고 다원적인 세상에 어떻게 응답을 해야 하는가?"

현대 기독교인들에게 가장 논란이 되는 것은 무엇이고, 그들이 어떻게 종교적 다양성을 해석하고 다뤄야 하는가에 대한 논의는 매우 중요한 문제다. 미국 신학자인 하버드 대학의 골든 커프만(Gordon Kaufman) 교수는, 현 시대의 다원주의적 상황에 대응하는 올바른 기독교 정신으로 'Humanity'를 주장한 바 있다.

진정으로 인도적인(truly humane) 현대적 질서를 재건하려는 열정들이 전 세계에 걸쳐 나타나고 있다. 그것은 우리가 기독교인이든 불교인이든, 미국인이든 소위 제3세계인이든, 이 세상의 근본적인 불안 속에 내재되어 있는 우리 시대의 굉장한 열망이다. … 세상의 모든 공동체를 위해 새롭고 더 인간적인 세상을 어떻게 만들어야 할까? 이것은 우리 기독교인들에게 가장 중요한 질문이다.[1]

---

1) Gordon D. Kaufman, *The Theological Imagination: Constructing the Concept of God* (Philadelphia: Westminster Press, 1981), 181.

커프만 교수에게 기독교 신학은, 종교적이면서 초월적인 인간화(trans-religious humanization)에 대해 본질적으로 이바지하는 것이다. 그런 초월적 휴머니즘을 위해서 커프만 교수 외에도 많은 기독교 지도자들은 '함께 나누는 해방적 방식(shared liberative praxis)'을 주장하곤 한다. 그러한 방식은 고통, 억압, 폭력, 전쟁, 가난, 굶주림, 사회 구조적 부조리, 경제적 착취, 그 외 수많은 인간 사회의 비극들을 끝내기 위해 각기 다른 종교들이 함께 노력하는 인도적 방식들을 의미한다. 이러한 주장을 하는 기독교 신학자 중 한 명이자 이 책에서 자주 다뤄질 기독교 다원주의자 존 힉(John Hick)은 "세상의 각각 다른 종교들은 신에 대한 그들의 분명한 개념을 통해 궁극적으로 같은 신(the Reality)을 바라보고 있다고 추정하는 나의 이성적 사고는, 서로 다른 종교 전통들 안에서 묘사된 구원되고, 계몽되고, 깨우쳐지고, 해방되어지는 인간의 상태와 부합한다"라고 말했다.[2]

힉의 다원주의적 신념과 다른 종교들의 궁극적 목표 사이의 이런 유사성은 구원의 조건 혹은 구원받는 상태에 대해 동일한 원천이 있다고 말하는 것이다. 확실히 기독교 신앙은 세상의 정의와 평화와 조화를 위한 책임을 가지고 있고, 그 책임을 다른 종교들과 함께 나눠야만 한다. 기독교를 포함한 대부분의 세상 종교들은 휴머니즘에 관심이 있고, 그럴만한 각자의 당위가 있다. 의심의 여지없이, 기독교인들은 전 세계적 차원에서 마주한 많은 문제를 해결하기 위해 다른 신앙의 종교 지도자들과 함께 일해야 한다.

그럼에도 불구하고 머릿속에서 지워지지 않는 여러 질문이 남는다. 구체적으로 어떠한 방식으로 기독교인은 사랑, 정의, 평화와 같은 인간 세상의 인도적 개선에 참여할 수 있는가? 우리의 사회를 보다 정의롭고 평화롭게 만들기 위한 기독교인의 기준은 무엇인가? 다른 종교인들과 함께 잘

---

[2] John Hick, *A Christian Theology of Religions: The Rainbow of Faiths* (Louisville: Westminster John Knox, 1995), 69.

살기 위해선 힉과 같은 다원주의자들이 말하는 '궁극적으로 같은 신'과 같은 하나님에 대한 모호한 개념을 꼭 고수해야만 하나? 다원주의자들은 무슨 기준을 가지고 하나님의 지식, 사랑, 정의에 대해 주장하는가? 타 종교 신자들에 대한 편견 없이 기독교인들이 그들의 정돈되고 일관된 고백인 예수 그리스도의 궁극성을 주장하는 것은 휴머니즘을 위해 전혀 가능하지 않은 것인가?

다원적인 현 시대의 상황에서 인류 전체를 위한 적절한 태도는, 인간은 사회적 존재라는 인식과 함께 범인류적으로 협동과 공생의 가능성을 탐색해 가는 것일 수도 있다. 하지만 동시에 기독교인의 핵심 과업은 하나님의 계시인 예수 그리스도를 향한 그들의 궁극적인 헌신으로부터 이런 다원적 상황들, 특히 그들이 매일의 삶에서 마주치는 종교적이고 이념적인 다원주의를 해석해 내는 것이다. 왜냐하면 기독교인들은 하나님이 예수 그리스도 안에서 자신을 진정으로 계시했다고 믿기 때문이고, 이런 하나님의 계시 개념은 기독교 신앙 그 자체이기 때문이다. 이러한 기독교인들의 신앙, 타 종교에 대한 인식, 타 종교인들을 향한 기독교인들의 태도, 다원주의적 세계에 대한 응답, 그리스도인의 확실한 신념, 이 외에 많은 것들을 이 책에서 다룰 것이다. 그리고 위에서 제기한 질문들에 현명하고 적절하게 답을 할 것이다.

이 책은 나의 석사(Th.M) 논문 지도교수이시던 네틀랜드(Harold A. Netland) 교수의 책이다. 네틀랜드 교수의 수업 진행 방식은 매우 독특했다. 일종의 독서모임 형식으로 수업을 진행하였는데, 강의내용은 거의 없고 대부분 수업시간이 미리 읽어온 교재의 내용을 가지고 학생들끼리의 의견 나눔과 토론식으로 수업이 진행되었다. 그리고 특이한 것은 교수님은 학생들이 자신의 의견을 말했을 때 끊임없이 질문을 하셨다는 것이다. 마치 수업이 다양한 생각과 사상이 자유롭게 표현되는 현대의 상황을 잘 반영하는 듯 했다. 그래서 진정 교수님의 생각이 궁금하여 때로 약속을 잡고 교수님의 방을 찾아가곤 했다. 내가 찾아가면 늘 반갑게 맞아주시고 너무 정중하게 자신의 견해를 말씀하시던 기억이 난다. 교수님과의 시간들을 통해, 나는 나의 신앙 속에 현재의 문화와 시대적 정서에 비춰서 종교적, 세속적 대화의 파트너들에게 호소할만한 지식이 없다는 것을 깨달았다. 교회 내에서의 담론에는 익숙할지언정, 타 종교인들이나 무신론자들에게 나의 신앙을 변호하기가 버겁다는 것을 느낀 것이다. 그리곤 나는 종교적으로 다양한 세상에서 살아가는 그리스도인의 신앙과 삶의 모습을 연구하는 것에 대해 매력을 느꼈고, 그리하여 지금까지 이쪽 분야를 공부하고 있다.

 이 책이 한국어로 출판되기까지는 참 많은 사람의 도움이 있었다. 우선, 함께 번역작업에 도움을 주신 분들에게 감사하다. 그리고 흔쾌히 출판을 허락해주신 베드로서원의 방주석 대표님께 감사하고, 이 책이 한국에 출판되어 많은 한국의 크리스천들이 읽을 수 있도록 물질적으로 아낌없는 후원을 해 주신 모 권사님께 감사드린다. 무엇보다 특별한 감사는, 긴 시간 번역을 하며 수정을 할 때, 옆에서 끊임없이 격려해주고 응원해 준 아내에게 감사하다. 끝으로, 이 책이 한국에 출판되는 데까지 모든 것을 주도하며 이끌어 오신 하나님께 모든 영광과 감사를 올려드린다.

2021. 1
박운조

저자 서문

영국의 세계적인 록 밴드, 비틀즈의 창립 멤버였던 존 레논(John Lennon)은 1971년 발매된 그의 대표적인 곡 〈Imagine〉에서 종교 없는 세상을 상상해보라고 우리를 초대한다. 하지만 레논은 그런 세상을 상상하는 것이 "당신이 시도한다면 쉽다(easy if you try)"고 우리에게 장담하지만, 이는 작금의 21세기 세계에선 그리 쉽게 되지 않는다. 하나의 형태로든 혹은 다른 모습이든, 종교는 오늘날 세상의 대부분에서 존재하고 있고, 더 나아가 긍정적이든 부정적이든 종교의 영향 없이 우리가 사는 이 세계를 개념화하기에 매우 어렵기 때문이다.

전 세계에 있는 여러 집단과 사회들 안에 있는 종교적 기관, 신념, 관례들의 역할에 대한 어느 정도의 이해 없이, 우리가 이 시대에 벌어지는 사건들을 제대로 인식할 수 없다. 오늘날 종교의 중대성은 비단 종교 연구의 전문가들뿐만 아니라 정치과학자, 경제전문가, 군사전략가, 마케팅전문가, 언론인, 사업가들에게조차 인정을 받고 있다. 수많은 무신론자와 불가지론자, 비종교인들이 증가하고는 있지만, 이 세계의 대부분은 매우 종교적이라는 것이 진실이다.[3]

아시아와 아프리카의 기독교 지도자들은 타 종교들의 여러 전통과 관례에 대한 중요성을 오랫동안 인지해 왔고, 서양 선교사들은 효과적인 사

---

[3] Monica Duffy Toft, Daniel Pilpott, and Timothy Samuel Shah, God's Century: Resurgent Religion and Global Politics (New York: Norton, 2011); Todd M. Johnson and Brian J. Grim, The World's Religions in Figures: An Introduction to International Religious Demography (Oxford: Wiley0Blackwell, 2013).

역은 그들 주변의 타 종교적 세계관에 대해 어느 정도 이해를 요구한다는 것을 일반적으로 이해해 왔다. 또한 선교적 담론에서 복음의 상황화에 대한 논쟁은 선교 현지의 종교적 개념, 기관, 그리고 관습에 대한 깊은 고심을 필연적으로 수반한다.[4] 21세기 유럽과 북미의 종교적 풍경은 급격하게 변화하고 있고, 서양의 기독교 지도자들 중에서 여러 타 종교 전통을 이해하는 것에 대한 필요를 인정하는 것 역시 점차 늘어나고 있다. 기독교 신학자들은 갈수록 더 종교신학(Theology of Religions) 안에 있는 여러 이슈에 대해 그들의 학과 분야로써 다루고 있다. 세계화 속에서 평범한 기독교인들은 스스로 그들의 이웃, 학교, 직장 등지에서 타 종교인들과 생산적이고 인도적으로 상호 교류할 방법을 찾고 있다. 목사나 병원에서 일하는 종교인들(chaplains)도 타 종교에 대한 일정 수준 이상의 이해도가 그들의 사역을 위해 필수적이라는 것을 깨달아 가고 있다. 과거에는 유럽이나 미국의 기독교인들이 타 종교에 관한 문제들을 선교사들이나 종교학자들에게 맡기는 것이 가능했지만, 이제는 더 이상 그렇지 않다는 것이 현실이다. 확대되고 있는 세계화와, 기독교 신앙과, 더 이상 현실적으로 무시할 수 없는 타 종교의 종교적 방식들, 이 모든 것 사이의 관계에 대한 사안들을 가지고 서양 사회들은 종교적으로 더욱 다채로워지고 있다.

그러나 종교의 중요성에 대해 증가하고 있는 인식에도 불구하고, 종종 '종교'에 관해 우리가 스스로 무엇을 의미하고 있는지, 그리고 어떻게 종교적 신념, 가치, 관습들이 개인적이고 공동체적인 삶의 다른 측면들에 관련되는지에 대한 적지 않은 혼동이 있다. 또한 이슬람과 같은 특정 종교와, 그 종교들과 기독교와의 관계를 고려하며 여러 가지 오해도 발생한다. 지금 기독교 신학자들, 목회자들, 선교사들, 그리고 평범한 기독교인들은

---

[4] 상대적으로 최근까지, 많은 서양의 기독교인들은 복음의 상황화가 서양 선교사들이 복음을 비서양권 문화에 가져다 줄 때에만 일어나는 무언가란 확신을 가져왔다. 감사하게도, 서양 문화를 포함한 모든 문화는 예수 그리스도의 복음의 적절한 상황화가 필요하다는 사실에 대한 증가세의 평가가 있다.

타 종교 전통들에 대해 어떻게 그것들을 대해야 하고 그것들에 어떻게 응답해야 하는지 분투하고 있다. 다시 말해, 유럽과 미국의 사회는 거대한 사회적, 문화적, 종교적 변화를 겪고 있고, 수많은 현대 기독교인들은 이러한 새로운 현실을 어떻게 이해하고 받아들여야 하는지 고심하고 있다는 것이다.

나는 이 책에서 현대 세계 안에 분명히 존재하는 종교의 다원성(Religious diversity)에 대해 확대된 인식에서 나오는 몇몇 이슈들을 다룰 것이다. 이 책은 종교신학에 대한 책이 아니다. 나는 이미 다른 책에서 타 종교들과 직면하는 신학적 이슈들에 대해 쓴 바 있다.[5] 그러나 정밀하게 종교신학을 다루지 않았더라도, 이 책의 각 장에 나와 있는 주제들은 종교에 관한 신학적 논쟁들과 매우 깊은 관련이 있다. 종교신학 안에서의 최근 논의들은 때로 문제가 있어 왔다. 그러한 논의들이 종교 자체의 개념, 종교와 문화의 관계, 힌두교나 불교, 이슬람과 같은 특정 종교들의 본질, 이 모든 것들에 대한 잘못된 이해에 기초하고 있기 때문이다. 책임 있는 종교신학은 단순히 성서 주해를 읊조리는 것이 아니라 그 이상을 필요로 한다. 이는 종교의 범주 아래서 진행하는 여러 현상에 대한 적절한 이해를 요구한다는 말이다. 이런 의미에서 이 책은 세계 종교들이 현대화 과정 속에서 어떻게 형성되었고 그 현대화에 적응해 왔는지 보여주기 위해, 그리고 종교적 다양성에 대한 새로운 인식에서 비롯된 기독교인들의 인식론적 이슈들을 탐구하기 위해 특정한 기초적 개념들을 명확히 하려는 시도라 할 수 있다.

앞서 말했듯, 이 책은 현대 세계에 있는 종교적 주제에 대해 종합적으로 소개하는 책이 아니다. 앞으로 이 책에서 나올 내용들은 의도적으로 선택한 몇 가지 이슈에 대한 논의이고, 특히 그 이슈들은 우리가 지금 사는 현

---

5) Harold A. Netland, *Encountering Religious Pluralism* (Downers Grove, IL: InterVarsity, 2001); Gerald R. McDermott and Harold A. Netland, *A Trinitarian Theology of Religions: An Evangelical Proposal* (New York: Oxford University Press, 2014).

대 세계의 종교적 다양성에 대한 테마와, 기독교 공동체에 대한 영향과 밀접하게 관련이 있다. 유럽과 북미에 있는 많은 사람에겐 확대되고 있는 종교적 다양성에 대한 인식과 그 안에서의 의견충돌은 유일한 참 종교가 있고 기독교는 진정 참 종교라는 것을 더 믿기 어렵게 만들었다. 물론 이것은 모두에게 해당되는 것이 아니다. 여전히 많은 기독교인은 종교적 다양성과 관련하여 그들의 믿음과 진리에 대한 의심을 경험하거나 곤란해 하고 있지 있다. 그러나 그 외에 수많은 사람은 굉장히 혼란스러운 가운데 이 새로운 현실을 마주하고 있고, 예수 그리스도가 전 시기의, 전 문화 안에 있는, 모든 민족에게 유일한 주(the one Lord)이며 구원자라고 주장하는 것이 과연 설득력이 있는지 진지하게 질문하고 있다. 그러한 질문에 대한 하나의 응답은 "인간에 불과한 우리가 어떤 특정 종교가 진리인지 무슨 방법으로 아는가?"라며 모든 종교적 주장에 대해 불가지론자가 되는 것이다. 또 다른 보편적인 응답은 여러 종교 사이에 있는 분명한 차이점에도 불구하고 그 모든 차이점은 어느 정도 동등하게 진리와 종교적 궁극(the religious Ultimate)에 대해 대응하는 효과적인 방식들로 여겨질 수 있다고 유지하는 것이다. 이러한 관점은 흔히 알려진 대로 종교 다원주의라 불린다. 이 책은 주로 이러한 응답들과 관련된 이슈들을 복음주의적 시점에서 다룬다.

1부에 있는 각 장들은 종교의 개념 자체와 불교, 힌두교와 같은 세계 종교들의 신념(idea)들을 살펴보고, 종교에 대한 우리의 이해와, 타 종교들이 현대화와 세계화의 과정에 의해 형성된 몇 가지 방식들을 숙고할 것이다. 여기엔 복잡하지만 대단히 흥미롭게 전개되는 각 종교의 스토리가 있다. 이렇게 전개되는 종교적 국면들을 이해하는 것은 우리로 하여금 오늘날 종교에 관하여 몇 가지 문제적 가정들을 피할 수 있도록 도울 것이다. 1장은 종교의 개념, 종교에 대한 정의(definition) 문제, 그리고 문화와 종교의 관계와 같은 최근 논쟁들을 살펴볼 것이다. 이는 종교를 이해하는 데에 있어

잇따르는 장들에서 쓰이는 개념적 체계를 마련할 것이다.

여러 종교들이 현대화와 세계화에 의해 형성되어온 방식들은 세속화에 관하여 떠들썩했던 논쟁에 특별한 주의를 가지고 2장에서 분석될 것이다. 고전적인 세속화 이론이 신빙성을 크게 잃어오는 동안, 여러 사회들과 종교들이 현대화와 세계화에 따라 변화해 온 중요한 방식들이 있다. 이러한 변화의 한 영향은 한 사람의 신앙에 대해 인식론적 불확실성을 야기하면서, 많은 종교적 공동체들이 다른 가능한 옵션들에 관한 인식을 가지고 만들어졌다는 것이다.

오늘날 많은 사람이 세계 주요 종교들을 단순히 고대부터 현대까지 지나온 불변적, 고정적 독립체들로써 여기는 경향이 있다. 이 점을 고려하여, 3장에서는 현대적이고 국제적인 현실에 불교가 적응해온 방식들을 설명하면서 현대 세계에서의 불교를 살펴볼 것이다. 현대 선교 운동과 세계화의 부산물 중 하나는 예수가 현재 세계적 인물이고, 많은 다른 종교 전통들에서 그가 여러 가지 모습으로 쓰이고(adopted) 있다는 사실이다. 4장은 인도 종교 지도자 마하트마 간디(Mahatma Gandhi), 서양의 종교다원주의자 존 힉(John Hick), 그리고 일본의 소설가 슈사쿠 엔도(Shusaku Endo)와 같은 사람들에 의해 주요 종교 지도자들 중 하나로서의 예수라는 테마가 어떻게 발전해 왔는지 보여줄 것이다.

2부의 장들은 기독교인의 책무를 위해 선행되는 논의와 관련이 있다. 5장부터 7장까지는 우리 기독교인들의 신앙과 신념을 정당화하면서 종교적 다양성에 대한 우리의 인식에 기인하는 몇 가지 철학적 이슈들을 다룰 것이다. 5장에서는 기독교가 진정한 종교라고 말하는 것은 실제적으로 무엇을 의미하는가? 와 종교다원주의, 즉 모든 주요 종교들은 진리라는 통속적인 견해를 비판할 것이다. 6장에서는 이런 질문을 수반하는 일부 종교적 이슈들을 살펴볼 것이다. 나는 이 질문이 뜻하는 진리를 신학적으로 주장하지는 않겠지만, 한 사람이 어떤 의미에서 그러한 주장을 할 수 있고, 그 주장을 정당화하는 것에 무엇이 수반되는지는 명확히 할 것이다. 종교적 불일치와 다양성에 대한 인식은 기독교인들에게 그들의 신앙에 대한 충분한 근거를 이성적으로 그렇게 '믿는 것(believing)'을 어떻게 요구하는가? 이 질문은 우리를 종교적 인식론에 대해 더욱 논란이 되는 이슈들에 관한 핵심으로 데려간다. 7장에서는 이 질문에 대한 다양한 응답들이 탐구되고 나서 종교적 다양성을 고려하는 신앙을 위한 이성과 근거의 위치(the place)에 대한 나의 결론을 제의할 것이다. 마지막 8장은 간략히 어떻게 예수 그리스도의 제자들이 종교적으로 다양하고 다원적인 사회 속에서 어떻게 살아가며 무엇을 증거해야 하는지에 대해 논의할 것이다.

이 책에서 언급되는 이슈들은 내가 평생 오랜 기간 다뤄온 것들이다. 나는 일본 선교사 부모의 자녀로서 매 일요일마다 우리와 교회서 함께 있던 작은 규모의 일본 기독교인들과, 일본의 현지 불교 사찰과 신사참배에 빈번하게 다니던 대다수 일본인들 사이에 있는 종교적인 차이점들에 관해 꽤나 잘 인지하고 있었다. 나이가 들어 일본에 거주하며 신학교에서 강의를 하는 어른으로서의 나는 일본의 종교적이고 문화적인 전통들과 기독교의 관계에 대해 드는 여러 가지 질문들과 씨름을 해야만 했다. 모국인 미국으로 건너와 박사과정을 하는 동안에는 자신의 인생의 역작이 된 *An Interpretation of Religion*를 당시 집필하고 있던 존 힉(John Hick) 교수 아래서 공부할 수 있는 영광을 가졌다.[6] 나의 첫 번째 저서인 *Dissonant Voices*는 힉 교수에 의해 제기된 이슈들에 응답하는 첫 시도였다. 종교다원주의에 대한 그의 주장을 거부하지만, 종교의 다양성에 의해 제기되는 인식론적 이슈들에 관해 힉 교수는 대단히 예리한 이해도를 가졌다고 언제나 난 느낀다.

나는 1993년부터 미국 일리노이 주에 있는 Trinity Evangelical

---

[6] John Hick, *An Interpretation of Religion: Human Responses to the Transcendent* (New Haven: Yale University Press, 1989; 2nd ed., 2004).

Divinity School(TEDS)에서 서로 다른 두 개의 분야에서 강의를 해오고 있다. 하나는 종교철학이고, 다른 하나는 선교학이다. 서로 다른 두 학과에서 일하며 서로 다른 학문의 신학적 흐름에 대한 파악을 유지하는 것은 나에게 분명 도전적이고 어렵지만, 그러한 학제 간의 연구 속에서 난 매우 중요한 보상이 있다는 것을 깨달았다. 이 책의 주제는 역사학, 선교학, 철학, 그리고 종교학과 신학, 이 모든 것을 다루는 학제 간 접근을 특히 요구한다. 나는 나의 학교 TEDS가 나에게 그러한 학제 간 연구와 숙고를 할 수 있는 기회를 준 것에 대해 진정 감사하다. 영리하고 유능한 학생들을 가르칠 수 있는 것은 나에게 매우 큰 영광이고, 이후에 이 책에서 나올 소재들은 수년간 TEDS의 많은 수업에서 논의되고 토론되어 왔던 것들이다.

나는 이 책에서 다루게 될 이슈들에 대한 나의 이해와 통찰을 도와 온 많은 사람에게 은혜를 입었다. 모든 이름을 언급할 수 없지만, 분명한 영향을 준 몇 명은 언급하겠다. 우선 나는 존 힉 교수 아래서 수학을 한 것이 영광이고, 그의 영향력을 통해 종교적 다양성에 의해 촉구된 인식론적 문제들을 마주 잡고 씨름하도록 나를 이끌고 간 그에게 감사하다. 지난 몇 년간 나는 뉴욕에 있는 Union Theological Seminary의 폴 니터(Paul Knitter) 교수와 함께 종교다원주의에 대한 몇몇 공개 토론에 참여했다. 그는 다원주의자들 중에 있는 다양성을 내가 더 잘 이해할 수 있도록 도왔고, 나의 일부 신학적 입장들에 관해 더 신중하게 접근할 수 있도록 도왔다.[7] 또한 Tim Tennent, Richard Mouw, Gerald McDermott, Terry Muck, 그리고 다른 많은 사람과 이 책에 나오는 이슈들에 대한 수많은 담화로부터 헤아릴 수 없는 혜택을 받았다. 특별히 나는 이 책의 초본을

---

7) The product of one such public discussion is *Can Only One Religion Be True? Paul Knitter and Harold Netland in Dialogue*, ed. Robert B. Stewart (Minneapolis: Fortress, 2013).

읽고 논평을 해준 나의 동료 Keith Yandell, Bob Priest, Tom McCall, Peter Cha, 그리고 나의 형제 John Netland에게 감사하다. 그들의 조언은 책 전반에 걸친 논의를 강화하였고 심지어 원고에 남아있던 큰 결함들을 수정해 주었다.

특별감사는 역시 Baker Academic출판사의 Jim Kinney다. Jim은 이 프로젝트에 많은 힘을 실어 주었고, 여러 번의 원고 제출 지연에도 불구하고 인내해 주었다. 그러니 이 책은 그의 끈질긴 응원 없이는 완성되지 못했다고 해도 과언이 아니다.

마지막으로 언급할 내용은 7장의 일부분은 나의 글 "Natural Theology and Religious Diversity"[8]에 나와 있고, 저널 편집자들의 승인 하에 이 책에 포함시켰다.

---

8) *Faith and Philosophy* 21.4 (October 2004): 501-18.

목차

추천의 글 • 4
감사의 글 • 9
역자 서문 • 12
저자 서문 • 17

1부 현대화와 세계화되는 세계 안에서의 종교

1장 종교의 재고	29
2장 세속화, 세계화, 그리고 종교	82
3장 현대 세계 속에서의 불교	125
4장 세계화, 그리고 탈식민세계에서의 예수	170

2부 다원적 세계 안에서 기독교인의 책무들

5장 모든 종교가 진리일 수 있는가?	221
6장 하나의 참된 종교로서의 기독교에 대한 생각에 대하여	264
7장 종교의 다양성, 그리고 신앙의 이유	311
8장 종교적 다양성 속에서 예수의 제자로 살아가기	361

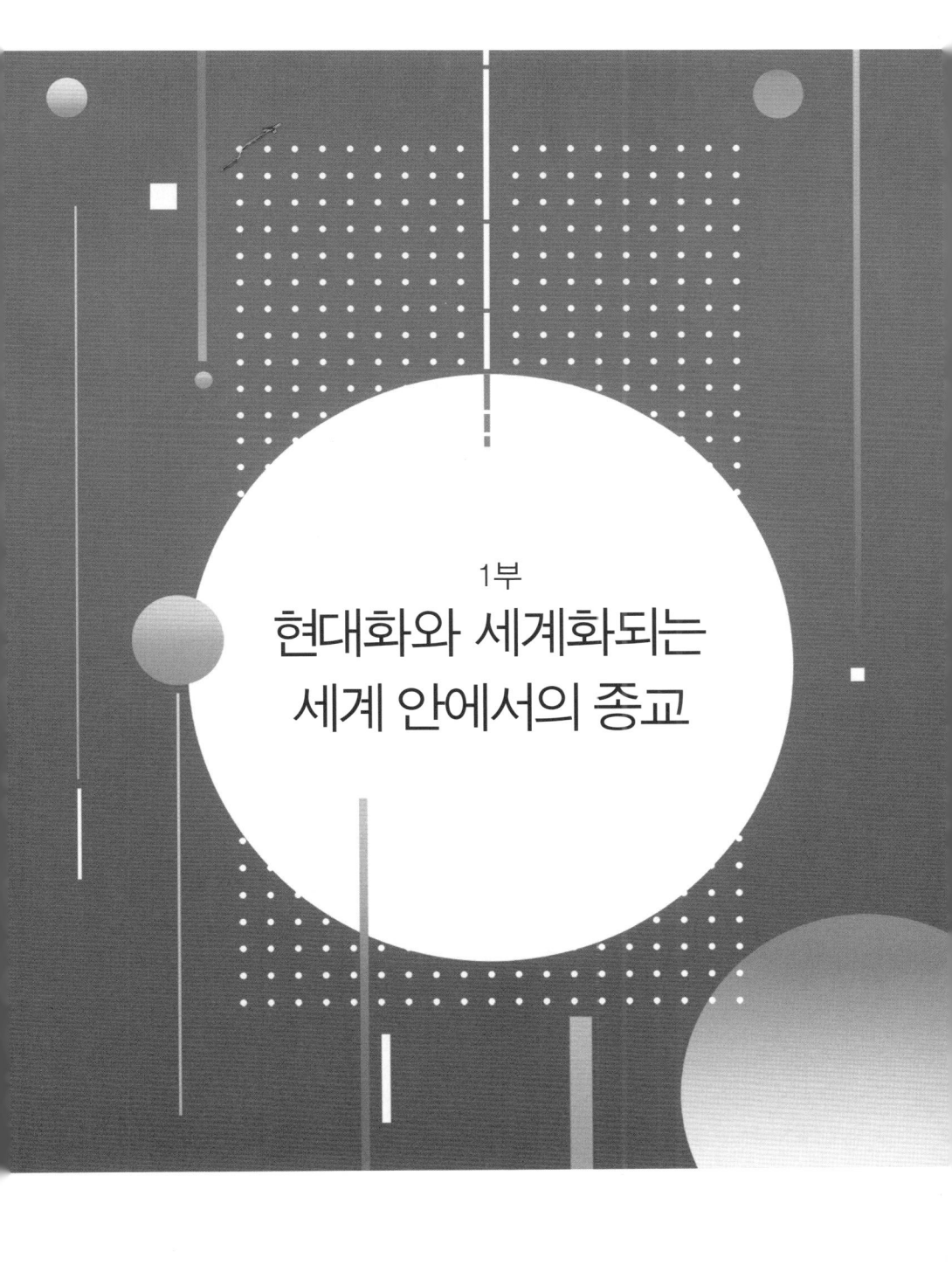

1부
현대화와 세계화되는
세계 안에서의 종교

1장
종교의 재고

종교에 관하여 일반적으로 말하거나, 이슬람이나 힌두교와 같은 특정 종교들에 대해 이야기하는 것은 오늘날 매우 흔한 일이다. 하지만 우리가 그 용어들에 대해서도 알고 있다고 단정 지어 말할 수 없다. 우리가 종교의 의미에 대해 일반적으로 인지하고 있더라도 '종교'가 무엇인지를 명확히 하는 것과, 어떻게 이것이 '종교적'인 것과 다른지 따져 묻는 것은 매우 복잡한 문제이다. 단어의 의미에 대한 혼란은 타 종교와 다양한 문화적 환경 안에서 복음을 상황화하는 선교적 경험들에 대한 공적 방침의 논의에서부터 그에 따르는 신학적 결론에까지, 심각한 문제가 되는 판단의 결과가 될 수 있다. 이 장에서는 단어의 정의, 종교의 개념에 대한 현대적 구성, 각 종교의 개념들, 세계관과 문화와의 관계, 이러한 사안들을 검토하면서 종교의 개념을 명확히 하도록 할 것이다. 먼저 종교를 이해하는 서로 다른 두 방식, 즉 신학적, 현상학적 접근들을 살펴보고자 한다.

종교의 신학적, 현상학적 이해

종교와 기독교 신앙 사이에 차이를 만드는 것은 기독교인들에게 드문 일이 아니다. 다시 말해, 도교, 이슬람, 불교와 같은 타 종교 신도들의 신앙과 종교적 관례들은 종교의 예가 될 수 있지만, 기독교인들에게는 그들이 가지고 있는 것은 진정한 종교가 아니라고 생각한다는 것이다. 기독교 신앙은 예수 그리스도를 통한 살아있는 하나님과의 '관계'라고 생각하며, 때론 기독교 신앙은 전혀 '종교'와 무관하다고 여기기까지 한다. 기독교 신앙은 하나님의 은혜에 의한 새로운 삶의 선물을 포함하는데, 종교는 공허하고 무의미하고 의식적(ritual)이라고 여기는 것이다.

그러나 기독교인들은 그들의 신앙적 헌신이 종교의 범주에서 면제되는 유일한 자들이 아니다. 일반적으로 불교 신도들은 불교는 종교가 아니고 철학이라고 주장한다. 힌두교인들은 그들의 종교적 관행과 신앙이 종교로 여겨지는 것을 부인하며, 그들은 영원한 dharma(진리), 내지는 sanatana-dharma에 뿌리를 둔 삶의 방식을 그저 따르고 있는 것이라 말한다. 이와 비슷하게, 도교 신도들도 도(道)를 따라 살고 있는 것이라 말한다. 종교인들에게 있어서 그들의 신앙과 종교적 관행들이 특출하다고 여기는 것은 특별한 일이 아니다.

예수 그리스도의 제자가 되는 것이 단순히 기독교라는 종교에 가입하는 것과 동일시 될 수 없다는 것은 분명한 사실이다. 하지만 단지 이를 안다는 것이 예수를 따르는 자가 되는 것은 종교에 참여하는 것과 어떤 연관이 있는지에 대한 의문을 해결하지 못한다. 우리에게 필요한 것은 종교의 개념에 대한 명확한 이해이고, 어떻게 예수의 제자가 되는지는 이 개념과 밀접한 관련이 있다. 이 사안에 대한 한 가지 접근법은 종교를 기독교 신학의 범주와 테마 안에서 명료하게 특징짓는 것이다. 그러면 일반적으로 종교란, 특정 타 종교들도 마찬가지로, 기독교적 가치와 가르침의 측면에서 이해되어진다. 이것은 종종 기독교 신학자들과 선교학자들에 의해 수행되는 접근법이고, 이는 중요한 기능을 한다. 우리가 사는 세상을 설명할 수 있게 시도하려는 사려 깊은 기독교인들은 종교에 대한 기독교적 관점을 진실하게 발전시킬 필요가 있고, 그렇게 하는 것은 기독교적 범주와 테마를 필요로 한다.

종교에 대하여 아마도 가장 잘 알려진 기독교적 묘사는 스위스 신학자 칼 바르트(Karl Barth)가 말한 "종교 폐지로서의 하나님 계시(The Revelation of God as the Abolition of Religion)"일 것이다. 1) 그의 『교회론(Church Dogmatics)』안에 있는 이 장황한 부문의 특정 해석에 근거하여 많은 독자들은 바르트를 타 종교들에 매우 부정적인 자로 이해해 왔다. 『교회론』의 영어 번역본에서는 바르트가 예수 그리스도 안에서 하나님의 계시는 종교의 폐지이고, 종교는 불신앙으로 거부당한다고 주장하는 것으로 나타난다. 그러나 최근의 연구들은 바르트의 관점이 처음에 간주되었던 것보다 사실 더욱 미묘하고 복잡하다는 것을 보여준다. 2)

바르트 『교회론』의 영어 번역본은 원어 "Aufhebung der Religion"을 "종교의 폐지"라고 표현했지만, 이 표현은 바르트의 관점의 미묘함을 놓쳤다고 비판받아 왔다. 게렛 그린(Garrett Green)은 바르트의 견해에 대한 더 정확한 표현으로 '폐지' 대신에 '지양'이라는 용어를 제안한다. 3) 사실상 바르트의 논의는 해체로써의 하나님의 계시와, 무언가 '폐지'하려는 것

---

1) Karl Barth, *The Doctrine of the Word of God*, vol. 1/2 of *Church Dogmatics*, ed. G. W. Bromiley and T. F. Torrance (New York: Charles Scribner's Sons, 1956), 280-361 (see esp. paragraph 17). An earlier version of this section appeared in Gerald R. McDermott and Harold A. Netland, *A Trinitarian Theology of Religions: An Evangelical Proposal* (New York: Oxford University Press, 2014), 227-33.
2) 참고, Peter Harrison, "Karl Barth and the Non-Christian Religions," *Journal of Ecumenical Studies* 23.2 (Spring 1986): 207-24; Garrett Green, "Challenging the Religious Studies Canon: Karl Barth's Theory of Religion," *Journal of Religion* 75 (1995): 473-86; J. A. Di Noia, "Religion and the Religions," in *The Cambridge Companion to Karl Barth*, ed. John Webster (Cambridge: Cambridge University Press, 2000), 243-57.
3) Green, "Challenging the Religious Studies Canon," 477. Peter Harrison proposes "super-seding" as a better translation. Harrison, "Karl Barth and the Non-Christian Religions," 208 n3.

보다 '지양'하려는 의도가 다분히 보이는 종교의 높은 입지 사이의 긴장을 함유하고 있다. 더욱이 바르트는 종교를 '불신앙(unbelief)'으로 주로 번역되는 'Unglaube'로 특징짓는다. 그러나 그린(Green)은 '불신앙(unbelief)'보다 더 나은 번역은 '신실함(faithfulness)'이라고 주장한다.[4] 하나님의 계시에 비추어 볼 때, 인간의 종교성은 신앙의 결핍으로 간주되거나, "계시와 하나님의 은혜에 대한 구원의 힘에 굴복하지 않으려는 반항이거나, 인간의 종교와 종교성을 함께 구성하는 하나님을 알고 만족하기 위한 그러한 모든 순전한 인간적 시도들에 대한 반항이다."[5]

"종교 폐지로서의 하나님 계시" 안에서 종교에 대한 바르트의 논평들은 성령의 역사에 비추어 계시의 가능성에 대한 그의 더 넓은 논의 안에 위치해 있다. 바르트의 이 광범위한 부문은 신학적 연구의 중심인 하나님의 계시보다 종교적 관념을 우선 고려했던 19세기와 20세기 초에 성행한 자유주의 신학의 방식에 대한 비평과 함께 시작한다. 바르트에 의하면, "계시와 종교를 뒤바꾼 결과"는 결코 신학적으로 건강하지 않았다. 예수 그리스도 안에서 하나님의 자기 계시를 고려하며 종교적 표현을 해석하지 않고, 신학자들은 종교에 관하여 계시를 해석한다는 것이다.[6] 고전적 자유주의가 그랬다고 그가 믿었듯, 바르트는 하나님의 계시를 인간의 문명과 동일시하려는 어떠한 시도도 확고히 반대한다. 디 노이아(Di Noia)는 이렇게 말한다. "바르트가 애통해하며 바로잡으려고 애쓰는 계시와 종교의 전환이 17문단에 나와 있는 바로 이것이다."[7] 바르트는 다음과 같이 표명한다.

계시는 하나님의 자기를 내어주심이고 스스로 나타나심이다. 계시

---

4) Green, "Challenging the Religious Studies Canon," 480.
5) Di Noia, "Religion and the Religions," 250.
6) Barth, *Word of God*, 284.
7) Di Noia, "Religion and the Religions," 248.

란 원론적으로 어떠한 불가피성 때문이 아니라 진실의 현실적 불가피성 때문에, 인간의 관점에서 하나님을 알고자 하는 인간의 시도들은 전적으로 그리고 완전히 헛되다는 사실의 확정 안에서의 인간과 만남이다. 계시 안에서만이 하나님은 인간에게 그분은 하나님이시고, 그분은 주님이시라 말한다. 인간에게 이 진리를 말씀하시면서, 계시는 인간에게 계시를 제외하고는 그가 그 자신이나 다른 인간들을 알지도 못하고 말할 수도 없는 완전히 새로운 무언가라고 전한다.[8]

따라서 종교가-전 역사를 통틀어 나타난 경험적 기독교를 포함하여- 신적 계시의 관점에서 간주될 때 이는 Unglaube, 즉 불신앙(faithlessness)으로써 계시되어진다. 그러나 이것은 오직 예수 그리스도 안에서 하나님의 자기 계시의 관점에서만 만들어지는 판단이다. 다른 말로 하면, "우리가 종교를 우상숭배와 자기 의(self-righteousness)로 특징지을 수 있고, 이러한 방식으로 그런 것들을 불신앙이 될 수 있도록 보여주는 있는 예수 그리스도 안에서 하나님의 계시다."[9]

그러나 하나님의 계시가 종교를 무효화하는 순간에, 그 계시가 종교를 고양시키고 높여주게 된다. 'Aufhebung'이라는 용어는 양극단의 변증법적 방식 모두를 포함한다. 하나님의 자기 계시는 종교를 전적으로 없애거나 처분하지 않는다. 바르트가 말하길, "우리는 그분의 계시 안에 하나님은 인간 종교의 세상 안에서 현현한다는 시인으로부터 어떤 것도 철회하거나 지울 필요가 없다. 그러나 우리가 반드시 알아야 할 것은 하나님이 확실히 현현하고 계시다는 것이다."[10] 종교에 대한 하나님의 자발

---

8) Barth, *Word of God*, 301.
9) 같은 책, 314.
10) 같은 책, 197.

적 승격은 예수 그리스도 안에 있는 하나님의 은혜로운 역사는 기독교 종교가 진정한 종교가 되는 결과가 됨으로써 되는 것으로 이해되어진다. 바르트는 기독교를 진정한 종교로써 분명하게 말할 용의가 있었지만. 이는 기독교 자체에 있는 내제된 어떠한 선(virtue) 때문이 아니었다. 우리는 "의롭게 된 죄인"을 말하는 의미에서만 기독교를 진정한 종교로써 말할 수 있다.[11] 하나님의 은혜에 의해 의로워진 죄인처럼, 경험에 의거한 기독교 종교는 하나님의 은혜에 의해 이르게 되는 한에 있어서 진정한 종교가 되는 것이다.

바르트의 이 풍부하고 도발적인 논의는 여기서 주어진 것보다 더 폭넓게 다뤄져야 한다. 우리의 의도에는 중대한 사항은 방법론적으로 그가 예수 그리스도 안에서의 하나님 계시의 시각에서부터 시작한다는 것이고, 이에 비추어 보았을 때 기독교를 포함한 모든 종교들이 결함이 있다는 것이다.

이것은 어떻게 우리가 종교의 연구에 접근하는가에 대해서 중요한 방법론적 사안을 보여준다. 종교에 대한 우리의 이해는 우리 주변의 세계 안에 있는 종교적 현상에 대한 신중한 관찰로부터 생겨나야 하는가? 아니면 예수 그리스도와 성경 안에 있는 하나님의 권위 있는 자기 계시로부터 생겨야 하는가? 아니면 위 둘의 일부 혼합인가? 인도 신학자 나일스(D. T. Niles)는 위의 이슈를 분명하게 보여주는 바르트와의 대화를 우리에게 보

---

[11] 같은 책, 325. 계시에 관한 바르트의 강한 그리스도 중심적 이해에도 불구하고, 그는 "다른 말들(other words)"과 "다른 빛들(other lights)"을 언급하며 성경 밖에 있는 하나님 계시의 흔적을 인정한다:우리는 예수 그리스도가 하나님의 말씀이라는 사실이 성경에서 교회와 세상에는 그 만의 방식이 있는 상당히 중요한 다른 말들과, 꽤나 분명한 다른 빛들과, 상당히 실제적인 다른 계시들이 있다는 것을 뜻하지 않는다는 것을 인지한다… 성경과 교회의 계통 밖에 있는 모든 말이 거짓된 예언의 말이고 따라서 그것들은 가치 없고 공허하고 부패하다는 우리 그리스도인의 진술이 있다고 해서, 외부 영역을 부치는 모든 빛이 반드시 호도(misleading)되고 모든 계시들이 꼭 허위인 것은 아니다. (Karl Barth, *The Doctrine of Reconciliation*, vol. IV/3 of *Church Dogmatics*, trans. G. W. Bromiley [Edinburgh: T&T Clark, 1961], 97).

여준다. Unglaube로써의 종교에 대한 바르트의 묘사를 감안하며, 나일스는 바르트에게 지금까지 얼마나 많은 힌두교인들을 만나보았냐고 물어보았다. 바르트는 "전혀 없다"고 대답했다. 그리고 나일스는 다시 물었다. "그러면 어떻게 당신은 힌두교가 불신앙이라고 이해하는 것인가요?" 바르트는 대답했다. "선험적으로!"12) 바르트의 이 대답은 종교들에 대한 신학적 평가는 실제적인 종교적 신앙들과 관례들에 관한 경험적 관찰을 필요로 하지 않고 순전히(solely) 하나님의 계시로만 도출될 수 있는 것처럼 보인다.13)

기독교인으로서 우리는 인간의 종교성을 반드시 예수 그리스도 안에 있는 하나님의 확정적인 자기 계시의 관점에서만 이해해야 한다는 바르트의 모든 주장에 동의하지는 않아도 된다. 물론 기독교의 종교신학은 성서의 테마에 의해서만 형성되어야 한다. 그러나 성서가 종교를 이해하기 위해 필요한 **전부**인가? 아니면, 우리는 성서와 더불어 우리로 하여금 사람들의 종교적 차원을 이해할 수 있도록 하는 기술도 필요할까? 다시 한 번 말하지만, 이는 우리가 '종교'를 무엇이라 의미하는가에 달려있고, 이것은 또 다른 신학자 폴 틸리히(Paul Tillich)에 의해 제안된 종교의 정의(definition)를 숙고하는 것에 의해 설명될 수 있다.

틸리히는 종교를 '궁극적인 관심(an ultimate concern)'에 사로잡힌 상태이며, "이 관심은 모든 타 관심들이 예비적으로 자격을 얻으며 그 자체로 삶의 의미의 질문에 대한 대답을 담고 있는 관심이다"라고 정의한다.14) 틸

---

12) D. T. Niles, "Karl Barth A Personal Memory," *South East Asia Journal of Theology* 11 (Autumn 1969): 10-11.
13) 바르트의 응답이 그는 실제적인 타 종교들의 다양한 관례에 전혀 관심이 없는 것을 시사하는 것일지라도, 바르트는 타 종교들을 사실 잘 인지하고 있었다. 『종교의 폐지인 하나님의 계시』에서 바르트는 일본 불교의 극락세계에 대한 가르침의 양상과 개신교의 뚜렷한 유사점들을 지적하며 일본 불교의 극락세계에 대한 통찰력 있는 논의를 보여준다. 심지어 불교의 극락세계를 "신의 섭리적 성향"이 있다고까지 언급하기도 한다. 참고, *Word of God*, 340-44.
14) Paul Tillich, *Christiniaty and the Encounter of World Religions* (New York:

리히의 정의는 신학자와 종교학자 양쪽 모두에게 널리 사용되어져 왔다. 각 종교들은 궁극적인 사안(concern)의 문제들을 다루기 때문에 틸리히의 정의는 종교에 대한 중요한 무언가를 잘 담아낸다.

하지만 틸리히의 정의는 종교적 영역에서 매우 적은 부분만 제외하기에 너무 폭넓고 개괄적이다. 사실상 **모든 사람**은 특정 종류의 궁극적 관심과 의식을 가지고 있기 때문에 모든 사람은 종교적이다. 이는 확실한 신학적 이점을 갖는다. 왜냐하면 많은 신학자들은 모든 사람이, 심지어 명백한 무신론자들조차, 그들이 이를 인정하든 안 하든 아주 본질적으로 종교적이라고 주장하기 때문이다. 다른 말로 하자면, 어느 누구도 하나님에 대하여 중립적이지 않다. 각 사람은 창조자 하나님과 어느 정도의 관계 안에 서 있다. 그 관계가 반항이나 부정의 관계일지라도 말이다. 하나님의 현실을 부인하는 자들조차 그들의 '반항' 안에서 종교적이다. 요하네스 블라우(Johannes Blauw)가 말하듯, "'종교'가 없는 사람은 그 자체가 모순이다. … 사람은 하나님에 대한 관계가 그 사람 **스스로의 정수**(the very essence)에 속해있기에 종교적이다."[15] 이와 비슷하게, 바빙크(J. H. Bavinck)는 종교를 하나님의 계시에 대한 응답의 일종으로서 특징짓는다. 그는 이렇게 말한다. "종교는 그 본질상 응답이라고 믿는 것은 가능하다. … 사람은 본인의 종교 안에서 신이 스스로 그 사람에게 계시하고 나타내는 초자연적 힘에 의해 그가 다뤄진다고 느낀다. 종교는 신적 존재나 이른바 신적 계시에 대한 인간의 대답이다. … 종교는 그 본질상 하나님의 계시에 사람이 대답하고 반응하는 교감(communion)이다."[16] 바빙크

Columbia University Press, 1963), 4.
15) Johannes Blauw, "The Biblical View of Man in His Religion," in *The Theology of the Christian Mission*, ed. Gerald H. Anderson (New York: McGraw-Hill, 1961), 32.
16) J. H. Bavinck, *The Church Between Temple and Mosque: A Study of the Relationship between the Christian Faith and Other Religions* (Grand Rapids: Eerdmans, 1966), 18-19.

스스로가 인정하듯, 이러한 시각은 하나님이 존재하고 스스로 인류에게 계시한다는 것을 상정한다. 그러면 하나님의 자기 계시에 대한 응답으로서 종교는 긍정적이거나 부정적일 수 있다. "종교는 하나님을 찾는 것에 심오하고 진실되다. 종교는 하나님으로부터의 도피가 될 수도 있다. 이는 사랑과 순종의 봉사라는 미명하에 그분의 존재로부터 달아나려는 노력이다. 이것의 밑바닥에는 관계, 즉 만남(encounter)이 놓여있다."17)

하나님에 의해 만들어진 존재이고 창조자와 심판자에게 어떤 특정 종류의 응답을 하며 살고 있는 인간에 대한 기독교 신학의 관점으로는 위의 정의가 불완전하더라도 의심의 여지없이 맞는 말이다. 종교에 대한 좀 더 포괄적인 신학적 설명은 계시에 더하여 창조에 대한 성서적 테마들, 일반 은총, 인간의 죄와 반역, 그리고 악한 영역의 영향과 같은 것들을 포함할 것이다.18) 그러나 이런 관점에 대해선 두 가지를 반드시 주목해야 한다. 첫째는, 인간의 종교성에 대한 분명한 기독교적 해석을 제공함에 있어서 이는 기독교적 유신론의 진리를 상정한다는 것이다. 둘째, 바빙크의 시각에서 종교는 **모든** 인간 존재들이 하나님의 피조물에 해당되는 무언가라는 것이다. 모든 사람은, 심지어 종교적 소속을 거부하는 사람들조차, 본질적으로 종교적이고, 경배하거나 반항하거나 둘 중 하나의 태도로서 하나님을 향한 기본적인 지향을 드러낸다. 여기엔 중요한 통찰이 있고 성서의 취지를 반영하는 종교신학은 이러한 테마를 포함시킬 필요가 있을 것이다.

하지만 이것이 종교를 이해하는 데에 있어서 충분할까? 단어에 대한 정의를 규정하는 것은 분명 특정한 목적에 도움이 된다. 즉 상정된 종교의 정의를 명확히 하는 것은 중요하다는 것이다. 종교라는 단어는 우리의

---

17) 같은 책, 19.
18) 이러한 테마들은 나의 책 *Encountering Religious Pluralism*의 10장에서 다루는 종교에 관한 신학적 기술들 안에 들어가 있다.

일상적 담화들에서 사용되듯이 유형과 분류에 관한 용어다. 단어 '종교'는 따로 특정된 것들을 포함시키려는 의도가 있다. 예를 들어 인구통계학자들의 경우에는 종교적인 사람들과 그렇지 않은 사람들로 구분하고, 미 연방정부의 국세청은 세금징수의 목적을 가지고 몇몇 기관들을 종교적으로 공인한다. 만약 '종교'가 특정 현실들을 가려내어 분간하기 위해 그 밖의 다른 것들을 배제하면서 기술(記述)적으로 사용되어진다면, 혹은 삶의 특정 방식들을 그것들과 다른 방식들을 반대하는 것으로서 표현하기 위해 사용되어진다면, 틸리히의 정의는 이런 목적들을 폭넓게 포함하기에는 큰 도움이 되지 않는다. 틸리히의 정의에 이런 질문을 던질 수 있을 것이다. "종교는 모든 인간 존재들에 적용되는 범주인가 아니면 단지 인류의 부분집합에만 적용되는 범주인가?"

우리가 하나님의 실존을 부인하는 사람들을 포함한 모든 인간은 어느 정도 하나님과의 관계에 서 있다는 신학적 의견을 받아들이더라도, '종교적'이라는 것은 다른 그룹이 아닌 일부 특정 그룹을 확인하는데 유용한 범주인지에 대한 실증적 질문은 여전히 남는다. 이에 관해 인간이 어떻게 살아가는지 살펴보기 위해서 만들어질 수 있는 중요한 구분점이 있다. 예를 들어, 유신론과 무신론, 즉 성경이나 토라, 코란과 같은 종교 경전에서 스스로 계시한 영원한 창조자를 믿고 그 신념에 부합하며 살려고 하는 사람들과, 이생은 바로 여기 있고 우리가 이해하는 이 물질적 세상 너머에는 아무것도 없는 것이 전부라고 믿는 사람들 사이의 구분이다. 이 둘은 살아가는 양식과 현실을 이해하는 방식에 있어서 서로 매우 다르다. 그리고 우리는 이 두 그룹을 구분할 방식이 필요하다. '종교적'이라는 단어는 전자의 그룹에 적용하기는 유용하나, 후자에 대해서는 아니다. 여기서 '종교'는 신학적 의미가 아닌 묘사적이고 현상학적인 의미로 사용되고 있다.

우리가 종교에 대해 신학적이거나, 혹은 현상학적인 정의를 선정해야 하는 것은 그 정의의 목적에 달려있다. 만약 그 의도가 분명한 기독교적 관점에서 여러 가지 종교적 현상들에 대해 설명하거나 기술하는 것이라면, 그렇다면 성서와 기독교 신학의 재원(resourse)에서 나오는 종교의 신학적 이해는 필수적이다. 그러나 분명한 신학적 설명조차 그 논리상 종교에 대해 기본적인 현상학적 이해를 상정한다. 다양한 종교들 안에 우리가 목격하고 주시해온 것들에 대한 기독교적 이해를 신학적 설명과 기술(account)이 제공하기 때문에, 신학적 정의가 타 종교들의 실제적인 신앙들과 그 종교의 관행들을 정확하게 관찰하고 숙고하며 정밀하게 반영하는 것은 매우 중요하다. 종교에 대한 적절한 신학적 시각은 성경적 증거에 대한 신의뿐만 아니라, 타 종교인들의 기관, 신앙, 관행들에 대해 정밀한 서술을 필요로 한다. 그렇지 않으면 그 신학적 서술은 오용된다. 예를 들어, 만약 우리가 중국인들의 조상에 대한 종교적 관행을 알맞게 서술해야 한다면, 우리는 이와 관련된 성경적, 신학적 가르침의 해석과 이해뿐만 아니라, 참여자들에게 상당한 중요성을 가지고 있는 그 관행 자체에 대한 충분하고 적절한 묘사도 필요하다. 그래서 종교에 대한 신학적 정의는 사실상 종교의 현상학적 이해를 상정한다. 우리는 사실적인 종교 공동체들의 살아있는 현실에 대한 신중한 관찰로부터 믿을 만한 묘사적, 현상학적 관점을 얻는 것이다. 다음으로 우리는 종교에 대한 신학적 서술과는 크게 관계가 없고, 우리가 다양한 인간 공동체들 사이에서 만나듯이 종교에 대해 실증적이고, 현상학적인, 혹은 묘사적인 이해를 다룰 것이다.

'종교'와 '세계 종교'

서구의 사람들은 종교에 대해 논할 때, 일반적으로 유대교, 이슬람교,

힌두교, 불교 그리고 아마 도교와 유교 정도를 세계의 주요 종교로 일컫는다. 그리고 대학에서 인기 있는 수업 중에는 이러한 세계 주요 종교들을 소개하는 과목이 있기도 하다. 우리는 '세계 종교'라는 어원에 매우 익숙해져 있어 이것이 현대에 만들어진 범주라는 것을 알게 되면 놀랄지도 모른다.

'세계 종교'라는 용어는 1885년 *Encyclopedia Britannica*[19]의 9번째 판에서 틸러(C. P. Tiele)의 글 '세계 종교'에서 처음 사용되었다. 흔히 오늘날 불교를 세계 종교로 여기고 있는데, 불교는 19세기 초에 아시아 전역에서 발견된 특정 종교로 인식되었다. 필립 알몬드(Philip Almond)는 1820년대와 1830년대에 대영제국 전역에 흩어져있는 동양 불자들과의 만남으로 유럽인들이 아시아의 여러 불교도 사이의 독특한 의식, 제도, 신념, 서사 등을 하나의 종교인 불교로 구성했다고 주장한다.[20] 또한 이슬람의 경우, 사람들은 이슬람을 단순히 아랍인의 종교로 여기지만 이슬람은 이미 세계 종교로 인정을 받았다. 그러나 20세기 초반, 6개의 주요 종교에 대한 이념이 확립되었고 신학자 에른스트 트뢸치(Ernst Troeltsch)의 1923년 에세이 "세계 종교 가운데 기독교"는 기독교, 유대교, 이슬람교, 불교, 배화교, 유교를 "위대한 세계 종교"로 규정하였다.[21]

토모코 마수자와(Tomoko Masuzawa)는 '세계 종교'라는 명칭이 종교로서 식별될 수 있는 그 어떤 것, 즉 "많은 종을 포함하는 류(類)이기에, 기독교는 그중 하나에 불과하다"라고 전제하고 있다.[22] 이러한 세계 종교의 학

---

19) Tomoko Masuzawa, "World Religions," *Encyclopedia of Religion*, ed. Lindsay Jones, 2nd ed. (New York: Thomson Gale, 2005), 14:9800, 9802.
20) Philip C. Almond, *The British Discovery of Buddhism* (Cambridge: Cambridge University Press, 1988), 8-12.
21) Ernst Troeltsch, "The Place of Christianity among the World Religions," in *Christianity and Other Religions: Selected Readings*, ed. John Hick and Brian Hebblethewaite (Philadelphia: Fortress, 1980), 19.
22) Masuzawa, "World Religions," 9800.

문적 개념과, 종교의 일반적인 개념은 모두 세계의 종교로 인지되는 특별하고 다양한 현대적인 발전이라고 할 수 있다. 킴 노트(Kim Knott)는 "신앙은 일반적으로 '종교'가 역사적이고 학술적인 구조라는 데 동의한다"라고 말한 바 있다.[23]

많은 사람이 이를 이상하게 여길 수 있다. 하지만 어찌 되었든 사람들이 기도하거나, 교회나 성전에서 예배를 드리거나, 또는 조상들의 영혼에 제물을 바친다는 생각을 최근의 학자들이 명명한 것은 아니다. 역사를 통틀어 사람들은 신 또는 신에 대한 믿음을 표현하고 기도하고 명상했으며, 다양한 문헌을 신성하게 여겨왔다. 케빈 쉴브랙(Kevin Schilbrack)은 "현대 산물로서의 종교" 담론을 세 가지 주장으로 유용하게 기술하였다. 첫째는 '종교'라는 용어가 현대의 사회적 산물이라는 것이다. 비평가들은 "종교가 항상 존재했든 아니든 간에, 종교의 개념은 비교적 최근에 확립되었다고 말한다. 이러한 종교비평가들에 의하면 경계가 잡힌 공동체에서 구현된 특정한 신념 체계로서의 종교 개념은 17세기 이전에는 대체로

---

[23] Kim Knott, "How to Study Religion in the Modern World," in *Religions in the Modern World: Traditions and Transformations*, ed. Linda Woodhead, Hiroko Kawanami, and Christopher Partridge, 2nd ed. (London: Routledge, 2009), 16. 참고, e.g., Tomoko Masuzawa, *The Invention of World Religions: Or, How European Universalism Was Preserved in the Language of Pluralism* (Chicago: University of Chicago Press, 2005); Talal Asad, *Genealogies of Religion: Discipline and Reasons of Power in Christianity and Islam* (Baltimore: Johns Hopkins University Press, 1993); Brent Nongbri, *Before Religion: A History of a Modern Concept* (New Haven: Yale University Press, 2013); Jason Ananda Josephson, *The Invention of Religion in Japan* (Chicago: University of Chicago Press, 2012); Guy G. Stroumsa, *A New Science: The Discovery of Religion in the Age of Reason* (Cambridge, MA: Harvard University Press, 2010); S. N. Balagangadhara, *"The Heathen in His Blindness...": Asian, the West and the Dynamic of Religion* (Leiden: Brill, 1994); Timothy Fitzgerald, *The Ideology of Religious Studies* (New York: Oxford University Press, 2000); Daniel Dubuisson, *The Western Construction of Religion: Myths, Knowledge, and Reality* (Baltimore: Johns Hopkins University Press, 2003).

알려지지 않았으며, 다른 문화(또는 모든 문화)가 공유하는 일반적인 것으로서의 '종교' 개념은 19세기에 이르러서야 인식되었다는 것이다.[24] 두 번째 주장은 '종교'라는 용어가 문화적인 현상을 왜곡하여 강요된다는 점이다. 이 용어는 "문화적으로 중립적이지도 않을뿐더러 오히려 현대적이고 서구적이며 기독교의 기원에서 유래됐다"는 점에서 문제가 된다. 현대의 종교 개념은 유럽의 그리스도교(European Christendom) 밖의 민족들 사이에서 발견되는 종교적 패턴들을 정확하게 반영하는 범주가 아니라 단지 기독교 역사에서 파생되었다는 인식이 강하다. 다음으로 세 번째 주장은 두 번째 주장에 이어진다. '종교'의 현대적 구성은 순결한(innocent) 활동이 아닌 이념적으로 동기를 부여하고 "현대 서구 권력에 목적을 제공한다"는 것이다.[25] 종교가 사회적으로 구성이 되었다면 종교는 세계의 범주가 아닌 서구 상상력의 산물이라는 것이다. 이러한 언어의 사용은 그 언어가 적절히 묘사하는 것들을 왜곡시키고, 비서구권 문화에 대한 반감을 품게 하는 이념과 동기를 부여하기도 한다.[26]

적절한 조건이 갖춰지면 이 비평에서 분명한 사실성을 엿볼 수 있다. 종교를 세계적으로 바라볼 때, 즉 서양의 기독교에 대한 의미를 다른 종교들의 사고, 행동 방식에 부여할 때에는 신중해야 한다. 기독교에게 있어 종교적이고 권위 있는 텍스트는 성경이지 다른 종교는 이를 그리 중요하

---

24) Kevin Schilbrack, "Religions: Are There Any?," Journal of the American Academy of Religion 78.4 (December 2010): 1113-14.
25) 같은 책, 1115. 이 평론은 동양사상, 그리고 비서양권 민족과 문화들에 대한 묘사의 전체 비평의 일부분이다. 여기서 가장 중대한 작업은 Edward Said의 *Orientalism* (New York: Vintage, 1978)이다. Said에게 동양사상은 '동양'(the Orient)의 본질에 대한 서양의 학문적 설명과 서양의 제국주의에 대한 패권적이고 정치적인 의제들의 공모를 의미한다(83쪽). Said의 논지는 현대의 유럽 석학들에 의한 '동양'(the East)에 관한 묘사는 엄밀하게 객관적이고, 과학적이고, 사실적인 묘사가 아니었다. 오히려 이는 그 자체의 묘사와, 동양의 현실들을 지배하고 하찮게 만들고 서양의 현실에 예속시키려는 식민주의자들의 의제들(agendas)에 있어서 둘 다 부정확하다.
26) Schilbrack, "Religions: Are There Any?," 1116.

게 여기지 않는다. 교리와 신념은 기독교 신앙에 있어 결정적이지만 신토(Shinto)에서는 그리 중요한 것이 아니다. 그리고 일부 유럽인과 미국인들은 소위 기독교적이라 여기는 서양 문명의 덕목을 아시아, 아프리카, 라틴아메리카 사람들의 악덕과 대조함으로써 기독교를 종교의 가장 높은 형태로 여겨왔다. 이 문제는 상당히 복잡하기 때문에 현재 존재하는 비평들을 신중하게 판단해야 한다. 먼저 종교가 현대의 사회적 산물이라는 첫 번째 관점을 살펴볼 것이다. 나는 이 주장이 사실이고 중요한 의미가 있기는 하나, 종교적 사상이 반드시 적용될 수 없거나 포기되어야 하지 않아도 된다는 것을 설명할 것이다. 이는 적절한 조건이 갖춰진다면 집단적 인간 행동 측면을 바라볼 때 도움이 될 중요하고 유용한 범주다.[27]

점차 커져가는 종교적 타인(religious others)에 대한 인식

종교에 대한 현대적인 이해와 실제 종교들은 서로 상반되는 신흥 유럽인들의 두 가지 인식으로부터 발전했다. 첫째는, 유럽 기독교(혹은 Christendom)와 지적이고 사회적 생활의 '세속적인' 영역 간 차이이다. 둘째, 기독교와 차츰 알려진 '다른 종교' 간 차이. 두 경우 모두 차이에 대한 인식이 높아진 것은 물론 유럽 16세기에 출현한 유럽과 미국의 이해관계가

---

[27] "종교"는 현대적 구성인 종교학 분야에서 유일한 개념이 아니다. Peter Van Der Veer는 '영성' 또한 '종교', '마법', 그리고 '세속'과 같은 현대 서양의 개념이라 주장한다. 그는 '영성'이라는 단어가 인도나 중국에는 아주 흔함에도 불구하고 산스크리트어나 중국어에 '영성'이라는 단어에 관한 등가적 용어가 없다는 것에 주목한다. '종교'와 마찬가지로, '영성'이라는 단어는 정의하기가 상당히 어렵다. 이에 대해 Van der Veer는 이렇게 주장한다. "'세속적인 것'과 '영적인 것'은 유럽과 미국의 현대성 안에 있는 제도화된 종교의 대안들로서 동시에 생산된다." Peter van der Veer, *The Modern Spirit of Asia: The Spiritual and the Secular in China and India* (Princeton: Princeton University Press, 2014), 35-36.

세계적으로 확장된 이후인 현대사적 서술의 일부라고 할 수 있다.[28] 이에 따라, 브랜드 농브리(Brent Nongbri)는 '종교들'과 '종교적임'에 대한 현대적 견해는 특정 어떤 것들이 '종교적'이고 그 이외는 '비종교적'이라고 명명하면서 분리하는 것이라 본다.[29] 따라서 종교를 집단적 인간 생활의 특유한 영역으로 여기는 것은 앞으로 2장에서 다뤄질 세속화 영역과 관련이 있다.

종교의 개념과, 힌두교나 불교와 같은 특정 종교의 발전은 아시아, 아프리카, 아메리카에 있는 사람들의 다양한 삶의 방식을 받아들이기 위한 일부 유럽(그리고 나중에는 미국)의 노력이었다. 그러나 서구 식민지 개척자들과 식민지화된 민족들 사이의 지속적인 상호작용을 고려했을 때, 아시아, 아프리카, 그리고 라틴아메리카인들의 자기 인식을 위한 지적 통용의 노력을 서구인들의 담론에 국한시킬 수 없다. 이로 인해 결과적으로 현대 종교의 개념은 세계화된다. 호세 카사노바(Jos Casanova)는 종교의 현대적 이해와 세속적인 개념, 세계화 과정 사이의 연관성을 지적한다. 그는 가장 중요한 세계적 경향 중 하나는 종교 자체와 '종교적/세속적'이라는 현실을 수반하는 이분법적 분류에 관한 카테고리의 세계화라고 본다.

---

28) 종교에 대한 현대적 개념이 주로 서구권의 아시아의 종교 전통들과 만남 안에 많은 변화들의 산물이라 할지라도, 이는 인도, 중국, 일본 등과 같은 동양 국가들이 현대화, 식민지주의, 그리고 기독교 선교들에 의해 제기된 도전들에 대항하며 반응한 그들의 성장과 발전에 의해 형성되었기도 하다. 특히 흥미로운 예는 메이지 시대(1867~1912) 동안 초기 현대 일본이 새로운 사회적 질서 안에서 종교의 위치를 두고 힘겹게 투쟁하였던 방식들 안에서 발견된다. 1860년대 나머지 세상으로부터 자진해서 고립했던 두 세기를 벗어나며, 일본은 민정 당국으로부터 특색 있는 종교에 대한 유럽과 미국의 모범들을 채택하면서 야심찬 현대화 계획을 착수하였다. 그 세기가 바뀌는 시기에 일본 국가(the Japanese state)와 신토(Shinto) 사이에 분명한 일치점이 있었지만, 종교의 본질과 국가가 세속적이어야 하고 종교적 전통들로부터 구별되어야 하는지에 대한 수십 년간의 선행하는 격렬한 논쟁들이 있었다. 참고, Trent E. Maxey, *The "Greatest Problem": Religion and State Promation in Meiji Japan* (Cambridge, MA: Harvard University Press, 2014); Helen Hardacre, *Shinto and the State: 1868~1988* (Princeton: Princeton University Press, 1989).

29) Nongbri, *Before Religion*, 4.

즉, "산만한 현실로서의 '종교'는 사실 추상적인 범주로써, 그리고 현실을 분류하는 체계로써, 현대 사회뿐만 아니라 개인, 종교적, 세속적 당국에 의해 이용되고 있는 명백한 세계적인 사회적 사실이 되었다."30)

현대의 성장들을 바라볼 때, 우리는 우선 전근대적인 유럽의 상황을 상기해야 한다. 기독교가 소수 종파에서 제국의 지배적인 종교로 탈바꿈하면서 기독교인과 '타 종교인'의 관계는 4세기부터 계속 변화하였다. 기독교 제도의 권력이 점점 사회적, 정치적, 지성적으로 중심이 될 때, 다른 종교적 신념과 관행들은 소외되고 이단적이라는 비난을 받았다. 서유럽 사회는 종교적으로 더 동질화되어, 중세에는 종교적 다양성에 대한 사상과 담론이 거의 없었다. 중세 유럽인들은 네 가지 기본적인 종교의 범주-기독교인, 유대인, 이슬람교도 및 이교도-중 이교도는 세 범주에 속하지 않은 모든 사람을 아우르는 것으로 여겼다.31) 중동의 일부 지역에서는 이슬람교도들이 기독교인들이 점령했던 땅을 차지하면서 기독교인들과 이슬람교도들 사이에 폭넓은 교류가 있기는 했다.32) 하지만 대부분의 유럽 기독교인들은 다른 종교 신자들과의 직접적인 관계를 쌓지 않았다.

그러나 인간 문화의 다양성이 놀라울 정도로 많다는 점이 뚜렷해지면서 1492년 이후 잇따른 발견으로 인해 유럽인들의 모습이 변화하였다. 탐험가, 외교관, 선교사들이 새롭게 마주한 그룹들의 낯선 관습들로 인해 전통적인 사고방식은 도전받았다. 새로운 정보가 유입되면서 아프리카, 아메리카, 인도, 중국, 태평양의 섬에 사는 사람들의 생활 방식들을

---

30) Jos Casanova, "The Secular, Secularizations, Secularisms," in *Rethinking Secularism*, ed. Craig Calhoun, Mark Juergensmeyer, and Jonathan VanAntwerpen (New York: Oxford University Press, 2011), 62.
31) Eric J. Sharpe, "The Study of Religion in Historical Perspective," in *The Routledge Companion to the Study of Religion*, ed. John R. Hinnells (London: Routledge, 2005), 25.
32) 참고, Sidney H. Griffith, *The Church in the Shadow of the Mosque: Christians and Muslims in the World of Islam* (Princeton: Princeton University Press, 2008).

이해하고 설명하고자 하는 노력이 이루어졌다. 초기에 문화와 종교에 대한 이해는 이러한 설명에서 발전하였다. 종교를 사회생활의 뚜렷한 영역으로 설정하고, 사람들의 종교적 신념과 실천 사이에 분명한 차이가 있다는 생각이 널리 받아들여졌다. 종교의 개념은 문화적 개념과 나란히 발전하면서 다양한 민족 간 차이를 이해하는 데 도움을 주는 또 다른 현대적 개념으로서 자리를 잡았다.

19세기 말과 20세기 초를 종교에 대한 학문적 또는 '과학적' 연구의 시작으로 여기는 것이 일반적이다. 그러나 종교학자 가이 스트룸사(Guy Stroumsa)는 종교에 대한 현대적인 연구는 실제로 16세기에 시작되었고, 이러한 발전에 적어도 세 가지 주요 역사적 사건이 있다고 매우 설득력 있게 주장한다. "첫 번째 사건은 아메리카 대륙, 뒤이어 남아시아와 동아시아를 찾아낸 대발견이다. 이 사건은 스페인과 이탈리아 선교사들에게 여태 알려지지 않았던 현상을 설명하는 새로운 범주를 제공하였다." 다음 주요 사건은 르네상스(the Renaissance)이다. 이는 고대에 대한 새로워진 관심과 현대적 철학의 발전을 가져왔다. 세 번째로 "새로운 과학에 대한 자극"이 종교 개혁을 따라서 서유럽에 참혹한 종교전쟁을 불러일으켰다.

많은 학자들은 가톨릭과 개신교가 신의 진리를 표현하기 위한 자신들의 신앙의 설득력을 잃었다고 생각한다. 전 세계 기독교인들의 격렬하고 잔인한 분열은 기독교 그 자체의 타당성에 의문을 보여주었다. 누구나 알 수 있듯이, 기독교에서 '거짓 예언자'로 여겨지는 무함마드의 추종자들인 이슬람 터키인들은 자신들의 '이방인'인 기독교인, 유대인, 그리고 그들의 종파에게 보였던 태도는 기독교인들이 유럽 전역의 '외부인'들을 대했던 태도보다 훨씬 더 관대했다. 보편적 가식을 가지고 있는 기독교 신앙에 대해 개인들이 품은 의문은 종교가 피워낸 특정 사회의 가치관을 반영하며 종교를 새

롭게 이해하는 중요한 동기부여가 되었다.33)

16세기로 들어서면서, 탐험가, 상인, 선교사들이 알려온 소식들은 세계 여러 민족의 문화적, 종교적 관행들에 대한 큰 관심을 일으켰다. 신대륙을 묘사한 책과 소책자들은 유럽의 호기심 많은 독자들을 사로잡았다. 스트룸사는 "신대륙과 그 새로운 문화들은 서서히 '문화 경관' 즉 프랑스인들이 일컫는 유럽 지식인들의 상상력이라고 부르는 것의 일부가 되어가고 있었다. … 전 세계적으로 행해지는 다양한 종교에 대한 이 새로운 지식은 종교를 신앙(beliefs)보다는 의식(ritual)에 강조를 두어 보편적인 현상으로 재정의 할 필요가 있다"라고 주장한다.34)

버나드 피카트(Bernard Picart)와 진 프레드릭 버나드(Jean Frederic Bernard)가 1723년과 1737년 사이, 총 7권으로 3,000페이지가가 넘는 *Ceremonies et countumes religieuses de tous les peuples du monde*(『세계인의 종교의식과 관습』)을 출판하였고, 이 책은 당대 주목할 만한 출판물 중 하나이다. 이 책은 1700년대 초 유럽인들에게 알려진 여러 종교적 전통들에 대한 광범위한 설문과 유대인, 여러 기독교 단체들, 아프리카인, 인도의 힌두인, 잉카인, 일본인, 아메리카 원주민, 이슬람교도 등의 관습들에 대한 자세한 설명과 더불어 디테일하게 종교 의식들을 묘사한 저명한 버나드 피카트의 판화를 곁들였다. 따라서 『세계인의 종교의식과 관습』은 "종교적 믿음에 대한 유럽인들의 태도에 중요한 전환점이 되었다"고 할 수 있다. 또한 이 책은,

> 종교가 동등한 조건으로 비교될 수 있다는 근본적인 생각을 심어주어 모든 종교가 동등하게 존경과 비판을 받을 가치가 있다는 것

---

33) Stroumsa, *A New Science*, 5-6.
34) 같은 책, 3.

을 알려주었다. 유일무이하고 절대적인 신이 내린 진리라는 믿음에서 각 민족과 문화에 대한 진리를 반영하는 개별화된 의식과 관습이라는 "종교"의 개념을 전환했다. 세계적으로 집합된 종교의 모습은 특정 시간, 장소, 기관에 따라 다르게 효율적으로 세분화되고 구분되었다. 시간과 장소가 부여되어, 종교는 불변의 신념체제가 아니라 신이나 천상과 관련된 모든 곳에 있는 별개의 존재가 되었다.35)

『세계인의 종교의식과 관습』은 지식인들뿐만 아니라 신세계에 대해 궁금해하는 일반 시민들에게도 널리 읽혔다.

학문적 분야로서의 종교 연구가 부분적으로는 아시아, 중남미, 아프리카 내에서 확장되고 있는 식민주의 제국의 여행객들과 관리자들뿐만 아니라 기독교 선교사들의 활발한 활동에도 기반을 두어 발전했다는 역설이 있다.36) 초기 선교사들은 보통 세심한 민족지학자들로서 자신들이 살면서 전도하는 주변인들에 대한 풍부한 묘사를 기록하였다. 또한 성경을 지역 언어로 번역할 뿐만 아니라 유럽 언어로 다른 종교의 신성한 본문을 이해할 수 있게 하면서 구세계와 신대륙의 중간다리 역할을 했다. 그러나 현대 종교 학문이 많은 대학 내에서 학과목으로 자리를 잡았고, 그로 인해 신학, 선교학과 현대종교학 사이의 관계가 서로에 대해 의구심을 품으며 긴장감이 형성되었다. 종교학자들은 종교에 대한 '객관적' 연구를 추구하면서 특히 신학자들이 내린 종교적 신념과 실천에 대한 신학적 판단들을 비판적으로 바라보았다. 신학자들과 선교학자들은 그

---

35) Lynn Hunt, Margaret C. Jacob, and Wijnand Mijnhardt, *The Book That Changed Europe: Picart and Bernard's "Religious Ceremonies of the World"* (Cambridge, MA: Harvard University Press, 2010), 1-2.

36) Eric J. Sharpe, *Comparative Religion: A History* (LaSalle, IL: Open Court, 1986), 144-45.

에 대응하여 종교학을 지배하고 있는 환원주의적 자연주의를 배격하였다. 즉, 현대의 종교 개념은 유럽 전역 기독교인의 해체, 유럽 사회의 세속화, 세계적으로 종교 다양성에 대한 인식 증가, 유럽 국가들의 식민주의와 아시아 기독교 선교 활동으로 인한 영향으로 발현된 혁신이라 볼 수 있는 것이다.

현대적 산물로서의 힌두교

힌두교와 인도의 경우에서 아마도 종교가 현대적인 산물이라는 개념이 가장 뚜렷할 것이다. 많은 교과서에서 힌두교는 일반적으로 세계 주요 종교 중 하나로 취급된다. 그러나 힌두교를 이렇게 특별한 종교로 여긴 것은 18세기와 19세기 동안 인도와 서구의 만남으로 인해 발전된 현대적 개념이다. 전형적으로 학자들은 영국의 동양학자들과 행정가의 역할, 인도 종교 문헌에 대한 선교적인 관심에 주목하였고, 무슬림, 기독교인, 시크교인, 조로아스트교인이 아닌 모든 인도인을 힌두인으로 인정하기(identify) 위해 뚜렷한 종교집단을 구성한다는 생각을 장려하며 인구조사를 시행하였다. 제프리 오디(Geoffrey Oddie)는 "'힌두인'과 '힌두교'라는 용어는 인도의 종교와 문화에서 발견된 복잡성을 이해하기 위해 외부인들이 고안한 범주다"라고 보고한 바 있다.[37] '힌두'라는 단어는 본래 인더스강을 가리키는 산스크리트어 shindhu의 페르시안 방언이다. 이 용어의 초기 사용은 주로 인도 고유의 지리적 개념을 나타낼 때 사용되었으며 특별히 종교적 의미를 지니지 않았다. 따라서 영국 식민지 시절, 영국 동인도

---

[37] 참고, Geoffrey A. Oddie, "Constructing 'Hinduism': The Impact of the Protestant Missionary Movement on Hindu Self-Understanding," in *Christians and Missionaries in India: Cross-Cultural Communication Since 1500*, ed. Robert Eric Frykenberg (Grand Rapids: Eerdmans, 2003), 156.

회사가 도착한 지 얼마 되지 않아 '힌두 기독교인'과 '힌두 이슬람인'을 토착민이 아닌 사람과 구별하는 것을 언급하는 일은 빈번하였다.[38]

그러나 19세기에 이르러 '힌두'라는 용어가 뚜렷한 종교적 의미를 지니게 되었고, '힌두교'는 인도의 토착 종교(단일)를 지정하는 용어로 소개되었다. 서양인이 종교 제도를 지정하는 데 있어 '힌두교 신자'와 '힌두교'를 가장 처음 사용한 것은 아마도 1787년에 찰스 그랜트(Charles Grant)가 쓴 편지에서일 것이다.[39] 세람포(Serampore)에 있는 침례교 선교사 윌리엄 와드(William Ward)는 1801년에 '힌두교', '힌두 제도' 그리고 '힌두교 미신'에 대해 비슷한 말을 언급한 바 있다.[40] 오디(Oddie)는 '힌두교'를 어떤 종류의 일관성 있는 종교 체계를 나타내기 위해 최초로 사용한 사람이 1816년 영국 출판물에서 이 용어를 사용한 사회 종교 개혁가 라모한 로이(Rammohan Roy, 1772~1833)였다고 주장하였다.[41] 1820년대와 1830년대에 '힌두교'라는 용어는 선교사와 인도인들에 의해 영어 출판물에 더욱 많이 채택되었는데, 한편에서는 이를 부정적으로 기독교와 대조하며 사용한 반면, 다른 한 편에서는 그것을 영국 식민주의자들의 종교에 대한 긍정적인 대안으로 여겼다.[42]

'힌두교' 용어의 의미 변화에 관한 이야기는 매력적이면서 복잡하고, 인

---

[38] Robert Eric Frykenberg, "Constructions of Hinduism at the Nexus of History and Religion," *Journal of Interdisciplinary History* 23.3 (Winter 1993): 525.

[39] Will Sweetman, "Unity and Plurality: Hinduism and the Religions of India in Early European Scholarship," *Religion* 31 (2001): 209. 내가 이 에세이에 관심을 가지게 한 Peter Vethanayagamony에게 감사하다.

[40] Oddie, "Constructing 'Hinduism,'" 156-57.

[41] 같은 책, 162.

[42] 종교 개념이나 종교로서의 힌두교의 현대적 구성은 단순히 외부로부터 인도인들, 중국인들, 또는 일본인들에게 어떤 개념을 부과하는 유럽인들과 미국인들의 문제가 아니었다. Van der Veer가 보듯이, "나머지 세계의 서양적 범주의 수동적 평판(reception)처럼, 종교와 같은 개념들의 변화(transformation)를 보는 것은 가능하지 않다. 인도인들과 중국인들은 유럽인들과 미국인들이 그렇듯 능동적으로 이런 변화에 관련되어 있다" (Modern Spirit of Asia, 29-30).

도의 사회적, 문화적 정체성을 형성하는 데 있어서 자체적 의제를 가진 최소 4개의 뚜렷한 그룹들의 기여를 내재하고 있다. 이 4개의 그룹은 다음과 같다. ⑴ 언어학자와 인도 역사학자를 포함한 영국의 식민지 행정가들, ⑵ 영국인이 인도를 식민지배할 수 있도록 도운 인도의 귀족들, ⑶ 서양 선교사들, ⑷ 그리고 인도 독립을 위한 반영국 운동과 고대 브라만 종교 개혁가들과 같이 활동했던 인도 지식인들이다.[43] '힌두교'는 이슬람인, 기독교인, 시크교인, 조로아스터교인, 자이나교인, 혹은 불교 신자가 아닌 인도의 종교 전통에 일반적 범주가 되었다. 이 범주 안의 복잡하고 혼란스러운 종교적, 철학적 다양성에도 불구하고, 힌두교는 기독교와 이슬람과 같은 다른 종교들과 견줄 수 있는 종합적이고 통일된 종교 체계를 잡게 되었다.[44] 힌두교는 Vedic scriptures를 기반으로 한 인도 고대 브라만 전통의 관점에서 특징지어졌고, 스와미 비베카난다(Swami Vivekananda, 1863~1902)와 사르브팔리 라다크리슈난(Sarvepalli Radhakrishnan, 1888~1975)와 같은 현대의 인도 지식인들뿐만 아니라 '이국적인 동방'의 이미지, 특히 Advaita Vedanta 전통의 난해한 신비주의와 일원주의에도 영향을 받았다.[45] 보다 최근에는, Hindutva 운동과 관련된 급진적 민족주의자들이 힌두교를 인도 국토와 불가분의 관계로 연결한 고대 원주민의 종교 관점에서 힌두교를 정의하려고 했다. 이로 인해 진정한 인도인이 된다는 것은 힌두교인이 되는 것이다. 따라서 기독교도와 이슬람교도들은

---

43) 참고, Frykenberg, "Constructions of Hinduism at the Nexus of History and Religion"; Peter van der Veer, *Imperial Encounters: Religion and Modernity in India and Britain* (Princeton: Princeton University Press, 2001); Brian K. Pennington, *Was Hinduism Invented? Britons, Indians, and the Colonial Construction of Religion* (New York: Oxford University Press, 2005).
44) Geoffrey A. Oddie, "Constructing 'Hinduism,'" 155.
45) 참고, Richard King, *Orientalism and Religion: Postcolonial Theory, India and "The Mystic East"* (London: Routledge, 1999), chap. 6; Jyotirmaya Sharma, *A Restatement of Religion: Swami Vivekananda and the Making of Hindu Nationalism* (New Haven: Yale University Press, 2013).

정의상 진정한 인도인이 될 수 없다.[46]

종교와 타 종교의 구상화

우리가 알고 있는 종교의 개념은 현대의 사회적 산물이라는 비평은 여러 가지 형태를 취하지만, 일반적으로 단순히 종교를 논하거나 힌두교, 불교와 같은 특정 종교에 관해 논하는 것은 종교의 구상화(reification)라고 말할 수 있다. '종교'와 '힌두교'는 구체적인 현실에 기반을 둔다는 느낌을 주기 때문에 이를 구상화한 개념이라 여겨지지만, 사실 이런 구상화는 실재하지 않는다. 비평가들은 이런 구상화가 이슬람, 힌두교, 기독교, 불교와 같은 많은 종류가 있듯이 종교를 명확히 규정되고, 초역사적(transhistorical)이고, 그리고 횡문화적(transcultural)인 범주로 생각하는 경향에서 발견되어진다고 주장한다. 하지만 이 부분에서 불편한(objectionable) 점은 종교를 정의하는 공동의 '본질'이 존재하여 모든 특정 종교가 이 종교의 본질에 관여된다고 여기는 것이다.

우리의 현대적 종교 개념이 현대의 산물이라는 것을 주장하는 주된 이유 중 하나는 그 어원에서 비롯된다. 고대 언어에는 오늘날 '종교'를 뜻하는 용어가 없었고 힌두교나 유대교, 불교 같은 종교를 칭하는 용어도 없었다고 학자들은 말한다.[47] 이를테면, 고대 그리스어와 라틴어에는 'religion'이라는 영어단어와 같은 의미를 지닌 용어가 단 하나도 없었다. 'Religion'은 흔히 라틴어 religio나 religari에서 유래되었다고 하지만,

---

[46] 참고, "Hindutva: Vinayak Damodar Savarkar and the RIse of Hindu Nationalism," in *Hinduism: A Reader*, ed. Deepak Sarma (Oxford: Blackwell, 2008), 373-90; C. Ram-Prasad, "Contemporary Political Hinduism," in *The Blackwell Companion to Hinduism*, ed. Gavin Flood (Oxford: Blackwell, 2003), 526-50.

[47] 참고, Nongbri, *Before Religion*, chaps. 2-4.

두 단어 모두 오늘날의 '종교'와 정확히 같은 의미가 아니다. 또한 라틴어 religio와 상응하는 그리스어도 없었다.[48]

현대 이전까진 비서구권 언어들에서도 '종교'와 상응하는 단어가 존재하지 않았다. 에릭 샤프(Eric Sharpe)는 동양 전통 속에 '종교적'인 용어를 대응할 때, 일부 유럽 언어가 중개적으로 사용되었다고 말한다. 그는 이렇게 말한다. "힌두교 신자가 영어로 '종교'를 표현할 때에는 큰 어려움이 없겠지만, 산스크리트어, 힌디어, 타밀어로 '종교'를 표현한다면 여러 가지 함축적 언어들을 사용해야만 한다."[49] 산스크리트어 '다르마(dharma)'는 영어로 '진리', '의무', '법률', '질서', '권리'로 번역될 수 있다. 이와 비슷하게, 일본어로 '종교'는 오늘날 Shukyo로 번역이 되는데, '종교'를 의미하는 이 일본어 단어가 채택된 것은 불과 1873년경이었다.[50] Shukyo는 유럽과 미국에서 종교에 대한 '과학적' 연구에 대한 19세기 후반의 논쟁에 영향을 받은 현대 용어로서, 일본 전통 종교적 관습을 따르는 사람들에게는 다소 이질적인 어감을 지니고 있다.

> [Shukyo]는 19세기 일본인들이 서구사회, 특히 서양 선교사들을 접하면서 널리 파생된 용어로, 일본에선 찾아볼 수 없던 단어다. 19세기 전반적인 기독교 신학 체계에선 흔하지만, 특정 신념이 깃든 존재에 대한 종교 개념과 견해를 의미하는 단어이다. Shukyo라는 용어는 원래 타 사회, 타 문화의 종교와 이질적이었고, 하나

---

48) 참고, Peter Henrici, "The Concept of Religion from Cicero to Schleiermacher," in *Catholic Engagement with World Religions: A Comprehensive Study*, ed Karl J. Becker and Ilaria Morali (Maryknoll, NY: Orbis Books, 2010), 1-20.
49) Eric J. Sharpe, *Understanding Religion* (New York: St. Martin's Press, 1983), 39.
50) Robert Kisala, "Japanese Religions," *Nanzan Guide to Japanese Religions*, ed. Paul L. Swanson and CLark Chilson (Honolulu: University of Hawaii Press, 2006), 4.

의 조직 또는 질서에 대한 신념과 믿음을 의미했다. 전통적으로 일본의 종교적 행위에서는 이 단어가 일반적이지 않았으며, 더욱이 일본의 종교적 절차와 관련된 많은 현상을 배제하는 경향이 있다.[51]

제이슨 조셉슨(Jason Josephson)에 따르면 shukyo의 어원은 일본에서 시작되어 중국과 한국으로 퍼져나갔고, 이는 "종교에 대한 일본식 해석이 풍속전통의 개념을 바꿔놓는" 결과를 초래하였다.[52] 그리고 안나 선(Anna Sun)은 우리가 흔히 쓰는 한자 '종교(宗敎)'에서 '교'의 개념은 20세기가 되어서야 확립되었다고 주장한다.[53] 물론 이 한자는 19세기에도 쓰이긴 했지만, 부처, 공자, 도가의 가르침을 일컫는 용도로만 쓰였고 현대의 종교적 의미를 지니지는 않았다.

종교다원주의자인 윌프레드 칸트웰 스미스(Wilfred Cantwell Smith)가 쓴 *The Meaning and End of Religion*(1962)은 '종교' 자체의 의미와 여러 종교의 현대적 이해를 끌어낸 초기 시도 중에 뛰어난 책이라 평가받는다.[54] 이슬람 신자이면서 역사가이기도 한 그는, 모든 종교를 각기 다른 개체로 바라보는 것은 현대사회가 바로잡아야 할 혼선이며, 종교 자체를 신앙심에서 나오는 하나의 독립체로 바라봐야 한다고 주장한다. 예컨대, "힌두교도들은 존재하지만, 힌두교는 존재하지 않는 것이다"라고 말한다.[55] 그는 종교는 신앙심 없이 추상적인 독립체로 존재한다는 개념

---

51) Ian Reader, *Religion in Contemporary Japan* (London: Macmillan, 1991), 13-14.
52) Josephson, Invention of Religion in Japan, x (7도 참고). 참고, Jun'ichi Isomae, "De-constructing 'Japanese Religion,'" *Japanese Journal of Religious Studies* 32.2 (2005): 235-48.
53) Anna Sun, *Confucianism as a World Religion: Contested Histories and Contemporary Realities* (Princeton: Princeton University Press, 2013), 23.
54) Wilfred Cantwell Smith, *The Meaning and End of Religion* (New York: Harper & Row, 1962).
55) 같은 책, 65.

에 대해 반대했다. 이런 맥락에서 "어떠한 종교도 사람의 신앙 행위들과 분리된 추상적인 독립체로 존재할 수 없다"라며 강력하게 주장하였다.[56] 스미스는 각 종교에서 숭배하는 특정한 사람들에 따라 생기는 극명한 차이를 부인하는 것은 아니나, 신앙심에서 나오는 게 아닌, 종교로서의 힌두교처럼 절대적 교리가 있는 개념을 받아들이기 거부했다.

스미스는 특정 종교 공동체의 외적인 '관습'과 개별적 지지자의 내적 신앙을 구분한다.[57] 누적되는 관습은 시간이 지남에 따라 형성되며 종교적인 건물, 성서, 교리, 윤리적 규범, 의식, 법률 및 사회 제도를 포함한다고 말한다, 즉 "한 사람, 한 세대에서 다른 세대로, 그리고 역사가가 관찰할 수 있는 모든 것"을 포함하는 것이다.[58] 스미스에게 누적되는 관습의 일부로 종교적 신념을 포함하는 것은 매우 중요한 사안이다.

대부분 사람은 누적된 관습을 강조하겠지만, 스미스는 한 개인의 내적 신앙이 더 중요하다고 말한다. 그에게 믿음이란 논리적인 믿음보다 앞서며, 종교 공동체를 포괄하는 삶 속에서 찾은 신을 따르려는 개인적 성향이다. 따라서 스미스에게 믿음은 "수 세기 동안 그리고 전 세계에 걸쳐 다양한 종교 형태를 낳고 키워왔으며, 그 형태 이전과 이후에도 여전히 이해하기 힘들고 개인적인 인간의 성향"이라고 주장하였다.[59] 스미스는 대부분 사람이 일반적인 종교에 관하여나 특정 종교에 대해 논할 때, 그들이 염두에 두고 있는 것은 한 종교인의 내적 신앙보다는 외적 관습이라고 주장한다. 종교를 일반적인 범주로, 또는 일반적인 개념의 종교로서 힌두교 또는 기독교를 말하는 것은 실제로 개인의 인상 깊은 신앙 경험을 구상화하거나 본질화하는 것이다.

---

56) 같은 책, 12.
57) 같은 책, 194.
58) 같은 책, 156-57.
59) Wilfred Cantwell Smith, *Faith and Belief* (Princeton: Princeton University Press, 1979), 3.

종교 신자들의 실질적인 헌신을 주의 깊게 관찰하고 추상적인 제도에 의해서 현혹되지 않을 것을 전하고자 한 스미스의 요구는 중요하게 사료된다. 실제로 종교 공동체 외에 종교는 존재하지 않는다. 그러나 이런 사실을 간과하지 않으면서 스미스는 종교적 신자들이 내적 신앙과, 이차적 지위만을 가지고 있는 외부 관습 사이에 분명한 선을 긋는다. 스미스가 말하는 관습(신념 포함)이라고 일컫는 것은 종교 공동체의 자기 이해에 대하여 없어서는 안 될 존재이고, 이는 신자들의 내면의 '신앙적 성향'과 쉽게 단절될 수 없다.

무엇의 사회적 산물인가?

종교에 대한 이해가 현대의 산물이므로 이는 쉽게 오도되거나 부적절하다는 주장에 대해 우리는 어떻게 대응해야 할까? 오늘날 사용되는 종교의 개념은 아시아, 중남미, 아프리카의 다양한 민족들과, 유럽인 미국인의 상호작용을 통해 어느 정도 발전한 근대적 지적 개념이라는 데에는 의심의 여지가 없다. 게다가, 종교비평가들은 이 개념이 다소 오해의 소지를 가지고 있어 도움이 되지 않는 방법으로 사용될 수 있다고 정확히 지적한다. 그러나 이는 현대의 종교라는 개념 자체가 잘못되었으므로 폐기해야 한다는 말은 아니다. 학문은 현 시대에서 발전한 수많은 개념으로 차 있어서, 세계의 근본적 특성을 더 잘 이해할 수 있도록 도와준다. 슐브렉(Schilbrack)은 "종교 개념의 시작을 설명하는 사회구성주의 주장에도 불구하고, 세상에 존재하는 특정 종류의 사회 패턴을 언급하기 위해 정당하게 '종교'라는 용어를 사용할 수 있다"고 주장한다.[60]

---

60) Kevin Schilbrack, "What Isn't Religion?," Journal of Religion 93.3 (July 2013): 292.

종교의 개념은 인간의 행동과 사회적 상호작용에서 파생되고 좌우되는 의미 안에서 사회적으로 구성된다. 이는 슐브렉이 다음에서 말한 "사회적으로 좌우되는 사실" 즉, 인간의 행동에 따라 존재하는 상황을 일컫는 말이다. "종교의 존재가 사회적으로 좌우되는 것은 분명한 사실이다. 즉, 사람이 없다면 종교도 존재하지 않을 것이다."[61] 종교의 개념(특히 신앙, 관례, 사회제도)은 인간이 서로 교류하면서 인간의 경험과 세계를 이해하려고 노력하면서 발전한다는 의미에서 사회적으로 구성된다. 그러나 그것들은 **단순히** 종교학자들의 상상력의 산물이 아니라는 점에서 객관적인 현실이다. 단순히 현실 '속'에서 머릿속이 아닌 '밖에' 또 다른 사회적으로 좌우되는 사실들처럼(예: 야구 경기, 선거, 공휴일, 자유시장 자본주의) 존재한다.

한 개념이 사회적 구성이라는 것은 그 개념이 진짜인지 아닌지에 구분한다는 말이 아니다. '분자'와 '자기장'의 개념은 사회적으로 구성되지만, 이것만으로 비현실적인 것인지 아닌지 구분할 수 없다. 문화적인 예로 '성별'과 '성차별주의', '식근주의'와 '제국주의' 조차 사회적 개념임에도 세상에 존재하는 사회적 현실을 나타낸다.[62]

비평가들은 '종교'나 '힌두교'라는 용어의 사용은 구성화(reification), 즉 어떤 것을 추상화하거나 또는 현실 세계의 다양하고 변화하는 특수성과는 별개로 존재하는 고정된 현실이라고 주장한다. 마찬가지로 '종교'의 사용은 모든 특정 종교가 공유하는 공통적인 핵심이나 본질의 존재를 여긴다는 점에서 실재적이라 지적한다. 분명 종교적 현상에 대해 이를 정당하게 만들기보다(특정 종교인들에게 그들의 종교적 현상은 그들에겐 정당하다-옮긴 이) 더

---

[61] Schilbrack, "Religions: Are There Any?," 1118.
[62] 같은 책, 1121.

큰 동질성을 부여하지 않도록 주의해야 하지만(이는 그렇다고 모든 종교적 현상의 본질이 같은 것은 아니기 때문이다—옮긴 이), 이런 왜곡을 요하는 개념 자체가 존재하지 않는다. 후에 실제적 정의에 의존하지 않고 종교를 특징짓는 방법을 제안하겠다.

더욱이 현대 이전에는 많은 언어가 '종교'라는 영어단어에 상응하는 특정 용어가 있지 않았다는 사실에 너무 치중할 필요가 없다. 브랜트 농브리(Brent Nongbri)는 "주어진 언어의 '종교'에 상응하는 단어나 구절의 부재가 그 언어를 사용하는 집단이 종교에 대한 **개념**이 부족하다는 것을 의미하는가?"라는 물음과 함께, 특정한 언어 안에 어떤 단어를 가지고 있는 것과, 특정 개념을 가지고 있는 그 언어의 사용자들 간 차이를 뚜렷이 구분했다.[63] 이와 마찬가지로, 서로 다른 두 언어 안에서 같은 의미를 지닌 특정 용어가 없다는 이유로 해당 언어 사용자들이 특정 주제에 대해 유사한 이해를 공유해야 하는 것을 아니라는 의견을 덧붙였다. 히브리어나 그리스어로 영어단어 '죄'와 의미가 같은 단일의 용어는 없다. '죄'라는 단어는 히브리어와 그리스어로 다양한 용어를 번역할 때 쓰이지만, 이런 이해에서 죄의 개념이 (단순히) 영어권 세계의 개념이라거나, 성서 시대의 사람들이 영어권 사람들이 의미하는 '죄'가 무엇을 의미하는지 이해할 수 없다는 결론을 내려서는 안 된다.[64]

이와 마찬가지로, 영어단어 '종교'에 상응하는 특정 용어가 없는 언어를 사용하는 사람들도 종교 활동에 참여할 수 있었고 오늘날 종교의 범

---

63) Nongbri, *Before Religion*, 23.
64) 참고, Robert Priest, "'Experience-Near Theologizing' in Diverse Human Contexts," in *Globalizing Theology: Belief and Practice in an Era of World Christianity*, ed. Craig Ott and Harold A. Netland (Grand Rapids: Baker Academic, 2006), 180-95. 페루 아구아루나 인디언들의 도덕적 담론에 대한 분석을 통해, 프리스트(Priest)는 한 특정 언어가 영어단어 '죄'의 의미에 정확히 부합하는 단일의 용어를 가지고 있지 않았다 하더라도, 어떻게 이것이 도덕적 불이행을 그리는 풍부한 어휘를 가질 수 있는지와 성경적 의미의 '죄'를 함께 합치는 범위를 점유하는 데에 충분히 적절할 수 있는지에 대해 잘 묘사하고 있다.

주에 포함되는 신앙과 가치를 가질 수 있었다. 영어의 '종교'에 해당하는 특정 단어가 없는 것은 우리가 의미하는 '종교'가 특정 사회에 존재하지 않았거나, 그 사회의 사람들이 우리가 사용하는 오늘날 해당 용어가 어떤 의미인지 이해하지 못했음을 뜻하지 않는다. 예를 들어 14세기 인도에서 '종교'나 '힌두교'에 대한 단일 용어가 없다는 것은 오늘날 우리가 종교로 동일시할 당시의 특별한 의식이나 제도, 신념이 없거나, 그 당시 사람들이 다른 집단과 오늘날의 힌두교를 구분 짓지 못했다는 것을 의미하지는 않는다. 또한 비슈누(Vishnu)를 숭배하거나, 환생을 믿거나, 엄격한 카스트 신분제를 유지한 사람들은 알라에게 기도하고 마호메트를 최고 예언자로 여기는 사람들과는 다른 집단이었으며, 분명 다르게 대우받았다. 이것은 단순히 현대의 외부인들이 이전의 인도 사회에 대해 시대착오적인 판단을 하는 문제가 아니다. 이러한 차이점들은 오늘날 우리가 힌두교와 이슬람교라고 부르는 자들에 의해 인정된 것이다.

특정 종교 집단은 자주 타 집단에 관하여 자의적으로 판단하고, 자신의 공동체나 전통을 타 집단과 세세하게 구분한다. 인도의 종교적, 지적 풍경은 상당히 다방면에 걸쳐있고 매우 융합적이어서 수 세기 동안 그 안에서 다양한 전통들이 공존해 왔다. 그러나 고대에도 오늘날 힌두교로 알려진 사람들과, 초기 불교 신자들, 자이나교도 사이의 경계는 분명했다. 힌두교도는 불교 신자들과 자이나교인 두 집단의 특정 유사성에도 불구하고 부처와 마하비라(자이나교의 창시자)의 추종자들이 브라만들에게 거부당했을 정도로 충분히 다르게 여겼다. 고대 인도에서는 베다(the Vedas)의 권위를 받아들인 자와 그렇지 않은 자 사이에 분명한 구분이 있었으며, 받아들이지 않은 자는 카스트 최고 계층인 브라만들에게 이단자로 거부당했다.[65] 이에 따라 힌두교, 불교, 자이나교는 시간이 지남에 따

---

65) Wendy Doniger O'Flaherty, "The Origin of Heresy in Hindu Mythology," History of Religions 10.4 (1971): 272.

라 각기 뚜렷한 종교로 발전하였다.

'힌두교'와 '불교'가 어느 정도 현대적 산물들이라는 사실이 꼭 이들이 단순히 개념적 구성일 뿐이라고 의미하는 것은 아니다. 여기서의 쟁점은 힌두교, 불교, 이슬람교, 기독교 등의 종교 개념이 특정 공동체의 살아있는 현실을 구분 짓고 이해하게끔 도움이 되는 범주인지 여부다. 나는 이에 동의하는 바다. 물론 문제가 없는 것은 아니지만, 종교의 개념은 집합적인 인간 생활의 중요한 측면을 이해하는 데 분명 중요하다. 만일 우리가 '종교'나 '힌두교', '기독교'의 용어들이 부적절하다고 배척한다면, 우리는 단지 이 용어들이 관습적으로 언급해 온 구별되는 공동체와 종교적 전통들을 나타내는 새로운 단어를 생각해 내야만 할 것이다.

'종교'의 정의

그렇다면 우리가 종교를 논할 때 이는 무엇을 의미하고 있는 것일까? 여기서 우리의 주요 관심은 종교에 대한 신학적 설명이 아닌 실제 생활 속 종교의 현실을 묘사하는 현상학적 정의에 있다. 우리가 종교를 정의할 때 어려운 점은 무엇을 포함하고 배제해야 하는지에서 찾아볼 수 있다. 무엇을 '종교'라고 정의할 수 있는지에 대한 필요충분조건을 생각해 내는 것은 어렵다고 여기기 쉽지만, 이에 너무 당황해할 필요가 없다. "많은 주요 개념들은 정의 내기 어렵지만, 관련 대상 개념들과 많은 대화를 나누고 연구를 하면 상당히 잘 정의할 수 있다"는 조슈아 서로(Joshua Thurow)의 말을 되새길 필요가 있다.[66] 물론 '의미', '지식', '정의', '아름다

---

[66] Joshua C. Thurow, "Religion, 'Religion,' and Tolerance," in *Religion, Intolerance, and Conflict*, ed. Steve Clarke, Russell Powell, and Julian Savulescu (New York: Oxford University Press, 2013), 155.

움'과 같은 특정 개념을 규정하려 첫 시도를 하는 자들에게는 어려움이 있을 것이다.

학자들은 보통 종교의 기능적 정의와 실질적 정의를 구분한다. 기능적 정의는 참여자가 그의 종교적 신념, 관행, 제도를 행하는 것(사회적 결합과 정체성을 제공)을 의미하지만, 실질적 정의는 모든 종교의 공통된 부분(신, 정신에 대한 신념, 신성한 의식)에 초점을 맞춘다. 기능적 정의는 모든 종교적 영역에서 배제되는 부분이 거의 없을 정도로 그 범위가 방대하다, 반대로 실질적 정의는 모든 종교적 사례들이 공유하는 특정 집합체를 구분 짓는 것에 어려움이 있다. 각 접근방식은 중요한 이해방식을 지닌다. 케빈 슐브렉(Kevin Schilbrack)은 충분한 정의는 기능적 요소와 실질적인 요소 모두를 포함해야 한다고 실용적인 주장을 한 바 있다.[67]

종교의 모든 사례에서 발견되는 본질적인 특성들을 용인 가능한 하나의 정의가 확인해 낼 수 있을 거라 기대하지 않는 것이 최선이다. 존 힉(John Hick)은 영향력 있는 그의 저서 *An Interpretation of Religion*에서 우리가 '종교'를 정의할 때 철학자 루드비히 비트겐슈타인(Ludwig Wittgenstein)의 "가족 유사성"에 대한 설명에 기반해야 한다고 말한다.[68] 비트겐슈타인은 '게임'이라는 단어에 대한 현 클래식의 논의에서 모든 '게임'이 공유하는 단일의 특징이 없고, '게임'의 의미를 다용도로 모두 포괄하는 정의도 없다고 지적했다.[69] 그러나 '게임'의 다양한 의미는 어느 정도 서로 닮아있다. 서로 약간의 의미 차이는 있지만, 가족 구성원들끼리 닮은 것처럼 '게임'의 많은 용법 간 유사성이 존재하기 때문에 다양한 맥락에서 용어의 지시적 의미 간 관계를 어느 정도 파악할 수 있다. 마찬가

---

67) Schilbrack, "What Isn't Religion?," 295-98.
68) John Hick, *An Interpretation of Religion: Human Responses to the Transcendent*, 2nd ed. (New Haven: Yale University Press, 2004), 3-5.
69) 참고, Ludwig Wittgenstein, *Philosophical Investigations*, trans. G.E.M. Anscombe, 3rd ed. (New York: Macmillan, 1958), 31, sec. 66.

지로, 비록 모든 종교가 단 하나의 특징을 공유하지 않더라도, 특정 종교적 사례들 사이에는 소승 불교, 개신교, 몰몬교, 베단타 힌두교, 시아파 이슬람 등의 몇 가지 예시를 '종교'라 칭할 수 있듯 충분한 유사성이 존재한다. 확실히 겹치는 패턴과 공통적인 특징이 각 종교들 사이에 충분히 있으므로 이 모든 종교에 '종교'라는 용어를 적용할 수 있는 것이다.

가톨릭 신학자 윌리엄 캐버너프(William Cavanaugh)는 힉의 종교의 가족 유사성 특징을 반대한다. 그는 힉의 종교에 관한 가족 유사성 특징이 종교의 본질적 특징들을 식별하는 인상을 여전히 포함하고 여기기 때문이고, "가족 유사성의 의미를 결국 벗어나 본질주의로 되돌아간다"는 이유로 반대하는 것이다.[70] 그러나 서로(Thurow)는 가족 유사성이 모든 종교가 가져야 할 종교의 본질을 규정하는 충분조건들에 의존하지 않는다고 바로 지적한다. 오히려 종교를 집단적으로 차별화하는 "핵심적 특징들의 집합"이 있다고 말한다. 그에 따르면, 물론 모든 종교가 그 종교들이 가지고 있는 모든 특징을 나타내지는 않겠지만, 충분한 특징의 수나 그 정도의 존재 여부는 무언가를 종교로 식별할 수 있게 한다.[71]

이러한 핵심적 특징들은 무엇이 있을까? 종교철학자 키스 얀델(Keith Yandell)은 세계 종교들의 특징 중 하나는 진단과 치료의 관점에서 우리의 현재 상태를 분석한다는 사실에 주목한다. 그는 이렇게 말한다. "종교는 진단(인간이 직면하는 기본적인 문제에 대한 설명)과 치료(그 문제를 영구적이고 원하는 방향으로 해결하는 방법)를 제안한다."[72] 이러한 관점은 힌두교, 불교, 기독교, 이슬람교와 같은 세계적인 종교들에는 분명 부합하지만, 신토(Shinto)와 같

---

70) William T. Canavaugh, *The Myth of Religious Violence* (New York: Oxford University Press, 2009), 20.
71) Thurow, "Religion, 'Religion,' and Tolerance," 156.
72) Keith Yandell, *Philosophy of Religions: A Contemporary Introduction* (London: Routledge, 1999), 17. 이 장에서 우리가 주목하는 것은 힌두교, 불교, 기독교, 이슬람과 같은 세계의 주요 종교들이다. 토속 종교 전통들이나 비문명권 공동체들의 종교 전통들과는 다소 차이가 나는 부분이 있다.

은 종교에는 적용하기 어렵다.

20세기 종교학에서 가장 영향력 있는 인물 중 한 사람인 니니언 스마트(Ninian Smart)는 우리가 일반적으로 종교로 간주하는 공통적인 특징들에 근거하여 '종교'가 7가지 분명한 차원으로 나뉜다고 설명한다.[73] (1) **의식적**(ritual) 관점은 종교집단의 중요한 의미를 담은 질서 잡힌 행동들(기도, 명상, 자선, 장례, 결혼식)을 포함한다. 두 번째는 (2) **신화적**(mythological) 또는 **서술적**(narrative) 차원이다. 종교는 전형적으로 모범이 되는 행동을 지닌 특정 인물, 우주의 기원에 대한 내용, 혹은 현재의 모습이 어떻게 생겨났는지에 대한 서사를 담고 있다. 그리고 대부분 종교는 (3) **신조**(doctrinal)나 **철학적**(philosophical) 차원을 지닌다. 신조는 종교 전통의 중점신념을 뚜렷이 하고 통합하기 위한 체계적인 접근 방법이라고 할 수 있다.

세계 종교들은 특징적으로 (4) **윤리적**(ethical) 차원을 야기하며 도덕적 가치와 원칙에 대한 많은 이야기를 담는다. (5) **사회적**(social), **제도적**(institutional) 차원은 전통사회가 바라는 풍습과 관습을 반영하고자 하며, 전통에 필요한 토대를 제공한다. (6) **경험적**(experiential) 차원은 종교 고유 숭배, 기도, 명상, 순례 등의 형태로 종교 숭배자들의 참여를 도모한다. 마지막으로 (7) **물질적**(material) 차원은 종교의 실천에 중요한 가시적이거나 물질적 사물들(종교예술, 성화, 건물, 정원, 기타 등등 종교를 행하는 데 중요한 것들)을 가리킨다. 스마트의 종교연구에 관한 다차원적 접근은 각 종교들의 복잡하고 통합적인 본성을 우리가 잘 이해할 수 있도록 돕는다.

모든 종교가 위의 각 관점에 동일한 중요성을 부여하는 것은 아니다. 예를 들어 기독교와 이슬람교에선 교리가 매우 중요하지만, 의식을 강조하는 신토(Shinto)는 그렇지 않다. 한 종교가 위의 7가지 차원을 빠짐없이

---

[73] 참고, Ninian Smart, *The World's Religions*, 2nd ed. (Cambridge: Cambridge University Press, 1998), 11-22; 같은 저자, *Worldviews: Crosscultural Explorations of Human Beliefs*, 2nd ed. (Englewood Cliffs, NJ: Prentice-Hall, 1995).

모두 충족할 필요도 없다. 스마트는 자신이 집필한 책 *Dimensions of the Sacred*에서 앞서 언급한 7가지 종교적 차원 외에 정치적, 경제적 관점을 덧붙였다.[74] 이는 주요 종교가 합법적인 권력이나 권위를 행사하는데 내부 메커니즘을 가지고 있을 뿐 아니라 종교 이외의 영역에서 세계적으로 정치적 영향을 미치기 때문이다. 또한, 현대의 민족주의는 종교적 요소를 다분히 지니고 있으므로 지난 3세기 동안의 종교를 이해할 때, 종교와 민족주의 간 복잡한 관련성은 배제될 수 없다.[75] 얀델과 스마트가 서술한 내용들은 종교의 핵심적 특징으로 작용한다. 위에 언급된 차원들이 충분하다면 '무언가'를 종교로서 식별 가능한 것이다.

우리는 위에서 확인된 종교의 핵심적 특징들에 기반하여 종교에 대한 두 가지 정의를 간략히 하고자 한다. 종교학자 로저 슈미트(Roger Schmidt)는 종교를 "삶의 패턴, 신앙의 공동체, 신성한 것과 궁극적으로 중요한 것에 대한 관점, 이 모든 것을 분명히 하는 세계관으로 구현된 의미의 체계"라고 정의한다.[76] 그러므로 종교는 궁극적으로 실질적이고 중요한 것에 대한 이해에 뿌리를 둔 복합적이고 통합적인 의미 체계를 포함한다. 유신론에서 궁극적으로 중요한 부분은 신의 존재이며, 그 외의 모든 것은 신과 관련하여 의미를 도출한다. 무신론은 특정한 상태(불교에서는 해탈 또는 선야타[sunyata, 비움])나, 우주의 원리나, 혹은 현실(도교에서의 Dao[길])에 궁극적인 의미를 부여한다.

종교 사회학자 팽강 양(Fenggang Yang)에 따르면, "종교란 신자나 추종자들을 사회 조직이나 도덕 공동체로 통합하는 초자연적인 힘과 관련된 삶과 세계에 대한 믿음과 실천의 통일된 체계"라고 한다.[77] 양 교수는 4

---

74) Ninian Smart, *Dimensions of the Sacred: An Anatomy of the World's Beliefs* (London: HarperCollins, 1996), 10.

75) 참고, Robert Bellah, "Civil Religion in America," *Daedalus* 96 (1967): 1-21.

76) Roger Schmidt et al., *Patterns of Religion* (Belmont, CA: Wadsworth, 1999), 10.

77) Fenggang Yang, *Religion in China: Survival and Revival under Communist*

가지 종교의 필수 요소가 있다고 말한다. (1) 초자연적인 것에 대한 믿음, (2) 삶과 세계에 관한 믿음, (3) 그 믿음을 나타내는 일련의 의식 행위, (4) 신자들과 종교인들의 뚜렷한 사회적 조직이나 도덕적 공동체이다.78) 특히 사회적 기관의 체계들로부터 종교를 구분 짓는 것은 첫 번째 요소인 초자연적인 것에 대한 믿음이다. 이는 꼭 신에 대한 믿음이거나 초자연적 존재에 대한 믿음일 필요는 없다. 초자연적인 것은 오감이 닿는 시공간 세계를 초월하는 특별한 힘이나 능력도 포함한다. 종교는 전형적으로 현실세계가 감성계 이상을 반영하고 인간의 존재가 단순한 삶 이상을 아우른다는 믿음을 지닌다.

여기서 전개되는 종교에 대한 이해는 종교 생활의 사회적, 공동체적 요소를 강조하고 있다.79) 종교는 추상적인 체계가 아니라 해당 종교의 가치와 이상을 실현하려고 노력하는 사람들로 구성된 특정 공동체의 구체적인 표현 속에서 그 의미를 찾는다. 종교는 특정 생활방식을 요구하며, 해당 종교 내 지지자들은 그 종교의 확립된 이상들을 따르도록 요구되어진다. 따라서 종교는 특정 그룹의 사람들이 자신들과 그들이 진정으로 궁극적인 것으로 여기는 대상을 이해하는 해석 가능한 모체를 제공하고 그에 따라 삶에 지시를 내린다.

종교 공동체들에게 '경계'라는 개념은 매우 중요하다. 기독교인들은 힌두교인, 불교도, 무슬림들로부터 자신들은 다르다고 여겼고, 개신교인들도 자신들을 러시아 정교회 교인들과 다르다고 여겼다. 종교 내의 '경계들'은 고정되어 있고 침범할 수 없다고 여기는 것이 일반적이지만, 종교

Rule (New York: Oxford University Press, 2012), 36.
78) 같은 책.
79) 이것은 "개인적 인간들이 그들이 신으로 여길 수 있는 어떤 존재에 대해 관계를 세우기 위해 그들 스스로를 이해하는 한에서, 그들의 고독 속 느낌, 행위, 그리고 경험들"이라 말하는 William James의 종교에 대한 개인주의적 관점과 선명히 대조된다. William James, The Varieties of Religious Experience (New York: Random House, 1936 [1902]), 31-32.

학자 데이비드 비샤노프(David Vishanoff)는 종교적 경계는 어느 정도는 특정 목적을 제공하고, 종교사회의 비슷한 방식 속 차이들을 식별함으로써 종교 사회를 애써 구분하는 "허황된 구조"가 있음을 말한 바 있다.[80] 민족성, 국적, 언어, 관행(다양성 제한, 기도 의식, 의복, 결혼에 대한 기대감), 믿음, 성서, 신성한 문체와 공간, 이 모두 공동체 사이의 경계를 구축하고 종교적 정체성을 확립하거나 강화하는 데 기여할 수는 있다. 그러나 공동체 간 차이는 공동 신념과 실천에 관하여 보다 넓은 맥락 안에서 발생하기 때문에 구별된 종교로 간주할 때 서로 큰 공통점을 갖게 된다(예를 들어 인도의 힌두교, 자이나교, 불교 공동체는 특정한 믿음과 실천을 공유한다). 더구나 개인과 공동체 둘 다 그들의 경계를 타결해 가면서 '경계'는 유동적이고 변화되므로, 한 때 종교와 집단들 간의 차이를 나타내는 표식은 나중에 공통적 양상으로 나타날 수 있다.

이 장의 여기부터 이어지는 부분들은 얀델(Yandell), 스마트(Smart), 슈미트(Schmidt), 양(Yang)이 말하는 종교의 특징과 정의들을 취할 것이다.

종교에 대한 이런 사고방식은 기독교나 이슬람과 같은 세계 주요 종교들뿐만 아니라, 바하이(Baha'i)나 일본의 입정교성회(Rissho Kosei-kai)와 같은 비교적 작은 신흥 종교들 또한 숙고하는 데에 유용하다. 그러나 이런 방식이 분명하게 적용되지 않는 경우도 있다. 20세기 중반, 마르크스주의나 공산주의를 종교로 이해해야 하는지에 대한 상당한 논쟁이 있었다. 스마트(Ninian Smart)는 자신이 제안한 종교의 7가지 차원을 적용한다면, 마르크스주의, 세속적 휴머니즘, 또는 민족주의의 형태까지도 종교로 포함할 수 있다고 언급했다.[81] 유교가 종교인지, 사회 혹은 윤리 철학인

---

[80] David R. Vishanoff, "Boundaries and Encounters," in *Understanding Interreligious Relations*, ed. David Cheetham, Douglas Pratt, and David Thomas (New York: Oxford University Press, 2013), 341-64.

[81] Ninian Smart, *The Wolrd's Religions*, 10-26; 같은 저자, *Beyond Ideology: Religion and the Future of Western Civilization* (San Francisco: Harper & Row, 1981), 208-37; 같은 저자, *Concept and Empathy: Essay in the Study of*

지에 대한 논쟁 또한 계속되고 있다. 선(Anna Sun)은 중국의 학자들과 다른 학자들이 유교가 하나의 종교인지에 관해 격렬한 논쟁을 벌이는 것에, 2000~2004년을 포함한 16세기부터의 네 개의 구별되는 시대들이 있다고 말한다.82) 무엇을 종교로 포함시킬 것인가에 대한 논쟁은 여전히 오늘날에도 계속되고 있다. 사이언톨로지(과학기술을 통한 정신치료와 윤회를 믿는 종교-옮긴 이)는 종교인가? 소위 TM으로 불리는 초월적 명상은? 세속적 휴머니즘은?

위에서 힉이 말한 '가족 유사성'의 관점과 그 핵심적 특징들에는 종교의 '경계'를 구분 짓는데 다소 혼란스러움과 의견 불일치가 존재한다. 이는 한쪽에 종교인 사례를, 다른 한쪽에는 종교가 아닌 사례를 두고 연속적으로 생각해 본다면 확실히 알 수 있을 것이다. 그러면 그 사이에 명확하지 않은 경우를 발견할 수 있을 것이다. 이런 맥락에서, 양(Yang)은 종교의 핵심이라고 여기는 4가지 요소를 모두 반영하는 특정 사례에 기반하며 종교의 분류를 제안했다.83) 이 4가지 모두를 명백히 가진 사례는 (1) 완전한 종교가 되는 것이다. 한 개나 그 이상을 가진 사례는 (2) 준종교(semi-religions)라고 부른다. (3) 유사종교는 시민 종교나 조상에 대한 관례의 경우로서, 그가 제시한 4가지 요소가 분산되어 신념과 관행이 독립된 조직이나 제도의 일부로 존재하지 않도록 다른 기관에 내재하여 있는 경우다. 초자연적인 것에 대한 믿음은 부족하지만, 종교와 다른 요소들을 공유하는 경우는 (4) 사이비종교라고 부른다. 경계 구분이 모호하다는 점에서 양(Yang)의 분류에 전적으로 동의할 필요는 없다.

Religion, ed. Donald Wiebe (New York: New York University Press, 1986), 143-53.

82) Sun, *Confucianism as a World Religion*, 17-93.

83) Yang, *Religion in China*, 36-43.

세계관

위에서 인용한 바와 같이, 슈미트는 종교를 "삶의 패턴, 신앙의 공동체, 신성한 것과 궁극적으로 중요한 것에 대한 관점을 분명히 하는 세계관으로 구현된 의미의 체계"라고 정의한다.[84] 이는 각각의 종교가 그들만의 세계관을 가지고 있으며, 많은 공통적 담론을 반영한다는 말로 들린다. 예로, 불교의 세계관과 기독교 세계관을 자주 비교하는데, 그렇게 함으로써 우리는 보통 기독교 신앙과 불교 신앙을 대조한다. 신앙이나 교리가 종교에 중요하기 때문에 말은 된다. 스마트가 말했듯, "세계 종교들의 존재하는 힘은 현실에 대한 전체 그림을 일관성 있는 그들만의 교리 체계를 성공적으로 표현해 낸 덕분이다."[85] 따라서 스마트의 종교에 대한 관점은 철학적이거나 교리적이다. 종교적 관행은 현실에 대한 암묵적이거나 명시적인 사실들의 주장에서 비롯된다. 또한 슐브렉의 말처럼, "종교적 공동체들은 사물의 본질과 일치하는 자신들의 관행과 자신들이 가르치는 가치를 이해한다."[86] 양(Yang)은 그의 종교에 대한 정의에 따라 신자의 믿음에 중점을 둔다. 신앙에 집중하다 보면 자연스럽게 포괄적인 관점이나 세계관에 대한 관념이 생기게 되고, 타 종교를 비교할 때에는 그 종교 안에 내재된 세계관에 대한 평가가 포함되게 된다. 이렇게 되면, 세계관을 단순히 포괄적인 믿음의 집합으로 생각하거나, 로날드 내쉬(Ronald Nash)의 표현대로 "우리가 믿는 모든 것을 의식적으로 또는 무의식적으로 배치하거나 적합하게 하여, 현실을 해석하고 판단하는 개념적 계획"이라고 생각하기 쉽다.[87] 내쉬의 책 *Worldviews in Conflict: Choosing*

---

84) Schmidt et al., *Patterns of Religion*, 10, 진한 글씨는 첨가.
85) Ninian Smart, *The Religious Experience*, 5th ed. (Upper Saddle River, NJ: Prentice-Hall, 1996), 5.
86) Schilbrack, "What Isn't Religion?," 304.
87) Ronald H. Nash, *Worldviews in Conflict: Choosing Christianity in a World of Ideas* (Grand Rapids: Zondervan, 1992), 16.

*Christianity in a World of Ideas*은 다음과 같은 종교에 대해 잘 알려진 사고방식을 반영한다: 종교는 믿음이나 교리의 집합체이며, 기독교와 불교를 비교하는 것은 각자의 교리를 살펴보는 것에 불과하다.

세계관에 대한 개념은 종교 연구에 분명 중요하지만, 많은 이론(異論)이 있는 개념이며 신중히 다뤄질 필요가 있다.[88] 기독교에서는 믿음이나 교리가 기독교에선 중요하기에, 기독교인들은 종교를 생각할 때 종교적 가르침이나 교리를 우선시하는 경우가 많다. 그러나, 우리가 앞서 살펴본 것처럼, 교리는 종교의 한 측면에 불과하다. 그러므로 우리는 세계관을 단순한 믿음의 집합으로 생각해서는 안 되며, 반대로 종교를 이해하는 데에 세계관을 지나치게 강조해서도 안 된다.

20세기 후반 기독교 선교학자들은 다양한 문화들이 그들 각각의 세계관에 대하여 서로 구분되어진다는 문화적 차이들에 대한 설명을 돕기 위해 세계관의 개념에 주목하였다. 그러나 세계관은 단순한 믿음 그 이상을 포함한다. 문화 인류학자 폴 히버트(Paul Hiebert)는 문화의 인지적 차원 이상을 포함하는 세계관에 관한 정교한 이해를 발전시켰다. 히버트는 신앙의 중요성을 인정하면서도, 세계관이 적절한 행위에 대한 가치와 기본적인 헌신들을 포함하는 정서적이거나 도덕적인 차원이 있다는 것을 강조한다. 히버트에게 있어서 '세계관'은 "한 무리의 사람들이 자신들의 삶을 정돈하기 위해 사용하는 현실의 본질에 대한 근본적, 인지적, 정서적, 그리고 평가적 추정과 체계들이다." 한 세계관은 "사람들이 그들의 삶을 위해 사용하는 모든 것의 현실에 대한 이미지나 방향성(images or maps)을 아우른다"고 히버트는 말한다.[89]

히버트와 마찬가지로 스마트도 세계관의 개념을 활용해, '세계관'을 단

---

88) 참고, David K. Naugle, *Worldview: The History of a Concept* (Grand Rapids: Eerdmans, 2002).

89) Paul Hiebert, *Transforming Worldviews: An Anthropological Understanding of How People Change* (Grand Rapids: Baker Academic, 2008), 25-26.

순히 믿음의 관점에서가 아닌 종교의 이해를 위해 그가 제시한 7가지 관점과 연결지어 생각해야 한다고 주장한다. 스마트가 적용한 세계관은 종교의 경계를 결정하는 데 있어서 애매한 경우들을 다룰 때 도움이 된다. 앞서 우리는 유교나 마르크스주의 같은 것이 종교인지 판단하는 것은 어렵다는 것을 살펴본 바 있다. 스마트는 위의 판단을 우선 유보하고, 이에 대한 논의를 넓히기 위해 기독교나 불교와 같은 세계 주요 종교와 마르크스주의를 분석하며 대조함으로써 세계관의 개념을 사용한다. 즉, 스마트는 종교를 세계관, 이념, 철학의 더 넓은 범주의 하위집합으로 보아야 한다고 주장한다. 그에 따르면 종교에 대한 연구는 그가 '세계관 분석'이라고 일컫는 보다 광범위한 비교 조사의 일부가 되어야 하는 것이다.[90]

스마트의 견해에는 두 가지 장점이 있다. 첫째, 마르크스주의나 유교가 종교인가 하는 문제를 반드시 해결하지 않고, 이 방식을 가지고 기독교나 이슬람과 같은 특정 종교들 간 유사한 점과 차이점을 비교할 수 있다. 둘째, 세계관 분석은 종교적이거나 철학적으로 설명 불가한 인도, 중국, 일본의 지적 전통들에 대한 논의를 용이하게 한다. 서양 대학에서는 일반적으로 철학과가 아닌 종교학과에서 불교를 공부하는 반면에, 많은 불교인들은 불교가 종교가 아닌 철학이라고 주장한다. 불교적 가르침이 '진짜' 종교적인지 철학적인지를 판단하기보다 세계관에 초점을 맞춰 분석한다면, 나가르주나(Nagarjuna)나 도겐(Dogen)과 같은 불교 사상가들과, 비트겐슈타인이나 흄(Hume) 같은 다른 철학자들의 관점을 비교분석할 수 있다.

종교를 이해하는 데 있어 세계관의 개념은 중요하지만, 세계관을 일관성 있고 체계적인 것이라는 비현실적 기대를 해서는 안 된다. 우리가 진정

---

90) 참고, Ninian Smart, *Worldviews*; 같은 저자, *World Philosophies*, ed. Oliver Leaman, 2nd ed. (London: Routledge, 2008 [2000]); 같은 저자, *Beyond Ideology*.

으로 실제적 종교 공동체들의 세계관을 고려한다면, 그들의 세계관이 부정확하거나 불분명하고 일관성이 없을 때가 있을 수 있다. 더욱이, 세계관은 단순 개인이나 대규모 집단에 적용될 수 있으며, 그로 인한 혼란과 모호함이 야기되기도 한다. 개개인이 각자의 세계관을 가지고 있으며 대부분은 암묵적이고 신중하게 생각되지 않는다. 예를 들어, 각 불교 신자들도 불교적 세계관과는 별개로 그들만의 독특한 세계관을 가지고 있다고 말할 수 있다. 우리는 한 무리 불교인들의 세계관 사이에 어느 정도의 주요 유사성들을 기대하지만, 그들의 세계관도 그 안에서 분명한 차이점이 존재한다. 인간은 다 다르다. 같은 종교 신자 사이에 상반되는 견해가 존재할 수 있다. 특히 같은 종교임에도 불구하고 민족, 계급 혹은 사회적 위치가 다른 경우에는 더욱 그렇다.

문화

지금까지 우리가 논의한 바로는, 종교와 문화가 밀접한 관련이 있다는 것은 분명하다. 그러나 이 둘이 서로 밀접한 관련이 있음에도 불구하고 종교와 문화는 분명 별개이다. 한쪽이 다른 한쪽으로 축소되어질 수 없다는 것이다. 종교와 문화의 밀접한 관계 그리고 그들의 차이점을 인지하지 못한다면 혼란을 야기할 수 있다.

'문화'란 무엇을 의미하는가? 문화의 개념은 종교의 개념과 마찬가지로 현대적 개념이다. '문화'라는 용어가 현대 이전에는 존재하지 않았다고 말하는 것은 아니다. 역사가 우리를 이끄는 한, 사람들은 서로 다른 언어, 신념, 제도, 관습으로 특징지어지는 규칙적이고 순차적인 공동체 속에서 함께 살아왔다. 비록 이전 시대의 사람들이 문화에 대해 우리와 같은 현대적 이해를 가지고 있지 않았을지라도, 고대 민족들조차 민족들 간의 분명한 차이들에 대해선 충분히 인지하고 있었다. 그리고 19세기와 20세기 사이에 '문화'라는 개념은 이러한 차이점들을 설명하는 방법으로 사용되었다.

종교학자 토모코 마수자와(Tomoko Masuzawa)는 현대 서양의 문화를 이해하는 방법으로 두 가지 방식으로 구별하였다. 그 중 하나는, 문화를 교화의 수단으로서 바라보며 '고등문화(high culture)'에 관하여 사고하는 경향이다. 이런 의미에 따르면, 문화는 엄선된 엘리트 집단, 즉 "뛰어나고 도덕적이고 영적이고 교양 있는 인간의 업적의 총합"을 뜻한다.[91] 특히 19세기의 문화(독일어로 Kultur)는 정교하고 세련된 생활 습관에 관한 올바른 교육(특히 문학, 예술 분야)에 대한 평가와 사회적 상호작용에 대한 기대치를 신중하게 반영하였다. 이런 이해를 바탕으로 하면, 모든 사람이 문화를 가지고 있는 것이 아니다. 이는 오로지 적절한 교육을 통해 길러져야만 하고, 특권층에게만 가능한 일종의 자질(quality)이다.

그러나 20세기에 널리 알려진 문화를 이해하는 또 다른 방식이 있다. 인류학의 발전과 그 영향으로 인해, 실제의 공동체 안에 있는 평범한 사람들의 살아있는 현실에 기반이 된 문화에 대한 이해가 발전하였다. 예를 들어, 초기 인류학자 에드워드 버넷 테일러(Edward Burnett Tylor, 1832~1917)는 1877년 그의 저서에서 '원시문화'(Primitive Culture)에 대해 이렇게 말했다. "넓은 민족지학적인 관점에서 문화 또는 문명은 지식, 신념, 예술, 도덕, 법, 관습, 그리고 사회의 한 구성원으로서 인간이 습득한 역량과 습관들을 내포하는 복잡한 전체다."[92] 테일러는 그의 저서에서 '문화'와 '문명'을 상호 교환적으로 사용하긴 했지만, 교화로서의 문화 모델과는 다른 관점으로 접근하였다.

---

91) Tomoko Masuzawa, "Culture," in *Critical Terms for Religious Studies*, ed. Mark C. Taylor (Chicago: University of Chicago Press, 1998), 73-74.
92) Edward Burnett Tylor, *The Origins of Culture*, vol. 1 of *Primitive Culture* (1877; repr., New York: Harper Torchbooks, 1958), 1.

마수자와는 이러한 이해에 대해 "문화 전체를 복합적으로 보는 것"이라고 말했다. 이는 문화를 "미시적으로 구별하기보다는 명확하게 거시적으로, 평가적이기보다는 서술적으로 나타낸다. 이는 여러 문화의 다양성(multiplicity)을 상정하고 우수성에 관한 확실한 '기준'을 제시하지 않는다.[93] 이러한 견해를 받아들이면서, 문화에 대한 대중적 사고는 두 가지의 변화가 있었다. 첫째, 문화는 더 이상 상류층 사람들만의 소유가 아니라는 것이다. 모든 공동체들은 '문화'를 드러내는 것으로서 이해되어졌다. 더욱이, 일반적으로 누적되는 인간의 구성으로서의 문화는 더 이상 일반적인 단수형으로 여겨지지 않았다. 하나의 특정 문화는 특정 공동체 안에서 결정되었고, 민족들 간의 차이에 대해 제대로 인지함으로써 많은 문화들(복수)에 관하여 말하는 것이 흔해졌다.

특히, 기독교 선교사들은 문화에 대한 현대적 이해를 발달시키는 데에 중요한 역할을 하였다. 전 세계에 흩어져있는 선교사들이 민족지리학 자료를 세심하게 모음으로써 문화 이해도를 높여준 것이다.[94] 존 비티(John Beattie)는 "18세기와 19세기 후반에 아프리카, 북미, 태평양 등지에서 선교하던 선교사들과 그 곳의 여행객들이 최초의 인류학 연구의 바탕이 되는 보고서들을 제공하였다"고 말한다.[95]

종교와 마찬가지로 '문화'라는 개념도 정의하기가 상당히 어렵다. 인류

---

93) Masuzawa, "Culture," 77.
94) 참고, Robert J. Priest, "Anthropology and Missiology: Reflections on the Relationship," in *Paradigm Shifts in Christian Witness*, ed. Charles E. Van Engen, Darrell Whiteman, and J. Dudley Woodberry (Maryknoll, NY: Orbis Books, 2008), 23-28; Charles R. Taber, *The World Is Too Much with Us: "Culture" in Modern Protestant Missions* (Macon, GA: Mercer University Press, 1991), chaps. 2-4; Patrick Harries, "Anthropology," in *Missions and Empire*, ed. Norman Etherington (New York: Oxford University Press, 2005), 239-60; Masuzawa, "Culture," 84-87.
95) John Beattie, *Other Cultures: Aims, Methods, and Achievements in Social Anthropology* (New York: Free Press, 1964), 5.

학자 크로버(A. L. Kroeber)와 클럭혼(Clyde Kluckhohn)은 그들의 1952년 광범위한 조사에 의해 총 164개에 이르는 '문화'에 대한 구별되는 정의들을 확인하였다.[96] 그러나 다음의 정의들은 오늘날 우리가 일반적으로 알고 있는 '문화'라는 용어를 잘 보여주고 있다. 로저 로만(Roger Lohmann)은 '문화'를 이렇게 정의한다. "가장 기본적인 의미에서의 문화는 다른 이에게 배우고 가르칠 수 있는 사고와 행동 따위를 의미한다. 또한 문화에는 현실과 정신적 모델을 제공하는 관습과 세계관 그리고 도덕적 지침을 포함한다."[97] 이와 비슷하게, 히버트(Paul Hiebert)는 문화를 "행동, 생각, 그리고 사회적 산물의 학습된 양식들의 통합적 체계"라고 말한다.[98] 인류학자들은 문화에 대한 이해를 '기호적(semiotic) 시스템'으로 발전시켰다. 이에 따라, 문화인류학자 클리포드 기어츠(Clifford Geertz)는 문화를 "기호에 따라 구현되어 역사적으로 전해진 의미의 패턴들, 즉 인간이 생명에 대한 지식과 태도에 대하여 소통하고 영구화하며 발전시키는 상징적 형태로 표현된 유전적 개념의 체계"로 정의한다.[99]

사람들은 문화를 개별적, 균질적, 독립적인 그 무엇이라고 여기며 다른 문화와는 연관성이 거의 없다고 종종 생각한다. 게다가, 각 문화는 때로 내부적으로 일관되고 체계적인 질서를 나타낸다고 가정하기도 한다. 다시 말해, 비록 어떤 한 문화를 외부에서 보았을 때 이해하기 어렵지만, 내적으로는 나름의 '논리'가 존재하여 일관성이 있다고 판단하는 것이다. 하지만 이는 오도되어질 수 있다. 각 문화들은 그것들의 표현에 의해 이

---

[96] A. L. Kroeber and Clyde Kluckhohn, *Culture: A Critical Review of Concepts and Definitions* (New York: Vintage Books, 1952), 291.
[97] Roger Ivar Lohmann, "Culture," in *Encyclopedia of Religion*, ed. Lindsay Jones, 2nd ed. (New York: Thomson Gale, 2005), 3:2086.
[98] Paul Hiebert, *Cultural Anthropology*, 2nd ed. (Grand Rapids: Baker, 1983), 25.
[99] Clifford Geertz, *The Interpretation of Cultures* (New York: Random House, 1973), 89.

해되어지고 그들의 행동양식은 종종 외부인들에게 낯설게 보이더라도, 우리는 이를 지나치게 체계화해서는 안 된다. 각 문화들은 그 문화들 안에 있는 여러 단체에 의해 경합되기 때문에 일반적으로 그들 안에서 어느 정도의 내적 긴장과 분열을 함유하고 있다. (이는 종교의 경우도 마찬가지다.) 또한, 대부분의 문화는 전적으로 별개로써, 혹은 자립적 체계로써 작동되지 않는다. 사람들은 지속적으로 다른 무리와 어울리며 생각을 공유하기도 하고 말과 관행을 이행한다. 다시 말해, 종교와 마찬가지로 문화도 다른 무리의 삶의 방식을 접하면서 끊임없이 변화하는 것이다.

또한 문화라는 개념은 다소 모호하기 때문에, 우리는 넓은 의미나 좁은 의미에서의 문화를 생각할 수 있다. 예를 들어, 우리는 광범위하고 대략적으로 미국 문화나 멕시코 문화에 대해 말할 수 있다. 다소 모호하지만, 두 가지의 문화를 구분 지을 수 있는 특성은 분명 존재한다. 반면에 우리는 문화에 대해 더 좁은 관점에서 생각할 수 있다. 예를 들어, 시카고에 사는 한인 2세들의 독특한 문화에 대해 말할 수 있다. 게다가, 동시에 시카고에 사는 한인 2세는 미국 문화, 재미교포 문화, 중서부 기독교 문화의 일부가 될 수 있다. 한 문화와 다른 문화를 구분 짓는 경계선은 항상 바뀔 수 있고 부정확하기 때문에, 한 문화가 어디에서 끝나고 또 다른 문화가 어디에서 시작되는지가 항상 명확하지는 않다(미국과 캐나다의 문화, 1세 한인 문화와 2세 한인의 문화, 일본 불교인들의 문화와 일본 기독교인들의 문화).

끝으로, 문화에는 한 무리의 사람들을 정의하고, 경계를 설정하며 행동에 대한 규범적 기대를 제공하는 데 도움이 되는 상징적 의미가 포함된다. 중대한 변화의 시기에서 이러한 상징적 의미들은 서로 대립하는 하위 그룹들이 자신들의 목적을 달성하려는 방식으로 정의하면서 경합되어지기도 한다. 따라서 문화는 어느 한 집단에 응집력과 정체성을 부여하지만, 그 속에서 갈등과 다툼도 존재할 수 있다. 이 또한 역시 많은 종교의 특징이기도 하다.

종교, 문화, 그리고 세계관

이 장을 마치면서, 우리는 종교, 문화, 그리고 세계관 사이의 관계에 대해 몇 가지 관찰을 할 것이다. 첫째, 어떤 한 주어진 종교가 특정 세계관을 가지고 특정 문화를 반영하기 위해, 우리는 종교와 세계관, 그리고 문화 사이에 단순하고, 직접적인 관계를 상정할 수 없다. 일본인과 일본 문화에 밀접한 관련이 있는 신토(Shinto)가 아마도 대표적인 예가 될 것이다. 하지만 이러한 방식의 생각은 기독교의 경우를 고려한다면 오해의 소지가 있다.

우리가 기독교의 세계관(the worldview)에 대해 지극히 일반적인 용어로 설명할 수 있더라도, 사실 기독교에는 여러 세계관이 존재한다. 문제는 그 '세계관'을 어느 정도로 좁게 혹은 폭넓게 이해하길 바라는가이다. 성경의 세계관을 말할 때, 창세기 12장에 의거하여 아브라함의 세계관을 말하는 것과, 사도 바울이 로마인들에게 보내는 편지에서의 세계관은 서로 그 의미가 다르다. 이는 아브라함과 바울이 성경의 세계관 안에서 서로 양립할 수 없다는 것을 뜻하는 것이 아니고, 각자가 서로 다른 시대와 장소의 산물임을 인식하는 것이라고 할 수 있다. 마찬가지로, 3세기의 다마스커스, 14세기의 파리, 19세기의 도쿄, 그리고 21세기—이 나이로비에 있는 기독교인들은 서로 각기 다른 세계관을 가지고 있다고 할 수 있을 것이다. 이 기독교인들은 모두 기본적으로 신앙심이 깊고 성경에 충실하겠지만, 각각 특정한 상황과 영향이 반영되어 어느 정도 다른 세계관을 가지게 된다.

더욱이 세계화가 이루어지면서 주요 종교들이 이미 여러 문화권에 포함되어 있기 때문에, 특정 문화를 가진 특정 종교를 명백하게 파악하는 것은 매우 어렵다. 앞으로 살펴볼 3장에서와 같이, 불교는 인도 북부에서 시작되었지만, 후에 동남아시아로 전파되어 스리랑카, 태국, 티베트, 버마, 중국, 한국, 베트남, 일본 그리고 북미와 유럽 문화에서 현재는 필수적인 부분이 되었다. 기독교는 탄생지인 예루살렘을 거점으로 세계 각지로 퍼져나갔고, 이슬람은 중동뿐만 아니라 이미 북아프리카, 아시아, 유럽, 북미 전역의 다양한 문화의 일부가 되었다. 우리는 하나의 특정 문화를 가진 주요 종교들을 식별할 수 없고, 또한 단순히 누군가의 국적이나 모국을 안다고 해서 그의 종교적 소속을 쉽사리 예측할 수 없다.

둘째로, 종교와 문화의 개념은 공존하지 않으며, 둘 다 다른 한쪽의 개념으로 축소될 수 없다. 앞서 논의한 문화와 종교에 대한 정의들을 빗대어 보자면, 모든 종교는 문화를 포함하지만, 모든 문화가 종교적 요소를 포함한다는 것은 확실치 않다. 스마트가 제안한 일곱 가지 차원의 관점에서 종교를 고려해본다면, 어떤 특정한 종교라도 문화적 요소를 포함한다. 하지만 오늘날에는 많은 곳에서 비종교적인 사회와 비종교적 문화가 존재하고, 종교적 헌신, 제도 및 관행들이 사회적 중요성을 잃어가고 있다. 그러므로 우리는 뚜렷한 종교적 요소가 없는 문화를 상상할 수는 있지만, 어떤 문화적 요소도 없는 종교는 생각하기 힘든 것이다.

그러나 하나의 주어진 종교는 문화로 단순하게 축소될 수도 없다. 세계 종교들은 항상 문화적으로 내재되지만, 그 종교들은 특정 문화를 초월하기에 "종교"와 "문화"가 상호 교환 가능한 용어가 될 수 없다. 앞서 언급했듯이 불교는 태국의 불교, 중국의 불교, 일본의 불교 및 미국의 불교로 다양한 사회와 문화에서 찾을 수 있다. 마찬가지로, 미국의 기독교, 케냐의 기독교, 한국의 기독교와 같이 다양한 문화적 특성이 있고, 종교로서의 기독교가 이렇게 특색 있는 문화로 구별되는 것은 큰 의미가 있다.

셋째, 종교와 문화는 유동적이며 시간이 지남에 따라 변화한다. 경험적 사실로서의 세계 주요 종교는 새로운 환경에 대해 항상 유연했고 쉽게 적응되어질 수 있어 왔다. 문화와 종교 둘 다 오랜 세월 동안 온전하게 남은 완전히 자립의, 별개의, 봉쇄된 체계가 아니다. 문화와 종교는 모두 내부적인 변화와 유동적인 경계를 가지고 있으며, 이 둘은 각기 다른 전통들에 의해 영향을 받으면서 지속적으로 변화하고 있다.

또한, 의식(rituals)이나, 특수 용어들, 혹은 제도들의 의미들도 시간이 지남에 따라 바뀔 수 있다. 한번 종교적인 의미를 가졌던 경우라도 명백하게 비종교적인 의미를 가지게 될 수도 있다는 말이다. 이에 대한 좋은 예는 일본의 다도(cha-no-yu)이다. 일본의 다도는 본래 선불교(Zen Buddhism)의 원칙과 가치관에 크게 영향을 받았으며, 초기에는 불교의 사찰들에서 행해졌다.[100] 그러나 오늘날 다도는 보편적인 일본의 문화 의식 정도로서 더 이상 불교의 산물이 아니고, 일부 일본의 개신교 목사들은 다도를 기독교 공동체와 일본의 비기독교인들 사이에 유대관계를 확립하는 데 사용하면서 다도 의식의 명수들이 되기도 하였다.

넷째, 종교와 문화는 분명히 다르다. 우리는 여러 문화적 정체성을 동시에 가진 사람을 쉽게 상정할 수 있지만, 사실 한 사람이 여러 가지 종교적 정체성을 갖는다는 발상은 문제가 있다. 앞서 사람은 여러 가지 문화의 일부가 될 수 있다고 언급한 바 있다. 미국에 이민을 와 박사과정 공부를 하는 파키스탄 무슬림을 생각해보자. 이 사람은 동시에 미국 문화와 파키스탄 이민자의 문화, 이슬람 문화 및 시카고 대학 박사과정 학생들 문화의 일부가 될 수 있다. 이러한 문화적 맥락은 다소 특이하게 보일 수는 있으나, 같은 사람이 이 모든 것 하나하나에 소속되는 데에는 큰 문제가 없다.

그러나 이것이 종교에 대해서도 동일하게 적용이 가능할까? 예를 들어, 기독교, 힌두교, 이슬람, 이 종교들이 전통적으로 이해되어져 온 것에 따

---

100) 참고, G. B. Sansom, *Japan: A Short Cultural History* (Stanford, CA: Stanford University Press, 1952), 345, 400-401; D. T. Suzuki, *Zen and Japanese Culture* (Princeton: Princeton University Press, 1959), 272-73.

라 한 사람이 동시에 기독교인이고, 힌두교인이며, 무슬림일 수 있을까? 물론 한 개인이 몇 가지 종교적 전통들을 동시에 동일시하는 종교적이고 사회적 환경들이 분명 있다. 예컨대, 일본의 여러 종교들에 대한 연구들은 신토(Shinto), 불교, 그리고 다양한 새로운 종교 운동들에 대한 종교 신자들의 수를 정기적으로 기록하는데, 이 기록들에 의하면 많은 일본인들이 둘 또는 그 이상의 종교적 전통들을 가지고 스스로 신분을 규정한다.[101] 또한 대부분 일본인은 둘 이상의 종교 전통에 동시에 참여하는 것을 이상하다고 생각하지 않는다. 이는 대개 여러 종교에 소속되는 것을 이상하게 여기는 기독교인들에게는 어색할 것이다.

하지만 여러 개의 종교를 갖는 것이 기독교인들 사이에서도, 그 중 특히 서양에서 하나 이상의 종교적 전통을 선택하는 사례가 증가하고 있다. 종교 간 결혼이 증가하고 있고 점점 더 많은 사람이 하나 이상의 종교적 전통을 이행한다.[102] 예를 들어, 알렌 와츠(Alar Watts)는 영국교회에 환멸을 느껴 동양으로 눈길을 돌렸고, 1960년대와 70년대 선불교의 유명한 주창자가 되었다. 그리고 자신의 혼합된 영성을 "대승 불교와 도교 사이, 그리고 어느 정도의 베단타(Vedanta)와 가톨릭의 성향, 그리고 약간의 동방 정교회"라고 특징지었다.[103] 서양에서는 이러한 영적 절충주의가 점차 받아들여지고 있었다. 유니온 신학교(Union Theological Seminary)의 저명한 신학자 폴 니터(Paul Knitter)는 자신을 기독교인이자 불교 신자라고 밝혔다. 1939년 기독교인으로 세례를 받은 니터는 2008년 공개적으로 자

---

101) 참고, Ian Reader, *Religion in Contemporary Japan*, 6; Jan Van Bragt, "Multiple Religious Belonging of the Japanese People," in *Many Mansions? Multiple Religious Belonging and Christian Identity*, ed. Catherine Cornille (Maryknoll, NY: Orbis Books, 2002), 7-19.
102) 참고, Amy Frykhom, "Double Belonging: One Person, Two Faiths," *Christian Century* 128.2 (January 25, 2011): 20-23.
103) 참고, Thomas A. Tweed and Stephen Prothero, eds., *Asian Religions in America: A Documentary History* (New York: Oxford University Press, 1999), 229.

신을 불교 신자라고도 밝힌 것이다.[104]

여기엔 우리가 문화와 종교를 어떻게 여기느냐에 차이점이 있다. 일반적으로 문화가 서로 양립할 수 없다고 생각하지 않기 때문에, 어떤 이가 여러 가지 문화권에 동시에 소속될 수 있다고 생각하는 것은 가능한 일이다. 그러나 많은 경우에 복수의 종교적 정체성을 갖는 것에 대한 어려움은 대개 주요 종교들의 교리들에 의해 상호 양립할 수 없다는 사실에 기인한다. 불교, 힌두교, 이슬람교 및 기독교의 세계관들이 정말 공존할 수 있을까? 그래서 한 사람이 동시에 둘 이상의 교리에 지지자가 될 수 있을까? 진리 중심 형태의 신앙은 문화 안에 있지 않은 많은 종교들, 특히 유일신을 말하는 종교들에서는 중요한 역할을 하고 중대한 의미를 갖는다. 한 사람이 영혼과 브라만의 현실을 단언하는 베단타 힌두교를 온전히 받아들이면서 영혼과 브라만의 모든 현실을 부정하는 소승 불교의 진정한 신봉자가 될 수 있을까? 한 사람이 예수는 단지 예언자일 뿐이라는 이슬람의 주장을 수용하면서 삼위일체와 나사렛 예수의 성육신을 단언하는 전통적 기독교인이 될 수 있을까? 이와는 달리, 진리의 주장이 최소화되고 종교의 다른 측면들이 유의미해지는 정도(예를 들어, 의식이나 도덕적 가치 등)의 범위에서는, 두 종교 전통에 속한다고 말하는 것이 어느 정도 합리적일 수 있을 것이다.

이는 종교와 문화의 최종적인 차이로 이어진다. 하나의 문화가 모든 사람에게 진실하거나 규범적이라고 말하는 것은 이치에 맞지 않는 반면, 하나의 종교적 전통이 모든 사람에게 진실하고 규범적이라고 말하는 것은 중요한 의미가 있다. 19세기 서양 선교사들의 문제점에 대한 타당한 비판은 그들이 복음을 전달할 때 그 주체가 서양이 되어야 하며, 그리스도의 제자가 되기 위해서 서양 문명을 따라야 한다고 했다는 것이다. 오

---

104) Paul F. Knitter, *Without Buddha I Could Not Be a Christian* (Oxford: Oneworld, 2009).

늘날 그 어디에서도 단 하나의 문화가 모든 사람에게 접목되어야 한다고 주장하는 사람은 없을 것이다.

그러나 모든 사람을 위한 하나의 절대적인 종교가 있다는 주장은 떨쳐 버리기 쉽지 않다. 예컨대 기독교인, 불교인, 무슬림이 전통적으로 어떻게 그들의 종교를 생각해 왔는지 보면 알 수 있다. 각 종교들은 신도들이 진리로서 받아들이는 현실의 본질에 대한 주장을 하고, 이는 종교와 세계관을 문화와는 다른 범주로 놓게 된다. 이후 6장에서 우리는 하나의 특정 종교가 참된 것이라 주장하는 논리가 무엇인지 살펴볼 것이고, 특히 이를 기독교가 참 종교라 하는 주장에 어떻게 적용하는지 알아볼 것이다.

2장
세속화, 세계화, 그리고 종교

우리는 문화와 종교와 개념 사이에 중복된 부분이 상당히 존재한다는 것을 주목하며 종교의 모호한 개념에 대해서 살펴보았다. 하지만 종교의 모호한 특성들은 종교의 정의를 명확하게 특정한 용어로 정의하기 어렵게 만든다. 우리가 실제 역사적, 사회적 환경에서 마주하게 되는 종교는 시간이 멈춘 듯한 정적인 실체가 아닌 새로운 환경에 발맞추어 특정한 방식으로 변형된다. 어떤 의미에서 종교는 새로운 도전과 기회에 적응함과 동시에, 과거의 전통을 고수하기 위해 노력하며 끊임없이 종교의 의의를 재정립하고 있다.

이는 경험적 종교로서의 기독교에도 해당된다. 물론, 어떤 면에서 예수 그리스도는 "어제나 오늘이나 영원토록 동일하시니라"(히 13:8)와 변치 않는 복음(갈 1:9)으로 묘사되어 있다. 성령의 초자연적 역사에 의해 변화 받은 그리스도의 제자로서 한 공동체로 살아간다는 것을 의미하는 기독교 신앙의 이상들은 언제 어디에 있든지에 따라 다르지 않다는 것이다. 그러나 전 역사를 통틀어 전 세계 속에 있는 기독교인들이 복음의 의미와 예수의 중대성에 대하여 이해하고 있는 특정 방식은 서로 다른 기독교 신앙의 표현으로 귀결된다. 예를 들어, 그들 모두가 복음을 받아들이고 예수 그리스도의 주권에 동등하게 헌신하겠지만, 2세기의 다마스커스, 12세기의 웁살라, 18세기의 런던, 21세기의 나이로비 등에서 기독교인들로 구성된 공동체들은 중요한 측면들에서 각각 매우 다르다.[1] 이와 마찬가지로, 우리는 불교, 이슬람, 힌두교와 같은 다른 종교들 내에서도 중요한 변화들을 파악할 수 있고, 이는 새로운 사회문화적 맥락과 맞닥뜨릴 수밖에 없기 때문이라는 것도 알 수 있다.

이 장에서는 현대화와 세계화가 진행되는 영향에 직면하며 종교가 변화해 온 몇 가지 방식들을 살펴볼 것이다. 현대 세계에서 종교만큼 복잡하거나 논쟁적인 주제는 거의 없을 것이다. 이런 주제를 논할 때, 지난 4백년의 난잡하고 복잡한 현실들을 무시하는 일반화된 논리를 경계해야 한다. 나는 어떻게 배타적인 종교적 진실에 대한 주장이 점점 설득력 없어지고 다원적 견해들이 타당해 보이는 환경을 장려되었는지 확인하며 유럽과 북미에서 많이 논란이 되고 있는 세속주의 개념과 관련된 특정 패턴에 초점을 맞출 것이다.

현대화와 세계화

지난 5세기 동안 기존의 종교들에 있어서 가장 중요한 도전 중 하나는 근·현대화와 관련된 거대한 사회적, 지적 변화에서 비롯된다. 현대화가 우주와 인류를 이해하는 새로운 방식들을 도입함에 따라, 전통적인 종교들도 새로운 사고방식과 생활 방식들을 받아들일 수밖에 없었다. 기독교인들이 지배하던 유럽에서 근대화가 발생한 이후 기독교는 근대화와 투쟁하는 최초의 종교라 해도 과언이 아니었다. 지난 4세기 내지는 5

---

[1] 앤드류 월스의 고전 에세이를 참고, Andrew F. Walls, "The Gospel as Prisoner and Liberator of Culture," in *The Missionary Movement in Christian History: Studies in the Transmission of Faith* (Maryknoll, NY: Orbis Books, 1996), 3-15.

세기 동안의 기독교 역사는 근·현대화의 긍정적, 부정적 특징을 모두 가지고 기독교가 지속적으로 교전하고 있는 것으로 일정 부분 이해될 수 있다. 19세기와 20세기 동안, 힌두교와 불교는 현대화와 서구 식민주의에 그들 스스로 도전하였다. 그 과정에서 각 종교들의 중요한 특징도 변화되었다. 일부 이슬람 집단의 급진적 변화 현상을 포함하여 오늘날 전 세계 이슬람교 내에서 명백히 나타나고 있는 긴장감은 분명 근대성과 세계화를 향한 최근의 투쟁 때문이다.

근대화는 15세기경 유럽에서 시작된 사회의 지적 변혁의 과정을 일컫는 말로, 산업화와 모든 생활에서 기술의 발전이 일어난 것이다. 이러한 변화들은 도시화, 시장 자본주의와 관련된 제도와 관행의 확산, 자연 현상에 대한 우리의 견해를 근본적으로 바꾸는 우주와 인체의 새로운 과학적 이해, 시민들의 권리에 기초한 자유민주적 형태의 정부, 그리고 비판적 사고 능력의 힘을 포함한다. 종교적 권위주의를 견제하는 결과를 초래하는 모든 분야의 현대화는 단지 일을 완수하는 데 있어 더 큰 효율성이나 우리의 소비를 위한 더 많은 편리함을 만들어 내는 것이 아니다, 이는 우리가 우리 자신을 어떻게 이해하고, 우리를 둘러싼 세계와 어떻게 관계를 맺는가에 영향을 준다. 사회학자 막스 베버(Max Weber)는 현대화가 일상생활에 미치는 영향을 신중히 고려한 최초의 사회 이론가 중 한 명으로, 자유시장을 표방하는 자본주의와 이에 관련된 제도의 출현에 수반하는 삶의 모든 영역에 합리성이 증가하는 것을 근대화의 주요 효과라고 하였다.[2] 그러므로 현대화는 사회적 생활 안에 관료주의 현상의 증가, 공공 및 민간 영역에 대한 과학적 방법론과 가정들의 보편화, 자율적인 사업 기관들의 발전에 따른 개인 또는 가족생활과 직장생활의 분리, 그리고

---

[2] 참고, Max Weber, *The Protestant Ethic and the Spirit of Capitalism* (London: Allen & Unwin, 1930); 같은 저자, The Sociology of Religion (London: Methuen, 1966); 같은 저자, *Economy and Society: An Outline of Interpretive Sociology* (New York: Badminster, 1968).

새로운 기관들의 확산과 전문화된 작업의 처리, 이와 같은 것들로 귀결된다. 근 현대화와 연관된 사고와 삶의 방식은 지난 4세기 동안 일부 영향력 있는 지식인 집단들에 의해 형성되어 왔으며, 우리는 앞으로 유럽 계몽주의가 어떤 영향을 미치는지를 살펴볼 것이다.

하지만 계몽주의의 역사를 살펴보기에 앞서, 우리는 전 세계의 민족들 사이에 상호 연결을 끊임없이 심화시키는 것에 의해 현대화가 수행되어 온 것, 즉 현재 흔히 세계화로 불리는 그 과정을 살펴보아야 한다. 20세기 중반 이후 우리는 지리적으로 멀리 떨어져 있는 지역들이 유례없는 방식들로 연결되면서 세계사의 새로운 국면에 접어들었다. 프랭크 르츠너(Frank Lechner)와 존 볼리(John Boli)는 "2차 세계대전 이후 통신과 교통의 인프라가 획기적으로 개선돼 집단들과 기관들, 국가들을 새로운 방식으로 연결하였다. 점점 더 많은 사람이 세계의 먼 곳으로 더 쉽게 이동하거나 이주할 수 있게 되었다. 위성방송은 점점 더 많은 세계의 시청자들에게 국제적 사건들을 알려주고, 인터넷은 전 세계에 걸친 학식 있는 사용자들의 이익 집단들을 서로 밀접하게 연결시키기 시작하였다."[3]

어떤 면에선 세계화가 전혀 새로운 것이 아니다. 무역, 전쟁, 그리고 이민은 고대 세계부터 다양한 사람들을 연결시켰고, 16세기와 17세기에 일어난 유럽 국가들의 신대륙 탐험 활동 이래로 전 세계의 문화들은 더욱 서로 연결되었다. 그러나 20세기 후반에 새로운 무언가가 도입되었다. 나얀 챈다(Nayan Chanda)는 "초기의 세계화와 현재의 세계화를 표시하는 큰 차이점들은 생산물과 아이디어가 이전되는 **속도**, 끊임없이 증가하는 소비자와 제품의 **양**과 **다양성**, 그리고 그로 대한 과정의 **가시성**이 증대되는 데에 있다"고 말한다.[4] 과거와의 단절은 컴퓨터와 통신 산업에서 대

---

[3] Frank Lechner and John Boli, *The Globalization Reader*, 2nd ed. (Oxford: Blackwell, 2004), xvii.
[4] Nayan Chanda, *Bound Together: How Traders, Preachers, Adventurers, and Warriors Shaped Globalization* (New Haven: Yale University Press, 2007), xiii.

표되는 20세기의 놀라운 기술 혁신에 의해 야기되었다. 사실 마이크로칩에 의해 처리된 정보들은 오늘날의 세계화를 서서히 증가하는 상호연결성, 그리고 과거에 대한 상호의존성과 구별하는 가장 중요한 요소다."[5]

세계화의 중심에는 한 지역의 패턴이 다른 지역들의 발전에 의해 유의미한 방법으로 형성되는 현실이 존재한다. 이에 따라 앤서니 기든스(Anthony Giddens)는 세계화를 "상당히 떨어진 곳에서 벌어지는 사건들에 의해 지역적 사건들이 형성되는 방법으로 서로 떨어져 있는 지역들이 연결되는 전 세계적인 사회적 관계들의 증대"라고 정의한다.[6] 말콤 워터스(Malcolm Waters)에게 있어 세계화는 "경제, 정치, 사회, 문화적 요소에 대한 지리적 제약이 없어지고, 사람들이 이를 인식하게 되며, 그에 따라 행동하는 사회적 과정"이다.[7] 그러므로 세계화는 정치, 경제, 문화, 종교를 포함한 다양한 차원 안에서 전통적인 경계들을 넘어 상호 연관성의 증대를 수반하는 과정이다.

어느 정도 종교는 항상 다른 지적, 문화적 단체들과의 접촉에 의해 영향을 받아 왔다. 마크 주겐스마이어(Mark Juergensmeyer)는 "종교적 공동체들과 전통들은 항상 투과 가능한 경계를 유지해왔다. 그들은 전 세계를 돌아다니며 서로 움직이고 교류해 왔다. … 종교는 민족들과 사상의 세계적인 이동과 관련이 있기에 세계적이다."[8] 특히 일부 종교들은 의도적으로 경계를 넘어 새로운 문화 환경의 일부분이 되었다. 기독교, 이슬람, 불교와 같은 종교들은 주겐스마이어가 "보편적인 허세들과 세계적인 야

세계화에 대한 역사적 관점은 다음을 참고, A. G. Hopkins, ed., *Globalization in World History* (New York: Norton, 2002).
5) Chanda, *Bound Together*, 103.
6) Anthony Giddens, *The Consequences of Modernity* (Standford, CA: Stanford University Press, 1990), 64.
7) Malcolm Waters, *Globalization*, 2nd ed. (New York: Routledge, 2001), 5.
8) Mark Juergensmeyer, "Thinking Globally about Religion," *The Oxford Handbook of Global Religions*, ed. Mark Juergensmeyer (New York: Oxford University Press, 2006), 4-5.

망을 가진 종교적 전통들"이라 부르는 초국가적인 종교들이다. 이들 종교에서 "그들의 신앙의 핵심은 그들의 종교가 어떤 지역 집단보다 크고, 그래서 어떤 특정 지역의 문화적 경계에 국한될 수 없다는 관념"이다.[9] 그러나 지난 두 세기의 세계화 과정은 종교 전통들에 엄청난 영향을 끼쳤다. 예를 들어, 유럽과 미국의 식민주의와 현대 선교 활동들은 이에 대한 반작용으로 힌두교, 불교, 이슬람이 더더욱 활성화될 수 있게끔 하였고, 이러한 종교들이 특정한 형태를 형성하는 데 도움을 주었다. 종교 전통들이 서로에게 영향을 주어 그들의 종교적 전통들이 서로 혼합되고, 이로 인해 새로운 종교 운동들이 출현하게 되었다.

나얀 챈다는 세계화를 형성하는 영향 중 하나는 불교, 기독교, 이슬람의 독실한 신자들이 지리적, 언어적, 문화적 경계를 넘어 그들의 신앙을 전파하는 선교 활동이었다고 다음과 같이 지적한다.

> 오랜 역사를 지나며 사람들에게 닥친 종교 갈등에 의한 공포에도 불구하고, 각 종교들의 선교활동은 세계를 축소시키는 효과를 가져왔다. 각 종교들의 개종을 시키려는 포교 활동의 확산은 분산된 공동체들을 평화롭거나 폭력적으로 접촉하게 했다. 설교자들은 개종자들의 언어의 질을 높였고, 인쇄 기술을 소개하였고, 해당 문화를 더 좋거나, 혹은 나쁘게 변형시켰다. 오늘날 세계가 과거 어느 때보다도 동질적으로 보인다면, 그것은 수많은 사람이 히말라야 산기슭과 중동의 사막에서 흘러나온 위대한 종교들을 포용하게 되었기 때문이다. 지구상 가장 외진 구석에도 모스크, 교회 또는 사원이 있다. 세상을 작게 만든 설교자와 선교사들의 의의를 제대로 보려면, 인도의 작은 구석에서나 불교가 행해지고, 기독교와 이슬람이 아라비아 사막의 신앙으로만 남아 있는 세상을 상상하

---
[9] 같은 책, 7.

면 된다.[10]

따라서 기독교는 세계화의 주체이자 그것의 산물로 볼 수 있다. 19세기와 20세기의 현대 선교 운동을 통해 기독교는 세계화의 중요한 도구로 작용했다. 즉, 이전에 존재하지 않았던 언어적, 종교적, 문화적 맥락에서 기독교 교회를 전 세계적으로 복음을 전하며 설립함으로써 기독교는 다른 곳에서 신자들의 지역 사회와 기독교인 사이의 상호관계를 발전시키는 데 중요한 역할을 한 것이다. 기독교인들이 다양한 지역 집단들 사이에 등장하면서, 이전에 존재하던 현지 표식들을 초월하고 상대화하는 '정체성'의 새로운 의미가 발달하였다. 그리고 그렇게 함으로써 이질적인 집단으로 남아 있었을 동료 기독교인들을 연결시켜 주는 새로운 매개체가 되었다.

현대화와 세계화가 종교에 미치는 영향에 대해 생각해 볼 수 있는 한 가지 방법은 현대성을 가지고 전통적인 의미에서 종교적으로 되는 것이 예전처럼 쉽지 않다는 것을 인식하는 것이다. 현대 이전 시대에 의문의 여지가 없었던 종교적 신념과 관행들은 이제 더 이상 당연하게 받아들여지지 않는다. 이것은 현대인들이 신앙적이지 않다는 것이 아니라, 그들이 이전과는 다른 방식으로 신앙심을 한다는 것이다. 예를 들어, 세계화가 진행된 여러 현대 사회에서 가능한 선택권의 확산은 신앙생활을 하는 사람들이 다른 사람들의 믿음과 관행을 인정하며 각자의 행위를 보장한다. 이러한 대안적인 방법은 오늘날 많은 사람에게 여러 선택권을 부여한다. 물론 자신의 신앙에는 깊이 헌신하고 타 종교 전통들은 현실적 선택이 아니라 여기는 현대 신자들이 많다. 하지만 많은 사람에게 있어서, 그들이 타 종교 전통의 지적이고 도덕적으로 존경할 만한 추종자들과 마주칠 때에 그들 자신의 독특한 진리에 대한 자신감을 유지하는 것은 더 어려워진다.

---

10) Chanda, *Bound Together*, 112-13.

유럽과 북미에서는 기독교의 해체와 종교 표현의 자유의 누적된 효과, 전통적인 기독교 제도와 실천의 한계, 정통 기독교의 주장에 대한 회의론, 세계화에 따른 문화적, 종교적 다양성에 대한 실존적 인식 등이 나타나고 있다. 이는 오히려 기독교인들로 하여금 정통 기독교의 진리를 포용하는 것을 더 어렵게 만든다. 이러한 상황은 현재 서양에서 종교를 명백히 배척하는 사람들만이 아니라, 비전통적이고 비정형적인 기독교와 더불어 대안적인 기독교 교회도 함께 배척하는 사람들이 점점 늘어나고 있다.

지난 4세기의 매우 다양한 종교적 양식들을 포함하고 설명하는 단일 패러다임이나 그런 모델은 없다. 어떤 곳에서는 종교의 쇠퇴가 일어나지만, 다른 곳에서는 종교의 활력과 성장이 나타난다. 종교에는 종교적 헌신과 시대적 지혜를 결합하려 하는 인본주의적, 진보적인 형태의 종교가 있으며, 반현대화와 반세계화 형태의 종교도 있다. 종교는 인간의 복지를 증진시키는 데 있어 큰 힘이 될 수 있지만, 또한 편협함과 학대, 그리고 무시무시한 폭력의 원천이 될 수도 있다.

종교들이 현대화와 맞닥뜨리게 되면서 그들은 계몽주의와 관련된 가치와 이상에 직면하게 된다. 비록 계몽주의가 현대 사회에 미친 영향을 지나치게 과장하는 것은 어렵지 않지만, 이런 주장을 하는 일부 관찰자들의 생각과는 다르게 현대화는 단순히 '계몽주의 정신' 그 이상이다. 지난 3세기의 지성적, 문화적 양식이 계몽주의 이상의 발전에 의해 강하게 형성되었다는 데에는 의심의 여지가 없다. 이것은 유럽과 북아메리카뿐만 아니라 세계의 많은 지역에서도 나타나는 현상이다.

계몽주의

18세기 유럽에서 시작된 계몽운동은 전통적인 사그방식을 엄격한 비평에 따르는 지성적, 문화적 운동 또는 더 나은 일련의 운동이었다. 계몽 사상가들은 전통적인 종교적, 사회적, 지성적 패턴에 환멸을 느끼고 더 나은 세상을 건설하는 것을 기대하며 이성적, 과학적, 및 사회적 개혁을 이루었다.

다소 자의적이긴 하지만, 영국(1688)과 프랑스(1789) 혁명은 계몽주의에 대한 간단한 역사적 지표를 제공한다. 계몽운동은 주로 영국, 스코틀랜드, 프랑스를 중심으로 한 다양하고 국제적인 운동이었으며, 이후 유럽과 미국으로 확산되었다. 계몽사상가에는 당시의 많은 현실적 문제들에 이성적 사고를 적용하고자 한 학계, 언론인, 공직생활에서 활동 중인 공무원들이 포함되어 있었고, 그들은 법률과 형벌 제도, 교육, 정치, 경제 등의 개혁을 요구하였다.

계몽 사상가들은 종종 이성과 보편적 진리에 집착하는 것으로 묘사된다. 이러한 관점에서, 17세기 불확실한 전제로부터 엄격한 추론을 도출해내어, 모든 조사의 영역에서 확실성을 만들어 내는 포괄적인 지식시스템에 대한 의제를 가지고 있던 17세기 철학자 겸 과학자 르네 데카르트(Rene Descartes, 1596~1650)는 계몽주의가 상정하는 것들을 전형적으로 나타내는 인물로 알려져 있다. 예를 들어 신학자 겸 선교사인 레슬리 뉴비긴(Lesslie Newbigin)은 서구 사상을 지배해온 계몽적 합리주의를 표현할 때 데카르트를 자주 인용하였다.[11] 그러나 이것은 다소 오해의 소지가 있다. 역사학자들은 일반적으로 18세기에 계몽주의를 발견한 반면, 데카르트는 이성의 시대라고 불리는 17세기의 인물이다. 데카르트가 이후의 유럽 사상가들에게 끼친 영향력은 상당했지만, 그의 합리주의는 프랜시

---

11) 참고, Lesslie Newbigin, *Truth to Tell: The Gospel as Public Truth* (Grand Rapids: Eerdmans, 1991), 25-27, 35-36; 같은 저자, *The Gospel in a Pluralist Society* (Grand Rapids: Eerdmans, 1989), 17-18, 28-29, 32-33; 같은 저자, "Truth and Authority in Modernity," in *Faith and Modernity*, ed. Philip Sampson, Vinay Samuel, and Chris Sugden (Oxford: Regnum, 1994), 62, 72.

스 베이컨(Francis Bacon)과 존 로크(John Locke)로부터 기인하는 경험주의적 접근을 더 선호하는 18세기 사상가들에 의해 배척되었다. 뉴비긴의 정의와는 달리 많은 계몽주의 사상가들은 사실 사람의 이성에 대해 상당히 회의적이었다.

계몽운동은 획일적인 운동이 아니었다. 그것은 영국, 스코틀랜드, 독일, 프랑스, 이탈리아, 네덜란드, 러시아, 그리고 미국의 식민지에서 다양한 형태를 띠었다. 그럼에도 불구하고, 공통적인 부분들은 분명 존재하였다. 예를 들어 프랑스의 철학자 루이스 뒤프레(Louis Dupre)는 이성과 해방에 대한 강조를 계몽사상의 특징이라고 한다.12) 이러한 주제들은 마지막 계몽 사상가 중 한 명인 임마누엘 칸트(Immanuel Kant, 1724~1804)가 쓴 고전 에세이 "계몽이란 무엇인가?"에 표현되어 있다. 그에 따르면, "계몽은 인간의 미숙함에서 나오는 것이다. 미숙함은 다른 사람의 지도 없이 스스로의 지식을 사용할 수 없는 상태이다." 계몽 사상가들은 권위, 특히 종교적인 권위를 받아들이길 거부하였다. "알려고 도전하라!(Sapere aude!) 그러므로 '자신의 지식을 이용할 용기를 가지라'는 것이 계몽주의의 모토가 된다.13) 칸트에게 있어서 깨달은 이성의 사용은 자유와 자주성으로 이어진다: "이 계몽은 오직 **자유**만을 필요로 한다. 그리고 '자유'라고 불릴 수 있는 것 중 가장 순수한 것, 즉 모든 사안에서 자신의 이성을 공개적으로 이용할 수 있는 자유가 진정한 자유다."14) 이전에는 이성적 비판의 자유를 종교와 정치의 권위주의, 미신, 무지에 의해 제한되어 왔지만, 인간은 이러한 장애들을 벗어 던지고 자신의 운명을 스스로 장악할 수 있게 되었다.

---

12) Luis Dupre, *The Enlightenment and the Intellectual Foundations of Modern Culture* (New Haven: Yale University Press, 2004), 7.
13) Immanuel Kant, "What Is Enlightenment?," in *The Enlightenment: A Comprehensive Anthology*, ed. Peter Gray (New York: Simon & Schuster, 1973), 384.
14) 같은 책, 385.

비록 비판적 이성은 계몽주의 사상가들에게 중요한 요소였지만, 진리를 밝혀낼 이성의 능력에 모두 동의한 것은 아니었다. 회의주의(Skepticism)는 서양 사상에서 오랜 역사를 가지고 있다. BC 5세기 아테네의 영향력 있는 순회 교사들인 소피스트들(the Sophists)은 인간의 판단 오류와 지중해 세계의 신앙들과 관습들의 풍부한 다양성에 호소하여, 무엇이 진실인지 파악할 수 있는 능력을 약화시켰다. 소피스트들은 특히 종교적 지식이나 보편적인 도덕적 진실에 대한 주장에 대해 비판적이었다. 진리의 불변적 본질과 어느 정도 진리를 아는 우리의 능력을 강조하는 플라톤(Plato)의 철학적 저술들은 그의 시대 동안 만연했던 상대주의와 회의론에 비추어 이해되어야 한다. 그러나 플라톤과 그의 제자 아리스토텔레스(Aristotle)의 인상적인 작품들에도 불구하고 고대 세계에서는 회의주의는 계속 유행하였다.

파이로니안 학파 회의론(Pyrrhonian skepticism)은 엘리스의 파이로(Pyrrho of Elis, BC 270)와 관련이 있는데, 그는 의견이 상충되는 모든 사안들에 대해 어떤 종류의 판단도 보류해야 한다고 주장하였다. 파이로니안 회의론에 관하여 유일하게 남아있는 자료는 그리스 철학자 섹스투스 엠피리쿠스(Sextus Empiricus)의 저서 *Outlines of Pyrrhonism*와 *Against the Dogmatists*에 있다. 엠피리쿠스의 회의론은 6세기 중반 르네상스 유럽에 소개되었다. 이는 신대륙에서 종교적, 문화적 다양성에 대한 인식이 높아짐에 따라 만연한 회의주의와 상대주의를 조장하였다. 줄리아 안나스(Julia Annas)와 조나단 반스(Jonathan Barnes)는 "섹스투스의 재발견과 그리스 회의론의 재발견으로 향후 300년 동안 철학의 진로를 형성하였다"고 한다.[15]

---

15) Julia Annas and Jonathan Barnes, *The Modes of Skepticism: Ancient Texts and Modern Interpretations* (Cambridge: Cambridge University Press, 1985), 5.

섹스투스의 영향력은 이성의 힘에 대한 지속적 공격인 미켈 드 몽테네(Michel de Montaigne's, 1533~1592)의 *In Defense of Raymond Sebond*(1580)에서 잘 드러난다. 그 문헌은 이렇게 말한다. "인간에게는 역병이 있다. 이는 그가 무언가를 알고 있다는 그의 생각이다. 아는 왜 무지가 우리의 종교[기독교]에 의해 그토록 강하게 주창되는 믿음과 복종에 적합한 자질이 되는 것이다." 고대의 한 주제를 반영하듯, 프랑스의 사상가 몽테뉴(Montaigne)는 "현명한 사람이라도 실수할 수 있다. 밖 명의 사람, 아니, 우리를 포함한 모든 인류는 이런저런 문제들 때문에 수 세기 동안 잘못을 해 왔다. 그래서 우리는 어떻게 인간의 본성이 일을 그르치는 것을 멈출 수 있고, 현재 우리의 시대에서 전의 실수를 반복하지 않는다고 확신할 수 있는가?"라고 말한다.16) 몽테뉴는 이전 시대들의 고전적인 회의주의 주장을 사용할 뿐 아니라, 인간의 이성에 대한 자신감을 약화시키기 위해 많은 사람에게 신념과 관습의 다양성을 인식하길 호소한다.17)

18세기 계몽주의 사상가들은 이성의 힘에 대해 양면적 태도를 가지고 있었다. 자연은 이성적이며 질서정연하고 법치주의에 의해 지배된다는 생각이 지배적이었다. 그러나 많은 지식인, 특히 영국 제도의 많은 지식인은 논쟁이 있는 문제들에 대한 완전한 확실성을 생산하는 기하학적 방법론 이후 디자인된 인식론적 체계에 대한 데카르트의 시각에 내재된 합리주의를 거부하였다. 18세기는 이전 시대의 이성주의에서 경험주의로의 분명한 전환을 지식의 근원으로 보았다.

데니스 디데로트(Denis Diderot, 1713~1784)나 돌바치 남작(Baron P. d'Holbach, 1723~1789)과 같은 많은 계몽주의 사상가들은 진리를 밝혀낼 이성의 힘에

---

16) Montaigne, *An Apology for Raymond Sebond*, trans. and ed. M. A. Screech (London: Penguin Books, 1987), 53, 156.
17) 확실성에 대한 초기 근대 시대에 몽테뉴의 회의론에 관한 유용한 논의는 다음을 참고, Susan E. Schreiner's *Are You Alone Wise? The Search for Certainty in the Early Modern Era* (New York: Oxford University Press, 2011), 333-57.

대해 낙관적이었다. 볼테르(Voltaire, 1694~1778)와 같은 다른 이들은 이성의 한계를 인정하면서도, 이성만이 인간이 유일하게 믿을 수 있는 것으로 간주하였다. 그러나 가장 영향력 있는 계몽주의자 중 한 명인 스코틀랜드 철학자 데이비드 흄(David Hume, 1711~1776)은 이성에 대해 깊은 회의감을 나타냈다. 흄은 다음과 같은 유명한 말을 하였다. "이성은 정념(passions)의 노예이고, 그 정념들에 기여하고 순종하는 것 외에는 어떠한 다른 직무(office)인 척할 수 없다."[18] 이에 따라 역사학자 피터 게이(Peter Gay)는 계몽주의 시대는 비판의 시대인 만큼, 계몽주의가 이성의 시대적 사고 안에서 해석되어서는 안 된다고 다음과 같이 주장한다. "비판의 전권을 가지고자 하는 주장은 결코 이성의 만능에 대한 요구가 아닌, 즉 모든 것을 합리적으로 이해 내지 숙달한다는 주장보다는, 모든 것에 의문을 제기할 수 있는 권리를 요구하는 일종의 정치적 요구였다."[19] 종교에 대한 계몽적 견해는 16세기와 17세기에 전개된 종교적 회의론, 다른 종교와 문화에 대한 인식의 증가, 종교개혁과 새로운 종교 운동의 확산에 의해 촉발된 기존 종교적 권위의 위기, 기독교 내부의 정파주의와 정치적 라이벌과의 경쟁의 혼합이 촉발한 격렬한 전쟁, 그리고 뉴턴과 신흥 과학에서 파생된 우주에 대한 기계론적 관점의 영향들에 의해 형성되었다.

수많은 사상가들은 자연 질서가 신에 대한 믿음과 도덕적 의무에 대한 기초를 제공하고, 이는 모든 인간에게 공통적이라 하는 자연 종교(natural religion)를 지지하였다. 대부분의 계몽주의 인물들은 그러한 자연 종교를 도덕의 근간으로서 자연스럽고 비종교적이며 '합리적'인 종교라 주창하였다.[20] 그러한 자연 종교의 초기 예는 허버트 남작(Lord Herbert

---

18) David Hume, *A Treatise of Human Nature* (New York: Doubleday, 1961), 2.3.3. p. 375.
19) Peter Gay, *The Enlightenment: An Interpretation; The Rise of Modern Paganism* (New York: Norton, 1966), 141.
20) 참고, Peter Harrison, *"Religion" and the Religions in the English Enlightenment* (Cambridge: Cambridge University Press, 1990).

of Cherbury, 1583~1648)에게서 찾아볼 수 있다. 허버트의 *De veritate*(1624) 또는 *On Truth as It Is Distinguished from Revelation, Probability, Possibility, and Falsehood*에 의하면, '진정한 종교'를 표방하는 종교들 중에는 '공통적인 개념들'이 있다고 말한다: (1) 최상의 신은 존재한다, (2) 이 신만을 숭배해야 한다, (3) 미덕과 경건의 관계는 종교적 실천의 가장 중요한 부분이다, (4) 악은 회개함으로써 속죄되어야만 한다, (5) 사후에는 보상이나 형벌이 있다.[21] 대부분의 계몽주의 사상가들은 명백한 무신론자는 드물었고 일종의 유신론자 또는 일신론자들이었다. 일신론자들은 세계를 창조하긴 했지만, 우주의 작동이나 인간 문제들에 개입하지 않는 신을 믿었다. 그들은 인간의 도덕적 의무와 불멸을 믿었지만, 기적과 신의 특별계시(특히 예수의 십자가 사건-옮긴이)와 같은 초자연적 현상들은 거부하였다.

계몽주의 사상가들은 전통적이고, 정통적 기독교를 비이성적이라고 맹렬히 공격하였다. 제도권 교회, 특히 로마 가톨릭 교회는 만연한 부패, 성직자의 성 학대, 편협성, 미신, 무지에 대해 맹렬한 비판을 받았다. 그들은 초자연적인 기적, 신의 특별한 계시, 그리고 성육신에 대한 믿음은 비이성적이라고 일축하였다.[22] 특히 정통 기독교인들이 하나님의 특별한 계시로 받아들인 성경은 전례 없는 비판을 받았다. 성경의 통일성, 내적 일관성, 역사적 신뢰성에 수많은 의문이 제기되었고, 중국 및 인도 종교들의 성스러운 경전들에 대해 새로 습득한 정보와 비교함으로써 성경의 고유성이 훼손되었다.

정통 기독교에 대한 가장 신랄한 비판은 철학자 데이비드 흄과 임마

---

21) 참고, Herbert of Cherbury, "Common Notions concerning Religion," in *Christianity and Plurality: Classical and Contemporary Readings*, ed. Richard J. Plantinga (Oxford: Blackwell, 1999), 171-81. 참고, J. Samuel Preus, *Explaining Religion* (New Haven: Yale University Press, 1987), 23-39.
22) 참고, Colin Brown, *Jesus in European Protestant Thought, 1778~1860* (Durham, NC: Labyrinth, 1985).

누엘 칸트에게서 나왔다. 흄은 종교에 대해 세 가지 비판을 제시했는데, 각 측면은 18세기 종교 정통성을 옹호하던 대중적 방식에 반하는 것이었다.[23] 흄은 잘 알려진 그의 에세이 "Of Miracles"에서, 비록 기적이 원칙적으로 가능하다 하더라도 특정 현상이 단순히 변칙이 아닌 사실상 기적이라고 믿는 것은 결코 정당화될 수 없다고 한다. 1779년, 흄은 그의 사후에 출판된 *Dialogue concerning Natural Religion*에서 신의 존재에 대한 믿음을 지지하기 위해 신학자들뿐만 아니라 정통 신학자들이 널리 사용하는 목적론적 논증에 대한 통찰력 있는 비판을 실었다. 그의 저서 *Natural History of Religion*(1757)는 두려움에서 비롯된 정밀한 자연주의적 용어들로 종교를 설명하려는 초기의 시도로서, 특별한 인간의 감정이나 자연적 성향으로 종교를 근거로 삼으려는 현대의 시도들을 전복시킨 책이었다. 비록 흄은 자신이 무신론자가 아니라고 주장했지만, 그의 저술들은 신에 대한 이성적 믿음의 근거를 없애는 것으로 이해되었다. 신의 존재에 대해 흄은 "완전체는 수수께끼이고, 불가해한 신비다. 의심, 불확실성에 대한 판단의 보류는 이 주제에 관한 우리의 가장 정확한 조사의 유일한 결과이다."[24]

임마누엘 칸트는 그렇게 종교에 적대적인 것은 아니었지만, 그의 철학은 우리가 종교의 주장들을 이해하는 방법에 대한 급진적인 재해석이 수

---

23) 종교에 대한 흄의 분석은 다음을 참고, Keith Yandell, *Hume's "Inexplicable Mystery": His Views on Religion* (Philadelphia: Temple University Press, 1990).

24) David Hume, The Natural History of Religion, ed. H. E. Root (Stanford, CA: Stanford University Press, 1956), 76. 여기서 흄은 고대 철학자 시세로(Cicero)가 그의 책 *De natura deorum*(On the nature of the gods)에서 "이것은 거의 내가 신들의 본성에 대해 말해야만 하는 것이다: 이는 신들에 대한 신앙이 잘못되었음을 반증하기 위한 나의 설계가 아니고, 이것이 얼마나 이해하기 힘들고 설명하기 어려운지 당신에게 이해시키기 위함이다"라고 말한 부분을 상기시킨다. 참고, Cicero, *De natura deorum*, trans. H. Rackham (Cambridge, MA: Harvard University Press, 1951), 381.

반된다.²⁵⁾ *Critique of Pure Reason*(1781)의 비판적 인식론은 신에 대한 어떤 진정한 지식의 가능성을 제거한다. 칸트의 인식론의 결과 중 하나는 있을 수 있는 감각 경험의 영역에 대한 지식의 한계로, 초월적인 신에 대한 어떤 지식도 배제하는 것이다. 그러나 칸트는 우리가 '실용적 이성'에 근거하여 신의 존재를 믿을 권리는 있다고 주장한다. 비록 이것을 지식의 한 항목이라고 주장할 수는 없지만, 도덕적 의무의 영향은 우리가 실용적이거나 도덕적인 이유로 신이 존재한다고 믿는 것이 정당화될 수 있는 것이다.

칸트의 *Religion within the Limits of Reason Alone*(1793)는 오늘날에도 널리 받아들여지고 있는 공통의 계몽주의적 주제에 대해 유창한 표현을 하고 있는데, '진정한 종교'란 보편적으로 접근할 수 있어야 하며 특정 시기에, 특정 집단에게, 그리고 특별한 계시에 근거해서는 안 된다는 주장이다. 계몽 사상가들은 성경에 나오는 신의 계시, 즉 나사렛 예수의 성육신에 관한 정통 기독교의 가르침의 '특수성의 스캔들'(하나님이 역사상 모든 인간에게 동일하게 그분 자신을 계시하시지 않고, 특정 장소와 특정 시간에 유대인인 예수를 통해 그분 자신을 계시하신 확신을 지칭-옮긴 이)을 거부하였다. 예컨대, 칸트는 "합리적 종교"는 보편성을 필요로 하며, 일부 사람들만이 접근할 수 있는 특정한 사건이나 진리에 기초할 수 없다고 다음과 같이 주장한다. "교회가 드러난 신앙에 스스로 기초할 때, 진리의 가장 중요한 표식, 즉 보편성에 대한 정당한 주장을 없애버린다. 그러한 신앙에 있어서 역사적으로 존재하

---

25) 인식론, 형이상학, 그리고 종교에 대한 칸트의 견해에 관하여 유용한 소개는 다음 문헌에서 참고, Allen Wood, *Kant's Moral Religion* (Ithaca, NY: Cornell University Press, 1970); Paul Guyer, ed., *The Cambridge Companion to Kant* (Cambridge: Cambridge University Press, 1992); Philip J. Rossi and Michael Wreen, eds., *Kant's Philosophy of Religion Reconsidered* (Bloomington: Indiana University Press, 1991). 종교에 대한 칸트의 다른 시각은 학술토론회 *Philosophia Christi* 9.1 (2007): 8-97인 다음을 참고, Chris L. Firestone and Stephen R. Palmquist, eds., *Kant and the New Philosophy of Religion* (Bloomington: Indiana University Press, 2006).

는 것은(성서가 중개가 되어 가장 먼 후대에까지 훨씬 더 널리 전파되고 더 완전하게 확보되어 있음에도 불구하고) 결코 보편적으로 전달될 수 없을 것이다."26)

또 다른 계몽주의 인물인 고트홀트 에프라임 레싱(Gotthold Ephraim Lessing, 1729~81)은 종교의 보편적 진리들을 역사의 우발적 사태들로부터 구분하면서 "추하고 넓은 도랑"을 말한다. 그에 따르면 "역사의 우연한 진실들은 결코 이성의 필수적 진실들에 대하여 증거가 될 수 없기 때문에" 역사적 근거는 신학적 주장들을 입증할 수 없다.27) 마찬가지로 볼테르도 다음과 같이 말한다. "하나님께서 그의 종교집단을 내게 알려주시기를 바랐다면, 그것은 이 종교집단이 우리 인종에게 꼭 필요했기 때문일 것이다. 필요하다면 모두에게 두 개의 눈과 한 개의 입을 준 것처럼 모두에게 똑같이 부여했을 것이다. … 보편적 이성의 원칙은 모든 문명인에게 공통적이다. 모두 하나님을 인정하고, 그런 지식은 진리라고 스스로 잘난 줄 착각할 수 있다. 그러나 그들 각각은 서로 다른 종교를 가지고 있다."28) 그리고 이성이 아닌 모든 사람에게 공통되는 특별한 감정에 근거한 자연종교의 형태를 표방하는 장 자크 루소(Jean-Jacques Rousseau, 1712~78)도 정당하게 '특별한 신의 계시'를 주장할 수 있는 하나의 진정한 종교에 대한 발상에 반론을 제기한다.29)

19세기와 20세기에 유럽인과 미국인이 전 세계적으로 발견되는 신앙들과 종교적 관례들의 엄청난 다양성에 감명받으면서, "보편적 이성의 원칙들은 모든 문명화된 민족들에게 공통적이다"와 "모든 사람은 하나의 신

---

26) Immanuel Kant, *Religion within the Limits of Reason Alone*, trans. Theodore M. Greene and Hoyt H. Hudson (New York: Harper Torchbooks, 1934), 3.6.100; 3.6.105, 110-11, 175-77.
27) 참고, Gotthold Ephraim Lessing, "On the Proof of the Spirit and of Power," in *Lessing's Theological Writings*, trans. and ed. Henry Chadwick (Stanford, CA: Stanford University Press, 1957), 53, 55.
28) Voltaire, Dupre가 인용, *The Enlightenment*, 236.
29) 참고, "The Creed of a Savoyard Vicar" 루소의 책 4, *Emile, or, On Education*, trans. Allan Bloom (New York: Basic Books, 1979), esp. 295-99.

을 인정한다"는 견해들은 점점 거부되었다. 이성적, 보편적 종교를 식별하는 능력에 대한 자신감은 종교적 회의주의와 상대주의로 대체되었다. 그러나 여전히 영향력 있는 것은, 특정 민족과 특정한 역사적 사건에 대한 특별계시에 근거한 모든 민족에게 규범적인 하나의 진정한 종교는 있을 수 없다는 계몽주의의 신념이다.

계몽주의의 또 다른 공헌인 종교적 관용에 대한 요구는 일부분 16세기와 17세기의 잔혹한 종교 전쟁에 대한 것이었다.[30] 종교적 관용의 고전적 사례는 관용에 관한 존 로크의 "A Letter concerning Toleration"(1685)와 "Two Treatises on Government"(1690), 두 개 논문에서 찾아볼 수 있다.[31] 로크의 관용에 대한 정당성은 '영혼의 보살핌'에 대한 책임이 없는 시민적 관할권과, 그러한 책임을 가지며 시민 문제에 간섭하지 않는 교회적 관할권 사이의 차이에 근거한다. 로크는 종교적 신념이 강요될 수는 없지만 자발적으로 받아들여야 한다고 주장한다. 스피노자, 베일, 볼테르, 루소, 디데로트, 레싱과 같은 다른 사상가들도 관용을 주장했지만, 그들은 종교적 회의론에 기초했을 뿐이다. 다시 말해, 우리는 어느 종교가 참 종교인지 판단할 수 없기 때문에 공공 복지가 위협받지 않는 한 종교적인 믿음의 다양성을 허용할 것을 요구한다는 것이다.[32]

1800년대 초에 들어서 계몽주의는 다른 운동들, 특히 낭만주의에 의해 퇴색되고 있었다. 그러나 계몽주의는 서구 사회에서뿐만 아니라 전 세

---

30) Perez Zagorin, *How the Idea of Religious Toleration Came to the West* (Princeton: Princeton University Press, 2003)
31) John Locke, *Epistola de Tolerantia: A Letter on Toleration*, ed. Raymond Klibansky, trans. J. W. Gough (Oxford: Clarendon, 1968); 같은 저자, *Two Treatises of Government*, with introduction by Peter Laslett (Cambridge: Cambridge University Press, 1966).
32) 참고, Alan Levine, ed., *Early Modern Skepticism and the Origins of Toleration* (New York: Lexington, 1999).

계적으로 현대 사회에 엄청난 영향을 끼쳤다. 뒤프레는 그 이유를 현대사회에 만연한 '중대한 자각'에서 보고, 이로 인해 더 이상 전통적인 권위가 무비판적으로 받아들여지지 않는다고 하였다.33) 비록 2세기가 넘는 파괴적인 전쟁, 대량학살, 과학의 어두운 면에 대한 노출로 단련되었지만, 계몽주의의 영향은 현대인들이 삶을 향상시키기 위한 교육, 과학, 그리고 기술에 대해 가지고 있는 지속적인 자신감에서 볼 수 있다. 또한 계몽주의 이상은 종교의 정치적 확립과 종교 표현의 자유에도 반영되는데, 이는 세계적으로 점점 더 받아들여지고 있으며, 유엔 세계인권선언(1945년)에서 성문화된 바와 같이 개인 인권의 중요성을 국제적으로 인정하는 데에도 반영되고 있다.34) "종교적 관용, 사이비 종교와 공공 생활의 분리, 종교적 강요, 사회적 압력 또는 문화적 편견으로부터 개인의 양심을 보호하는 것, 이 모든 것들이 서구 신자들에게는 양도 불가능한 위치로 자리잡았다."35) 계몽주의의 유산은 유럽과 미국 사회의 세속화와도 연결된다. 페레스 자고린(Perez Zagorin)은 다음과 같이 보았다. "계몽주의의 궁극적인 중요성은 서구사회의 점진적인 세속화와 자유화에 대한 오랜 기여가 있었다는 것이다. 18세기와 19세기의 세속화는 주로 개인의 마음과 정치적, 사회적 삶에 대한 기독교 종교와 교회의 지배가 쇠퇴하는 것을 의미하였다."36)

---

33) Dupre, *The Enlightenment*, ? i .
34) 계몽주의는 이러한 사안들 뒤에 있는 유일한 영향력은 아니다. 나얀 찬다(*Bound Together*, 137)는 19세기와 20세기 기독교 선교 활동의 긍정적 영향 중 하나는 '가치의 국제화'라는 모든 민족들의 인권에 대한 관심이라 본다. 그는 이렇게 말한다. "완전하게 다른 문화와, 공동의 윤리적 원리들과 국제적인 사회적 목적들에 대한 조사로부터 온 우리 이웃들의 권리들에 관한 인식은 Amnesty International과 Human Rights Watch와 같은 새로운 '선교적' 기관들의 부상을 이끌었다."
35) Dupre, *The Enlightenment*, 338.
36) Jose Casanova,

세속주의

우리는 세속, 세속화, 세속주의 사이의 개념적 구분을 함으로써 세속화에 대한 논의를 시작해야 한다.[37] 분명히 서로 관련이 있지만, 이들은 서로 다른 개념이다. 내가 이 용어들을 사용할 때에, '세속화'는 전통적인 종교적 양식들이 변형되어 사회의 분열, 분화, 다원화가 증가하고, 어떤 의미에서는 종교의 쇠퇴를 초래하는 것으로 추측되는 사회적, 지성적, 문화적, 정치적 변화의 역사적 과정을 가리킨다. 종교가 영향력을 미치던 한 사회에 세속화가 일어나고 있는지의 여부는 세심한 역사적, 사회적, 그리고 문화적 관찰에 의해 원론적으로 답할 수 있는 경험적 질문이다. (그러한 변화들을 환영하거나 개탄스러워하는 것은 완전히 별개의 사안이다.)

이와는 대조적으로 세속주의는 사고의 방식, 삶의 방식, 이데올로기나 세계관이다. 이는 종교적인 주장은 단순히 거짓이거나(초월적인 영적 현실은 존재하지 않는다) 적어도 우리가 거짓인 것처럼 살 수 있고 또 그래야 한다는 것을 말한다. 이 세상이 존재하는 것이 전부인 것이다. 세계관으로서의 세속주의는 반드시 세속화의 사회역사적 사실(사실이라면)에 의한 건 아니다. 세속주의가 실제로 세속화에서 비롯되는지, 만약 그렇다면 이것이 필연적 결과인지는 현재 진행 중인 세속화 논쟁에서 이미 쟁점이 되고 있다.

'세속화(secularization)'나 '세속주의(secularism)'보다 '세속적(secular)'이라는 용어의 의미가 더 논란이 많다. 기본적으로 '세속'이란 것은 단순히 신성한 것이나 종교적인 것과는 구별된다. 그러나 이러한 구별을 만들어 내는 방법은 여러 가지가 있기는 하지만, 반드시 세속과 종교의 관계가 정반대의 관계를 가진다고 보기는 어렵다. 예를 들어, 세속적인 정부는 어떤 특

---

[37] Jose Casanova, "The Secular, Secularizations, Secularisms," in *Rethinking Secularism*, ed. Craig Calhoun, Mark Juergensmeyer, and Jonathan VanAntwerpen (New York: Oxford University Press, 2011), 54.

정한 종교적인 권위로부터 공공의 정당성을 끌어내지 않으며 원칙적으로 어떤 특정한 종교적(또는 비종교적) 전통을 지지하지 않는다. 세속적인 정부가 종교에 대해 반드시 중립적인 것은 아니다. 정책 결정에 있어서 중립을 지킨다는 것은 거의 불가능하다. 모든 정책 결정에는 어떤 사람들에게는 긍정적이지만 다른 이들에게는 부정적이기 때문이다. 그러나 세속적인 정부는 특정한 종교적 또는 비종교적 전통을 선호하지 않고 종교적, 비종교적 관점을 공평하게 다루려고 노력한다. 또한 세속적인 교육도 반신앙적이거나 반기독교적일 필요가 없다. 알맞은 세속적 교육은 종교적인 사안들과 견해에 대해 공정하게 바라보려고 노력한다. 그럼에도 불구하고, '세속'이란 단어가 종교와의 긴장을 암시하는 것으로 이해되는 경우가 많고, 세속화가 세속주의를 수반하지는 않을 수 있음에도, 종교가 보다 세속적인 사회 안에서는 어떻게 여겨지고 어떻게 행해지는가에 중대한 변화가 있어 보인다.

고전적인 '세속화 이론'에 대한 가장 강한 자극은 사회학의 거장인 에밀 더크하임(Emile Durkheim, 1858~1917)과 막스 베버(Max Weber, 1864~1920)로부터 비롯되었다. 이에 대하여 롭 워너(Rob Warner)는 고전적 세속화 이론에 대해 타당하고 간결한 정보를 제공한다.

> 더크하임과 베버 모두 서구의 근대성이 점점 종교에 어울리지 않다고 주장하였다. 서유럽에서 기독교의 영향력이 악화되고, 이러한 학자들의 통찰력을 바탕으로 한 고전적인 세속화 이론은 종교의 종말이 이미 사회적으로 결정되었고, 문화적으로 불가피하다고 주장하였다. 그러므로 세속화는 현대 세계의 진화와 밀접하게 관련이 있는 사회적 변화의 과정과, 현재와 과거의 전환을 묘사할 뿐만 아니라 종교가 공적 영향력, 사회적 유용성, 혹은 이성을 초월하는 계시적 권위에 대한 그럴듯한 주장이 거의 또는 전혀 없을 미래 사

회를 예측하는 종교적 한계 이론, 이 두 현실로 이해되었다.[38]

20세기 초에는 현대화가 종교를 쇠퇴시킨다는 사상을 일반적으로 수용하였다. 이에 대한 옹호자들이 종교가 반드시 없어질 것이라고 주장한 것은 아니었지만, 현대화와 함께 종교적 신앙과 관례들은 결국 쇠퇴하고 종교는 점점 사회적으로 소외될 것이라고 여겼다. 이러한 논지의 초기 지지자인 피터 버거(Peter Berger)는 1967년 *The Sacred Canopy*에서 세속화를 "종교적 제도와 이것의 상징성을 통한 지배로부터 사회와 문화의 부문들이 떨어지는 과정"으로 정의하였다. 그는 세속화는 교회와 국가의 분리, 혹은 교회 땅의 몰수, 혹은 기독교의 권위로부터 해방될 때처럼, 유럽에서 이전에 기독교 교회들의 통제와 영향력이 있던 부분들로부터 철수하며 그 자체를 보여준다고 주장한다.[39] 개인 차원에서는 '의식 세속화'가 있어 더 이상 종교적인 가르침을 받아들이는 사람이 늘어나지 않는다. 결과적으로, "현대의 서구 사회는 종교적 이해의 이득 없이 세계와 자신의 삶을 바라보는 개인들을 점점 더 많이 만들어 냈다."[40] 다른 말로 하자면, "세속화는 현실에 대한 전통적인 종교적 의미들의 타당성이 광범위하게 붕괴하는 결과를 낳았다."[41]

마찬가지로 브라이언 윌슨(Bryan Wilson)도 세속화를 "종교적 인식, 활동, 제도 등이 사회적 의미를 상실하는 과정이라고 정의한다. 종교가 사회 제도 운영에서 배척되고, 사회 운영에 필수적인 기능들이 합리화되어 초자연적인 것에 헌신한 기관들의 통제에서 벗어났음을 나타낸다."[42] '각

---

38) Rob Warner, *Secularization and Its Discontents* (New York: Continuum, 2010), 2.
39) Peter Berger, *The Sacred Canopy: The Social Construction of Reality* (New York: Anchor Books, 1967), 107.
40) 같은 책, 108.
41) 같은 책, 127.
42) Bryan Wilson, "Secularization," *The Encyclopedia of Religion*, ed. Mircea Eliade (New York: Macmillan, 1987), 12:160. 참고, 같은 저자, Religion in

성'[*Entzauberung*]을 초래하는 과학적인 사고방식, 근대 제도들의 차별화, 근대 민주주의에서 종교의 폐지, 이주와 도시화로 인한 거대한 변화들, 통신 혁명에 수반되는 폭발적 정보량 등은 모두 전통적인 종교 생활 방식의 약화에 기여하였다.

아마도 오늘날 고전적인 세속화 논지의 가장 적극적인 주창자는 스티브 브루스(Steve Bruce)일 것이다. 그에 따르면 세속화는 교회에 대한 대중적 관여의 감소, 종교 제도의 범위와 영향력의 감소, 종교적 신념의 인기와 그 영향력의 감소, 이 세 가지 상호적으로 관련된 변화들을 포함한다.[43] 서유럽의 사회로부터 얻은 자료들을 바탕으로 브루스는 위와 같은 변화들의 증거로서 세 분야 모두에서 기독교가 극적으로 감소했음을 분명히 보여준다고 말한다. 그 결과 "사적이고 개인적 경험에 대해 할 말이 많을 수 있겠지만, 사회적 역할의 수행이나 사회 시스템의 운영에는 거의 관련이 없을 수 있다는 대립되는 개념들로 인해 어떤 단일의 도덕적이고 종교적인 체제의 타당성은 분명 감소하였다"는 것이다.[44] 브루스는 "종교의 사회적 힘, 이를 진지하게 받아들이는 사람들의 수, 그리고 이를 얼마나 진지하게 누가 받아들이는가, 이 세 가지에는 서로 인과관계가 존재한다"라고 주장한다. "종교의 감소하는 힘이 종교적인 사람들의 수와 종교적인 사람들의 규모의 감소를 초래한다는 상황"을 만들어 내면서, 위의 인과적 요인들은 현대화와 밀접하게 관련되어있다.[45] 그러나 일각에서 예상하는 것과 달리, 브루스는 세속화의 종착점은 무신론이 아닌

Secular Society: A Sociological Comment (Harmondsworth, UK: Penguin, 1966); 같은 저자, Religion in Sociological Perspective (Oxford: Oxford University Press, 1982).
43) Steve Bruce, *Religion in the Modern World: From Cathedrals to Cults* (Oxford: Oxford University Press, 1996), 26.
44) 같은 책, 14.
45) Steve Bruce, *Secularization* (New York: Oxford University Press, 2011), 2.

단순히 종교적 무관심이라고 한다. [46]

유럽의 특정 지역인 영국, 스칸디나비아, 독일, 프랑스, 체코 등에서 종교 활동에 대한 참여가 현저하게 감소하고 있다는 데에는 의심의 여지가 없다. 세속화 이론은 영국과 같은 사회를 비추어 볼 때 가장 그럴듯하다.[47] 2010년 롭 워너는 영국의 교회 출석률에 관한 자료를 인용하며 다음과 같이 결론을 내린다. "영국 교회 출석률 조사(1979~2005)에 따르면 1/4 세기 동안 지속된 교회의 쇠퇴 현상이 보여진다. … 이러한 현상은 끊임없이 지속되었다. 기독교 교회는 일요일에 점점 더 적은 사람들이 참석하며 점점 더 소외되어 왔다. 교회의 참석자가 감소되는 규모와 속도는 놀랍다. 영국의 교회 참석자는 지난 4분기 평균적으로 규모가 절반으로 줄었다."[48] 롭이 진단한 것과 비슷한 패턴이 유럽의 다른 지역에서도 발견된다.

> 유럽은 지난 수 세기 동안 인구통계학적 측면뿐만 아니라 신학과 선교활동이 세계에 미치는 영향력에 있어서 기독교의 중심지였다. 1910년에는 전 세계 기독교인의 66%가 유럽에 살았지만, 이는 한 세기 후 25% 정도 크게 떨어졌다. 1910년 유럽은 거의 95%가 기독교인이었고 종교적으로 무관한 사람들은 인구의 0.5%에 불과했다. 하지만 2010년 기독교인의 비율은 78.6%로 떨어졌고, 기독교인의 무신론자와 불가지론자로의 전환은 종교와 관계없는 유럽 인구의 비율을 14.7%로 끌어올렸다.[49]

---

46) Steve Bruce, *God Is Dead: Secularization in the West* (Oxford: Blackwell, 2002), 42.
47) 브루스가 제공한 데이터를 참고, 위와 같은 책, 63-74.
48) Rob Warner, *Secularization and Its Discontents*, 7.
49) Todd M. Johnson and Brian J. Grim, *The World's Religions in Figures* (Oxford: Wiley-Blackwell, 2013), 83.

고전적 세속화 이론은 유럽에 크게 영향을 미치게 되었고, 종교는 사회가 현대화되면서 꾸준히 쇠퇴하였다.

그러나 세속화에 대한 이러한 관점은 1980년대부터 비판을 받아왔다. 스티븐 워너(Stephen Warner)는 1993년 그의 한 영향력 있는 에세이에서 "그 지배적인 이론이 효과가 없는 것처럼 보이는 것은 공공연한 비밀이 되었다"고 말했다.[50] 세속화 이론의 초기 설계자 피터 버거는 후에 그 고전적 이론을 포기하였다. 2002년 글을 통해 그는 "오늘날 종교를 다루는 사회학자의 대다수가 더 이상 현대화와 세속화의 방정식을 고수하지 않는다고 보는 것이 타당하다"고 주시하였다.[51] 비평가들은 그 전통적인 논지를 지지하는 것으로 주장되는 증거들에 의문을 제기할 뿐만 아니라, 서유럽의 세속화 자체가 변칙적인 것일 수도 있다는 것을 보여주는, 전 세계가 주목할 만한 반증을 제시한다. 고전적 세속화 이론의 주창자들은 일반적으로 기독교와 서구에 관한 발전만을 고려하며 서유럽 일부 지역의 증거들을 우선시하고 아시아, 중남미, 아프리카의 근대화 및 기타 종교에 관한 자료는 무시했다.

고전적 세속화 이론의 논지가 우리에게 기대하게 하는 것과는 반대로, 종교는 고도로 현대화된 많은 사회들을 포함하여 전 세계에서 지속적으로 번창하고 있다. 버거는 "오늘날 세계는 굉장히 종교적이며, 이는 많은 현대 분석가들에 의해(기쁘든 낙담하든) 예견되어 온 세속화된 세계에 지나지 않는다"고 한다.[52] *God's Century: Resurgent Religion and Global*

---

50) R. Stephen Warner, "Work in Progress toward a New Paradigm for the Sociological Study of Religion in the United States," *American Journal of Sociology* 98. 5 (March 1993): 1048.
51) Peter Berger, "Secularization and De-secularization," in *Religions in the Modern World*, ed. Linda Woodhead, Paul Fletcher, Hiroko Kawanami, and David Smith (London: Routledge, 2002), 291.
52) Peter Berger, *The Desecularization of the World* (Grand Rapids: Eerdmans, 1999), 9. 더 나아간 비평은 다음을 참고, Alan Aldridge, *Religion in the Contemporary World* (Cambridge: Polity, 2000), chap. 5; and Rob Warner,

*Politics*의 저자들은 다음과 같이 말한다.

> 세속화에 관한 이론의 논지는 세계사 현실에 대한 수준 낮은 가이드를 제시한다. 그 예측과는 달리 가톨릭, 개신교, 이슬람교, 힌두교를 신봉하는 세계 인구의 비율은 1900년 50%에서 2000년 64%로 급증하였다. … 따라서 지난 40년 동안 정치에 대한 종교의 영향력이 모든 대륙에서 모든 주요 종교들에 걸쳐 더욱 더 강력해졌다는 것은 자명한 사실이다.

이 저자들은 "종교의 정치적 영향력은 지난 40년 동안 극적이고 전 세계적으로 증가했다"고 주장한다.[53]

특히 고전적 세속화 이론의 논지는 미국에서 종교가 가지는 지속적인 사회적 의의와, 전 세계적으로 근본주의 종교 운동이 부상하고 있다는 것을 설명하지 못한다. 버거가 관찰한 바와 같이, "오늘날 세계의 대부분은 확실히 세속적이지 않다. 신앙심이 깊다. 미국도 그렇다. 이것에 대한 유일한 예외적인 예는 서유럽뿐이다. 오늘날 종교에 대한 사회학에서 가장 흥미로운 질문 중 하나는, 이란의 근본주의를 어떻게 설명하느냐는 것이 아닌, '서유럽은 왜 그렇지 않은가'이다."[54]

고전적 세속화 이론에 불만을 품은 사회 이론가들은 다양한 방식으로 이에 대응해 왔다. 일부 사람들은 '세속화'라는 개념이 더 이상 유용하지 않다고 한다. 예를 들어, 1965년 초에 데이비드 마틴(David Martin)은 '세속

Secularization and Its Discontents, chaps. 1-3.
53) Monica Duffy Toft, Daniel Philpott, and Timothy Samuel Shah, *God's Century: Resurgent Religion and Global Politics* (New York: Norton, 2011), 2, 9.
54) Peter Berger, "Epistemological Modesty: An Interview with Peter Berger," *Christian Century* 114.30 (October 29, 1997): 974. 참고, Peter Berger, Grace Davie, and Effie Fokas, *Religious America, Secular Europe? A Theme and Variations* (Burlington, VT: Ashgate, 2008).

화'라는 용어 자체를 사용하지 말아야 한다고 주장했다.[55] 그러나 마틴은 자신의 주장과 달리 오히려 세속화에 대한 정교하고 미묘한 대안적 시각을 발전시켰다.[56] 마틴은 전통적인 세속화 이론의 경우보다 훨씬 더 다양한 사회적 맥락들을 고려한다. 그는 유럽 전역에 미치는 다양한 사회적, 종교적, 정치적 영향들을 살펴볼 뿐만 아니라, 중남미 등 지역들의 발전을 유심히 관찰하였다.[57] 비교사회학은 그가 '세속화'라는 개념을 어디서든 동일한 형태를 취하는 통일적이고 동질적인 과정으로 간주하는 모델에서 벗어날 수 있게 해주었다. 비록 어떤 의미에서 세속화는 전 세계의 많은 사회에서 발견될 수 있지만, 그것의 형태와 궤도는 특정 사회의 독점적 종교 권력과 관련된 과거 역사의 변수들에 따라 다양하다. 더구나 마틴에 따르면 세속화의 패턴은 일방적으로 선형적인 방향으로 움직이는 것이 아니라, 사회의 변화와 함께 종교의 쇠퇴와 그 흐름 속에서 순환적으로 반영될 수 있다.

사회학자 그레이스 데이비(Grace Davie)도 유럽의 패턴을 미국, 중남미, 아프리카의 일부와 비교하며 지속적으로 종교적 활력이 반영되는 복잡한 세속화 관점을 발전시켰다.[58] 데이비는 세속화의 두 가지 측면, 즉 교

---

55) David Martin, "Towards Eliminating the Concept of Secularization," in *Penguin Survey of the Social Sciences*, ed. J. Gould (Harmondsworth, UK: Penguin Books, 1965), 169-82.
56) 참고, David Martin, *A General Theory of Secularization* (Oxford: Blackwell, 1978); 같은 저자, *On Secularization: Towards a Revised General Theory* (Burlington, VT: Ashgate, 2005); 같은 저자, *The Future of Christianity: Reflections on Violence and Democracy, Religion and Secularization* (Burlington, VT: Ashgate, 2011).
57) 마틴은 라틴 아메리카와 전 세계의 은사주의에 대한 획기적인 연구를 출판하였다. 참고, David Martin, *Tongues of Fire: The Explosion of Protestantism in Latin America* (Oxford: Blackwell, 1990); 같은 저자, *Pentecostalism: The World Their Parish* (Oxford: Blackwell, 2002).
58) Grace Davie, *Europe: The Exceptional Case; Parameters of Faith in the Modern World* (London: Darton, Longman & Todd, 2002).

회에 출석하는 것과 같은 제도화된 종교 참여와 개인적 신념에 의한 참여에 중요한 구분을 두었다. 영국에는 종교에 대한 참여가 꾸준히 감소하는 분명한 지표가 있지만, 종교적인 신념에 관련된 자료 지표는 모호하다. 데이비는 교회 출석률 하락이 많은 종교적 신념에 대한 지속적인 동의를 동반하는 것으로 보여, 우리가 가진 것은 '소속되지 않고 믿는 것'의 경우라고 주장하였다.[59] 교회 출석과 같이 계량적으로 측정 가능한 지표에 지나치게 주의를 기울이는 것은 종교적 지형에 대한 해석을 분명히 왜곡시킬 수 있다는 것이다.

호세 카사노바(Jose Casanova)는 그의 저서 *Public Religions in the Modern World*(1994)을 통해 세속화에는 세 가지 분명한 요소가 포함되어 있다고 주장한다: "종교적 제도 및 규범들로부터 구별된 세속적 영역들로서의 세속화, 종교적 신념과 관례들의 쇠퇴로서의 세속화, 그리고 사적 영역들에 대한 종교의 소외로서의 세속화."[60] 카사노바는 고전적 세속화의 논지가 '세속화'라는 하나의 정형화된 이론으로 위의 세 가지 요소를 모두 하나로 묶었지만, 이 세 가지 요소들은 각각 구분하여 해석되어야 한다고 주장한다. 각 세 개의 독립적 요소들에 대한 증거를 평가할 때에, 오로지 첫 번째 요소만 입증할 수 있다. 그렇다면 세속화의 핵심은 사회 제도의 차별화와 종교적 권위로부터의 해방에 있다는 것이 된다.[61] 따라서 카사노바는 다음과 같이 결론을 내린다.

> 세속화 이론, 즉 '종교의 쇠퇴'와 '종교의 사유화'라는 두 개의 지엽

---

[59] Grace Davie, *Religion in Britain since 1945: Believing without Belonging* (Oxford: Blackwell, 2004). 워너는 몇몇 과학자들이 반대적 패턴, 즉 믿는 것 없이 부속되는 것을 나타내는 것에 주목하며 몇몇 사회 관찰자들이 Davie의 방식을 뒤바꾸었다고 말한다. 참고, Rob Warner, *Secularization and Its Discontents*, 50.

[60] Jose Casanova, *Public Religions in the Modern World* (Chicago: University of Chicago Press, 1994), 211.

[61] 같은 책, 212.

적인 하위 논지들은 지난 15년 동안 수많은 비판과 수정을 받아왔고, 이 논지의 핵심인 종교로부터 현대 사회들의 다양한 세속적인 제도적 영역들에 대한 기능적 구별에 단일의 과정으로서의 세속화 이해는 더 이상 논쟁의 여지가 없다.[62]

다수의 학자들이 미국의 변화하는 종교 패턴을 분석한 결과, 미국은 가장 현대화되고 기술적으로 진보된 사회임에도 불구하고 종교가 계속 번창하고 있다고 말한다.[63] 이는 1960년대 이후 이민자가 대거 유입되어 종교가 미국에서 번영한다고 하는 이도 있다. 그러나 이민이 미국 내 종교의 다양성 증대에 기여하고 있다고 보는 대중의 일반적 인식과는 달리, "새로운 입국자의 대다수는 기독교인"이다. 일부 이민자들은 불교 신자, 힌두교도, 이슬람교도, 시크교도이지만, 스티븐 워너는 다음과 같이 말한다. "1965년 이후 이민자들 중 적어도 3분의 2 이상은 기독교인이었다. 1965년 이후의 새로운 이민과 관련된 한 가지 분명한 사실은, 기독교는 백인 미국인들의 것도 아니고 유럽 조상들의 것도 아니라는 것이다. 현재 존재하는 무수한 인종과 민족들의 기원인 새로운 이민자들이 지금 새로이 개척된 해안에서 그들의 기독교를 생활화하고 있다."[64]

---

62) Casanova, "The Secular, Secularizations, Secularisms," 61.
63) 참고, Robert Wuthnow, *The Restructuring of American Religion: Society and Faith since World War II* (Princeton: Princeton University Press, 1988); 같은 저자, *After Heaven: Spirituality in America since the 1950s* (Berkeley: University of California Press, 1998); 같은 저자, *The God Problem: Expressing Faith and Being Reasonable* (Berkeley: University of California Press, 2012); Christian Smith, *American Evangelicalism: Embattled and Thriving* (Chicago: University of Chicago Press, 1998); Wade Clark Roof, *Spiritual Marketplace: Baby Boomers and the Remaking of American Religion* (Princeton: Princeton University Press, 1999); Robert D. Putnam and David E. Campbell, *American Grace: How Religion Divides and Unites Us* (New York: Simon & Schuster, 2010).
64) R. Stephen Warner, "The De-Europeanization of American Christianity," in *A*

로드니 스타크(Rodney Stark)와 다른 학자들은 미국에서 종교의 복원력을 설명하는 새로운 모델을 개발하였다. 합리적 선택 이론은 공급, 수요, 규제의 경제 원리를 조정하고, 이를 '종교의 시장'에 적용한다.[65] 합리적 선택 이론은 종교적 수요가 사회 전반에 걸쳐 다소 일정하다고 주장하지만, 사회 내에서 종교적 표현의 활력은 공급적 측면이 국가가 간섭하는 종교적 독점적 지위로부터 얼마나 자유로운가의 정도에 달려있다. 많은 유럽 사회들과는 달리, 국가의 간섭이 심한 교회가 없기 때문에 미국에서는 종교가 계속해서 번창하고 있다. 종교의 교파들은 종교적인 '시장 점유율'을 놓고 서로 경쟁할 수밖에 없고, 이는 종교의 기업가적 창의성을 부추긴다. 고전적인 세속화 이론과는 달리, 사회의 종교적 다원화는 여러 종교적 헌신들을 잠식시키지 않고 오히려 종교의 활동을 증진시킨다. "사회문화적 환경과의 긴장감 속에서 종교 시장이 여러 브랜드의 종교를 제공할 수 있을 만큼 자유로워질 때, 인구의 큰 비율이 적절한 보상을 받고 확고한 종교적 헌신으로 응답하는 것이다."[66] 그러나 합리적 선택 이론은 미국에 관하여는 그럴듯하다 해도, 다른 지역에 관련하여 설명한다면 연관성이 거의 없다고 주장하는 비평가들의 비판을 듣기도 한다.[67]

Nation of Religions: The Politics of Pluralism in Multi-religious America, ed. Stephen Prothero (Chapel Hill: University of North Carolina Press, 2006), 234.

65) 참고, Rodney Stark and William Sims Bainbridge, *The Future of Religion* (Berkeley: University of California Press, 1985); 같은 저자, *A Theory of Religion* (New York: Peter Lang, 1987); Rodney Stark and Roger Finke, *Acts of Faith: Explaining the Human Side of Religion* (Berkeley: University of California Press, 2000).

66) Stark and Bainbridge, *A Theory of Religion*, 149.

67) 참고, Rob Warner, Secularization and Its Discontents, 78-82; Lawrence A. Young, ed., *Rational Choice Theory and Religion* (London: Routledge, 1997); William Swatos and Daniel Olson, *The Secularization Debate* (Lanham, MD: Rowman & Littlefield, 2000); Steve Bruce, *Choice and Religion* (Oxford: Oxford University Press, 1999). 흥미롭게도, Fenggang Yang은 오늘날 중국 내의 종교 부흥에 대한 그의 분석에 합리적 선택 이론을 채택한다. 참고, Fenggang Yang, Religion in China: Survival and Revival under Communist Rule (New York:

세속적 시대에서의 종교적 신념

현대의 유럽과 북아메리카 내의 지성적, 사회적 변화들에 대한 통찰력 있는 관찰자 중 한 명은 캐나다의 철학자 겸 사회 이론가 찰스 테일러(Charles Taylor)이다. 테일러는 그의 가장 권위있는 작품인 *A Secular Age*(2007)에서 지난 4세기 동안 유럽의 종교적 참여나 믿음의 변화에 대해 주목한다. 그는 고전적인 세속화 이론의 논지에 대하여 비판적이지만, 오늘날 종교적 참여 및 헌신이 예전과 다르며 지속하기가 어렵다는 것을 인정한다. 테일러에 따르면 이 사안의 핵심은 "서양 사회에서 1,500년 동안 왜 하나님을 믿지 않는 것이 사실상 불가능했는가?"라는 질문에서 시작된다.[68] 2000년대에 들어 많은 사람은 그 당시의 신앙심을 가지지 않는 것은 쉬울 뿐만 아니라 피할 수 없는 것이라고 생각했다. 이런 문제의식을 중심으로 연구를 진행하면서, 테일러는 신에 대한 믿음의 타당성에 영향을 미치는 일련의 개인적, 공적 조건들을 살펴보았다. 그는 유럽과 북미에서 어느 정도 현대화가 이러한 조건들에 심대한 변화를 가져왔기 때문에 한때는 당연하게 여겨졌던 것이 지금 논쟁거리가 된 것이라고 주장한다. 800페이지가 넘는 테일러의 분석은 풍부하고 다면적이어서 우리는 여기서 그것을 모두 다룰 수는 없다. 그러나 나는 모든 사람에게 하나의 진정한 종교가 있다는 생각이 함축된 대표적인 주제를 간단히 언급할 것이다.

테일러는 세 가지 근본적인 변화들로 인해 세속적인 감각이 뚜렷하게

Oxford University Press, 2012), 14-23.
68) Charles Taylor, *A Secular Age* (Cambridge, MA: Harvard University Press, 2007), 26. 이 책은 역사학자, 철학자, 그리고 사회학자들에 의해 언급된 최소 두 편 집물의 에세이와 함께 광범위한 논쟁을 불러일으켰다. Calhoun, Juergensmeyer, and VanAntwerpen의 에세이를 참고, *Rethinking Secularism*; Michael Warner, Jonathan VanAntwerpen, and Craig Calhoun, eds., *Varieties of Secularism in a Secular Age* (Cambridge, MA: Harvard University Press, 2010).

나타난다는 점에서 서구의 세속화 개념을 보아야 한다고 한다.[69] 첫째로는, 공공기관의 형태와 관행의 변화에 있어서 "모든 전근대적 사회들의 정치조직은 어떤 식으로든 신에 대한 특정 믿음이나, 또는 신에 대한 집착이나, 궁극적인 현실적 관념에 기반하고 있었지만, 현대 서구 국가들은 이러한 부분에서 자유롭다"는 것이다. 이는 다른 사람들이 말하는 사회의 분화, 즉 점점 더 전문화된 영역들로 삶을 나누는 것과 비슷하며, 현재 이 사회적 영역 대부분은 직접적으로 종교적 연관성이 없다. 두 번째 변화는, 전통적인 종교적 신념과 관행들을 계속 수용하는 사람들의 수가 감소하는 데에 있다. 이런 의미에서 세속화가 되는 것은 "종교적 믿음과 관행에서 멀어져, 하나님을 외면하고, 더 이상 교회에 가지 않는 것으로 구성된다." 이 두 가지 변화는 전통적인 세속화 이론의 논지에서 강조된 변화들에 관한 것이고, 특히 유럽의 일부 지역에서 두드러진다.

그러나 테일러가 말하는 세 번째 변화는 이 앞의 두 가지와는 조금 맥락이 다른, 현대인들의 "종교적" 방식에 관한 것이다. 테일러는 "종교적 믿음과 관행의 쇠퇴가 일어났다는 것은 명백하며, 이를 넘어서서 수세기 전에 신앙이 가진 도전할 수 없는 그 지위가 상실되었다. 이것이 '세속화'의 주요 현상이다."[70] 그러나 서구에서 종교적 헌신이 쇠퇴함에도 불구하고, 아직도 많은 사람이 종교나 종교적 영성을 계속 포용하고 있다. 비록 그들의 방식은 전근대 시대와는 현저하게 다르지만 말이다. 여기서의 변화는 "무엇보다도, 신에 대한 믿음이 도전받지 않고 정말로 논쟁의 여지가 없는 사회로부터, 이와 다른 사회들 사이에서 하나의 선택사항이 되며, 종종 가장 받아들이기 쉽지 않은 사회로의 이등이 있음에 있다." 이런 의미에서 세속화는 "하나님을 믿지 않는 것이 사실상 불가능했던 사회로부터 신앙, 심지어 가장 충실한 신자들에게도 신앙은 타인들 사이에

---

69) Charles Taylor, *Secular Age*, 1-3.
70) 같은 책, 530.

서 하나의 인간적 가능성일 뿐인 사회로 우리가 나아가는 부분" 같은 변화를 포함한다. 이를 고려하면, 신에 대한 믿음은 더 이상 자명하지 않을 뿐만 아니라, 신앙심에는 다른 대안이 있음이 분명하다.[71] 기독교의 가르침을 계속 긍정할 때에도, 신앙의 본질, 즉 신앙으로 지속되는 조건들은 이전과는 완전히 다른 형태를 지니고 있음을 부인할 수 없다.

우리가 서구의 현대성을 '세속적'이라고 말할 때, 이에 관해 우리는 무엇을 의미하는가? 그것을 묘사하는 방법에는 종교와 공공 생활의 분리, 종교적 신념과 관행의 쇠퇴 등 다양한 부분이 있다. 그러나 이러한 현실에 대해 다루는 것이 피할 수는 없지만, 여기서 나의 주된 관심은 우리 시대의 또 다른 측면에 있다: 신에 대한 믿음, 또는 어떤 형태의 초월적 존재에 대한 믿음에 관한 주제는 언제나 논쟁의 대상이 된다; 이제 많은 사람 사이에서 믿음은 선택적 사항이다; 그러므로 그것은 더 이상 강한 믿음이 아닌 언제나 깨질 수 있게 된다; 분명 어떤 환경에 있는 사람들에게는 현재의 상황을 이해하기에 매우 어렵다, 심지어 매우 이상하다. 왜냐하면 500년 전 서구 문명에서 있지 않던 환경이기 때문이다.[72]

종교적 신념의 조건에 영향을 미치면서 전통적 기독교의 가르침을 더욱 문제가 되게 하는 요인 중 하나는 초월성의 상실이다. 현대적이고 세속적인 시대는 종교인들을 포함한 많은 사람이 이 세계적(this-worldly) 인과관계의 관점에서 사물을 이해하는 시대이다. 이전 시대에는 어떤 사건이 하나님(또는 천사나 악마)의 활동과 직접적으로 관련이 있다고 생각했었다. 오

---

71) 같은 책, 3.
72) Charles Taylor, "Western Secularity," in Calhoun, Juergensmeyer, and VanAntwerpen, *Rethinking Secularism*, 49.

늘날 사람들은 질병, 폭풍, 지진 또는 전쟁에 대한 자연의 인과적 설명을 인간의 활동이나 물리적인 영역 내에서 가정한다. 테일러는 베버의 각성(Entzauberung) 개념을 들으며 "500년 전의 우리 조상들과 지금의 우리 사이에 큰 차이점 중 하나는 그들이 마법에 걸린(enchanted) 세계에 살았다는 것이고 우리는 그렇지 않다는 것이다. 이에 모두가 동의할 것이다"고 말한다.[73] 현대 시대에 사람들은 세계를 초자연적인 정신과 힘으로 매혹된 장소로서 경험하지 않는다. 현대인들은 테일러가 말하는 '내재하는 테두리(the immanent frame)' 너머의 어떤 것도 찾아보지 않고 충분히 이해할 수 있는 자연 질서에 대한 관념 안에서 생각하고 행동한다. 내재적 테두리의 감각은 비인격적 질서, 우주적, 사회적, 윤리적 질서 속에서 살아간다는 것인데, 그것은 그들 자신의 용어로 충분히 설명할 수 있고 외부의 어떤 것에도 의존한다고 생각할 필요가 없으며, '초자연 현상'이나 '초월적 영역'에 의존하고 있다고 생각할 필요가 없다.[74] 내적 틀 안에서 세 가지 비판적 질서, 우주적(단일 우주), 사회적, 도덕은 초자연적 또는 초월적 영역에 대한 언급이 없는 자연적, "이 세계적(this-worldly)" 또는 내재적 용어로 엄격하게 이해된다. 사람들이 명시적으로 무신론자(대부분은 그렇지 않음)인 것이 아니라 마치 하나님이 부재하신 것처럼 삶을 사는 것이다. 현대인들에게 하나님이 항상 존재하는 현실의 세상에서 의식적으로 산다는 것은 어렵고, 또 그런 모습을 상상하기도 어렵다. 현대성이란 근본적으로 다른 '사회적 가상'[75] 즉, 사람들이 자신의 사회적 존재를 상상하는 방식을 가져와서 서구의 현대인들이 "순전히 내재된 질서 안에서 우리 자신을 진정으

---

73) 같은 책, 38.
74) Charles Taylor, "Afterword," in Warner, VanAntwerpen, and Calhoun, *Varieties of Secularism*, 306-7.
75) 테일러에게 사회적 가상이란 "우리가 현대 서구 세상에서 우리의 사회적 삶을 집합적으로 상상하는 방식"이다. 사회적 가상은 공식적인 이론이 아니지만, "평범한 사람들이 그들의 사회적 환경을 '상상'하는 방식"이다. 이는 "공동의 관행들과, 타당성에 대해 널리 공유하는 감각의 흔한 이해다." (Taylor, *Secular Age*, 146, 171-72).

로 착안하고 상상하는 가능성, 다시 말해, 그러한 질서 안에서 자기 자신의 조건에 따라 설명될 수 있는 가능성을 보여주었다. 따라서 초월자에 대한 믿음을 일종의 '선택적 여분'으로 남겨두고 있는데, 이것은 이전에는 어떤 인간 사회에서도 없었던 것이다."76)

또 다른 방식은 현대화와 세계화가 타당성에 대한 출처들의 종교적 또는 도덕적 독점이 없도록 하기 위해 우리의 사회적 체계의 분열을 가져왔다고 말하는 것이다. 우리는 우리의 헌신과 삶의 방식이 가능한 많은 선택사항 중 단지 하나만을 보여주고 있다는 인식을 가지고 살아가고 있는데, 그중 일부는 우리가 그러고 있는 것처럼 타당해 보인다. 우리의 종교적 신념과 관습은 단순히 당연하게 여겨질 수 없다는 점에서 깨지기 쉽다.

> 이것은 많은 형태의 신앙과 불신앙이 서로 떠밀어 결국 서로 분열되는 다원적인 세계이다. 이것은 종교적 신념이 '분명하고' 도전할 수 없어 보이게 만든 많은 사회적 매트릭스를 잃어버린 세상이다. 서구사회의 현저한 특징은 종교적인 믿음과 실천의 쇠퇴가 아닌, 신앙과 불신앙의 관점이 서로 다른 종교적인 입장을 서로 파괴하는 것이다.77)

이러한 의미에서 세속화는 "현대화는 개개인의 생활세계를 다원화하고 그리하여 당연하다고 여기는 모든 확실한 것들을 약화시킨다"고 주장하는 피터 버거의 후기 저술의 중요한 주제를 반영한다.78) 믿음과 생활방식에 대한 가능한 선택의 범위의 인식은 다소 당황스러울 수 있다.

---

76) Taylor, "Western Secularity," 50-51.
77) Taylor, *Secular Age*, 531, 595.
78) Peter Berber, "Reflections on the Sociology of Religion Today," in *Sociology of Religion* 62 (2001): 449.

문화적 다원성은 단지 외부적인 것, 즉 개개인이 부딪치는 모든 사람으로서가 아니라 그의 마음속에 존재하는 일련의 선택사항으로서 경험된다. 다시 말해, 그가 자신의 사회환경에서 마주치는 다른 문화들이 자신의 삶을 위한 대안적 시나리오, 혹은 옵션으로 변형된다는 것이다. '종교적 선호'(현대성에 대한 언어에의 또 다른 미국의 공헌!)라는 이 표현이 다음과 같은 사실을 완벽하게 포착한다: 한 사람의 종교는 변경할 수 없게 주어진 무언가가 아니고, 그가 그의 유전적 유산들을 바꿀 수 있듯이 바꿀 수 있는 한 **자료**(datum)다. 오히려 종교는 세상과 자기 건설에 대한 한 개인의 진행 중인 프로젝트의 산물인 어느 한 선택이 된다. 우리는 신앙의 문제를 가지고 있다. 이는 우리가 왜 하나님을 믿어야 하는지, 왜 이 하나님을 믿어야 하는지에 대한 문제를 제기할 뿐만 아니라 왜 우리가 **이 신**(this God)을 믿어야 하는지에 대한 문제도 제기한다. 어쨌든 다른 신들도 있고, 오늘날에는 이 신들이 현대 다원주의의 종교 슈퍼마켓을 통해 전례 없는 방식으로 이용 가능하게 되었다.[79]

따라서 기독교인들은 다음과 같은 기본적인 질문에 직면한다: "더 이상 신이 당연하게 여겨지지 않기에, 우리의 이런 상황이 여러 신들 중 하나를 선택하도록 강요한다면, 왜 우리는 성경의 하나님을 선택해야 하는가?"[80]

여러 가지 높이 살 만한 부분이 있음에도 불구하고, 테일러의 *A Secular Age* 또한 어느 정도의 비판을 받고 있다. 테일러 자신이 인정하는 한 가지 비판은, 그가 서양에 대한 그의 관심에서 "서구의 종교에 대한

---

[79] Peter Berger, *A Far Glory: The Quest for Faith in an Age of Credulity* (New York: Anchor Books, 1992), 67, 146-47.
[80] Peter Berger, *Questions of Faith: A Skeptical Affirmation of Christianity* (Oxford: Blackwell, 2004), 20.

이해가 식민지화 이후 세계의 다른 지역들과의 만남을 통해 전달된 방식을 무시했다"는 것이다.[81] 특히 피터 반데르 비어(Peter van der Veer)는 서구의 식민지와 아시아와의 만남이 유럽의 발전에 어떤 영향을 미쳤는지 제대로 인식하는 것 외에는 세속화를 이해할 수 없다고 주장해 왔다.[82] 반데르 비어는 현대화와 유럽의 세속화는 그가 말하는 '상호작용 역사'의 맥락 안에서 이해되어야 한다고 주장한다. 그것은,

> 국가, 평등, 시민권, 민주주의, 권리에 대한 모든 혁명적 사상을 가진 현대화 프로젝트는 미국과 유럽 사이의 대서양 상호 협력 상태일 뿐만 아니라 제국적 팽창의 궤도에 진입하고 있는 여러 아시아와 아프리카 사회들과의 상호 관계에서도 적용된다. 나는 계몽주의에 대해 자주 상정되는 **보편주의**(universalism) 대신에, 상호작용의 역사에서 나오는 사상의 **보편화**(universalization)를 고려하자고 제안할 것이다. 합리성과 진보에 대한 계몽된 관념은 단순히 유럽에서 만들어져 다른 곳에서 받아들여지는 것이 아니라, 유럽인들의 힘의 팽창으로 만들어지고 보편화된다.[83]

두 번째 비판은 테일러의 분석이 서구 지역 이외의 다른 현대 사회로 어디까지 확장될 수 있는지에 관한 것이다. 테일러는 자신의 초점을 서구, 특히 유럽으로 제한하고 있으며, 그가 서구권에서 식별한 패턴이 다른 곳에 존재하는지를 보기 위해 많은 비서구적 문맥에 대한 세심한 연구가 필

---

81) Taylor, "Afterword," 301.
82) Peter van der Veer, *Imperial Encounters* (Princeton: Princeton University Press, 2007); 같은 저자, *The Modern Spirit of Asia: The Spiritual and the Secular in China and India* (Princeton: Princeton University Press, 2014).
83) Peter van der Veer, "Smash Temples, Burn Books: Comparing Secularist Projects in India and China," in Calhoun, Juergensmeyer, and VanAntwerpen, *Rethinking Secularism*, 270-71.

요하다는 것을 다음과 같이 인지한다. "우리는 점점 '다중화 되는 현대화 사회'의 세계에 살고 있다. 우리가 국제적인 일반화로 성급히 나아가기 전에 이러한 중대한 변화들은 그들의 서로 다른 문명적 현장에서 연구될 필요가 있다."[84]

서구권의 발전을 설명하기 위해 고안된 세속화의 모델들이 현대화와 세계화를 동시에 겪고 있는 아시아, 중남미, 아프리카의 사회로 확장될 수 있을까? 우리는 서구의 세속화 패턴이 다른 곳의 현대화 사회에서 반드시 나타날 것이라고 단순히 추측할 수는 없다. 예를 들어, 호세 카사노바는 다음과 같이 말한다.

> 세속화의 그 범주는 '신앙'에서 '불신앙'으로, 전통적인 '종교'에서 현대적인 의미의 '세속'으로 발전하는 진보적 인류의 사회발전에 대한 보편적 과정으로서의 유럽중심적 방식으로 개념화되면서, 그리고 나서 종교와 세상 사이 또는 우주적 초월성과 세상적 편재 사이에 있는 관계와 그 긴장들에 대해 서로 매우 다른 구조의 역학을 가지고 다른 세계 종교들과 다른 문명의 지역들로 옮겨지면서 심각한 문제가 된다. 더욱이 서양의 세속적 현대성이 근본적이고 필연적으로 후기 기독교(post-Christian)인 것과 비슷한 방식으로, 서로 다른 문명화 영역들에서 출현하는 복수의 현대성은 후기 힌두(Post-Hindu), 혹은 후기 유교(Post-Confucian) 또는 후기 무슬림(Post-Muslim)일 가능성이 높다. 즉, 이 또한 마찬가지로 현대의 세속적인 것들과 혼합된 기존의 문명 패턴과 사회에서 구축된 상상력으로 매우 구체적이고 우발적인 개조와 변혁이 일어날 것이다.[85]

---

84) Taylor, *Secular Age*, 21. 참고, Taylor, "Western Secularity," 36.
85) Casanova, "The Secular, Secularizations, Secularisms," 63-64.

위와 같은 카사노바의 논평은 매우 중요하며, 우리는 세계화의 일반화가 이루어지기 전에 현대화와 세계화가 다른 사회에 미치는 영향에 대한 많은 신중한 연구가 필요하다.

리처드 매드슨(Richard Madsen)은 테일러의 주장을 현대 아시아 사회에 적용시키면서, 중국, 인도네시아, 대만을 세속적이라고 볼 수 있다는 것에 일부 일리는 있지만 이들 사회는 서양의 형태들과 중요한 차이점을 나타내기도 한다고 하였다.[86] 매드슨은 정치적 세속주의의 증거를 인정하기에, 종교적 믿음과 종교적 관행들에 관해서는 국가가(어느 정도는) 중립적인 것으로 간주한다. 그러나 종교적 믿음의 현저한 쇠퇴가 있다는 것은 확실치 않으며, 테일러가 말하는 세속주의의 세 번째 요소, 즉 신을 믿는 것이 많은 사람들 가운데 하나의 선택지일 뿐이라는 신념의 변화는 많은 아시아 사회에 맞지 않는 것 같다고 말한다. 부분적으로 이들에게 신앙은 기독교에서와 다른 역할을 하기 때문에 그 신앙의 위기에 대한 증거가 많지 않다.

> 비록 대부분의 다른 아시아 사회의 많은 사람이 계속해서 종교를 행하고 있지만, 이는 대부분의 서구사회에서의 종교와 그 성격이 다르다. 그들의 종교적 행위는 믿음보다 의식(ritual)과 신화(myth)의 문제고, 그들 지역의 사회적, 경제적, 정치적 삶에 깊이 내재되어 있다. 이는 곧 종교가 지역 사회의 공적 생활의 일부분이란 뜻이다. 아시아에서의 종교는 테일러가 서구권에서 파악한 공적 관행에서 사적 신념으로의 그런 전환을 거치지 않았다.[87]

---

86) Richard Madsen, "Secularism, Religious Change, and Social Conflict in Asia," in Calhoun, Juergensmeyer, and VanAntwerpen, *Rethinking Secularism*, 248-69.
87) 같은 책, 266.

하지만 동시에, 세속화가 단순히 서구적인 현상이라고 결론짓고, 이에 따라 전 세계의 현대화 된 사회들 사이의 명백한 유사성을 무시하는 것도 잘못된 일이다.[88] 피터 반데르 비어는 유럽에서 발전하고 있는 세속주의에 대한 사상들을 묘사하고, 인도와 중국의 세속주의 사상을 유용하게 비교한다. 그러면서 특히 인도와 중국 안에서의 영성과 민족주의의 개념들에 집중한다. 그는 세속적인 현대성에 반대되지 않는 세속적인 영성에 대한 새로운 이해를 주장하고, "현대의 과제에 대한 그러한 영성의 중요성을 보여준다."[89] 세속화에 대한 논쟁은 종교의 제도적 형태들뿐만 아니라 영성에 대한 보다 비정형적인 현대적 개념도 고려해야 하며, 이것이 유럽, 인도, 중국에서 서로 다른 방식들로 전개됨에 따라 세속성(secularity)과 영성(spirituality)의 관계를 비교해야 한다.

또한 일본은 세속화 모델의 세계적인 관련성을 평가하는 흥미로운 구심점 역할을 한다. 일본인들은 오늘날 지구상에서 가장 기술적으로 진보하고, 많은 이들이 고등 교육을 받았으며, 가장 현대화된 사회 중 하나에 살고 있다. 일본은 또한 오래되고 풍부한 여러 종교적 전통들과 제도들을 가지고 있다. 그러니 어떤 의미에서 일본인들은 매우 종교적인 것처럼 보인다. 사찰과 사당은 어디에나 있고, 종교 활동에 대한 참여가 굉장히 높은 것처럼 보인다. 그러나 일본 내의 종교의 중요성을 평가하는 것은 매우 어려워 일본에서 종교가 유럽이나 북아메리카에서와 같이 기능한다고 쉽게 가정할 수 없다. 이런 어려움의 일부는 서양의 종교적인 생명력의 표준 지표인 종교적 가르침에 대한 믿음의 명확한 공언, 정기적인 예배 참석, 세례 등이 일본 사회에서 서구권과 같은 의미를 갖지 못하기 때문이다. 로버트 키살라(Robert Kisala)는 이렇게 말한다. "유럽 국가들과 서양의

---

88) 인도 안에서의 세속주의에 대해 평가하는 에세이들을 포함한 다음 문헌을 참고, Yang, Religion in China; Rajeev Bhargava, ed., *Secularism and Its Critics* (Delhi: Oxford University Press, 1998).
89) Van der Veer, *Modern Spirit of Asia*, 7.

몇몇 다른 지역들의 상황과는 대조적으로, 일본의 종교는 비교적 명목상 높은 수준의 종교적 소속감을 갖지만 종교 의식에 대한 낮은 수준의 참여를 보이고 있고, 특정한 의식과 관습에 거의 보편적으로 참여하지만 낮은 수준의 소속감을 지니고 있다."[90]

종교적 상징들이 만연하고 있음에도 불구하고 일본 사회는 대단히 세속적으로 보인다. 이에 대해 이안 리더(Ian Reader)는 다음과 같이 말한다.

> 도시화와 교육 수준이 갈수록 높아지는 비서구권 국가로서 [일본]은 세속화 개념의 기초가 되는 주장이 실현 가능한지의 시험대 역할을 할 수 있다. 특히 일본은 현대화, 선진 교육제도, 도시화 증가, 농촌/농림경제에서 도시·기술적 생산방식으로의 전환, 이러한 것들이 종교적 신앙, 종교적 업무, 그리고 종교적 소속감의 저하로 이어질 수 있는지를 검토하기 위한 유효한 모범 사례를 제공할 수 있다.[91]

로드니 스타크와 같은 일부 사람들은 세속화 이론의 논지에 대한 반증으로서 누가 봐도 알 수 있는 일본 종교 전통들의 활력에 호소하였다.[92] 이에 대해 이안 리더는 종교적 신념들에 대한 다중적 조사, 사찰, 사당,

---

90) Robert Kisala, "Japanese Religions," in *Nanzan Guide to Japanese Religions*, ed. Paul L. Swanson and Clark Chilson (Honolulu: University of Hawaii Press, 2006), 3.
91) Ian Reader, "Secularisation, R.I.P.? Nonsense! The 'Rush Hour away from the Gods' and the Decline of Religion in Contemporary Japan," *Journal of Religion in Japan* 1 (2012): 9-10. 같은 저자의 다음 문헌도 참고, "Buddhism in Crisis? Institutional Decline in Modern Japan," *Buddhist Studies Review* 28.2 (2011): 233-63.
92) 리더의 "Secularisation, R.I.P.? Nonsense!"는 로드니 스타크의 다음 논문에 나오는 주장들에 대한 응답이다. "Secularization, R.I.P." in *Sociology of Religion* 60.3 (1999): 249-73.

불교 및 그 신도들의 수, 대중 민속 의식, 불교 또는 그 신도들의 장례, 불교 또는 그 신도들의 제단 준수 등 매우 다양한 증거를 조사하여 이 모든 지표에서 종교의 결속력과 참여도의 감소가 뚜렷하다는 결론을 내린다.

> 나는 일본이 세속화 이론의 반대자들에게 위안을 주기보다는 거의 정반대의 모습을 보이고 있으며 (종교의 쇠퇴와 종교영역의 교전에서의 공공연한 탈퇴라는 개념에서) 세속화는 오늘날 일본에서 평가되는 주요하게 성장하는 개념이 되고 있다고 주장한다. 더욱이, 현대화, 도시화 및 고등 교육 수준(세속화 과정에서 종종 형성적 세력으로 인용되는 요인)과 개별적이든 제도적이든 종교적 믿음과 실천의 수준이 저하되는 것 사이에는 분명한 상관관계가 있다. 93)

이안 리더가 여기에서 도출한 실질적인 증거들을 요약할 수는 없지만, 일본의 전통적 종교 의례에 대한 장례, 조상 숭배, 사후세계에 대한 믿음의 중요성, 이 모든 것을 고려할 때, 이러한 영역들의 감소는 매우 주목할 만하다. 이안 리더는 일본인의 50% 미만이 사후세계를 믿는다는 것을 보여주는 한 조사의 결과를 제시하였다. 94) 1999년 일본 젊은 세대의 14.9%만이 죽음 이후 삶의 존재를 확고히 믿는다 응답했으며, 36.0%는 어느 정도 믿고 있다고 답하여, 1992년의 각각 29.9%와 40.2%에 비해 상당히 낮아졌다. 일본의 장례식은 전통적 불교 문화를 따랐지만, 지난 20년 동안 비종교적 장례식이 크게 증가하였다. 그 결과, 2006년 도쿄의 모든 장례식의 26%는 비종교적이었고, 그 안에 불교적 요소는 전혀 없었다. 조사 결과, 전통 불교적 제단(*butsudan*)이나 신토 제단(*kamidana*)을 유지하는 일본 가정들이 꾸준히 감소하고 있는 것으로 나타났다. 이

---

93) Reader, "Secularisation, R. I. P.?," 10-11.
94) 같은 책, 18.

안 리더는 불교를 포함하여 모든 종교에 대한 일본 대중의 불만이 너무 만연해 일본 내 새로운 관용어인 'shukyobanare'(종교로부터의 이반)과 'bukkyobanare'(불교로부터의 이반)이 쓰이게 되었다고 본다.[95]

일본인들은 종교 단체들을 피하고 있으며, 여러 조사에서 신앙의 중요성 및 종교가 중요하지 않다고 반복적으로 분명히 말하고 있다. 그들은 불교 전통을 부정하면서 명백히 세속적이고 종교적이지 않은 방법으로 장례를 치르는 것을 알 수 있다. 그들은 더 이상 신토와 불교의 분향소를 그들의 집에 들여놓지 않고, 이를 보유하는 가정에서조차 점점 전통적 신토와 불교 제단 앞에서 예배행위를 하는 것에 대해 무감각해지고 있다는 것을 알 수 있다.[96]

그러면서 이안 리더는 세속화에 대한 반증과는 거리가 먼 일본의 여러 증거들이 존재한다 할지라도, 세속화 이론이 섣불리 무시되어서는 안 된다는 결론을 내린다. "일본의 경우는 세속화가 무덤에 안치될 발상이라기보다, 현대 세계에서 고려되어야 할 한 작용력이라는 것을 우리에게 알려준다."[97] 분명한 것은, 현대화와 종교의 관계에 대한 논쟁은 끝나지 않았다.

---

95) 같은 책, 16.
96) 같은 책, 33.
97) 같은 책, 34.

3장
현대 세계 속에서의 불교

앞의 두 장에서 우리는 종교가 단순히 한 시대에서 다른 시대로 정적이고 변하지 않게 전해지지 않다는 것을 알게 되었다. 오늘날 우리가 접하고 있는 힌두교, 불교, 기독교와 같은 종교들은 현대화로 인해 야기된 사회적, 문화적, 정치적 이념의 변화를 불러일으킨다. 어떤 경우에는 종교 공동체들의 신념과 관습을 바꾸기도 하였고, 힌두교, 불교, 기독교에 대한 우리의 사고방식도 바꿨다. 이러한 현대화는 분명 인도의 초기 발생지에서 아시아 전역으로 나아가며 북미와 유럽으로까지 전파된 놀라운 변혁을 이뤄낸 불교에도 성립한다. 오늘날 우리가 흔히 알고 있는 불교는 현대화, 서구식민주의, 그리고 기독교 선교를 겪으며 형성되었다.

이 장에서는 유럽인들의 불교에 대한 관점과, 불교가 어떻게 현대화와 서구의 영향을 받게 되었는지에 대해 알아볼 것이다. 오늘날 우리가 동양권에서 접하는 불교는 단순히 2천 년에 역사를 가진 부처의 고대 다르마(dharma, 진리)라고 여길 수 있지만, 현실은 이보다 더욱 복잡하다. 동양의 다양한 문화와 여러 종교적 전통들에 영향을 받으며 불교의 가르침과 그 관행이 바뀌었을 뿐만 아니라, 현대화와 서구의 영향력으로 인해 다양한 동양식 불교 형태로 변경되었다. 불교는 현재 북미, 유럽, 일부 중남미에서 상당한 수의 신자들을 보유한 세계적인 종교가 되었다. 하지만 대부분 지역에서 불교는 고대의 전통과 현대적 방식 사이의 복잡하고 매우 흥미로운 만남의 영향을 받고 있다.

불교: 간략한 개요

최초로 불교라고 불리게 된 것은 인도이지만, 지난 2,500년의 다양한 문화권에서 발달한 종교적, 철학적 전통에서 그 계보를 잇는다.[1] 불교는 그 근원지로부터 남아시아, 중앙아시아 및 동아시아로 빠르게 전파되었다. 불교가 서로 매우 다른 여러 문화적, 종교적 환경에서 살아온 사람들에게 받아들여지면서 불교 그 자체의 모습이 많이 바뀌었고, 현대 여러 불교 신자들 사이에서도 다양한 가르침과 관행이 이루어진다. 그러나 모든 불교의 전통들은 어떤 의미에서 그들의 믿음과 관행을 따른다고 주장하는데, 이는 부처 고타마(Gautama)의 계몽주의로 거슬러 올라가게 된다.

세계 종교에 관한 문헌들은 일반적으로 사치와 쾌락의 삶에서 태어난 싯다르타 고타마(Siddhartha Gautama)의 이야기를 소개한다. 그러나 고타마는 인간의 질병, 노령화, 그리고 죽음을 그의 눈으로 직접보고 나서, 젊은 나이에 호화 생활을 그만두고 인간의 고통의 원인과 치료법에 대한 연구를 시작하였다. 다양한 금욕적 명상 기법을 시행한 후, 그는 완전한 깨달음을 얻게 되었다. 오늘날 부처(깨어있는 자)는 부름을 받았으며, 고통의 근본 원인과 이를 멈추게 하는 방법을 깨달았다고 전해진다. 부처의 통찰은 불교의 가르침의 핵심 원리가 된 사성제(四聖諦, the Four Noble Truths)로

---

[1] 불교에 대한 유용한 안내는 다음을 참고, Donald S. Lopez Jr., *The Story of Buddhism: A Concise Guide to Its History and Teachings* (New York: HarperCollins, 2001); Donald W. Mitchell, *Buddhism: Introducing the Buddhist Experience*, 2nd ed. (New York: Oxford University Press, 2008); Richard H. Robinson and Willard L. Johnson, *The Buddhist Religion*, 4th ed. (Belmont, CA: Wadsworth, 1997).

알려졌다. 이러한 가르침을 받아들여 팔성도(八聖道, the Noble Eightfold Path)를 성공적으로 실천한 사람들은 부처처럼 부활과 고통을 몰고 오는 인과 사슬을 끊어 열반의 기쁨을 얻을 수 있다고 한다. 그 후 45년 동안 부처는 이러한 진리를 가르치고 널리 이행하여 많은 제자를 얻게 되었다.

앞서 요약된 부처의 깨달음에 대한 유명한 일화는 마명(Asvaghosa)의 불소행찬(佛所行讚, Buddhacarita)에서 유래된 것으로서, 대개 A.D. 1세기 후반이나 2세기 후반에 연대를 두고 있다.[2] 고타마의 삶에 대한 의문점은 그가 죽은 후 300~400년이 지나서야 비로소 그의 삶에 대한 서면 기록이 나와 더 복잡해졌다. 고타마가 살았던 세기에 대해서는 불확실하다. 서방의 학자들은 대체로 기원전 563~483년을 그의 생애로 받아들이지만, 중국과 일본의 학자들을 그를 기원전 5세기의 인물로 여긴다. 예컨대, 일본의 학자 나카무라 하지메(Nakamura Hajime)는 기원전 466년~386년을 주장한다.[3]

부처의 가르침의 핵심은 그의 첫 설교 중에 설교 된 '사성제(四聖諦)'라고 한다. 사성제의 제1 진리는 모든 존재는 일반적으로 정신적인 고통, 육체적인 고통 그리고 불만 등으로 의미되는 고뇌(dukkha)를 특징으로 한다. 아무리 좋은 쾌락이라도 그것은 일시적이고, 모든 존재는 만족스럽지 못한 것을 수반하며 살아간다는 것이다. 제2 진리는 고통의 근본 원인이 갈망, 열망 그리고 욕망이라는 것이다. 단순히 잘못된 욕망이 아닌 욕망

---

2) Buddhacarita 4 in Buddhist Scriptures, ed. and trans. by Edward Conze (New York: Penguin Books, 1959), 4-5. 참고, Donald S. Lopez Jr., *From Stone to Flesh: A Short History of the Buddha* (Chicago: University of Chicago Press, 2013), 10-11.
3) 참고, Hajime Nakamura, *Gotama Buddha: A Biography Based upon the Most Reliable Texts*, vol. 1, trans. Gaynor Sekimori (Tokyo: Kosei, 2000); David Edward Shaner, "Biographies of the Buddha," *Philosophy East and West* 37.3 (July 1987): 306-22; Peter Harvey, "Buddha, Story of," in *Encyclopedia of Buddhism*, ed. Damien Keown and Charles S. Prebish (London: Routledge, 2010), 137-49.

그 자체가 고통을 초래한다. 제3 진리에 따르면, 욕망이나 갈망이 멈추게 되면 고통도 멈춘다고 한다. 제4 진리는 올바른 이해와 도덕적 행동이 결합하여 욕망과 고통을 없애는 방법을 가르치는 '팔성도(八聖道)'를 제시한다.

사성제는 단순성과 명확한 논리적 구조를 반영한다. 고통의 원인에 대한 진단은 치료제 처방이 뒤따른다. 진단과 치료 둘 다 은유적이고 이상적인 대화를 기반으로 하며, 업보(karma)의 원리와 무아(anatta), 그리고 무상(anicca)의 가르침에 의해 규제되는 여러 번의 부활을 전제로 한다. 대부분의 인도 종교 철학 체계와 마찬가지로 부처는 업보(karma)에 의해 조절되는 부활 사상을 받아들였다. 하지만 브라만교도와 자이나교도들과는 달리, 그는 열반과는 별개로 모든 것이 불완전하다는 급진적인 관념을 그의 가르침으로서 기반을 다졌다. 존재하는 모든 것은 끊임없이 변화하고, 존재는 이전의 성향과 행동 때문에 결정되어 지속해서 부활을 시도한다는 것이다.

무상에 대한 가르침의 결과는 '무아'이거나, 실질적이고 지속적인 영혼이나 사람의 현실을 부정하는 것이다. 이 혁신적인 생각은 부처의 가르침을 브라만교도들과 자이나교도들의 가르침과 차별화시켰다. 그러나 영혼이나 영속적인 인간이 존재하지 않는다면, 무엇이 다시 태어난다는 것인가? 한 생에서 또 다른 생으로 전해지는 것은 행동과 성향으로 쌓인 숙명적 업보(karma) 효과들인데, 다음 생에서는 적절한 조건으로 결합하여 다시 영원한 자아에 대한 환상을 형성한다. 영원한 영혼이라는 그릇된 생각에 매달리고 행동하면 욕망이 생기게 되는데, 그에 따라 갱생과 고통은 영속된다. 욕망의 불길과 갱생을 낳는 조건들이 제거될 때, 비로소 더 이상의 탄생은 사라지게 되고, 유일하고 영구적이며 조건 없는 현실인 열반이 탄생한다. 초창기 불교의 구원 목표는 갱생을 위한 조건을 제거함으로써 열반을 달성하는 것이었다.

이윽고 불교도들은 인식론과 존재론이라는 고도의 기술적 논의를 포함하여, 그들의 기본적인 가르침을 정교하게 발전시켰다. 불교는 결과적으로 크게 세 가지 전통, 즉 테라바다(Theravada, 소승불교), 마하야나(Mahayana, 대승불교), 그리고 바라야나(Vajrayana, 밀교)의 전통으로 발전하였다. 이 세 가지 전통들이 마주하는 부분은 '높은' 혹은 철학적 톹교와 민속불교의 중요한 구별이다. 전자는 학자들과 승려들이 행하는 것에 중점을 둔 세련된 철학적 불교를 일컫는다. 후자는 일반 신도들의 불교, 즉 교리의 세부사항들에 거의 신경을 쓰지 않는 평범한 사람들의 불교이다. 이 민속 불교는 일반적으로 불교의 가르침을 철학적 불교에 의해 영혼, 신, 유령, 악마, 빈축을 살만한 마법의 힘을 포함한 다양한 지역의 민속 신앙과 관행들에 결합한다.

불교는 항상 선교적 종교로서, 인도를 시작으로 오늘날의 스리랑카와 동남아시아로, 그다음엔 북부와 동부 아시아로 전파되었다. 나카무라가 말하길, "규율이 정리되고 난 후, 부처는 다르마(darma)를 전파하기 위해 선교 여행에 신도들을 보냈다. 그리고 그는 이렇게 당부하였다. '다수의 유익을 위해, 그리고 더 많은 이들의 행복을 위하여 세상에 동정심을 갖고 신과 인간의 이익과 선과 행복을 위해 일하라. 짝지어 걷지 말고 혼자 걸어라.'"[4] 이와 같은 불교의 가르침과 관습은 인도로 건너와 불교로 개종하고 새로운 가르침과 함께 고향으로 돌아간 상인들에 의해 더욱 널리 전파되었다.[5] 역사에 따르면, 기원전 3세기에 불교로 개종한 남아시

---

[4] Hajime Nakamura, "Unity and Diversity in Buddhism," in *The Path of the Buddha: Buddhism Interpreted by Buddhists*, ed. Kenneth W. Morgan (New York: Ronald, 1956), 367. 20세기 불교의 선교적 성격에 대한 유용한 연구는 다음을 참고, *Buddhist Missionaries in the Era of Globalization*, ed. Linda Learman (Honolulu: University of Hawaii Press, 2005).

[5] Akira Hirakawa, *A History of Indian Buddhism: From Sakyamuni to Early Mahayana*, trans. and ed. Paul Groner (Honolulu: University of Hawaii Press, 1990), 76-77.

아의 위대한 통치자인 아소카(Asoka) 왕은 시리아, 이집트, 마케도니아, 스리랑카 그리고 남아시아의 통치자들에게 불교 사절단을 보냈다.[6] 불교는 서기 1세기에 북쪽으로 거슬러 올라가 중국으로 닿았고, 4세기경에는 한국에도 정착했다. 6세기에는 일본에, 그리고 7세기에 티베트에 전파되었다. 비록 불교는 2천년이 넘는 기간 동안 동양에서만 발견되었지만, 19세기와 20세기에는 북미와 유럽에도 전파되었고, 비로소 오늘날 세계적인 종교로서 이름을 올렸다.

테라바다 불교(소승불교)

비록 어떠한 불교의 분파도 고타마의 기원을 추적할 수는 없지만, 소승불교는 일반적으로 다른 형태의 불교보다 초기 불교계의 가르침을 더 자세히 반영하는 것으로 받아들여지고 있다. 이는 오늘날 스리랑카, 미얀마(부르마), 태국, 라오스, 캄보디아는 물론 서양 이민자 공동체들에서도 발견되고 있다.

소승불교는 다른 형태의 불교들과는 달리, 매우 보수적이며 교리적으로는 비교적 혁신적 성향이 적게 나타난다. 예를 들어, 소승불교인들은 팔리어 대장경(Pali Canon)이 고타마(Gautama)의 가르침을 충실하게 전달하고, 따라서 완전히 권위적인 것으로 받아들인다. 이와는 대조적으로, 대승불교도들은 팔리어 대장경(the Pali Canon)의 권위를 인정하면서도, 다른 많은 경전과 논평들도 팔리어 대장경과 동등하게 여기고, 때로는 더 권위 있다고 인식한다. 일반적으로 형이상학적 억측은 권장되지 않지만, 소승불교 전통은 깨달음과 열반으로 가는 길로서 네 가지 고귀한 진리(사성제)와 정화의 길(팔성도)을 강조한다. '정화의 길'을 성공적으로 따르는 사람

---

6) D. W. Mitchell, *Buddhism*, 70-72.

은 모든 부패에서 벗어난 아라한(arhat) 또는 '가치 있는 사람'이며 다시 태어나지 않는다. 불교도들은 삼불, 즉 부처(the Buddha), 다르마(the dharma), 교단(the sangha)을 특별히 존중한다. 공식적으로는 자신을 다음과 같은 공식을 공식적으로 공언하며 불교도임을 식별한다.

나는 피난을 위해 부처로 간다.
나는 피난을 위해 달마로 간다.
나는 피난을 위해 상하에 간다.

'부처'라는 용어는 단순한 이름이 아니라, '깨어난 자' 또는 '깨달은 자'를 의미하는 서술적 호칭이다. 불교는 항상 고타마 이전에 다른 부처가 있었고 앞으로 또 다른 부처가 나올 것이라고 주장해 왔다. "완전한 부처의 핵심 역할은 사회가 잃어버린 다르마의 진리와 관행을 재발견하려는 자신의 노력에 의한 것이다."[7] 소승불교는 부처인 고타마의 인간성을 강조하여 깨달음을 얻은 후 형이상학적 상태에 대한 추측을 단념시킨다. 고타마는 사람이었지만, 그의 전 삶에서 수련해온 것으로 인해 가히 놀라운 능력을 지닌 사람이었다. 그러나 깨달음을 지닌 부처는 '인류의 정점을 초월했다'라고 하기에 단순한 인간이 아니었고, 따라서 인간과 신을 초월했다고 알려져 있다.[8]

'다르마'라는 용어는 인도의 종교적, 철학적 사상에서 다양한 의미를 지니고 있지만, 불교에서는 부처의 가르침을 가리킨다. 다르마는 역사적 고타마의 가르침을 포함하지만, 그보다 더 뛰어나다. "하지만 다르마 그

---

7) Harvey, "Buddha," in *Encyclopedia of Buddhism*, 93.
8) 같은 책. 불교는 신과 다른 초자연적인 존재들의 현실을 부인하지 않지만, 이는 모든 실존을 확정하며 인과적 결합 안에서 그들을 포함하고, 그들을 깨달음을 얻는 것과는 무관하게 여긴다. 참고, U. Thittila, "The Fundamental Principles of Theravada Buddhism," in Morgan, *The Path of the Buddha*, 71. 불교가 부인하는 것은 모든 것을 창조한 전능한 창조자의 현실이다.

자체는, 역사를 초월하며, 그것이 누군가에게 인식되었는지, 아니면 교단 (Sangha)에 의해 시간이 지남에 따라 가르침의 형태로 전파되어 왔는지 여부와 관계없이 항상 존재한다."9) '상하(Sangha, 교단)'는 부처의 가르침을 실천하기 위해 헌신한 부처의 제자들로 구성된 공동체이다. 그러므로 이 삼불은 영원한 진리, 이 진리를 발견하고 전수하는 부처, 그리고 이 진리를 유지하고 실천하는 수도원적 공동체의 상호관계를 반영한다.

소승불교는 개개인이 자신의 중생에서 해방될 책임이 있다고 주장한다. 부처가 다르마를 선포하여 모든 지각을 돕는다고 할 수 있지만, 진리를 적절하게 파악하고 열반을 얻는 것은 개인의 몫이다. 자격이 있는 스승 아래서 필수적인 훈련들을 제대로 숙달한 공동체의 사람들만이 이 생에서 깨달음을 바랄 수 있다. 나머지는 다음 생에서 자신의 위치를 개선하려고 노력하는 것으로 만족해야 하고, 끝내 열반을 달성할 위치에 있어야 한다.

불교의 전통적인 우주론은 극락과 지옥에 존재하는 신, 반신반인, 인간, 동물, 유령 그리고 지옥의 사는 그 무언가들을 포함하고 있다.10) 부활은 악한 일에 대한 선한 일 혹은 칭찬받을 만한 일들의 상대적 무게에 의해 결정된다. 그러므로 소승불교에선 좋은 부활에 대한 희망이 소소한 것의 소중함 혹은 가치에 의해 결정되는 것이 그리 놀랄 일이 아니다. 승려들에게 경의를 표하고, 도덕을 실천하고, 어른들을 공경하고, 설교를 듣거나 자기 아들을 승려로 서품을 받게 하는 것 또한 공덕을 낳을 수 있다. 리차드 곰브리크(Richard Gombrich)가 말하는 '영적 현금'은 그 가치가 살아있는 사람으로부터 더 나아가 죽은 사람에게까지 이를 수 있다.11)

---

9) Damien Keown, "Dharma," *Encyclopedia of Buddhism*, 271.
10) 참고, Lopez, *Story of Buddhism*, 19-24.
11) Richard Gombrich, *Theravada Buddhism: A Social History from Ancient Benares to Modern Colombo* (London: Routledge & Kegan Paul, 1988), 124-27.

마하야나 불교(대승불교)

　마하야나(Mahayana) 또는 위대한 수단(Great Vehicle)이라고 알려진 이 독특한 불교 운동은 때로 히나야나(Hinayana)라며 다소 경멸적으로 언급되는 것과는 대조적으로, 기원전 100년부터 기원후 100년까지 험하게 전개되었다. 대승불교는 오늘날 중국, 한국, 베트남, 일본과 서양에서도 발견되었고, 소승불교처럼 이 대승불교는 자신들이 부처의 본래의 가르침을 대표한다고 주장한다.
　소승불교는 깨달음의 길을 소수로 제한했지만, 대승불교는 많은 사람에게 길을 열어주었다. 대승불교는 일반 사람들에게 그들의 고통에서 구제하기 위하여 수많은 영적 가이드와 구원자들, 특히 보살들을 제공하였다. 보살은 자비심을 가지고 중생의 순환에 휩쓸려 있는 존재들을 도와주는 자비로운 초자연적인 존재이다.[12] 보살은 동정심 그 이상을 나타내고, 명상, 탄원, 심지어 숭배의 대상이 되었다.
　불교는 아시아 전역으로 전파되면서 인도 아대륙 문화와는 상당히 다른 문화를 접하게 되었는데, 그 문화들 중 일부는 그들 자신의 풍부한 지적, 종교적 전통을 가진 것들도 있었다. 북아시아의 불교는 중국, 티베트, 한국, 일본의 새로운 환경에 적응하는 데 있어 큰 문제가 없었다.[13] 예를 들어 중국의 사회적, 문화적 맥락은 인도와는 아주 달랐다. 인도의 종교적이고 철학적 사상의 중심인 중생과 업보의 개념은 중국인들 사이에서는 결여된 것들이었다. 결과적으로 대승불교 전통 안에서 사람들이 열반에 대한 강조가 중생으로부터의 해방과 삶에 대한 깨달음의 사상에 더 큰 중점을 두는 것을 발견하며, 중국, 한국, 일본에서 발전해갔다.

---

[12] 참고, Paul Williams, *Mahayana Buddhism: The Doctrinal Foundations*, 2nd ed. (New York: Routledge, 2009), 55-62; D. W. Mitchell, *Buddhism*, 119-32.
[13] 참고, Kenneth K. S. Ch'en, *The Chinese Transformation of Buddhism* (Princeton: Princeton University Press, 1973).

대승불교는 소승불교 전통과는 달리, 서로 구별되지만 서로 밀접하게 관련된 차원들인 세 몸의 부처(the Three Bodies of Buddha), 즉 '부처의 본질'을 포함하여, 정교한 형이상학적 가르침으로 발전되었다.14) 역사적 인물 고타마는 근본적이고 모든 것을 포함하는 부처의 본질, 법신(dharmakaya) 또는 법체(law body)를 인격화한 것이라고 한다. 법신(dharmakaya)은 진여(tathata), 즉 '이러함/본질'과 동의어로서 경이로운 세계에 기초가 되는 비이성적이고 형태 없는 현실이며 영원한 다르마의 완전함을 포함한다. 두 번째 단계, 부처의 본질은 지복의 몸(the Body Bliss), 혹은 제한 없는 형태의 신비스러운 몸(sambhogakaya)으로 나타나며, 보살과 부처가 부처의 본질을 파악하여 향유하는 곳을 뜻한다. 마지막으로, 부처가 달마를 지각 있는 존재들에게 가르치기 위해 선택된 순간에 나타나는 변혁체, 즉 발산의 몸(nirmanakaya)이 있다. 이러한 의미로, 역사적 인물 고타마는 법신(dharmakaya)의 역사적, 인간적 표현으로 간주할 수 있다.

부처의 교리는 또 다른 저명한 대승불교의 주제인 여래장(tathagatagarbha) 또는 "부처의 자궁이나 배아"와도 관련이 깊다. 모든 생명체는 여래장(tathagatagarbha), 즉 보편적인 부처의 본성을 소유하거나 개입되는 것을 말한다. 보편적인 부처의 본질에 개입하기 때문에 모든 생명체가 잠재적 부처라는 생각은 중국과 일본의 대승불교 법당에서 강조되고 논란이 되는 주제였다. 20세기 후반에 일본 불교학자들 사이에서 여래장(tathagatagarbha) 교리가 과연 진정한 불교적 교리인지에 대한 논쟁이 활발하였다.15)

동아시아 전역에 걸쳐 불교는 토착 종교들의 신념과 관행에 영향을 많

---

14) 참고, Paul Williams, *Mahayana Buddhism*, chap. 8; Paul J. Griffiths, *On Being Buddha: The Classical Doctrine of Buddhahood* (Albany: State University of New York Press, 1994).
15) 다음 에세이를 참고, Jamie Hubbard and Paul L. Swanson, eds., *Pruning the Buddha Tree: The Storm over Critical Buddhism* (Honolulu: University of Hawaii Press, 1997).

이 받았다. 예를 들어, 선불교(Zen Buddhism)가 알려지게 된 것은 인도에서부터 소개된 불교적 가르침과 관습, 그리고 중국의 도교 전통 사이의 접촉의 부분적 산물이다.[16] 선종(Zen)은 부처가 깨달음에서 알게 된 것의 핵심이 고타마에서 그의 제자 중 한 사람으로, 그 이후에는 스승에서 제자로 계속 계승되어왔다. 유명한 선종의 전통은 다음과 같이 선언된 바 있다.

> 영예로운 자[부처 고타마]가 한번은 독수리의 산에 머물렀을 때, 모인 사람들 앞에서 꽃을 들었다. 모두 침묵했다. 오직 덕망 있는 카샤파(Kasyapa)만이 미소를 지었다. 그 영예로운 자가 말하기를 "진정한 달마의 눈, 열반의 놀라운 마음, 진정한 형태 없는 형태, 말과 글이 아닌 신비로운 다르마의 문, 그리고 특별한 전승…. 경전을 벗어나리; 위대한 카샤파(Kasyapa)에게 넘겨준다."[17]

다시 말해, 부처에 대해 성숙하고 완전한 가르침은 전통적으로 소승불교 학파 내에서 가르치는 것이 아니라 본래 훨씬 더 깊은 의미로, 인간의 말로는 형용할 수 없는 것이다.

전통에 따르면 '경이로운 열반의 마음'은 28명의 인도 족장들을 통해 비언어적으로 전해졌다고 주장한다. 그중 마지막은 전설로 내려온 달마(Bodhidharma, AD 470~543)가 중국에 '깨달음의 등불'을 가져왔다고 전해진다. 전통은 이 달마 덕분에 유명해진 네 줄의 어구가 선종의 마음을 표현한다고 한다:

---

[16] 선종의 역사적 발달은 다음을 참고, Heinrich Dumoulin, *India and China*, vol. 1 of *Zen Buddhism: A History*, trans. James W. Heisig and Paul Knitter (New York: Macmillan, 1988); 같은 저자, Japan, vol. 2 of *Zen Buddhism: A History*, trans. James W. Heisig and Paul Knitter (New York: Macmillan, 1990).

[17] 참고, Heinrich Dumoulin, *Zen Enlightenment: Origin and Meaning* (New York: Weatherhill, 1979), 16.

불경을 벗어나 특별한 전파를 타며
글과 문자에 얽매이지 않고;
[어떤 이에] 마음을 직접 가리킴으로써
그것은 [어떤 이의 진실한] 본성에 의하여 [비로소] 알게 한다.
보리(菩提). 18)

중국에서는 이러한 전통이 선불교로 알려지게 되었다.19) 선종에서 깨달음(중국어로 *wu*, 일본어로는 *satori* 혹은 *kensho*)은 현실의 본질에 대한 보다 직접적이고 직관적인 통찰력, 즉 개념화와 언어화를 초월한 이해라고 할 수 있다.

비록 소승불교는 스스로의 노력을 통해 깨달음을 깨우친다고 하지만, 대승불교에서 가장 잘 알려진 형태인 정토파(the Pure Land School)는 중생으로 알려진 구원은 자력으로 얻어질 수 없고 부처 아미타불(일본의 아미다)의 공로를 통해서만 얻을 수 있다고 한다. 정토(the Pure Land)의 전통은 오로지 불교학적 의미를 지니고 있으며, 아미타의 "다른 힘"을 통해서 오는 것이지 자력이 아니라는 가르침에서 소승불교와 상반된다.20)

---

18) 참고, Dumoulin, *Zen Buddhism*, 1:85. 대부분 학자는 이 어구가 사실상 달마의 시대보다 훨씬 나중에 왔다고 생각한다. 이에 대해서는 다음을 참고, Kenneth K. S. Ch'en, *Buddhism in China: A Historical Survey* (Princeton: Princeton University Press, 1964), 350-53.

19) "Ch'an"은 산스크리트 용어 "Dhyana"(묵상)의 중국어 번역이다. "Zen"은 "Ch'an"의 일본어의 각색이다.

20) 정토불교에 대해서는 다음을 참고, Alfred Bloom, *Shinran's Gospel of Pure Grace* (Tucson: University of Arizona Press, 1965); Esben Andreasen, *Popular Buddhism in Japan: Shin Buddhist Religion and Culture* (Honolulu: University of Hawaii Press, 1998); Jan Van Bragt, "Buddhism Jodo Shinshu Christianity: Does Jodo Shinshu Form a Bridge between Buddhism and Christianity?," *Japanese Religions* 18 (January 1993): 47-75.

밀교/티베트 불교

대승불교가 출현한 후 약 5세기 후에, 밀교(Vajrayana Buddhism) 혹은 탄트라 불교(Buddhist Tantra)가 인도에서 발달하기 시작하였다. '탄트라'란 의식이나 교리와 관련된 불교 법전을 의미하며, 심원한 가르침과 관습에 마음을 열어준다.[21] 인도의 탄트리즘은 불교도들이 해방을 향한 길고도 험한 길을 초인적인 혹은 마법의 힘을 이용하는 법을 배움으로써 단축할 수 있는 방법을 제공했다. 육체와 손의 특별한 자세, 신의 모습의 시각화, 호흡 운동, 신체의 미묘한 형태의 에너지 조작, 그리고 심지어 특정한 성적 의식을 포함한 신비스러운 탄트라 관행은 이 생에서 특별한 힘을 제공할 뿐만 아니라, 열반을 달성하는 데 도움을 준다고 한다.[22] 탄트라 불경을 선택한 불교 전통은 밀교로 알려져 있으며 특히 티베트 불교에 지대한 영향을 미쳤다.

불교는 서기 7세기경 티베트에 도입되었다. 토착 티베트의 종교는 본래 제물 의식, 법사/예언자, 그리고 다양한 신들을 섬기며, 무속 신앙과 애니미즘(일종의 정령 신앙-옮긴 이)이 성행하였다.[23] 시간이 흐르면서, 티베트 불교(라마교)는 불교 법전의 규율 있는 학문, 철학적 통찰력, 훈련 및 탄트라 관습에 대한 헌신으로 구분되었다. 겔루크 전통(the Geluk tradition)은 달라이 라마와의 연관성 때문에 서양에서 가장 잘 알려져 있다. 티베트 불교는 툴쿠(tulku, 변화한 몸-옮긴 이) 환생을 가르친 것으로 잘 알려져 있는데, 이에 따르면 전생에 이미 라마를 달성한 일부 라마들은 환생한다고 한다. 현재 달라이 라마인 텐진 갸초(Tenzin Gyatso, 1935)는 14번째 달라이 라마이며

---

21) Lopez, *Story of Buddhism*, 213.
22) D. W. Mitchell, *Buddhism*, 154-56.
23) 참고, Per Kvaerne, "The Religions of Tibet," in *The Religious Traditions of Asia*, ed. Joseph Kitagawa (New York: Macmillan, 1989?), 196-98.

티베트 불교에선 이전 달라이 라마의 환생일 뿐만 아니라 관음보살 부처의 화신이라고 여겨진다.

불교에 관한 서부의 "발견"

기독교인 중에서 가장 먼저 불교인들을 직접적으로 언급한 문헌은 "부타의 가르침을 따르는 인도인들"이라 지칭했던 2세기 교부 알렉산드리아의 클레멘트(Clement of Alexandria) 저서 *Stromata*이다.[24] 9세기 중국의 네스토리안 기독교인들이 불교의 개념들을 직접 참고하여 기독교적 가르침을 표현한 글 〈예수 수트라(Jesus sutras) 를 썼다는 것이 20세기에 들어서 발견된 증거로 보아, 불교 신자들과 그들은 어느 정도 접촉을 가졌다는 것을 알 수 있다.[25] 도널드 로페즈(Donald Lopez)에 따르면, 고타마가 호화로운 삶을 거부하고 난 이후 깨달음을 얻었던 이야기를 전한 최초의 유럽인은 "아시아에서 1271~1295년을 보냈다"라고 하는 탐험가 마르코 폴로(Marco Polo)였다.[26]

불교와 기독교의 관계에 대한 최초의 기록 중 하나는 1254년 몽골의 유명한 통치자 칭기즈칸의 손자인 몽케 칸(Mongke Khan) 이전에 한 불교 신자와의 논쟁에 참여했던 프란체스코회의 수도사인 루브룩의 윌리엄(William of Rubruck) 일기에서 찾을 수 있다. 불교신자들은 유일신론을 말하는 종교에서 파괴적이라고 여기는 악에 대한 문제에 대해 윌리엄을 강력하게 압박하였다. "당신의 신이 말한 대로라면 왜 사물의 절반을 악으로

---

24) 참고, Lopez, *From Stone to Flesh*, 7.
25) 같은 책, 64-65. 다음도 참고, Lawrence Sutin, *All Is Change: The Two-Thousand-Year Journey of Buddhism to the West* (New York: Little, Brown, 2006), 36-37.
26) Lopez, *From Stone to Flesh*, 12.

만드는가?" 윌리엄이 그리스도로부터 얻는 모든 것은 선이라고 주장을 하자, 불교신자는 "어디서 악이 오는 것인가?"라고 되물었다.[27]

이탈리아 예수교의 인도 선교사 이폴리토 데시데리(Ippolito Desideri)는 티베트 불교를 연구하고 *Inquiry into the Doctrines of Previous Lives and of Emptiness*와 *Offered to Scholars of Tibet by the White Lama Called Ippolito*를 저술하였다. 그는 불교의 가르침들을 진지한 철학적 주장들로 대했고, 불교의 두 중심적 교리들, 중생과 공(emptiness)에 관한 진리에 의문을 제기하면서 불교 공동체에 의해 받아들여지는 논증의 방식들을 사용하였다. 로페즈는 이런 데시데리의 책에 관하여 이렇게 말했다. "유럽인에 의해 티베트 언어로 쓰인 가장 정교한 작업, 즉 이는 티베트 불교 교리와 그 철학의 깊고 미묘한 이해를 밝혀내는 책이다."[28] 데시데리는 불교 학자들을 "그들의 언어와 그들의 용어로 정중히 대했다. 이는 그가 티베트 불교 안에서 이성적 철학과 윤리적 관행에 대한 그들의 헌신을 보았기 때문이다."[29]

이러한 많은 사전적 접촉들에도 불구하고, 당시 유럽인들은 아시아 전역에 퍼진 불교의 독특한 종교적 개념들을 알아채지 못했다. 예를 들어, 마르코 폴로는 불교를 이처럼 받아들이지 못하고 단순히 불교 신자들을 우상 숭배자라 경시하였다. 하지만 주일 네덜란드 대사관의 내과 주치의인 엥겔베르트 캠퍼(Engelbert Kaempfer, 1651~1716) 박사는 언어 그리고 일부 신념과 관습의 벽에도 불구하고, 아시아 전역에서 행해진 불교를 처음으

---

27) Richard Fox Young, "Deus Unus or Dei Plures Sunt? The Function of Inclusivism in the Buddhist Defense of Mongol Folk Religion against William of Rubruck (1254)," *Journal of Ecumenical Studies* 26. 1 (1989): 115.
28) Lopez, *From Stone to Flesh*, 108. 다음도 참고, Trent Pomplun, *Jesuit on the Top of the World: Ippolito Desideri's Mission to Tibet* (New York: Oxford University Press, 2010).
29) Lopez, *From Stone to Flesh*, 110.

로 깨달은 사람 중 한 명이었다.30) 비록 18세기 이전에 실론 섬, 미얀마, 태국, 티베트, 중국, 일본의 여행자들과 선교사들이 바오다(Baoda), 베두(Bedou), 부담(Budam), 차캬(Chakya), 포(Fo), 가드마(Gaudma), 사만(Saman) 혹은 시츈(Si Tsun)31)으로 알려진 불교도인들에 대해 분명하게 알지는 못했지만, 이 모든 것이 같은 개인을 지칭한다는 산발적인 보고가 있었다. 불교가 아시아 전역에서 행해지는 종교라는 생각은 이러한 많은 이름이 모두 불교의 창시자인 고타마 싯다르타(Siddhartha Gautama)를 나타낸다는 것에서 비롯되었다. 필립 아몬드(Philip Almond)는 19세기 전반 유럽인들이 불교를 종교로 '발견'했으며, 이 발견에서 중요한 점은 유럽인들이 비로소 "문화적으로 다양한 종교 현상이 존재한다는 사실을 인정한 것이다."32)

19세기 유럽인들의 불교 발견 이야기, 부처 고타마와 그의 철학, 문자적 불교의 이상화된 이미지 형성, 그리고 이후 아시아의 불교 지식인들이 함께 이 이미지를 개작한 이야기, 이 모든 것들은 피터 반 데르 비어가 말하는 상호 작용의 역사를 잘 보여 준다.33) 영국의 식민주의는 그들과 피지배국이 서로의 접촉을 통해 양쪽 다 변화를 야기하기 위해서 피지배국과 지배국의 호혜적 관계를 수반하였다. 영국의 지식인들은 불교나 그 외 더 나은 불교의 이미지에 매료되어 불교의 주제를 문학과 철학에 접목하였고, 일부 제도적 기독교의 부패에 대항하여 불교에 대한 그들의 이미지의 긍정적인 측면들을 부각하였다.34) 그 결과 아시아의 지식인들은 이상화된 불교 이미지를 채택하여 서방의 식민지 문화와 기독교 선교에 대한

---

30) 같은 책, 137.
31) 로페즈는 다양한 아시아 언어로 부처에 대한 200개가 넘는 서로 다른 이름들의 명단을 작성한다. 참고, Lopez, *From Stone to Flesh*, 235-37.
32) Philip C. Almond, *The British Discovery of Buddhism* (Cambridge: Cambridge University Press, 1988), 7-8.
33) Peter van der Veer, *Imperial Encounters: Religion and Modernity in India and Britain* (Princeton: Princeton University Press, 2001), 8-11.
34) 참고, J. Jeffrey Franklin, *The Lotus and the Lion: Buddhism and the British Empire* (Ithaca, NY: Cornell University Press, 2008).

긍정적인 대안으로 제시되었던 현대화된 형태의 불교로 통합하였다.

아몬드는 불교에 대한 영국인들의 '창조' 과정이 두 단계를 거친다고 보았다. 19세기 전반 40년 동안의 첫 번째 단계에서, "불교는 동양 안에 있던 '외부'의 예시로 나타났고, 한 공간적 장소 안에 있는 지리적으로, 문화적으로, 그러므로 상상에 의한 다른 것이었다."35) 이는 아시아로 떠난 여행자들, 선교사들, 무역인들, 군인들 등의 보고를 통해 구축된 불교에 대한 견해였으며, '동양의 현재'(the Oriental present)에 대한 인식을 적극적으로 반영하였던 것이다. 하지만 1850년대에 들어서, 팔리(Pali)와 같은 곳으로부터 불교의 경전들을 수집하고 그것을 번역하려는 엄청난 노력이 있었고, 이런 노력에서 발생한 것은 '자연 그대로의'(pristine) 과거 안에 있는 불교, 즉 분명하게 현재의 아시아 불교도들 사이에 미신이나 부패가 전혀 없는 교본적 불교에 대한 이상화된 시각이었다. "1860년 불교는 동양 안에 존재하지 않았고, 서양의 동양 서재들과 동양 기관들 안에, 동양의 문서들과 원고들 안에, 그리고 이를 해석한 서양학자들의 책상에 존재해왔다."36) 이렇게 이상화된 시각은 불교에 대한 유럽과 미국의 관점을 형성했을 뿐만 아니라, 현대성의 많은 도전과 서양의 많은 과업을 직면하면서 아시아 불교에 대한 이해의 주요한 한 부분이 되었다.

불교의 모더니즘

오늘날 서양뿐만 아니라 현대화된 많은 동양 사회에서도 알려진 불교는 단순히 인도의 초기 불교의 가르침과 관습을 전승하는 것이 아니라, 서구식민주의, 기독교 선교, 근현대화 등을 통해 형성된 불교의 한 형태이

---

35) Almond, *British Discovery of Buddhism*, 12.
36) 같은 책, 13.

다. 데이비드 맥마한(David McMahan)은 "많은 미국인과 유럽인들이 '불교'라고 칭하는 것은 부처의 깨달음과 마찬가지인 유럽 계몽주의, 불교 팔리어 경전과 같은 낭만주의와 초월주의, 그리고 아시아계 문화와 식민주의 국가들의 힘 간의 충돌에 뿌리를 둔 현대의 혼합 전통이다"라고 말한다.[37] 그리고 그는 이 혼합적 불교의 전통을 불교 모더니즘이라고 부른다.

맥마한은 불교 모더니즘을 정의하는 세 가지 발전, 즉 비전통화(detraditionalization), 비신화화(demythologization), 정신신앙화(psychologization)를 발견하였다.[38] 비전통화란, 전통적 관습과 권위 구조에 대한 이성, 경험, 직관을 고양하여 불교적 관습이 개인화되고 사유화되도록 하는 현대적 경향을 수반하는 것으로, 개인적 선택의 문제로서 개별화되는 것을 의미한다. 비신화화는 전통적 불교의 신념들 안에서 현대적 관점에서 볼 때 문제가 되는 것들을 식별하여, 이를 통해 인간이 아닌 동물이나 굶주린 귀신으로도 부활하는 지옥의 여러 단계에 대한 믿음, 악마, 영혼, 신들의 집합적 존재들이 무시되거나 비문학적인 용어로 재해석된다. 정신신앙화에 대해서는, 위와 마찬가지로 지난 세기 동안에 특히 서방의 심리학과 연계된 불교의 형이상학적 주장들을 정신분석적 언어와 내면의 삶으로 해석하였다. 이리하여 현대의 불교는 전통적인 교리들을 진보적으로 재해석하는 것과는 별개로 현대인들에게 행해지는 일종의 영적 치료 형태가 되었다.[39]

유럽의 영향력이 불교를 변화시킨 한 영역은 서구에서 불교 사상과 관

---

37) David L. McMahan, *The Making of Buddhist Modernism* (New York: Oxford University Press, 2008), 5. 같은 저자의 다음도 참고, ed. *Buddhism in the Modern World* (London: Routledge, 2012).
38) McMahan, *Making of Buddhist Modernism*, 42-59.
39) 비신화화 된 불교 모더니즘에 대한 예시는 다음을 참고, Stephen Batchelor, *Buddhism without Beliefs: A Contemporary Guide to Awakening* (New York: Riverhead Books, 1997); 같은 저자, "Life as a Question, Not a Fact," in *Why Buddhism? Westerners in Search of Wisdom*, ed. Vickie Mackenzie (London: Element, 2002), 142-62.

습들을 정의하는 여러 저술활동이다. 19세기 후반 우럽의 학자들이 불경을 원어로 읽고 유럽의 언어로 번역할 수 있는 능력을 개발함에 따라 불교의 초기 문헌들이 주목되었다. 1881년 리스 데이비즈(T. W. Rhys Davids, 1843~1922)는 아내 캐롤린(Caroline)과 함께 팔리어 경전 협회를 설립하여 고대 팔리어 번역에 전념하였다. 그가 생을 마감했을 당시, 학회에서 94편 (26,000페이지 이상)이 번역되어 출판되었다.[40] 불교 경전의 번역도 *The Sacred Books of the East*를 편집한 옥스퍼드 대학 교수 프리드리히 막스 뮬러(Friedrich Max Muller, 1823~1900)가 추진하여 진행되었다. 그러나 당시 유럽에서는 이미 산스크리트어와 불교학자로 저명한 프랑스 학자 유진 버노프(Eugene Burnouf, 1801~1852)가 *Introduction to the History of Indian Buddhism*(1844)를 저술함으로써 부처 고타마의 현대적 모습을 선명하게 형상화시켰다. 버노프의 영향력에 대해 도널드 로페즈는 다음과 같이 언급하였다.

> 대중이 알고 있는 부처는 기원전 5세기 인도에서 태어나지 않았다. 그는 1844년 파리에서 태어났다. … 버노프(Burnouf)는 1844년, 최초로 프랑스의 역사 깊은 서적들이 잊힐 정도로 철저하고 자연스럽게 부처와 불교를 묘사하였다. 여기에는 불교가 인도의 종교이며 부처가 역사적 인물이라는 것, 그리고 특히 중요한 것은 부처가 교리에 의지하지 않고 윤리와 도덕을 전파하는 종교적 스승 또는 철학자라는 것을 내포하고 있다. 그가 불교와 부처를 묘사한 결과들은 상당히 심오하다.[41]

---

[40] J. J. Clarke, *Oriental Enlightenment: The Encounter between Asian and Western Thought* (London: Routledge, 1997), 75.
[41] Lopez, *From Stone to Flesh*, 3, 210-11.

불교의 문헌들을 강조하는 것은 불교의 신앙과 실천을 정의하는 것으로 불교의 현대적 이해를 형성하는 유럽 사회의 혁신이었다. 고대 문헌들에 대한 불교적 해석과 해설은 확실히 오랜 역사를 지니고 있었지만, 불교 신자들에게 있어 그들을 위해 쓰인 문헌이 기독교에서 기독교인들에게 성경이 가지는 의미만큼의 중요성을 지니지는 못하였다. 선종(Zen)과 같은 일부 불교 전통은 의도적으로 기록된 문자들이나 구어에 의존하지 않았다. 전통적으로 동양의 불교계에서 글과 문서들은 특정한 상황에서만 활용되었다. 로페즈가 말한 대로, "아시아 전역의 불교 신자 대다수는 문맹이었다." 그리고 이 사실은 글이란 것이 불교 신자들에게 어떻게 여겨졌는지 엿볼 수 있다.

> 그러므로, 불교 서적을 오로지 읽는 것이라고 여기는 것은 오해의 소지가 있다. 제단 위에 경전을 올려놓고, 경전에서 규정해 놓은 듯이 종종 꽃과 향을 바치며 예불을 드렸다. 평신도들은 승려들에게 시주하여 그들을 집으로 불러들이고 공로를 받아 불행을 피하려고 하였다. 청중(혹은 독자)이 내용을 이해할 수 있었던 것과는 상관없이 부처의 말씀을 들었고, 이는 곧 마법과 같은 주문의 힘을 가지고 있었다. … 중국에서 일부 사찰들은 불경을 외는 공간이 따로 마련되어 있었다. 평신도들은 경전의 일부가 기록된 증명서와 같은 것을 살 수 있었다. 이 증명서는 죽은 친척을 위한 의식(태움)을 함으로써 제공되었다. 증명서에 쓰여 있는 글을 이해하였든 아니든, 이 자체를 공로로 간주하였다.[42]

승려들마저 모두가 글을 읽고 쓸 줄 아는 것은 아니었으며, 많은 불교 사찰들은 원고를 거의 사용하지 않았다. 근대 이전과 오늘날의 아시아

---

42) Lopez, *Story of Buddhism*, 188-89.

내 많은 지역에서조차, 원고는 구전 전통의 보조물 정도로 여겨져 왔다. 제이 가필드(Jay Garfield)는 이렇게 말했다. "한 사람이 그의 스승과 함께 글을 읽는다: 글은 구술 계보를 전하는 기회이며, 대부분의 중요한 것들, 배워야 할 것들은 입에서 입으로 전해 내려진다." 반면, 불교 문헌에 대한 현대적 접근은 "불교 신자와 불자들이 스승이나 권위자와는 독립적으로 그 문학적 전통에 관여할 수 있게 한다"는 것이고, 그렇게 함으로써 "우리는 번역 행위로 인해 서양과 전통적인 불교 아시아 문화권에서 모두 새로운 불교를 창조하고 있다"는 것이다.[43]

불교에 대한 문헌 연구는 부처 고타마에 대한 19세기 유럽인들의 인식에도 지대한 영향을 미쳤다. 기독교 신학자들과 선교사들을 제외하고, 유럽의 지식인들은 대체로 부처를 매우 존경할 만한 도덕적 원칙을 전파한 모범적인 인격을 지닌 지혜로운 자, 혹은 도덕적으로 의심스러운 힌두교 관행을 개혁한 사람으로 여겼다. 부처의 많은 삶의 일화들 그의 기적들에 대한 전설은 많이 일축되었고, 고타마는 철저히 고대 인도의 역사 속에 자리 잡혀 있었다. 빅토리아 지식인들(Victoran intellectuals)에게 "부처는 인간의 모습과 매우 흡사하다. 그는 신들과 비교되는 것이 아니라 예수, 무하마드, 또는 루터와 같은 다른 역사적 인물들과 비교되는 것이다."[44]

고타마의 인격화는 불교가 종교인지 철학인지에 대한 계속되는 논쟁과 함께 동시에 일어났다. 막스 뮬러를 포함한 많은 학자는 불교를 종교가 아닌 철학으로 받아들였다.[45] 이는 부분적으로 그들이 동양의 불교 신자들의 신념과 관습에 관심이 없었으며, 팔리 문헌에서 발견된 '근원적

---

[43] Jay L. Garfield, "Translation as Transmission and Transformation," in *TransBuddhism: Transmission, Translation, Transformation*, ed. Nalini Bhushan, Jay L. Garfield, and Abraham Zablocki (Amherst: University of Massachusetts Press, 2009), 97-99.

[44] Almond, *British Discovery of Buddhism*, 56.

[45] 같은 책, 94.

불교(original Buddhism)'라고 인식하는 것에 관해서만 관심이 있었기 때문이다. 많은 학자는 이 팔리 문헌을 무신론적이라고 판단하였고, 무신론적 체계는 유럽에 있는 그 어떤 종교에서도 자격을 얻지 못했다. 대승불교의 산스크리트어 경전은 팔리 문헌보다 더 유신론적 경향을 보였지만, 동양의 학자들은 이를 팔리 문헌보다 더 초기의 문헌으로 간주하여 신뢰할 수 있었다. 아몬드에 따르면 불교를 종교로 받아들일 때, 나단 소더블롬(Nathan Soderblom)과 루돌프 오토(Rudolf Otto)가 내린 종교의 정의는 '신성함' 또는 '그 신성한 존재'였을 뿐, 신 혹은 신들에 대한 믿음을 의미한 것이 아니었다고 말한다. 토마스 헉슬리(Thomas Huxley)는 1869년에 '불가지론'이라는 용어를 만들었고, 일부 작가들은 이 단어가 무신론보다 불교 사상을 더 잘 묘사한 단어라고 생각하였다.[46]

신지학 협회(the Theosophical Society)와 현대의 불교

근대 불교에서 특히 흥미로운 점은 아시아의 불교를 부흥시키고 서양에서 불교에 대한 관심을 불러일으키는 데에 있어, 신지론자들(Theosophists)이 중요한 역할을 했다는 사실이다. 로렌스 수틴(Lawrence Sutin)은 "신지학회(the Theosophical Society)에는 블라브스키(Blavatsky)와 다른 사람들에 의해 쓰인 불교 관련 글들이 때로는 사실이나 기본 교리에서마저 대놓고 부정확하지만, 유럽과 아메리카, 아시아에서조차 이런 문서들로 인해 불교에 대한 더 깊은 이해를 하고자 자극받은 사람들이 많다는 중심적 역설이 존재한다"고 말한다.[47]

신지학회 공동 창립자 헨리 스틸 올콧 대령(Henry Steel Olcott, 1832~1907)

---

46) 같은 책, 99.
47) Sutin, *All Is Change*, 171-72.

은 후에 프로테스탄트 불교라고 불린 19세기 실론 섬(지금의 스리랑카)에 불교의 활성화와 변혁을 가져오는 중요한 역할을 하였다. 올콧이 실론에 도착했을 때 이미 신할라계 불교(the Shinhalese Bbuddhist)는 상당히 부흥한 상태였지만, 그는 그 부흥 운동에 중요한 리더십을 발휘하였다. 영국의 식민주의 정책에 의해 유발되고, 기독교 선교사들의 관행에 영향을 받아 반 기독교적인 올콧에 의해 활발하게 재기한 불교는, 실론 섬에서 현대 과학과 완전히 양립하고 모든 신앙을 용인하는 전통적 고대 학문으로 재정의되었다. [48] 서양의 식민주의와 기독교 선교에 대한 반대 운동에도 불구하고, 불교 그 자체는 개신교의 영향을 많이 받았는데, 일반 신자와 각종 문헌들에게 강조된 중요성에 대해선 그 영향력은 더 분명하였다.

신지학 협회는 헬레나 페트로브나 블라브스키(Helena Petrovna Blavatsky, 1831~91)와 올콧에 의해 1875년 뉴욕에 설립되었다. 러시아 상류층 가정에서 태어난 블라브스키는 열여덟 살에 그녀의 불행한 결혼생활을 벗어나 세계 여행에 나섰다. 그녀는 중동과 아시아를 여행 중, 티베트에서 심원적 지혜에 대한 '매우 진화한 스승들'인 성인들(mahatmas)과 함께 공부를 하게 되었다고 말한다. 1873년 블라브스키는 미국에 도착하여 변호사이자, 언론인, 강신론자(student of spiritualism)인 올콧을 만났다. 블라브스키와 올콧은 다른 소수 강신론자들과 함께 "신과 더 고귀한 영혼에 대한 지식"을 추구하는 신지학협회를 설립하였다. [49] 협회의 명시적 목표는 "인종, 신조, 성별, 카스트 제도, 인종의 구별 없이 인류 보편적 조직의 중심을 형성하는 것, 고대와 현대 종교, 철학, 과학을 연구하는 것, 설명되지 않은 자연의 법칙과 인간 속에 잠재된 정신력을 연구하는 것"이었다. [50]

---

48) 참고, Richard Gombrich and Gananath Obeyesekere, *Buddhism Transformed: Religious Change in Sri Lanka* (Princeton: Princeton University Press, 1988); Gombrich, *Theravada Buddhism*, chap. 7.
49) Stephen Prothero, *The White Buddhist: The Asian Odyssey of Henry Steel Olcott* (Bloomington: Indiana University Press, 1996), 49.
50) 다음에서 인용, Harry Oldmeadow, *Journeys East: 20th Century Western*

올콧은 이 협회의 초대 회장으로(그가 사망할 때까지) 역임했으며, 협회에 필요한 조직력을 제공하는 동안, 블라브스키는 이 운동의 뒤에서 다채롭고 논란의 여지가 많은 영감을 주었다.

블라브스키와 올콧은 처음엔 강신론에 대한 과학적 견해를 고취하는 데 관심을 두었지만, 그들은 곧 동양의 종교에 대해 더 흥미로워하였다. 이 둘의 강연들과 여러 저서는 공통으로 모든 주요 종교들에 있는 신비적 고대 학문을 강조하였지만, 특히 힌두교와 불교에서 더욱 방점을 두었다. 블라브스키는 비록 이런 학문이 교리적이고 제도적인 종교(특히 기독교)로 인해 모호해지지만, 성인들 혹은 명수들과 같은 특정 영적 존재들이 심원적 진실을 자신에게 전달하고 있다고 주장했다.

블라브스키의 첫 번째이자 주요 서적인 *Isis Unveiled*(1877년)는 주요 종교들의 본질적 일치와 공동의 기원에 대해 서술하고, 모든 종교의 이면에는 고대 아시아 학문적 전통으로 보존되어 있는 심원적 진리가 있다고 말한다.

1878년 블라브스키와 올콧은 인도로 가서 마드라스(지금의 첸나이) 외각에 신지학 협회 본부를 세웠다. 신지학 운동은 인도와 서양 모든 곳에서 급속도로 성장하였다. 불교에 대한 그들의 신앙은 매우 특이했지만, 1880년 그들은 공식적으로 불교로 개종하였다. 1887년 블라브스키는 런던으로 이주하였고, 그곳에서 1891년 사망하기 전까지 새로운 저서를 계속 출간하였다. 1880년 올콧은 실론 섬으로 이주 후, 불교 활성화 운동에 적극적으로 나서며 기독교 선교에 격렬히 반대하였다.

1881년 '백인 불자'로 널리 알려진 올콧은 영문판으로 *A Buddhist Catechism*을 출판하였다. 이 책은 세계 모든 불교 신자들이 받아들일 수 있는 기본적인 불교 교리들을 제시하여, 불교의 다양한 전통적 요소들

Encounters with Eastern Religious Traditions (Bloomington, IN: World Wisdom, 2004), 64.

을 하나의 저서에 모으고자 한 시도였다. *A Buddhist Catechism*은 후에 40여 판 이상을 거쳐 20여 개의 언어로 번역되었고, 20세기 후반에는 스리랑카의 공립 학교들 내에서 교과서로 사용되기도 하였다.[51] 이 책은 모든 아시아 불교 신자들이 통합해야 하는 것은 모든 현대 불교 신자들이 동의하는 단순한 교리들의 집합이라고 말하는 올콧의 주장을 담고 있다. 하지만 올콧은 그 책에서 기존의 불교 가르침들을 단순히 다시 언급하지만은 않았다. 스티븐 프로테로(Stephen Prothero)는 이것이 진보적 미국 개신교와 전통적 소승불교의 혼성화(creolization)를 수반하기에 '혼성적 불교'(creole Buddhism)라고 부르기도 했다. 예를 들어, 소승불교의 가르침과는 다르게 올콧의 불교는 영원한 영혼의 개념과 어떤 종류의 신성의 개념을 아우르는 공간을 만들었다.[52] "무지한 제자로서 승려들과 스승들에게 배우겠다는 의지를 갖고 아시아로 떠나기 훨씬 전, 올콧은 비교적 확립된 '불교'의 이미지를 구상하였다. 이 이미지는 적어도 소승불교 승려들의 불교처럼 블라브스키의 신학 및 진보적 개신교와 많이 닮아 있었다."[53] *Isis Unveiled*에서 블라브스키는 다음과 같이 말한다. "불자라는 용어를 사용할 때, 부처 고타마의 추종자들이나 현대 불교의 추종자들이 도입한 대중적인 불교를 암시하려는 것이 아니라, 베다 브라만교 이전의 성역에 대한 고대의 지혜종교(wisdom-religion)와 일치하는 석가모니의 비밀스러운 철학을 의미하는 것이다."[54]

올콧은 불교 신지학 협회를 설립하고 서구식 교육을 모델 삼아 많은

---

51) Prothero, *White Buddhist*, 101. 올콧의 이 책에 대해 언급하며 곰브리크는 다음에 주목한다. "이 문서는… 불교의 교리라기보다 신지학적이라 해야 마땅하다. 그러나 이는 신지학과 조직화된 불교 사이의 접촉이 있는 친숙한 곳들, 특히 영국과 같은 곳에서 널리 실현되지 않았다."(Gombrich, *Theravada Buddhism*, 186).
52) Prothero, *White Buddhist*, 7-9, 66-67.
53) 같은 책, 66.
54) Helena Petrovna Blavatsky, *Isis Unveiled: A Master-Key to the Mysteries of Ancient and Modern Science and Theology* (Pasadena, CA: Theosophical University Press, 1972), 2:142; 다음에서 인용, Franklin, *Lotus and the Lion*, 76.

불교 중등학교를 설립하였으며, 청년 불교 협회를 발족하고 실론 섬에서 기독교 선교에 대항하는 활발한 논쟁을 펼쳤다. 그는 기독교에 반대하는 비평과, 현대 과학적 종교로서의 불교 진흥, 사회 개혁과 교육에 대한 노력으로 신할라 불교도들 사이에서 인기가 많았다. 올콧은 여러 소승불교 학교들을 불교 교권 협회로 통합하는 방안을 모색하였고, 범아시아 불교 연맹을 위한 일에 착수하였다. 그러나 불교학자들은 올콧의 기독교 선교사들에 대한 반발을 높이 평가하면서도 불교에 대한 그의 견해가 지나치게 단순화되고 오해의 소지를 지닌 것으로 여겨, 올콧에 대해 종종 양면적인 태도를 보였다. 1890년 실론, 방글라데시, 버마, 일본 등지에서 온 소승불교 및 대승불교 대표들이 참석해 인도에서 열린 초교파적 불교 회의에서 올콧은 불교 진리의 본질을 담고 있다고 확신했던 14개 항의 불교 강령 성명서를 각 대표들이 받아들일 수 있게끔 할 수 있었다.[55]

실론 섬에 있는 동안, 올콧은 아나가리타 달마팔라(Anagarika Dharmapala, 1864~1933)로 더 잘 알려진 신할라 불교 개혁가 돈 데이비드 헤와비타른(Don David Hewavitarne)과 친분을 쌓았다. 달마팔라는 신지론자가 되어 마하보디 협회(Maha Bodhi Society, 불교의 활성화를 지지한 단체)를 설립했으며, 1893년 시카고에서 열린 세계종교의회(the World Parliament of Religions)에서 불교를 대표하여 참석했다. 달마팔라는 처음에 올콧과 긴밀하게 협력했지만, 결국 올콧의 견해가 불교적이기엔 불충분하고 힌두교 가르침의 영향을 크게 받은 것을 알게 되자, 올콧에 대해 환멸을 느꼈다. 그는 후에 올콧과 신지학은 진정한 불교와 양립할 수 없다고 단언하였다. 프로테로는 두 사람의 관점을 다음과 같이 대조하였다:

> 올콧과 달마팔라는 종교적으로 다원적인 세계에서 종교적 헌신의 본질에 대한 서로 다른 상충적 견해를 가졌다. 올콧의 보다 진보

---

55) Sutin, *All Is Change*, 184.

적인 세계관의 관점에서는, 모든 종교를 포용하겠다는 그의 대중적, 신학적 서약은 부처, 다르마, 교단에 대한 개인적인 불교적 헌신과 창조적인 갈등을 야기하였다. 이러한 시각 속에서 그는 불교 신자와 힌두교 신자가 동시에 되는 것이 가능했다. 달마팔라의 덜 협조적인 세계관 속에서는, 불교에 대한 "예"는 다른 모든 종교적 전통에 대한 "아니오"를 의미했다. 달마팔라는 "불교는 다른 현존하는 종교들의 가르침과 절대적으로 상반된다"라며 "신지학은 불교와 타협 불가능하다"라는 결론을 내렸다.[56]

올콧은 1889년과 1891년에 일본을 두 차례 방문하였다. 그의 *Buddhist Catechism*은 1886년 일본어로 번역되었고, 이로 인해 올콧은 기독교보다 불교의 우월성을 강력하게 주장하는 사람으로서 환영받게 되었다. 당시의 일본은 급속도로 현대화를 겪었고, 불교는 불교의 영향력을 받은 신토 이념을 숙청하고자 했던 정부와 기독교 선교로부터 많은 위협을 받았다. 당시 불교학자들은 한 미국 백인 남성이 공개적으로 불교를 홍보한다는 사실에는 상당한 흥미를 느꼈지만, 올콧이 전반적으로 다국적 아시아 불자들을 연합할 열망을 가졌다고 의심을 하며 올콧 버전의 불교를 지양하려 했다.[57] 일본의 불교 개혁자들 사이에서 신지학 협회에 대한 깊은 관심이 있었던 1880, 90년대에도 불교계 지도자들은 올콧의 일부 견해에 의구심을 품었다.

특별히 세 가지 영역에서 신지학자들이 실론의 불교와 더 나아가 아시아 전역까지 미친 영향을 찾아볼 수 있다. 첫째, 올콧이 *A Buddhist Catechism* 및 불교 가르침을 이해하기 위한 책자들을 발간하고 보급함

---

56) Prothero, *White Buddhist*, 168.
57) Shin'ichi Yoshinaga, "Theosophy and Buddhist Reformers in the Middle of the Meiji Period," *Japanese Religions* 34.2 (July 2009): 126-27.

으로써, 불교를 이해하기 위한 원고의 중요성을 현대적으로 강조하는 것에 기여하였다는 것이다. 둘째는, 이러한 노력의 영향으로 일반 불교 신자들의 위상을 높여 그들 스스로 불경을 읽고 명상을 하길 장려하는 것이다. 곰브리크는 명상은 사찰의 공동체에서 엄격한 지도 아래 있던 승려들을 위해 있던 것이었기에, 일반 불자들은 전통적으로 명상을 하지 않았다고 지적한다.[58] 하지만 달마팔라와 다른 신지론자들은 평신도들이 특정 대가에 의지하지 않고 책을 통해 명상을 배우도록 권하였다. 오늘날 명상은 흔히 불교의 중심 행위라고 여겨지지만, 아시아와 서양의 많은 사람은 어떤 정교하고 형이상학적인 체계를 수용하지 않고 전통적으로 명상에 그 의미를 부여해 이런 관행을 실천하고 있었기 때문에, 명상은 오늘날에도 "아시아 전통 그 자체로부터 가장 분리될 수 있는 요소"라는 점을 역설한다.[59]

셋째, 올콧과 같은 신지론자들은 불교가 19세기 변천기에 접어든 새로운 세계와 완전히 양립할 수 있도록 신중하게 불교의 체계를 구축하였다. 그러나 그들은 불교의 다른 가르침들을 배척하고 일부 가르침만을 선택적으로 택하면서, 아시아에 있는 평신도들의 수많은 관행과 신앙의 모습을 무신론적이라 여기고 배척하면서, 그리고 그들이 택한 명백한 가르침 뒤에 가려진 난해한 '숨겨진' 의미를 찾으면서, 이러한 시도들을 통해 그들의 작업을 수행하였다. 불교를 현대 과학과 양립할 수 있는 것으로 묘사하면서 신지론자들은 불교가 제공한 인도주의적 철학을 기독교와 대조시켜 서양 및 아시아 지식계에서의 새로운 담론을 형성하고 활용하였다. 도널드 로페즈는 "불교가 지적 분야에서 유명세를 탐에 따라, 빅토리아 시대 당시 유럽과 미국에서 불교와 과학의 양립에 대한 주장이 시작되었다는 것은 매우 중요하다"고 언급하였다. 당시 불교와 과학의 양립에

---

58) Gombrich, *Theravada Buddhism*, 191.
59) McMahan, *Making of Buddhist Modernism*, 185.

관한 주장이 아시아에서도 동시다발적으로 시작되었는데, 이는 불교 사상가들이 기독교 선교사들의 외압으로부터 스스로를 보호하는 시도였다. 즉 불교를 진정한 과학적 종교로 묘사하려는 노력은 기독교의 외압에 의해 형성된 것이다.[60] 하지만 로페즈는 19세기와 20세기에 지지를 받은 현대적이고 과학적인 불교는 초기 불교의 가르침이나 아시아 불교의 관습과는 거리가 멀다고 다음과 같이 주장하였다. "과학과 양립할 수 있는 불교가 그 자체의 양립성을 주장하기 위해서는 기존의 불교가 행해왔던 상당 부분을 폐기해야만 한다."[61]

서양으로 간 불교

불교에 대한 미국인들의 인식은 적어도 1840년대 초월주의자들과 다른 지식인들로 거슬러 올라간다. 불교는 일본인, 중국인 이민자들과 함께 19세기에 하와이로 건너갔고, 북미와 유럽에는 20세기가 되어서야 정착하게 되었다.[62] 지금의 불교는 서양의 전체 종교적 맥락에서 중요한 부

---

60) Donald S. Lopez Jr., *The Scientific Buddha: His Short and Happy Life* (New Haven: Yale University Press, 2012), 10.
61) 같은 책, 16. 과학적인 불교는 신들, 귀신들, 악마들, 그리고 인간들과 다른 지각이 있는 창조물들이 사는 극락과 지옥의 정교한 체계를 가지고 있는 고전적 불교 전통들의 우주론을 무시한다. 로페즈는 통속적인 개념과 대조적으로 업보와 중생에 대한 불교의 가르침이 실제적으로 생물학적 진화와 자연선택설에 대한 현대의 다윈주의적 개념들과 어떻게 조화되지 못하는지 보여준다. "다르마가 자연선택설에 대한 다윈의 이론과 양립할 수 있기는커녕, 이를 아마도 부처를 이기적인 유전자의 박멸의지를 반진화적으로, 그리고 적극적으로 인류의 멸망, 진정으로 모든 인종들의 멸망을 추구하는 것으로 여기는 것이 더 적절할 것이다"(같은 책, 80).
62) 서양에서의 불교에 관하여는 다음 문헌들을 참고, James William Coleman, *The New Buddhism: The Western Transformation of an Ancient Tradition* (New York: Oxford University Press, 2001); Charles S. Prebish and Martin Baumann, eds., *Westward Dharma: Buddhism beyond Asia* (Berkeley: University of California Press, 2002); Charles S. Prebish and Kenneth K. Tanaka, eds.,

분이다. 유럽과 북아메리카의 실제 불교 신자 수는 상대적으로 적지만(오늘날 미국엔 약 4백만 명 정도의 불교 신자들이 있다) 불교가 가져온 종교적, 문화적 영향은 그 수가 가리키는 것보다 훨씬 더 크다.[63]

데이비드 맥마한은 유럽과 미국의 불교 이미지가 현대의 문화적, 지적 모습을 통해 서서히 알려졌음을 상기시킨다:

> 19세기 후반에 불교를 접한 유럽인들은 현대적이고 과학적인 태도에 반향을 일으키는 듯한 고대 불교 경전이나 철학적 문헌들을 많이 읽었다. 이들은 불교 문헌에서 지극히 이성적이지만 평범한 이성을 넘어서는 실험적 태도, 신앙과 믿음에 대해 중점을 두지 않는 모습, 수준 높은 철학을 보았다. 그러나 아시아 국가들에서 행해지는 불교는 미신적, 마술적, 의식적으로 보여 현대적, 합리주의적 태도와 신념에는 상당히 역행하는 것으로 보였다. 서양의 초대 불교 숭배자들과 근대 많은 아시아인은 불교를 우상적이고 미신적인 요소라고 여기는 것에서 실증 철학적, 실용적 요소들을 얻어내려고 노력하였다. 이러한 '비신화화된'(대부분의 유럽과 미국인들의 태도와 신념에 관하여는 '다시 신화화' 된) 불교는 대부분 서양인이 지금 알고 있는 불교이다.[64]

The Faces of Buddhism in America (Berkeley: University of California Press, 1998); Richard Hughes Seager, *Buddhism in America* (New York: Columbia University Press, 1999); Rick Fields, *How the Swans Came to the Lake: A Narrative History of Buddhism in America*, 3rd ed. (Boston: Shambhala, 1992).

63) 참고, Richard Hughes Seager, *Buddhism in America*, 10-11; Robert Wuthnow and Wendy Cage, "Buddhists and Buddhism in the United States: The Scope and the Influence," *Journal for the Scientific Study of Religion* 43.3 (2004): 364.

64) McMahan, "Repackaging Zen for the West," in *Westward Dharma*, 219.

많은 서양 사람에게 불교는 군중의 무신경하고 미신적인 관행들로부터 떨어트릴 수 있고, 환상에서 깨어나게 된 기독교 국가들에게 매력적인 대안을 제공하는 철학적으로 정교하고 영적으로 심오한 운동으로 보인다.

1980년대와 90년대에 달라이 라마와 티베트 불교(혹은 라마교)가 두각을 나타낼 때까진 적어도 20세기에 불교에서 가장 널리 알려진 형태는 선종(Zen)이었다. 20세기 중반 많은 사람에게 명상을 하는 차분한 선종의 수도승은 현자 고타마의 원시 학문을 상징하듯이 보였고, 일본에서 선종은 현대 물질적인 세계에 전해지는 진실되고 순수한 다르마라고 추측되었다. 그러나 선종은 고대 불교 가르침과 관습에 뿌리를 두고 있다고 주장하지만, 20세기 때의 모습은 다른 많은 요소를 포함한다. 서양에 대한 불교의 형태를 형성한 스즈키(D.T. Suzuki)의 역할을 살펴볼 것이다. 그전에, 스즈키가 살고 일했던 배경에 우선 주목해야 한다.

1893년 9월 시카고에서 열린 세계종교의회만큼 미국에서 불교가 대중에게 받아들여지게 된 중요한 사건은 없었다. 언론의 광범위한 긍정적인 보도들을 볼 때, 이 의회는 아시아 종교들의 정당성을 제시하고 힌두교와 불교 각 대변인들이 서양 청중들에게 연설할 수 있는 중요한 강단을 제공하였다.[65] 아시아 불교계에선 실론 섬 출신의 아나가리타 달마팔라와, 일본의 선종 승려 샤쿠 소엔이 참석하였다. 이 의회는 일본이 근대국가로 부상하던 중요한 시기에 열렸다. 미국이 이미 근대 산업국이자 세계적인 강대국이었던 반면, 당시 일본은 세계 다른 나라들로부터 스스로

---

[65] 1893년 세계종교의회(The 1893 World's Parliament of Religions)에 대하여는 다음을 참고, Richard Hughes Seager, ed., *The Dawn of Religious Pluralism: Voices from the World's Parliament of Religions, 1893* (LaSalle, IL: Open Court, 1993); Eric J. Ziolkowski, ed., *A Museum of Faiths: Histories and Legacies of the 1893 World's Parliament of Religions* (Atlanta: Scholars, 1993); Joseph M. Kitagawa, "The 1893 World's Parliament of Religions and Its Legacy," in *The History of Religions: Understanding Human Experience*, AAR Studies in Religion 47 (Atlanta: Scholars, 1987).

자초했던 두 세기 동안의 고립에서 벗어나 급속하게 근대화의 길로 막 야심 차게 들어서고 있었다.

근대화를 전통적 방식들에 결합하려는 시도는 일본에서 큰 사회 정치적 파동을 일으켰다. 근대화의 매력은 당시 인기가 많던 슬로건 "*Bunmei Kaika!*"(문명화와 계몽)을 담고 있었고, 보다 신중한 사람들은 "*Toyo no dotoku, Seiyo no gakugei!*"(동양의 윤리, 서양의 과학)이라는 구호 아래 결집하였다. 근대화와 전통 사이의 갈등은 서구 권력으로부터 자국에 대한 존중을 추구하던 강력한 종교적 민족주의를 통해 극복되었다. 신토 사상과 황제 숭배 사상의 군국주의자들에 의한 기민하고 교묘한 술수로 점화된 호전적 민족주의는 1930년대에 일본이 만주와 중국을 침략하도록 몰아붙였고, 이는 결국 제2차 세계대전으로 이어졌다. 20세기 초에 미국에 소개되고 후에 불교에 대한 미국의 인식을 전반적으로 형성해 온 선종에 대한 특정 이해는 이 수십 년간의 격동기에 신중히 구축되었다.

1893년 세계종교의회의 일본 대표단은 철저하게 현대적이고, 지적이고 종교적인 서양의 전통들과 완전히 동등한 '새 불교'(*shin bukkyo*)를 만들어내기 위한 진보주의자들의 노력에 크게 영향을 받았다. 일본의 문화, 종교 지도자들은 이를 "일본 불교가 서양 철학과 동등하고, 서양 종교보다 우수하며, 서양 과학과 완전히 일치한다는 것을 지식인들에게 납득시키는" 그들의 사명으로 보았다.[66] 일본의 불교인에게 있어서 서양이 불교를 합법적인 세계 종교로 인정하는 것은 매우 중요했다. 유럽인들과 미국인들이 기독교를 믿는 것처럼, 일본 역시 근대화 되고 있는 국가로서 세계적 종교로 인정받는 근대화된 불교가 필요하였다. 고대의 심원한 일본적 가치관에 뿌리를 두고 있지만, 기독교보다 우월하지 않더라도 현대과학과

---

66) Judith Snodgrass, *Presenting Japanese Buddhism to the West: Orientalism, Occidentalism, and the Columbian Exposition* (Chapel Hill: University of North Carolina Press, 2003), 9.

양립하거나 그와 동등한 불교에 대한 미래상은 불교가 서양에 비춰지는 모습에 대하여 큰 영향을 미치는 것이었다.

세계종교의회는 미국에 대한 첫 불교 선교에 활기를 띠게 하였다. 샤쿠 소엔이 이끄는 일본 대표단은 미국의 물질주의적이고 쾌락주의적인 문화가 동양의 영성을 갈망하고 있다고 확신하며 일본으로 돌아갔다. 이에 대해 노토 텔(Notto Thelle)은 다음과 같이 말했다.

> 일본 불교인들은 세계종교의회가 불교 선교를 위한 특유의 돌파구임을 선포하는데 주저하지 않았다. 그 의회에 불교인들의 참석은 '사상 초유의 획기적 사건'으로 나타났다. "극동의 일본 불교가 극서 미국의 다르마 바퀴를 돌린다"는 분위기가 무르익었다는 느낌이 들었다. 20세기 초 불교의 모습은 부처의 헤아릴 수 없는 빛과 연민을 전파하는 세계 문화의 현장과도 같았다. 대표적인 불교 학술지는 이 의회가 '불교 역사상 가장 빛나는 실상'이라고 결론지었다.[67]

일본의 불교도들은 불교를 현대적이고 학식이 있는 서양 청중들에게 특히 적절한 역동적인 영적, 지적 활동으로서 제시하였다. 로버트 샤프(Robert Sharf)는 "선종이 국제 정세에 관심이 많은 일본의 지식인들과, 전 세계를 누비며 선교적 열의가 종종 서양 문화에 대한 그들의 분한 감복에 버금가는 선종 승려들로 구성된 엘리트 집단의 활동들을 통해" 서양에 소개되었다고 말한다.[68] 그들 중 가장 두드러지는 사람은 불교에 대해 재

---

[67] Notto Thelle, *Buddhism and Christianity in Japan: From Conflict to Dialogue, 1854~1899* (Honolulu: University of Hawaii Press, 1987), 221-22.

[68] Robert H. Sharf, "The Zen of Japanese Nationalism," in *Curators of the Buddha: The Study of Buddhism under Colonialism*, ed. Donald S. Lopez Jr. (Chicago: University of Chicago Press, 1995), 108.

해석을 하여 서양인뿐만 아니라, 근대화를 이루기 위해 노력하고 있던 일본에게도 이를 보여주려 했던 스즈키(D. T. Suzuki)였다.

스즈키와 선종

스즈키 다이세츠 데이타로(Daisetzu Teitaro Suzuki, 1870~1966)는 고등학교 재학 당시부터 선종에 대해 관심을 가졌다.[69] 1880년대 후반 그는 교토 철학 학교(the Kyoto School of philosophy)의 설립자인 니시타 키타로(Kitaro Nishida, 1870~1945)를 만나 의형제를 맺었다. 스즈키는 동경 제국대학(Tokyo Imperial University) 재학 중 가마쿠라(Kamakura)로 통학하며 사쿠 소엔의 지도하에 불교를 공부하였다.

소엔은 1893년 세계종교의회에서 오픈코트출판사(the Open Court Publishing Company)의 책임자이자 학술지 〈The Monist 의 편집자인 폴 카루스(Paul Carus, 1852~1919) 박사를 만났다. 카루스는 독일 개신교 목사의 아들이었지만, 성인이 된 그는 현대 과학과 기독교가 양립할 수 없음을 인지하고, 정통 기독교를 배척하며 '과학의 종교'(a religion of science)의 열렬한 지지자가 되었다.[70] 카루스는 '과학의 종교'가 최신 과학의 이해와 양

---

[69] *A Zen Life: D. T. Suzuki Remembered*, ed. Masao Abe (New York: Weatherhill, 1986), 3-26에서 스즈키는 그의 『초기 기억들』과 『자서전적 기술』에 관한 두 개의 자서전적 기술(記述)을 제공한다. 위의 저서는 대체로 동조적이고 감상적인 모음집이지만, 스즈키에 대한 비판적인 평가들은 다음 저서들에 나타난다. Robert H. Sharf, "The Zen of Japanese Nationalism," 107-60; 같은 저자, "Whose Zen? Zen Nationalism Revisited," in *Rude Awakenings: Zen, the Kyoto School and the Question of Nationalism*, ed. James W. Heisig and John C. Maraldo (Honolulu: University of Hawaii Press, 1994), 40-51; McMahan, "Repackaging Zen for the West," 218-29; Bernard Faure, *Chan Insights and Oversights: An Epistemological Critique of the Chan Tradition* (Princeton: Princeton University Press, 1993), chap. 2.

[70] 참고, Martin J. Verhoeven, "Americanizing the Buddha: Paul Carus and the

립할 뿐만 아니라, 세계의 모든 주요 종교들에서 중추적인 역할을 하여 종교들을 통합할 것이라 주장하였다. 그는 특히 불교가 이런 종교 통합 프로젝트에 도움이 될 것으로 보아, 서양에서 불교를 현대적이고 보편적인 종교로 열렬하게 선전하던 소엔에게 강한 공감을 느꼈다. 1895년 카루스에게 보낸 편지를 보면, 소엔은 미국을 새로운 불교의 발상지로 구상하였다: "3천 년 전에 고타마로 불린 부처는 현재 인도에서 죽은 채로 누워있다. 하지만 20세기의 진리로서 명명된 불교는 새로운 세상인 시카고에서 재탄생하였다."[71] 1894년 카루스는 과학과 완벽하게 양립할 수 있는 이성적 믿음으로서 불교에 대해 매우 동정적인 묘사인 『부처의 복음』을 출간하였다.[72] 이 책은 팔리어와 산스크리트어를 결합한 45개의 다른 불경에서 가져온 구절들을 추려서 모아 놓은 것이다. 카루스는 무아, 열반, 그리고 공허감 등 주요 불교적 개념들을 자유자재로 재해석해, 더욱더 신학적이고 도덕적으로 긍정적인 의미를 부여하였다. 이 책은 핵심 불교 개념들을 그때까지 불교적 이론의 영향을 받아온 미국 청중들에게 덜 이국적으로 느껴지도록 만들었지만, 미국에서보다는 실론 섬에서 더 널리 사용되었고, 스즈키에 의해 일본어로도 번역이 되었다.[73]

1897년 카루스의 초청으로 스즈키는 미국 일리노이 주의 라살(LaSalle)로 이사하여 오픈코트출판사에서 번역가로 일했다. 1909년 일본으로

Transformation of Asian Thought," in *Faces of Buddhism in America*, 207-27.
71) 다음 저서에서 인용, Verhoeven, "Americanizing the Buddha," 216.
72) 불교가 과학과 양립 가능하다는 의견은 20세기 후반과 21세기 초 많은 사람에 의해 주장되었다. 도날드 로페즈는 이것의 부조화에 대해 지적한다: "만약 불교가 19세기 과학과 양립이 되었다면, 어떻게 이것이 21세기의 과학하고도 호환이 되는가? 만약 부처가 오래전에 뉴턴의 물리학을 이해하고 있었다면, 그가 양자물리학을 이해하고 있었다는 말인가?" 부처의 깨달음의 내용은 변할 수 없다. "어떻게 세월이 흘러도 변치 않는 똑같은 진리가 변화되었고, 계속해서 변화되고, 시간에 따라 크게 변화하는 발견들에 끊임없이 반영되는가?"(Lopez, *Scientific Buddha*, 13).
73) Kayako Nagao, "Paul Carus' Involvement in the Modernization of Japanese Education and Buddhism," *Japanese Religions* 34.2 (July 2009): 172.

돌아온 스즈키는 여러 대학에서 강의를 하였고, 마침내 1921년 교토의 오타니 대학(Otani University) 불교 철학부 교수가 되어 학술지 〈Eastern Buddhist〉를 창간하였다. 그러나 스즈키가 실제적인 통역사가 된 것은 쉰 살이 넘은 뒤였다. 불교에 관한 백 권이 넘는 책과 글을 출판하였으며, 미국과 유럽의 주요 대학들에서 강의하였다. 제2차 세계대전 당시엔 일본 가마쿠라에서 살았고, 1949년 79세의 나이로 다시 미국으로 건너가 강연과 집필을 하였다. 그리고 1958년 일본으로 다시 돌아와, 1966년 95세의 나이로 생을 마감했다. 그는 많은 글과 강연, 서양 지식인들과 광범위한 만남을 통해, 20세기 미국인들의 불교에 대한 이해에 엄청난 영향력을 끼친 인물이었다.[74]

스즈키는 서구인들에게 종종 냉정하고 깐깐한 불교 학자로 여겨지는데, 그의 선종에 대한 묘사는 단순히 고전 불교를 서양인들에게 재현한 것이다. 그러나 실제로 그의 견해는 논란의 여지가 있어 일본 불교도들로부터 그의 선종의 묘사는 비난을 자주 받곤 하였다. 하인리히 두물린(Heinrich Dumoulin)은 "일본 선종 불교도들은 서양에서 탈바꿈된 선종의 모습에 놀라움을 금치 못하며, 일본의 전통 선종과 '스즈키의 선종(Suzuki Zen)'을 구분 짓는다"고 말했다.[75] 카야고 나가오(Kayako Nagao)는 "스즈키는 그의 글에서 불교 용어들을 사용할 때 종종 엉성한 실수를 범해 불교 서적에 대한 기본 지식이 부족하다는 것이 드러나며, 불경을 있는 그대로 이해하려 하지 않고, 그가 원하는 방식으로 해석하고자 했다"고 언급하기도 했다.[76]

모든 학자는 어느 정도 여러 가지 영향을 받으며 결과를 내는데, 스즈

---

74) 참고, Larry A. Fader, "D. T. Suzuki's Contribution to the West," in Abe, *A Zen Life*, 95-108.
75) Dumoulin, *Zen Enlightenment*, 7.
76) Nagao, "Carus' Involvement in the Modernization of Japanese Education," 180.

키 경우도 그러했다. 최근의 학계는 스즈키가 영향받았던 다양한 외부적 요인들과 그가 시도한 선종의 형식화에 대하여 강조한다. 예를 들어, 10대 시절 스즈키는 일본의 그리스 정교회와 개신교 선교사 양쪽 모두를 깊이 있게 접했고, 일생 동안 기독교 사상가들과 지속적인 대화를 나누었다. 선종에 관한 저술들을 구체화하고 있던 1903년과 1924년 사이, 스즈키는 스웨덴보지니즘(스웨덴의 종교신비철학자 스웨덴보그의 학파. 일종의 신비주의 학설-옮긴이)과 신지학, 양쪽에 강한 관심이 있었다.[77] 수틴에 따르면, "1911년 스즈키는 미국 신지학협회 멤버 베아트리체 어스키네 레인(Beatrice Erskine Lane, 1878~1938)과 결혼하고 선종과 진언종에 관한 훌륭한 작품들을 남겼다. 또한, 스즈키는 애니 베산트(Annie Besant)가 주도한 신지학 운동의 분파 'Order of the Eastern Star'의 일원이 되었다."[78] 1920년대, 스즈키와 그의 아내는 교토에 신지학 집회소를 열었다. 스즈키는 스웨덴의 신비주의자 엠마누엘 스웨덴보그의 작품 중 네 편을 일본어로 번역했으며, 1913년 스웨덴보그에 대한 장편 연구서를 출간했고, 일본 내 스웨덴보그회 설립에 이바지하였다. 분명 스즈키의 관점을 형성하는 데에는 단순히 고대의 불교적 가르침보다 더 많은 것들이 작용하고 있었다. 비평가들은 스즈키 자기 생각뿐 아니라 외부 영향들도 그가 선종과 불교를 묘사하는 데에 영향을 준 세 가지 방식을 지적하였다. 이런 평가는 스즈키를 깎아내리려는 것이 아니고, 단지 한 전통이 형성되고 알려지는 것이 외부적 요소들에 어떻게 영향을 받을 수 있는지를 보여주기 위함이다.

---

[77] 참고, Thomas Tweed, "American Occultism and Japanese Buddhism: Albert J. Edmunds, D. T. Suzuki, and Translocative History," *Japanese Journal of Religious Studies* 32.2 (2005): 249-81. 스즈키의 멘토인 소엔을 포함하여 19세기 후반과 20세기 초 일본의 많은 불교 지식인들도 마찬가지로 유니테리언 선교사들의 영향을 받았다. 스즈키 자신은 유니테리언 교도들(삼위일체를 부정하고 단일신을 주장하는 기독교의 분파)과 어느 정도의 접촉을 가지고 있었다. 참고, Michel Mohr, *Buddhism, Unitarianism, and the Meiji Competition for Universality* (Cambridge, MA: Harvard University Press, 2104).

[78] Sutin, *All Is Change*, 244.

첫째, 스즈키가 선종의 역설적이고 비합리적 요소들을 강조하면서 이를 불교 전반적 특징으로 규정하고자 했던 점은, 불교의 전통적인 다른 흐름과 상충된다.[79] 예컨대, 스즈키는 사토리(깨달음)의 경험에 대한 특징들을 논할 때, '부조리'를 먼저 열거한다. 그는 다음과 같이 주장한다. "사토리는 추리에 의해 도달해야 할 결론이 아니며, 어떠한 지능적 결정으로도 정확한 묘사가 불가능하다. 사토리를 경험한 사람들은 이 경험을 어떻게 일관되게 혹은 논리적이게 설명해야 할지 모른다. … **사토리** 경험은 언제나 비합리성, 불가해성, 전달불가로 특징지어진다."[80] 사토리를 경험한 사람들은 이를 경험한 것에 대해 굉장히 자기 확신적이라고 한다. 이는 다시 말해 "사토리에 의해 실현된 지식은 최종적이며, 어떤 논리적 견해도 반박할 수 없다는 것을 의미한다. 직접적이고 개인적인 것은 그 자체로도 충분한 것이다."[81] 스즈키는 자신이 '순수한 자'가 되기 위한 것, 깨달음의 즉각적인 경험, 즉 모든 이원성, 개념, 교리, 이성적 성찰을 초월한다고 하는 경험을 강조한다.[82]

그러나 스즈키는 이전의 불교 전통들에 충실하지 않은 방식으로 사토리에서의 비합리적 요소들을 지나치게 강조하여 불교 학자들로부터 비판을 받아왔다. 역사적으로 불교는 논리와 인식론에 각별한 주의를 기울였는데, 특히 소승불교도들은 불교 신조의 합리성을 강조하였다. 많은 불교 신자들은 불교는 기독교와 달리 신앙 없이, 오로지 이성과 경험에 근

---

79) Dumoulin, *Zen Enlightenment*, 6.
80) Daisetz T. Suzuki, *The Essentials of Zen Buddhism: Selected from the Writing of Daisetz T. Suzuki*, ed. Bernard Phillips (Westport, CT: Greenwood, 1962), 163.
81) Ibid., 164.
82) 스즈키는 그의 친구 Kitaro Nishida에 의해 발견된 일본 철학의 교토학파에서 중요한 한 주제를 상기시키고 있었다. 교토학파는 전통적인 서양 철학의 사안들과 성종 사이의 통합을 발전시키려 노력하던 창의적이고 지성적인 운동이었다. Nishida의 가장 중요한 작업은 다음 저서이다. *An Inquiry into the Good*, trans. Masao Abe and Christopher Ives (New Haven: Yale University Press, 1987 [1927]).

거하고 있다고 강조한다. 불교학자 하지메 나카무라는 다음과 같이 주장한다. "불교에 의하면, 신앙은 이성에 근거하지 않으면 결국 미신이 된다. 소승불교와 대승불교는 진리에 대한 다음 두 개의 기준을 받아들인다. 하나는 [불교] 경전에 부합되어야 한다는 것이고, 다른 하나는 이성적 사고에 의해 진실이 증명되어야 한다는 것이다. 어떠한 불교 신자도 이 두 가지 조건에 맞지 않는 것은 믿지 않는다."[83] 이와 마찬가지로, 자야틸레케(K. N. Jayatilleke)도 "부처가 뜻을 반대하는 자들과 논쟁할 때, 그들의 이론이 모순적이거나 일관성이 없다는 것을 보여줌으로써 거짓이라는 것을 증명한다. … 이 말은 진실은 일관되어야 한다는 뜻"이라고 주장한다.[84] 이는 불교가 보여주는 인간의 이성에 대한 이해와 스즈키가 제시한 이해는 서로 매우 다름을 나타낸다.

둘째, 비평가들은 스즈키가 일본의 선종을 불교의 '본질'일 뿐만 아니라 일반적으로 '동양의 영성'이라고 여기면서, 아시아의 다른 철학적, 종교적 전통들을 일절 언급하지 않고 불교 안에 존재하는 굉장히 폭넓은 다양성을 무시하는 것에 대해 비난한다. 하인리히 두물린은 스즈키가 그의 저술에서 '본래 불교의 땅'에서는 선종을 '근절'하는 경향이 있다고 본다.[85] 스즈키가 역사에서 선종을 '분리시키려는 것'은 조동종(Soto Zen)을 무시하며 중국의 선종 전통을 최소화하고, 일제강점기 시절 한국을 여행했기에 모를 수 없는 한국의 선종을 언급하지 않은 채, 스즈키 자신이 일원으로 있었던 임제종(Rinzai School of Zen)을 우선시했다는 것이 그 증거다.[86] 게다가, 스즈키는 고타마의 중심점 교리를 이해하는 것이 불충분하다며 소승불교 전통을 폄하하였다. 모두가 알고 있듯이, 초기 불교 신자들은 부처

---

83) Nakamura, "Unity and Diversity in Buddhism," 372.
84) K. N. Jayatilleke, *The Message of the Buddha*, ed. Ninian Smart (New York: Free Press, 1974), 43-44.
85) Dumoulin, *Zen Enlightenment*, 6.
86) Faure, *Chan Insights and Oversights*, 57.

의 계몽주의적인 숭고한 가르침을 이해할 수 없었고, 따라서 초기의 불교 문학은 계몽주의 자체보다는 사성제에 더 초점을 맞추고 있다고 볼 수 있다.[87]

스즈키에게는 조화시키기 어려운 서로 다른 두 주제 사이의 긴장이 있다. 한편으로 일본 선종은 '모든 종교와 철학의 정신'이므로 문화와 종교의 특수한 요소들을 초월하여 보편성을 지녔다고 한다.[88] 데이비드 맥마한의 표현대로 "스즈키가 제시한 선종은 현실에서 예상치 못하게 마주하는 순수한 경험이며, 그 현실과 조화를 이루며 자발적 삶을 사는 것이다." 스즈키에게 선종은 단순히 불교의 특정 학파가 아니라 '종교의 비역사적 본질'이다.[89] 더욱이, 폴 카루스의 뒤를 이어 스즈키는 모든 세계 종교들을 통합할 수 있는 공동의 기반을 선종에서 보았다. 〈동방의 불자의 한 사설 논평에서 스즈키는 이렇게 말했다. "우리의 견지는 대승불교가 하나의 근본적인 진리에 대하여 수많은 모습이나 양상들을 제외하고는, 하나의 전체적, 개별적인 것이며, 종파적 편견이 없다고 여겨져야 한다는 것이다. 이런 점에선 불교, 기독교, 다른 모든 종교의 신앙은 인간의 영혼에 깊이 내재한 하나의 독창적인 신앙의 변형 그 이상이 아니라는 것을 의미한다."[90] 맥마한이 지적하듯이, "스즈키에게 선종의 본질은 다른 종교 전통들에도 공통으로 적용되는 신비주의이다."[91]

그러나 이러한 보편적 강조는 '동양의 영성'의 정점과 일본 선종 불교의 본질에 위치한 매우 배타적인 주제에 의해 균형을 이룬다. 스즈키는 이런

---

87) 참고, D. T. Suzuki, *Essays in Zen: First Series* (New York: Weidenfeld, 1961 [1949]), 164-66. 선종에 대해 대조적인 소승불교의 관점은 다음을 참고, David Kalupahana, *Buddhist Philosophy: A Historical Analysis* (Honolulu: University of Hawaii Press, 1976), 163-77.
88) 다음에서 인용, Faure, *Chan Insights and Oversights*, 57.
89) McMahan, "Repackaging Zen for the West," 221.
90) 다음에서 인용, Sharf, "Zen of Japanese Nationalism," 120-21.
91) McMahan, "Repackaging Zen for the West," 221.

전형적 흐름에서 "선종은 모든 철학, 종교, 극동 사람들, 특히 일본 사람들의 삶 자체를 조직화하거나 확고히한다"고 말한다.[92] 로버트 샤프는 다음과 같이 스즈키의 생각을 묘사한다. 스즈키에게 있어 "선종에 대한 경험은 종교적 진리의 보편적 기반이고, 이는 **일본**의 고유한 영성의 표현이다. … 선종은 아시아 영성의 그 중심, 일본 문화의 본질, 일본 민족의 고유한 특성을 바라보는 핵심으로 칭송받는다."[93] 스즈키의 영향력 있는 저서 *Zen and Japanese Culture*에 대해 논평을 하며 샤프는 다음과 같이 주장하였다.

> 사실상 일본의 주요 예술의 전통들은 선종을 일본 문화 그 자체의 형이상학적 기반으로 표현하며 모두 '선종의 경험'의 표현으로 재해석된다. 이 고귀한 정신적 유산을 고려하면, 일본인들은 인종적으로는 아니더라도 문화적으로는 선종에 대한 이해를 향한 성향이 있다고 볼 수 있다. 이들은 인간과 자연의 통일성, 삶과 죽음의 동일성 등에 대해 어느 민족보다 더 깊이 인식하고 있다. … 선종이 일본 문화의 토대라는 주장은 일본인의 정신적 경험들이 유일하고 동시에 보편적인 면을 구현하는 아주 명쾌한 결과를 낳는다.[94]

위에 대해서는 두말할 것도 없이, 아시아의 다른 불교도들뿐만 아니라 힌두교인, 시크교인, 자이나교인, 도교 신자도 일본의 선종과 소위 '동양의 영성'을 구분하는 것에 대해 많은 의견 차이를 보일 것이다.

마지막으로, 스즈키의 선종의 특징은 초기 근대 일본 지식인들의 근대

---

92) Suzuki, *Essentials of Zen Buddhism*, 8.
93) Sharf, "Zen of Japanese Nationalism," 128, 111.
94) Sharf, "Whose Zen?," 46. 샤프는 이런 담론 안에 있는 특정한 역설을 주시한다: "일본의 도덕적, 심미적, 영적 우월성을 위한 기반으로서의 선종에 대한 개념이 마치 일본인들이 동아시아와 동남아시아에서 일본제국의 팽창을 준비하고 있었던 것처럼, 1930년대에 그 완전한 영향력을 드러냈다는 것은 우연의 일치가 아니다."(Ibid.).

성, 그리고 서양과의 만남을 형성한 동양사상(Orientalism)에 대한 담론에 근거한다. 주로 서양 학자들과 연관되는 동양사상가들의 담론은 일반적으로 다양한 아시아 사회, 문화, 그리고 종교들 안에 있는 많은 차이점을 무시하는 '동양'에 대한 전면적인 일반화와 함께 '동양'과 '서양' 사이에 선명한 구분을 만든다.[95] 이러한 담론에서 동양사상가들은 '서양'과 '서양 종교'(기독교)를 호의적으로 묘사했지만, '동양'과 '동양 종교'는 서양과 부정적인 대조를 이루면서 특징지어진다.

그러나 일부 아시아 지식인들은 새로운 문화적, 종교적 정체성을 구축하기 위해 동양주의에 대한 담론을 활용해 능숙하게 위상을 조율해, 서양이 동양에 대해 우습게 보는 것을 크게 신경 쓰지 않았다.[96] 이후 서양 세계는 종종 지독하게 물질주의적이고, 상스럽고, 윤리적으로 무감각하고, 폭력적이고, 정신적으로 붕괴되고, 합리성과 과학만능주의에 지나치게 집착하여 진정한 영적인 진리와 통찰력을 인식하지 못하는 모습으로 묘사되었다. 이와 대조적으로, 동양은 온화하고, 비폭력적이며, 윤리적으로 세심하고, 조화롭고, 지혜로우며, 서구 일신교의 피상적인 합리성을 초월한 직관적이고, 신비로운 영성의 수호자로서 묘사되었다. 동양주의에 대한 담론에서 보듯이, 지나치게 포괄적인 일반화는 서양의 동양학자에 대한 인식만큼이나 큰 오해를 불러일으키지만, 그러한 일반화가 때로 힌두교나 불교와 같은 종교에 대한 인식을 형성하는 데 매우 효과적일 수 있다. 20세기 초 스즈키가 서양에 불교와 동양 영성의 본질로 소개한 것은 사실상 부분적으로 동양의 반대되는 특징에 지나지 않았다. 문화나

---

95) 여기서 중대한 저서는 다음과 같다. Edward Said, *Orientalism* (New York: Vintage, 1978). 참고, Richard King, *Orientalism and Religion: Postcolonial Theory, India and the "Mystic East"* (New York: Routledge, 1999); Philip A. Mellor, "Orientalism, Representation and Religion: The Reality behind the Myth," *Religion* 34 (2004): 99-112.
96) Ian Buruma and Avishai Margalit, *Occidentalism: The West in the Eyes of Its Enemies* (New York: Penguin, 2004).

종교를 불문하고 진정한 종교적 진리의 토대로서의 선종의 보편성은 일본의 영성에 예시된 '동양사상'의 난해한 특수성에 맞닿아 있어, 스즈키는 그가 주창한 선종이 '서양의 마음'에 쉽게 접근할 수 없게 만들었다.

> '문화적으로 열등한' 동양의 힘 때문에 일본의 군사적 치욕을 겪으면서, 스즈키는 동양 계몽의 꿈에 대해 환멸을 느낀 서양 지식인들에게 엄청난 열과 성의를 기울였다. 그러나 스즈키는 그러면서 서양의 문화적, 정신적 취약점 때문에 서양인들이 선종을 진정으로 이해하게 될 가능성은 사실상 배제되었다고 주장했다. 서구에 불교 계몽을 가져오려 했던 스즈키 평생의 노력이 그가 크게 깨달은 문화적 오만과 제국주의적 성향을 지닌 서구에 대한 예상 가능했던 경멸과 불가분의 관계가 되어버린 것이 아닌가 하는 의구심을 품는다.[97]

스즈키의 저술에서는 '서양'과 '동양'을 한쪽이 다른 한쪽의 정반대가 되면서 양쪽 모두를 본질화하는 것을 볼 수 있다. 스즈키는 현재 널리 받아들여지고 있는 '서양'과 '동양'에 대한 단순한 일반화를 되려 고양시킨다. 스즈키 저서의 한 구절을 예로 들자면,

> 서양의 정신은 분석적, 차별적, 미분적, 귀납적, 개인적, 지적, 객관적, 과학적, 일반적, 개념적, 도식적, 비인격적, 법률적, 조직적, 권력분열적, 자기주장적, 타인에 대한 의지 제압적이다. 이러한 서양 특징과 반대로, 동양은 다음과 같은 특징으로 묘사될 수 있다. 합성적, 통합적, 비차별적, 연역적, 비체계적, 교리적, 직관적(오히려 감정적), 비구체적, 주관적, 그리고 영적으로는 개인적이며 사회적으로는 집

---

[97] Sharf, "Zen of Japanese Nationalism," 131.

단적 등이다.[98]

사실 이러한 포괄적인 일반화는 아시아, 유럽 또는 북미 문화 내에서 실제적인 복잡성과 유사점을 거의 가지지 않는다. 그럼에도 서구에서 불교의 매력은 부분적으로 '서양 합리주의와 물질주의'에 대한 해결책으로써 심오하고 신비스러운 '동양의 영성'을 촉진하기 위해 이와 같은 담론이 효과적이고 유용하게 사용되기도 한다.

> 스즈키의 선종은 문화적 차이를 초월하는 특권을 가진 관점을 주장하였지만, 그와 동시에 이는 그가 서양에 대해 개탄스럽게 여기는 모든 것들에 대한 정반대가 되는 것으로서 성사시켰다. 우리는 '서양'은 물질주의적이고 '동양'은 영적이며, 서양은 공격적이고 제국주의적이지만 동양은 비폭력적이며 화합을 주장하고, 서양은 합리성을 중시하고 동양은 직관적인 지혜를 중요시하고, 서양은 개인주의적이면서 인간을 자연과 차별 해 두는 반면 동방은 인간을 자연을 하나로 보는 공동체주의를 지향한다고 반복적으로 판독한다. 요컨대 스즈키의 동양, 특히 일본에 대한 이미지는 서양에 대한 일본의 부정적인 고정 관념에 대한 로맨틱한 반전에 지나지 않는다.[99]

그러기에 스즈키의 선종이 서구의 문화와 서구사회에 환멸을 느끼고 있던 이들에게 특히 매력적이었던 사실은 그리 놀랄 일이 아니다.

이 모든 것은 한 중요한 질문들을 불러올 것이다: 스즈키의 선종은 진정한 불교였나? 오늘날 일본 학자들 사이에서 일본 선종이 과연 불교인

---

98) 다음에서 인용, Faure, *Chan Insights and Oversights*, 64-65n18.
99) Sharf, "Whose Zen?," 47-48.

가에 대한 논쟁은 계속되고 있다.[100] 그러나 이것은 일본 불교 신자들이 그들 스스로 결정해야 할 문제이다. 스즈키에 대한 비평을 다시 말하자면, 나의 목적은 스즈키가 '진정한' 불교 신자가 아니라는 것이나 혹은 선종에 대한 그의 묘사가 진정한 불교가 될 수 없다고 말하려는 것이 아니다. 이것은 단지 기존의 종교적 전통이 새로운 시도와 기회에 직면하고, 고대의 방식들이 새로운 상황에 적응함에 따라 어떻게 지속해서 변화하고 있는가를 설명하는 것이다.

---

[100] 참고, Paul L. Swanson, "Why They Say Zen Is Not Buddhism: Recent Japanese Critiques of Buddha-Nature," in *Pruning the Bodhi Tree*, 3-29.

4장
세계화, 그리고 탈식민세계에서의 예수

오늘날 예수는 몇몇 예상치 못한 장소에서 나타난다. 예를 들어 일본에는 기독교인들이 소수밖에 없음에도 불구하고, 일본 북부에 예수의 매장지를 나타내는 기념비가 있다.[1] 현지의 전설에 따르면, 갈릴리에서 자란 예수는 팔레스타인에서 공적 사역을 시작하기 전에 일본에서 살았다. 유대 지도자들의 반대에 부딪혀 예수는 일본으로 돌아와 아름다운 토와다(Towada) 호수 근처에 정착하였다. 예수의 동생 이스쿠리(Isukuri)는 예수 대신 십자가에 못 박혔고, 예수는 106세의 나이로 죽을 때까지 일본에서 살았다. 어떻게 이런 신기한 이야기가 기독교의 중심에서 멀리 떨어진 일본 북부의 외딴 산악 지역의 전설에 담기게 되었는가? 이것은 16세기와 17세기 일본에서 로마가톨릭 초기에 존재했던 예수에 관한 혼란스러운 이야기인 것 같다. 오늘날 자신을 기독교인으로 밝히는 일본인이 많지 않다는 사실에도 불구하고 일본은 예수에게 계속적으로 매료되어 있다. 몇몇 인기 있는 일본의 신흥종교는 예수를 자신들의 신들과 현자들의 대열에 포함시켜 놓았다.[2]

---

1) John Koedyker, "Another Jesus," *Japan Christian Quarterly* 52.2 (1986): 167-69.
2) 참고, Richard Fox Young, "The 'Christ' of the Japanese New Religions," *Japan Christian Quarterly* 57.1 (Winter, 1991): 18-28; Notto R. Thelle, "Jesus in

예수는 세상의 많은 종교에 의해 받아들여졌다.[3] 어쩌면 이것은 그리 놀라운 일이 아니다. 왜냐하면 예수는 인류 역사 안에서 뛰어난 인물이기에 많은 종교 전통들이 예수를 자신들의 종교적 조건에 맞게 수용하였기 때문이다. 종교학자 델버트 버켓(Delbert Burkett)이 말했듯이 "기독교는 전통적으로 예수를 신에게 가는 유일한 길로 제시하였다. 다른 종교를 신봉하는 사람들이 이 주장을 접했을 때, 그들은 종종 여기에 어떻게든 대응하지 않을 수 없었을 것이다. 그러한 대응의 일부로서, 그들은 예수에 대해서 그들 자신의 종교적 전통과 양립 가능한 대안적 비전을 만들어내었다."[4]

이슬람에 따르면 예수는 매우 존경받는 선지자이지만, 결코 신과 동일시될 수는 없다. 그리고 불교의 영적 지도자인 달라이 라마는 "불교인으로서 예수 그리스도에 대한 나의 태도는 그가 완전히 깨달은 존재이거나 매우 높은 영적 실현의 보살이었다"고 말한다.[5] 예수는 또한 바하이(Baha'i)에서 많은 신적인 발현 중 하나이거나 신의 사자 중 하나이기도 하다. 게다가 예수는 매우 성공한 신흥종교인 몰몬교, 즉 말일성도 예수 그리스도 교회에서, 정통적이지는 않을지라도 특별한 위치를 차지하고 있다. 이처럼 많은 비기독교 종교들에서 예수에 대한 묘사는 대체로 긍정적(거룩한 사람, 선지자, 윤리 교사, 신비주의자, 기적을 일으키는 사람, 심지어 보살로)이지만, 그들 중 어느 누구도 예수가 성육신, 완전한 인간이며 또한 완전한 신이며,

---

Japanese Religions," *Japan Christian Quarterly* 49.1 (Winter 1983): 23-30.
3) 이에 대해 도움이 되는 예수에 관한 유대교, 이슬람, 힌두교, 불교의 문헌들은 다음 저서에서 참고, *Jesus beyond Christianity: The Classic Texts*, ed. Gregory A. Barker and Stephen E. Gregg (New York: Oxford University Press, 2010).
4) Delbert Burkett, "Images of Jesus: An Overview," in *The Blackwell Companion to Jesus*, ed. Delbert Burkett (Oxford: Blackwell, 2011), 4.
5) Dalai Lama, *The Good Heart: A Buddhist Perspective on the Teachings of Jesus*, ed. Robert Kiely (Boston: Wisdom, 1996), 83. 참고, Rita M. Gross and Terry Muck, eds., *Buddhists Talk about Jesus, Christians Talk about the Buddha* (New York: Continuum, 2000).

모든 인류를 위한 유일한 주이며 구주라는 것은 인정하지 않는다. 즉 예수는 다른 종교들 안에서는 기독교적 전통이 유지해온 것 이외의 어떤 것으로 축소된 것이다.

오늘날 예수를 위대한 종교적, 도덕적 지도자로 보기는 하지만, 타 종교의 뛰어난 인물들과 질적으로 다르지 않다는 생각이 확산되기 시작했다. 이것은 서구와 아시아에서 평행 궤적으로 발전한 독특하고 근대적인 견해인데, 어느 정도는 이 두 궤적은 상대 궤적의 영향을 받아 형성되었다. 19세기와 20세기의 "다원주의적 예수"의 출현은 피터 반 더 비어(Peter van der Veer)가 말한 소위 근대역사의 상호작용성의 또 하나의 사례이다.[6] 유럽과 미국의 사상가들은 예수에 대하여 성경에 더 높은 비판적 견해와 더불어, 아시아의 힌두교인들과 불교 신자들에 대해 그들이 배운 것들에서 영향을 받았다. 인도 사상가들은 식민주의와 기독교 선교가 그들의 전통적인 방식에 가해온 도전 때문에 예수의 실체를 파악하지 않을 수 없었다. 기독교의 가르침에 의해 사티(남편이 사망한 뒤 그 남편을 화장하는 장례식 불길에 아내를 산 채로 화장하는 관습-옮긴 이), 카스트 제도, 아동 결혼과 같은 힌두교 관습들은 윤리적으로 결함이 있다고 비난받았으며, 그들의 대중적인 종교적 신념과 관습은 우상 숭배로 비난받았다. 양측의 많은 사람(힌두교인과 기독교인)은 기독교가 영국의 문화 및 역사와 밀접한 관련이 있기 때문에 기독교를 식민주의 활동과 관련이 있다고 여겼다. 많은 그리스도인에게 예수는 힌두교의 잘못된 점의 상징이며 또한 서구와 기독교의 우월성의 상징이었다. 그러나 서구의 많은 사람이 안타깝게도, 인도의 사회 및 종교 개혁가들은 기독교로 개종하지 않았고, 그렇다고 예수를 즉시 거부하지도 않았다. 대신에 그들은 기독교 전통의 요소들을 선택적으로 채택하였고, 그마저도 다시 활성화된 인도의 종교전통에 맞게 그것들을 재해

---

6) Peter van der Veer, *The Modern Spirit of Asia: The Spiritual and the Secular in China and India* (Princeton: Princeton University Press, 2014), 9, 24.

석하였다. 즉 예수는 근대적 힌두교인이 된 것이다.

그 결과, 도덕적 종교적 개혁가인 힌두 르네상스의 예수는 자유주의 서구 신학자들에게 친숙한 인물로 환영받았으며, 예수를 많은 위대한 도덕적 종교적 지도자 중 한 명으로 간주한 유럽과 북미에서는 수정주의 기독론을 강화하였다. 지난 3세기 동안 서구에서 비판적인 성경 연구가 증가함에 따라 놀랍게도 다양한 모습의 예수가 생겨났으며, 이러한 예수(들)는 신약의 곳곳에 기반을 둔다. 이는 높은 수준의 비판적 관점이 준 영향은 서구 학계 전체에 널리 퍼져 있으며, 세계화로 인해 전 세계에 미치는 영향이 커지고 있다. 영리한 유학생들이 서구에서 습득한 예수에 대한 수정주의적 견해를 고국으로 가지고 돌아가는 이런 상황에서, 세속 대학들의 세계적인 영향이 간과되어서는 안 된다. 신학자이며 사회학자인 피터 버거(Peter Berger)는 '세속적 국제주의'에 대해 논하는데, "얇지만 매우 영향력 있는 지식인 계층"은 특히 인문학과 사회과학에서 서구식 고등교육을 받은 사람들로 정의된다고 하며, 이들은 전 세계의 비서구권 사회에서 세속주의의 전달자가 되고 있다고 말한다.[7] 이 세속화된 국제 엘리트들은 아시아, 남아메리카, 아프리카에서 '학부-클럽 문화'로 구성되어 있는데, 이 문화는 "교육 시스템, 법 체계, 다양한 치료 기관, 싱크탱크, 그리고 대중 통신 매체의 일부를 통해 서구 지식인들의 가치와 이념을 전파한다."[8] 예수와 신약성서에 대한 더 높은 비판적 견해는 이제 시카고(저자가 사는 도시이다-옮긴이) 또는 런던뿐만 아니라 도쿄, 뭄바이, 베이징의 학자들에게도 당연한 것으로 여겨진다.

이 장에서 우리는 예수가 19세기와 20세기의 몇몇 주요 사상가들이 표

---

7) Peter Berger, "Secularization and De-secularization," in *Religions in the Modern World*, ed. Linda Woodhead, Paul Fletcher, Hiroko Kawanami, and David Smith (London: Routledge, 2002), 293-94.
8) Peter Berger, "Four Faces of Global Culture," *National Interest* 49 (Fall 1997): 24-25.

현한 발상, 즉 예수는 많은 위대한 도덕적 종교적 지도자 중 하나라는 견해를 살펴볼 것이다. 우리는 몇몇 힌두교 사상가들의 견해를 간단히 살펴본 후 서양의 다원주의 신학자와 한 대중적 일본 소설가의 관점을 살펴보며 결론을 내릴 것이다. 비록 그들 각자가 살았던 상황이 서로 다르기는 하지만, 이 둘 모두가 예수는 모든 사람을 위한 유일한 주, 구주이신 신의 유일한 성육신이라는 주장은 거부하면서도 그가 위대한 종교적 도덕적 지도자임은 인정한다.

영국의 식민주의, 기독교 선교, 그리고 인도

근대에 와서 인도에 대한 유럽의 관심은 1498년 탐험가 바스코다가마(Vasco da Gama)가 인도 남서쪽 해안으로 항해하면서 시작된다. 18세기와 19세기에 유럽 국가들은 아시아, 아프리카 및 아메리카 사람들에 대한 통제력을 확장해 나아갔다. "1800년경 서방 국가들은 세계 지표면의 35%를 지배했으며 1914년까지는 84%를 장악하였다. 1970년대 들어서 이 서방 제국들의 대다수가 해체되었고 새로운 독립 국가들이 생겨났다."9) 이러한 제국 중 가장 광범위한 것은 대영제국이었다. 1600년 엘리자베스 1세 여왕으로부터 면허장을 받은 영국 동인도회사는 인도에 대한 지배권을 점차 확대하였고, 1856년이 되었을 때는 인도 아대륙(인도, 파키스탄, 방글라데시, 네팔, 스리랑카 등의 주변 국가들을 포함하는 인도반도-옮긴 이)의 거의 70%가 영국으로 넘어갔다. 10) 1857~58년의 비극적인 봉기였던 '세포이 반란'

---

9) Linda Woodhead, "Modern Contexts of Religion," in *Religions in the Modern World: Traditions and Transformations*, ed. Linda Woodhead, Hiroko Kawanami, and Christopher Partridge, 2nd ed. (London: Routledge), 5.
10) Denis Judd, *The Lion and the Tiger: The Rise and Fall of the British Raj* (New York: Oxford University Press, 2004), 47.

이후, 인도를 관리하기 위한 정치권력이 동인도회사에서 영국 왕으로 넘어갔고, 1877년 빅토리아 여왕은 인도의 여황제로 선포되었다.

서구인들은 종종 인도의 기독교를 영국 식민주의의 종교적 부산물 정도로 보지만, 실제로 기독교의 교회는 인도에서 오랜 역사를 가지고 있으며, 이는 아마도 1세기 사도 도마의 선교사역에 기원을 두고 있을 가능성이 높다.[11] 도마 자신이 실제로 인도에 도착했는지 여부에 관계없이, 기독교 공동체는 확실히 3세기쯤 남인도에 존재했었다. 로마가톨릭 선교사들은 16세기와 17세기가 되어서 도착했으며, 윌리엄 캐리(William Carey)와 같은 개신교 선교사들은 18세기에나 인도로 진출하였다. 19세기에는 인도에 서양 선교사들이 많이 유입되었으므로 인도에서 선교사의 존재는 영국 식민통치 기간과 우연히 일치한다. 선교 운동은 때로 영국 제국주의의 단순한 종교적 측면으로 폄하되기는 하였지만 그 현실은 훨씬 더 복잡했다. 예를 들어, 영국의 동인도회사는 자신들이 지배하는 인도의 영토에서 기독교 선교사들이 활동하는 것을 원하지 않았으며, 1813년까지는 선교사들이 인도에 들어오지 못하게 하기도 했었다. 선교사들의 입국이 허용된 후에도 종종 식민지 통치자들의 태도는 탐탁치 않았다. 인도에 대한 영국의 통치는 기독교 선교를 지원하기는커녕 인도의 모든 종교기관을 보호하는 정책에 집중하였으며, 실제로는 기독교 기관들을 역차별하는 것으로 인식되기도 하였다. 종교역사학자인 로버트 프라이캔버그(Robert Frykenberg)는 영국의 식민통치자와 선교사들 사이의 복잡한 관계를 다음과 같이 간결하게 요약한다:

---

[11] 사도 도마가 인도에 당도했다는 것에 대한 증거는 다음을 참고, Samuel Hugh Moffett, *Beginnings to 1500*, vol. 1 of *A History of Christianity in Asia* (New York: HarperCollins, 1992), 25-36; Robert Eric Frykenberg, *Christianity in India: From Beginnings to the Present* (New York: Oxford University Press, 2008), 91-115.

선교사들이 마침내 동인도회사의 영토에 들어갔을 때, 그들의 선교 노력은 오히려 인도의 종교적 갱신, 사회개혁, 그리고 결국 인도 민족주의의 상승과 같은 저항 기류만을 유발시켰다. 동시에 근대적 형태의 기독교의 도래는 브라만 지배에 의해 오랫동안 억압받고 가려진 공동체들에 새로운 가능성을 열어주었다. 이러한 역설적인 결과는 기독교 선교가 종종 제국의 권위와의 관련성이 가장 적어 보이는 곳에서 가장 큰 추종자들을 이끌어냈다는 것이었다. 더욱이 영국 성공회에 반대하는 비영국적 선교가 번성했으며, 기존의 성공회와 너무 밀접한 관련이 있는 선교는 오히려 흔들렸다. 기독교인들이 인도의 사회적, 영토적 소외지역-즉 달릿(불가촉 천민) 공동체와 adivasi('원주민' 또는 '부족') 공동체-에서 민족들 사이에 깊은 뿌리를 내렸음에도 불구하고, 그들의 영향력은 이슬람 부흥주의뿐만 아니라 근대적, 신디케이트적 힌두교 및 인도 민족주의의 건설(또는 발흥)을 촉발했다. 12)

그러나 많은 인도인의 인식에는 기독교 선교와 식민통치가 밀접하게 연결되어 있다. 피터 반 더 비어(Peter van der Veer)의 보고에 의하면 "인도인들은 식민지 국가를 중립적이고 세속적인 것으로 생각하지 않고 근본적으로 기독교적이라 생각했다. … 식민지 국가의 근대화 프로젝트가 서구의 가치를 바탕으로 했기 때문에 본질적으로 기독교적이라는 뚜렷한 느낌이 여전히 중요했다. 이러한 느낌은 많은 고위 관리들이 선교 활동을 지원하는 것이 자신의 의무라고 느끼는 기독교인이라는 사실로 인해 더욱 강화되었다."13)

---

12) Robert Eric Frykenberg, "Christian Missions and the Raj," in *Missions and Empire*, ed. Norman Etherington (New York: Oxford University Press, 2005), 107.

13) Peter van der Veer, *Imperial Encounters: Religion and Modernity in India and*

제국 통치의 역설 중 하나는, 인도 대륙에 대한 영국의 통치는 인도 내에서 오랫동안 지리, 언어, 종교 및 민족으로 나뉘어 있던 이질적인 사람들 사이에 일체감을 불러일으켰다는 것이다. 1880년대에 인도 민족주의는 많은 부류의 인도인들이 영국 통치에 공동으로 대항하여 뭉치는 가운데 등장했다. 1885년 인도의회당이 출범했고 1906년에는 회교연맹이 설립되었다. 1915년 모한다스 간디(Mohandas Gandhi)가 스와라즈(자치) 투쟁에 참여하기 위해 남아프리카에서 인도로 돌아왔을 때, 그는 인도 민족주의자들의 구심점이 되었고, 1920년대와 30년대 일련의 대규모 시민 불복종 운동을 통해 그는 영국에 대한 비폭력 저항운동을 이끌었다. 1947년 인도제국이 독립국가인 인도와 파키스탄으로 분리되면서 영국의 통치는 끝이 났다. 이 시점에서 "영국 제국의 속국들 중 80%가 한꺼번에 독립을 얻었다."14)

힌두 르네상스

근대과학, 서구문화 및 기독교에 자극을 받아, 1875년부터 1914년의 전쟁 사이에 몇 가지 중요한 힌두 개혁운동이 전개되었다. 이러한 운동은 대부분의 전통적인 인도 문화와 종교를 민주주의, 인본주의, 도덕적 행동주의 및 과학과 같은 서구적 이상과 조화시키려고 노력하였다. '힌두의 르네상스'로 알려진 이 운동은 기독교와 양면적인 관계를 가졌다.15) 많

Britain (Princeton: Princeton University Press, 2001), 23. 선교사들에 대한 인도인의 관점은 다음을 참고, Richard Fox Young, "Some Hindu Perspectives on Christian Missionaries in the Indic World of the Mid-nineteenth Century," in Christians, Cultural Interactions, and India's Religious Traditions, ed. Judith M. Brown and Robert Eric Frykenberg (Grand Rapids: Eerdmans, 2002), 37-60.
14) Judd, Lion and the Tiger, 2.
15) 참고, Neo-Hindu Views of Christianity, ed. Arvind Sharma (Leiden: Brill,

은 힌두 지도자들이 예수라는 인물에 대해서는 깊이 감탄했지만, 일반적으로 그들은 전통적인 기독교와 선교에 대해서는 매우 비판적이었다.

힌두 르네상스의 주요 사상가들은 대부분의 서구과학과 기독교의 도덕적 교훈을 정화되고 근대화된 형태의 힌두교와 결합시키려 노력하였다. 기독교 자체는 거부되었지만, 도덕적이고 영적인 지도자인 예수는 쉽게 받아들였다.[16] 에릭 샤프(Eric Sharpe)에 따르면, 이 사상가들은 "모든 사람이 쉽게 접근할 수 있는 도덕 선생으로서의 예수와, 본질적으로 유럽적인 그 이름을 전달하는 기독교 공동체 사이를 확실히 구분하는 경향이 있었다."[17] 종교학자 로널드 노이펠트(Ronald Neufeldt)는 힌두 르네상스에서 예수에 대한 관점을 다음과 같이 요약한다:

> 그리스도를 *avatara*(신의 화신)으로 보든, 하나의 이상으로서의 그리스도로 보든, 힌두교가 그리스도를 바라보는 하나의 흐름이 있다. 이 흐름은 그리스도를 동양인이나 아시아인으로 묘사하는 것이다. 더 구체적으로 말하면 그리스도를 마땅히 살아야 할 힌두의 이상을 살았고 마땅히 가르쳐야 할 힌두 진리의 진수를 가르친 사람으로, 즉 모범적인 힌두교인으로 묘사하는 것이라고 말할 수 있

1988); Torkel Brekke, *Makers of Modern Indian Religion in the Late Nineteenth Century* (New York: Oxford University Press, 2002); M. M. Thomas, *The Acknowledged Christ of the Indian Renaissance* (London: SCM, 1969).
16) 모두가 다 그런 것은 아니다. Dayananda Sarasvati(1824-83)는 현대 과학을 포함하는 모든 지혜의 출처로서의 베다로 되돌아가길 요구하는 기독교를 예리하게 비판하였다. 참고, J. T. F. Jordens, "Dayananda Sarasvati's Interpretation of Christianity," in Sharma, *Neo-Hindu Views of Christianity*, 120-42; Kenneth W. Jones, "Swami Dayananda Sarasvati's Critique of Christianity," in *Religious Controversy in British India: Dialogues in South Asian Languages*, ed. Kenneth Jones (Albany: State University of New York Press, 1992), 52-74.
17) Eric J. Sharpe, "Neo-Hindu Images of Christianity," in Sharma, *Neo-Hindu Views of Christianity*, 15.

다. … 그리스도를 동양인으로 나타내는 목적은 이중적인데, 그 하나는 그리스도와 그리스도의 가르침을 인도 고유의 것이라고 주장하는 것이고, 다른 하나는 그리스도의 유럽 중심적 개념을 공격하는 것이다.[18]

예수는 힌두교적 요기(yogi), 즉 많은 위대한 종교 지도자 중 하나가 되었다. 여기에서 힌두 르네상스는 힌두교 사상에서 강력한 하나의 주제를 발굴하였다. 다시 말해, 신적인 실체는 여러 가지 다양한 방식으로 이해되고 경험될 수 있으며, 여러 종교 전통들의 영적 지도자들은 하나의 궁극적 진실을 말하는 대안적인 목소리들로 간주될 수 있다는 사상이다.

비베카난다(Vivekananda)

종교명으로는 스와미 비베카난다(Swami Vivekanarda)인 나렌드라나트 다타(Narendranath Datta, 1863~1902)는 근대 힌두교와 신베단타(neo-Vedanta)의 선두적인 대변자였다.[19] 스코틀랜드 교회대학(Scott sh Church College)에서 교육을 받은 비베카난다(Vivekananda)는 예리한 지성과 사회적 양심을 가졌다. 한동안 그는 힌두교에 일신교를 장려하고 우상 숭배를 거부하는 개혁 운동인 브라모 사마지(Brahmo Samaj)에 속한 적이 있다. 그러나 비베

---

18) Ronald Neufeldt, "Hindu Views of Christ," in *Hindu-Christian Dialogue: Perspectives and Encounters*, ed. Harold Coward (Maryknoll, NY: Orbis Books, 1989), 173.
19) Vedanta는 힌두교의 이론적 토대를 이루는 문헌들의 집합체인 Upanishad에서 비롯된 철학적이고 종교적인 체계들의 일반적 범주이다. Vedanta의 특정한 초점은 궁극적 현실인 브라만의 본성과, 창조된 질서와 브라만의 관계이다. Vedanta의 두 선두적 학파인 Advaita Venanta(이원론을 거부하는 Vedanta)와 Vishisht-Advaita Vedanta(제한적 비이원론 Vedanta)는 그들의 가르침들을 Shankara(788~820)와 Ramanuja(1040?~1137)까지 거슬러 올라가 밝힌다.

카난다의 삶을 변화시킨 것은 카리스마 넘치는 힌두의 신비주의자인 라마크리슈나(Ramakrishna, 1836~86)와의 만남이었는데, 라마크리슈나는 위대한 종교들에는 본질적 통일성이 있다고 가르치고 예수와 무함마드에 대한 신비로운 체험을 했다고 주장하였다.

비베카난다는 세계 종교로서 힌두교의 발전에 중요한 역할을 했다. 그는 힌두교의 핵심에서 독특한 인도 영성의 감각을 개발하는 데에 탁월했는데, 반 더 비어에 따르면 비베카난다의 노력은 "모든 형태의 힌두 민족주의에 큰 영향을 미쳤으며 또한 힌두 영성에 대한 세계적 이해에도 영향을 미쳤다."[20] 토켈 브레키(Torkel Brekke)는 비베카난다(Vivekananda)가 "인도 빈민들에게 자선 사업을 위한 국가적 단합과 종교적 윤리에 대한 새로운 기반을 만들려고 노력했다"고 말하며, 고대 베단타(Vedanta) 가르침의 근대식 버전이 이러한 노력의 개념적 메커니즘이 되었다고 밝힌 바 있다.[21] 비베카난다로 인해 힌두교는 미신적이고 부도덕한 관행을 제거하고 합리적이고 도덕적인 종교가 되었다. 비베카난다와 같은 힌두교 개혁가들의 합리적이며 도덕적인 종교 개념과, 유럽 계몽 사상가의 관점 사이에는 몇 가지 유사점이 있다. 미신적 관행과 제도적 종교는 거부되고 깨끗하고 합리적인 종교가 수용된 것이다. 근대의 힌두 영성은 인류 보편적인 의미를 가진 것으로 이해되었다. 반 더 비어에 의하면 "유럽의 기독교인들이 기독교 전통을 전인류적으로 보편화하려고 노력했는데, 힌두교인들도 그들의 힌두 전통에 대해 그렇게 하려고 했다. 이것은 힌두-기독교 대결을 다시 발생시켰는데, 이것은 또한 피식민자-식민자 대결이기도 했다. 식민주의는 힌두의 합리적 종교가 등장하는 논증적 틀을 제공한 것이

---

20) Vander Veer, *Modern Spirit of Asia*, 48-49.
21) Brekke, *Makers of Modern Indian Religion*, 13. 다음을 참고, Jyotirmaya Sharma, *A Restatement of Religions: Swami Vivekananda and the Making of Hindu Nationalism* (New Haven: Yale University Press, 2013).

다."22)

비베카난다는 힌두교의 영성을 인류 보편적이라고 여겼다. 따라서 그의 관점에서 힌두교는 세계 무대에서 해야 할 역할이 있었다. 1893년 시카고에서 개최된 세계 종교회의(World's Parliament on Religions)에서 힌두교의 대표로서 그는 종교적 조화를 위한 웅변적인 요청으로 군중들을 전율케 했으며, 뉴욕타임즈로부터 "이번 종교회의에서 가장 위대한 인물"로 찬사를 받기도 하였다.23) 비베카난다는 각 종교의 타 종교에 대한 개종 시도를 그만두라고 다음과 같이 연설하며 요구하였다. "내가 기독교인이 힌두교인으로 개종하기를 바랄까요? 결코 그렇지 않습니다! 그럼 내가 힌두교인이나 불교 신자가 기독교인이 되기를 바랄까요? 이 또한 그렇지 않습니다! … 기독교인이 힌두교인이나 불교인이 되어서도 안 되고, 불교인이 그리스도인이 되어서도 안 됩니다. 각 사람은 다른 사람과 동화하면서도 자신의 개성을 보존하고 자체적 법칙으로 성장해야 합니다."24) 비베카난다는 서구권 사회가 기존과는 다른 영성의 비전에 굶주리고 있음을 느꼈다. 그래서 그는 베단타(Vedanta) 협회를 뉴욕에서 시작하였고(1895), 인도에서는 라마크리슈나(Ramakrishna) 미션을 시작하였다(1897).

비베카난다의 힌두교는 아드바이타 베단타(Advaita Vedanta)의 신비적 경험과, 강한 도덕적 양심과, 사회개혁에 대한 관심을 결합한 것이다(그는 카스트에 근거한 차별에 반대했다). 그는 베단타(Vedanta)의 틀 내에서 종교의 본질적인 통일성에 대한 메시지를 알렸으며, 기독교만이 진정한 종교라는 주장

---

22) Peter van der Veer, "The Moral State: Religion, Nation, and Empire in Victorian Britain and British India," in *Nation and Religion: Perspectives on Europe and Asia*, ed. Peter van der Veer and Hartmut Lehman (Princeton: Princeton University Press, 1999), 31.
23) Marcus Baybrooke, *Inter-Faith Organizations, 1893~1979: An Historical Directory* (New York: Edwin Mellen, 1980), 6-7.
24) Vivekananda, "Impromptu Comments," in *Dawn of Religious Pluralism: Voices from the World's Parliament of Religions, 1893*, ed. Richard Hughes Seager (LaSalle, IL: Open Court, 1993), 336-37.

을 비판하였다.[25] 기독교적인 주장과는 달리, 비베카난다(Vivekananda)는 "베단타(Vedanta)만이 인간의 보편적 종교가 될 수 있다"고 주장했다.[26] 오직 베단타(Vedanta)만이 영원한 원리에 기반을 두고 있고, 다른 종교들은 역사의 한 시점 속의 개인의 삶과 가르침에 기반을 두고 있다는 것이다. 비베카난다는 신약성경에서 일어난 사건들의 역사성을 강조하는 기독교를 강점이 아니라 결점으로 본다. 그는 이렇게 말한다. "그리스도인이 일어서서 '우리 종교는 역사적인 종교이기 때문에 당신의 종교들은 잘못되었고 우리의 종교가 진리이다'라고 하면, 힌두교인은 다음과 같이 대답한다. '당신이 역사성을 말하는 것은, 한 남자가 1,900년 전에 그 종교를 만들어냈다는 걸 고백하는 꼴이다. 진리는 무한하고 영원해야 한다. 이것이 진리의 시금석이다. 그것은 결코 부패하지 않으며 항상 동일하다.'"[27] 비베카난다는 다음과 같이 말하며 특히 기독교의 배타주의와 편협성에 대해 비판적이었다.

> [기독교는 [기독교인]에게는 최고이지만 다른 사람들에게도 최고라는 것을 나타내는 징표는 그 어디에도 없다 … 기독교에서 … 당신이 성육신, 삼위일체, 예수 그리스도를 통한 구원에 대해 말할 때, 나는 당신과 함께 갈 수 있다. 나는 "그런 것은 아주 좋은 것이며 진리라고 생각합니다"라고 말할 것이다. 그러나 계속해서 "다

---

25) "The typical strategy of Vivekananda was to systematize a disparate set of traditions, make it intellectually available for a Westernized audience and defensible against Western critique, and incorporate it in the notion of Hindu spirituality carried by the Hindu nation, which was superior to Western materialism, brought to India by an aggressive and arrogant British nation" (van der Veer, "Moral State," 33).
26) 참고, M. M. Thomas, *The Acknowledged Christ of the Indian Renaissance* (London: SCM, 1969), 117.
27) 참고, Hal W. French, "Swami Vivekananda's Experiences and Interpretations of Christianity," in Sharma, *Neo-Hindu Views of Christianity*, 99.

른 참 종교는 없고, 다른 신의 계시도 없다"고 말하면, 나는 이렇게 말할 것이다. "그만 하십시오, 당신이 배타적이 되고 다른 것을 부인한다면 나는 당신과 더 이상 함께 갈 수 없습니다." 모든 종교에는 전달할 메시지가 있으며 사람들에게 가르칠 내용이 있다. 그러나 그것이 다른 종교에 반대하기 시작할 때, 다른 사람들을 방해하려고 할 때, 그것은 부정적인 입장을 취하고 따라서 위험한 입장을 취하게 된다. 28)

비베카난다는 힌두 르네상스와 공통된 주제를 채택하여 예수를 도덕적이고 영적인 선생으로 이해하였는데, 그의 통찰력은 초기 힌두교 신비주의자들과 심지어 부처에서 더 순수한 형태를 보았다. 예상되었다. 1895년 연설에서 그는 "그리스도의 가르침은 부처의 가르침으로 거슬러 올라갈 수 있다"고 말하고 부처의 가르침을 "그리스도의 가르침의 예표"라고 불렀다. 29) 비베카난다는 1세기 팔레스타인의 역사적 예수가 아니라, 영원한 힌두교 원칙의 모범으로서의 예수를 존중하였다. 비베카난다의 예수는 브라만과 자신(예수)의 본질적 동질성을 깨달으며, 개인적 신에 대한 그의 가르침은 대중에 대한 일종의 양보적 가르침인데, 이유는 이 대중들이 아직 베단타(Vedanta)의 가장 높은 진실을 받아들일 준비가 되어있지 않기 때문이다.

사르베팔리 라다크리슈난(Sarvepalli Radhakrishnan)

힌두교에서 가장 영향력 있는 근대적 대변자 중 한 사람인 사르베팔리

---

28) 같은 책, 94.
29) 같은 책, 96.

라다크리슈난(Sarvepalli Radhakrishnan, 1888~1975)은 비베카난다의 모습에 깊은 영향을 받았다. 라다크리슈난은 브라만 가정에서 태어났지만 기독교 미션스쿨에 다녔고 마드라스 기독교 대학(Madras Christian College)에서 철학 석사 학위를 받았다. 라다크리슈난은 인도의 여러 대학에서 철학을 가르쳤으며 옥스포드 대학에서 최초의 동양종교 및 윤리 담당 교수였다. 인도의 독립 후, 그는 소련 주재 인도대사 및 인도 대통령 등 다양한 외교 및 정치적 직책을 역임했다. 라다크리슈난은 전 세계를 다니며 강의를 했고, 동서양의 문화를 이어갈 수 있는 정치인이자 공적인 지식인으로 널리 알려져 있었다.[30]

마드라스 기독교 대학(Madras Christian College)에서 라다크리슈난은 힌두교가 미신으로 비하되고, 기독교와 동등한 지위를 부여받지 못하는 것에 괴로워했다. 그의 석사 논문 "베단타(Vedanta)의 윤리"는 서구의 철학적 비판에 대항하여 베단타(Vedanta)를 방어하려는 시도였다. 라다크리슈난은 그의 기독교 선교사들과의 초기 만남을 되돌아보면서 다음과 같이 말했다.

> 나는 내 인생에서 감수성이 예민한 시기에 신약의 가르침뿐만 아니라 힌두교의 신앙과 관습에 대한 기독교 선교사들의 평론에 대한 비판에도 익숙해졌다. 스와미 비베카난다(Swami Vivekananda)의 진취적 기상과 웅변에 의해 생겨난 나의 힌두교인으로서의 자부심은 기독교 선교기관에서 힌두교를 대하는 태도로 깊은 상처를 받았다. … 유명한 힌두교 경전 바가바드기타(Bhagavadgita)는 어떤 사람이

---

30) 참고, Sarvepalli Radhakrishnan, *Indian Philosophy*, rev. ed., 2 vols. (London: Allen & Unwin, 1929-31); 같은 저자, *The Hindu View of Life* (London: Allen & Unwin, 1927); 같은 저자, *An Idealist View of Life* (London: Allen & Unwin, 1932); 같은 저자, *Eastern Religions and Western Thought*, rev. ed. (London: Oxford University Press, 1940).

다른 신에게 신앙과 헌신이 있다면, 비록 그것이 이미 규정된 방식이 아니라고 하더라도, 그것은 최고의 존재에 대한 믿음과 헌신이라고 선언한다. … 신에 관한 교리들은 아직 궁극에 도달하지 못한 구도자들에게만 안내자의 역할을 한다. … 그것들은 신의 그대로의 모습이 아니라 어떤 특정 속성을 소유한 것으로 특정 이미지를 가진 신을 나타낸다. … 여러 다른 종교는 라이벌 또는 경쟁상대가 아니라 같은 위대한 임무를 수행하는 동료들이다. … 그러한 믿음으로 인해 나는 많은 기독교 선교사들이(의심할 여지 없이 이들은 진정한 종교인들이었는데) 다른 사람들이 가장 존경하는 교리를 조롱의 대상으로 삼을 수 있다는 사실에 다소 화가 났다.[31]

라다크리슈난은 그의 생애 동안 기독교에 대한 부정적인 태도를 유지했으며, 타 종교에 대한 개종 시도에 대해 강하게 비판하였다.

비베카난다와 마찬가지로 라다크리슈난은 아드바이타 베단타(Advaita Vedanta)의 비이원주의(nondualism) 렌즈를 통해 종교를 해석했다. 그는 외부적 종교 형태들(교리, 신앙, 관습)을 이러한 형태들이 표현하려고 하는 목표, 즉 신비로운 종교적 경험을 통해 파악된 직관적인 통찰과 구별하였다. 후자는 그가 "영의 종교(the religion of the Spirit)"라고 부르는 것의 핵심이다.

라다크리슈난은 종교가 배타적 진리를 주장하는 것에 다음과 같이 말하며 강력히 비판하였다. "우리는 빛을 가지고 있고 다른 사람들은 모두 어둠을 움켜쥐고 있다고 주장하는 한, 종교적 연합과 평화는 있을 수 없다. 그러한 주장은 한번 싸워보자는 도전에 불과하다."[32] 라다크리슈난의 저서에 나오는 많은 구절은 모든 종교를 신의 신비에 반응하는 똑같

---

31) Sarvepalli Radhakrishnan, "My Search for Truth," in *Radhakrishnan: Selected Writings on Philosophy, Religion, and Culture*, ed. Robert A. McDermott (New York: Dutton, 1970), 37-39.
32) Radhakrishnan, *Hindu View of Life*, 42.

이 합법적이고 대안적인 방법으로 간주했으며, 어떤 종교도 진리에 접근할 수 있는 배타적인 권리는 없다고 말한다. 예를 들어, 그는 이렇게 말한다. "우리가 신을 부르는 그 이름과 그분께 접근하는 의식은 별로 중요하지 않다. … 관용은 유한한 마음이 무한의 다함이 없음에 대해 표하는 경의이다. 영원에 이르기까지 많은 가능한 길이 있으며 우리는 그중 하나의 길을 선택해야 한다. … 우리가 채택한 교리와 우리가 공언하는 철학은 우리의 언어와 옷보다 더 중요하지 않다."33) 라다크리슈난은 오늘날 세계에서 요구되는 다원적이고 관용적인 종교의 예로써 힌두교를 지지했는데, 왜냐하면 힌두교는 "종교의 통일성을 공동의 신조가 아니라 공동의 탐구에서 찾기 때문이다."34)

그러나 라다크리슈난을 특정 종교 전통에 특혜를 주지 않는 진정한 종교 다원주의자로 여기는 것은 잘못이다. 비베카난다처럼 라다크리슈난도 힌두교인이었으며, 그의 다원적 경향은 합리적이고 근대화된 아드바이타 베단타(Advaita Vedanta) 버전에 대한 헌신의 틀 안에서 이해되기 때문이다. 이에 대해 스마트(Ninian Smart)는 말한다, "[라다크리슈난의] 신힌두교는 … 다른 세계 종교의 가르침을 조정하려는 그의 시도의 기초가 된다. 그는 이런 것들을 베단타(Vedanta)에서 발견되는 것을 본질적으로 확인하거나 도달하는 것으로 해석하며, 따라서 종교의 교의적이고 분열적인 태도에 대해 그는 비판적이다. 그런 것들은 신앙 사이의 갈등의 주요 원인이라 여기기 때문이다."35) 따라서 라다크리슈난은 진리를 찾기 위한 동지적 여행자로서 다양한 종교적 전통들을 받아들이지만, 베단타(Vedanta)에서 절대자의 비전에 근사하는 정도에 따라 종교의 순위를 매기는 위계적 틀 안에서만 그렇게 한다. 라다크리슈난이 다음과 같이 바가바드 기

---

33) Radhakrishnan, *Eastern Religions and Western Thought*, 317-18.
34) Radhakrishnan, *Hindu View of Life*, 42.
35) Ninian Smart, "Radhakrishnan," in *The Encyclopedia of Religion*, ed. Paul Edwards (New York: Macmillan, 1967), 7:62.

타(Bhagavad Gita)를 풀이하는 것을 보면 알 수 있다. "절대자의 숭배자들은 계급이 가장 높고, 그다음으로는 개인적 신의 숭배자들이며, 라마, 크리슈나, 부처와 같은 성육신의 숭배자들이 오는데, 그 아래에는 조상, 작은 신들, 현자를 숭배하는 사람들이 있고, 그중에서도 가장 낮은 것에는 사소한 세력과 영혼의 숭배자들이 있다."36) 하지만 이것은 진정한 다원주의가 아니다. 비노스 라마찬드라(Vinoth Ramachandra)는 라다크리슈난의 발언에 대해 다음과 같이 비판한다. "이것은 관용으로 가장한 종교 제국주의일 뿐이다."37) 기독교인, 회교도와 같은 유신론자들뿐 아니라, 무신론 불교와 다신 신토신자들도 라다크리슈난의 거만한 계층화를 거부할 것이다.

라다크리슈난은 예수에 관해 많은 것을 말하고 있다. 힌두 르네상스 시대의 다른 이들처럼, 그도 "예수의 종교"와 "예수에 대한 종교"를 구별한다. 후자는 사도 바울, 헬레니즘 문화, 그리고 수 세기에 걸친 유럽의 영향에 의해 형성된 기독교라는 종교이다. 이와는 대조적으로, 라다크리슈난에 따르면, "예수의 종교"에서 우리는 영성에 대한 아시아적 접근과 많은 공통점을 가진 예수의 보편적인 중요성을 발견할 수 있다.

그는 기꺼이 예수가 신성을 가지고 있다고 말하지만, 이는 배타적이거나 구별된 의미에서가 아니다. 예수의 신성과 성육신은 우리와 신의 관계에서 우리를 위한 모범이 된다. 라다크리슈난은 이렇게 말한다. "그리스도의 성육신은 보편적 진리의 최상의 사례이다. 예수는 단지 그리스도인이 아니라 그리스도가 되도록 우리에게 주어진다."38) 라다크리슈난은 예수의 가르침은 실제로 인도의 종교적, 철학적 전제에 의해 형성되었다

---

36) Radhakrishnan, *Hindu View of Life*, 24.
37) Vinoth Ramachandra, *Faiths in Conflict? Christian Integrity in a Multicultural World* (Downers Grove, IL: InterVarsity, 1999), 74.
38) Sarvepalli Radhakrishnan, *East and West: Some Reflections* (London: Allen & Unwin, 1955), 75; 참고, Ishwar Harris, "S. Radhakrishnan's View of Christianity," in Sharma, *Neo-Hindu Views of Christianity*, 160.

고 주장하며, 이런 것은 예수가 자란 환경에 영향을 미친 것으로 추정한다.[39] 예수는 유대적 사상의 '배타성'을 거부하였다. 또한 "신의 나라에 대한 그의 가르침, 영생, 금욕적인 강조, 심지어 미래의 삶에서 그는 유대 전통에서 벗어나 힌두교와 불교 사상에 근접한다."[40] 그리하여, 라다크리슈난에 따르면, 예수와 부처 고타마의 가르침은 본질적으로 동일하다:

> 불교와 기독교에 공통적인 것으로 보이는 삶의 관점과 사고의 세계에 관한 의견의 차이는 그들의 초기 형태에서는 있을 수가 없다. 역사적으로 연결되어 있든 없든, 그 둘은 하나의 위대한 영적 운동의 동일한 표현이다. … 부처와 예수는 인간 영혼의 동일한 격변의 초기 및 후기 힌두인과 유대인의 대표자이며, 우리는 우파니샤드에서 그것의 전형적인 표현을 가지고 있다.[41]

그러므로 예수의 생애나 가르침에는 독특하거나 새로운 것이 거의 없으며, 실제로 영속적인 가치가 있는 것은 모두 인도에서 가져온 것이 된다.

이처럼 라다크리슈난이 예수와 고타마를 힌두교의 일반적인 신비주의자로 대범하게 동화시키는 과정에서 각각의 역사적 맥락에 대한 무시는 놀랍다. 그는 1세기 지중해 세계에서 힌두교나 불교의 영향에 관한 가장 기묘한 증거와 만연한 추측들을 결합하여, 예수의 유대적 맥락(Jewish context)에서 완전히 벗어난 나사렛 예수의 그림을 제시한다. 또한 라다크리슈난은 고타마(Gautama)의 역사적 맥락도 무시하면서, 그가 본질적으로 힌두교인이라고 주장을 한다. 라다크리슈난은 초기 불교가 힌두교에서

---

39) Radhakrishnan, *Eastern Religions and Western Thought*, 174-75.
40) 같은 책, 176.
41) 같은 책, 186.

나왔다고 말하기 위해 고타마와 근대 힌두교의 가르침 사이의 분명한 차이점을 무시하여 불교 신자들로부터 날카로운 비판을 받았다.[42]

모한다스 간디(Mohandas Gandhi)

정치 지도자, 사회개혁가, 종교적 선지자, 그리고 순교자인 모한다스 간디(Mohandas Gandhi, 1869~1948)는 20세기의 진정한 위인 중 한 명이다. 한때 영국 수상 윈스턴 처칠(Winston Churchill)에 의해 '선동적인 힌두교도'[43]라고 무시된 적 있던 간디는 광대한 대영제국의 왕권에 속해있던 보석인 인도의 독립을 위한 투쟁에 지배적인 인물이 되었다. 그러나 간디는 오늘날 영국에 대한 비폭력 저항을 이끌었을 뿐 아니라 억압받는 자들을 위해 투쟁한 도덕적 지도자로, 또한 서로 다른 종교 공동체들, 특히 힌두교와 회교도들 사이에서 평화로운 공존을 옹호하는 도덕적 지도자로 존경받고 있다. 그의 긴 인생은 힘없는 자의 대의를 지키고 종교 간의 평화로운 관계를 끊임없이 추구하다가 힌두 민족주의자의 비극적인 암살로 인해 세계적으로 인정된 사회적 정의와 악에 대한 비폭력 저항의 상징이 되었다.[44] 데이비드 하디맨(David Hardiman)은 간디의 가장 중요한 유산은 '비폭력 시민저항의 기법'으로 입증되었으며, 이는 전 세계 사회개혁 운동의 모델이 되었으며 영감을 주었다고 말한다.[45]

---

42) 참고, T. R. V. Murti, "Radhakrishnan and Buddhism," in Schilpp, *Philosophy of Sarvepalli Radhakrishnan*, 567-605.
43) Homer Jack, "Introduction," *The Gandhi Reader*, ed. Homer A. Jack (New York: Grove, 1956), viii.
44) 간디는 분명 완벽하지 않았고, 그는 언제나 비판을 받았었다. 참고, Richard Grenier, "The Gandhi Nobody Knows," *Commentary*, March 1983, 59-72.
45) David Hardiman, "Gandhi's Global Legacy," in *The Cambridge Companion to Gandhi*, ed. Judith M. Brown and Anthony Parel (Cambridge: Cambridge University Press, 2011), 239.

간디의 인생은 복잡했는데, 그의 길고 생산적인 삶은 다음과 같은 요소들을 통해 인도 아대륙이 근대화와 맞닥뜨린 맥락에서 이해되어야 한다: (1) 영국 식민주의의 정치경제적 역할, (2) 인도 민족주의와 독립을 위한 투쟁, (3) 인도 아대륙 전역의 종교적 긴장(특히 힌두교도와 이슬람교도들 사이의 종교적 긴장과 많은 서구 기독교 선교사들의 존재로 인해 더 복잡하게 된 종교적 긴장), 그리고 (4) 계속되고 있는 사회개혁 운동.[46] 우리는 종교들 간의 관계에 대한 간디의 견해와, 예수 그리스도에 대한 그의 이해를 살펴볼 것이다. 간디는 종교에 대한 다원적 관점을 받아들였으며, 이 다원주의는 단순히 그의 힌두교 세계관의 산물이라고 생각된다. 그러나 앞으로 살펴보겠지만, 간디는 항상 자신이 힌두교인이라고 주장하지만 그의 견해는 상당히 절충적이며 고대 힌두교의 가르침 이외의 많은 영향을 반영한다.

간디는 1887년 런던으로 건너가 법학을 공부하고, 1891년에 변호사 시험을 통과한 후 인도로 돌아왔다. 인도에서 잠시 체류한 후, 간디는 남아프리카로 이주하여 1893년에서 1914년까지 변호사 일을 했다. 간디는 인종차별반대 투쟁에 적극적으로 참여하였다. 간디는 백인이 아닌 사람들, 특히 인도 이민자들에 대한 정의를 증진시키기 위해 자신의 법적 지식을 사용하였다. 1915년 초, 간디는 인도로 돌아와서 인도 독립을 위한 민족주의 운동에 적극적으로 참여하였다. 간디는 그의 정치적 행동주의를 사회개혁을 위한 투쟁(그는 불가촉천민들을 하리잔[harijan] 또는 신의 사람들이라 부르며 그들의 정의를 옹호하였다)과 힌두교인, 무슬림, 기독교인들 사이의 종교적 조화와 결합시켰다. 1948년에 한 힌두교인의 손에 간디가 암살된 것은 힌두교와 무슬림 사이의 종교적 관용에 대한 간디의 호소에 대한 반대 때문이었다.

---

46) 참고, Brown and Parel, *Cambridge Companion to Gandhi*; Judith M. Brown, *Gandhi: Prisoner of Hope* (New Haven: Yale University Press, 1989); Louis Fischer, *The Life of Mahatma Gandhi* (New York: Harper & Row, 1950).

간디는 여러 종교의 지지자들 사이에서 자랐으며, 그의 아버지는 자이나교인들과 무슬림들을 친구로 여겼다. 간디의 어머니는 이슬람의 영향을 받은 인기 있는 프라나미(Pranami) 종교 운동의 신봉자였다. 자이나교인들과 무슬림들은 간디의 가정을 자주 방문했었다. 간디의 어린 시절 가장 친한 친구는 무슬림이었고, 청년 시절의 영적 멘토였던 레이찬드(Rajchandra Ravjibhai Mehta)는 자이나교인이었다.[47] 간디에게 미친 그들의 영향의 본질에 대해 아킬 빌그라미(Akeel Bilgrami)는 다음과 같이 표현한다:

> [간디는 이 지역에서 바이시나비즘(Vaishnavism)의 영향에다 아주 다양한 요소들 즉 종교적, 도덕적, 철학적 요소를 가미하였다. 이에는 다음의 것들이 포함되었다: 아드바이타 베다틴(Advaita Vedantin) 사상; 바크티(Bhakti) 헌신의 이상(그것을 통해 그가 사랑하는 바가바드 기타(Bhagavad Gita)를 읽고 자신이 말한 대로 자신의 끊임없는 도덕적 안내를 하는 그런 이상들); 그의 멘토인 레이찬드바이(Raychandbai)의 자이나교; 불교와 에드윈 아놀드(Edwin Arnold)의 전기 *The Light of Asia*에 감동을 받은 후 습득한 부처의 인격에 대한 존경; 그가 영국에서 애니 베잔트(Annie Besant)와의 교제에서 얻은 (그들의 신비주의는 제거된) 신지학적 개념과 기독교, 특히 신약성서와 이의 창시자의 생애와 모범에서 비롯된 도덕적 교훈으로 취한 것-그런데 이런 것 중에서 그는 남아프리카 공화국과 인도에서 선교사들을 자주 만났을 때 그가 얻은 것들뿐 아니라 톨스토이의 저술을, 비록 선택적이었지만, 그가 감탄하고 읽으면서 얻은 것을 통해 걸러내고 취사선택했다.[48]

---

[47] 간디에 대한 레이찬드의 영향을 보려면 다음을 참고, Arvind Sharma, *Gandhi: A Spiritual Biography* (New Haven: Yale University Press. 2013), chap. 5.

[48] Akeel Bilgrami, "Gandhi's Religion and Its Relation to His Politics," in Brown and Parel, *Cambridge Companion to Gandhi*, 93.

간디가 기독교인들을 어린 시절부터 알고 있었던 것 같지는 않지만, 그의 후기 자서전에 따르면 기독교에 대한 그의 초기 인상은 부정적이었다. 성인으로서의 간디는 라지코트(Rajkot)에서 학생으로서 가지고 있던 기독교 선교사들과 기독교의 이미지를 다음과 같이 떠올렸다:

> 그 당시 기독교 선교사들은 내가 다니던 고등학교 근처 모퉁이에 서서 힌두교인들과 그들의 신들에게 욕설을 퍼붓곤 했다. 나는 이것을 견딜 수 없었다. 나는 딱 한 번만 그들이 하는 말을 들어보겠다고 거기에 서 있었지만, 실험은 그 한 번으로 충분했다. 그즈음에 유명한 힌두교인이 기독교로 개종했다는 소식을 들었다. 그 당시 시내에 회자되는 말로는, 세례를 받았을 때, 그는 소고기를 먹고 술을 마셔야 했고, 옷도 갈아입어야 했으며, 이후 모자를 포함한 유럽 의상을 입고 다니기 시작했다고 한다. 이런 것들이 내 신경에 무척 거슬렸다. 분명히, 나는 소고기를 먹고 술을 마시고 옷을 갈아입도록 강요하는 종교는 그 이름 만한 가치가 없다고 생각했다. 나는 또한 새로운 개종자들이 이미 그의 조상들과 관습과 그 나라의 종교를 욕하기 시작했다고 들었다. 이 모든 것이 나에게 기독교에 대한 혐오감을 주었다.[49]

간디는 여러 그의 글에서 위의 사건을 여러 차례 언급했으며, 어린 시절에 대한 이야기뿐 아니라, 종교와 문화를 다룰 때 어떤 사건에 대한 상충되는 인식이 어떻게 나타나는지를 설명하기 때문에 위의 간디 개인적 경험은 다분히 교육적이기까지 하다. 존 웹스터(John C. B. Webster)는 당시 라

---

49) M. K. Gandhi, *An Autobiography: Or, The Story of My Experiments with Truth*, trans. Mahadev Desai (New York: Viking Penguin, 1982 [1927]), 47.

지코트(Rajkot)에서 유일하게 선교사로 있었던 사람은 스콧(H. R. Scott)이었다고 보고한다. 그의 보고에 따르면, 간디의 이야기를 읽은 스콧은 간디에게 편지를 써서, "그 학교 근처에서 전도하거나, 힌두교인들과 그 신들에게 욕설을 퍼붓거나, 개종자들에게 식사, 음주 또는 의복 습관을 바꾸라고 요구한 적이 없었다고 단언했다."50) 스콧은 이것이 젊은이들이 기독교에 대해 반감을 가지도록 하려는 헛소문일 뿐이라고 했다. 웹스터에 따르면 "이에 대해 간디는 그 사건과 그 말을 분명히 기억했지만 스콧의 그러한 부인(否認)은 받아들였다고 말했다."51) 하지만 그는 또한 선교사들과 인도 개종자들에 대한 이후의 경험으로 보아 그 사건은 전반적으로 진실로 확인되었다고 말한 바 있다. 문제의 실제 진실이 무엇이든 간디의 기독교에 대한 인상은 처음부터 부정적이었음이 분명하다.

런던에 있는 동안 간디는 다양한 종교의 영향에 노출되었다. 법학을 전공한 그는 민주주의의 근간으로 여겨지는 근대 자유주의와 계몽주의적 가치에 익숙해졌다.52) 어머니에게 육식을 자제하겠다고 한 서원 때문에 그는 채식 식당을 자주 방문하여 신학자, 페이비언 사회주의자, 비전통적인 기독교 몽상가들을 만났다. 그러나 간디는 독실한 그리스도인들도 만나 그들을 통해 성경을 한 권 구했다. 구약은 그의 관심을 끌지 못했지만, 신약은 매력적이었으며 특히 산상수훈에 그는 크게 끌렸다.

신지학자들(theosophists)과의 만남은 간디에게 지속적인 영향을 미쳤다. 1889년 그는 애니 베산트(Annie Besant)의 공개 강연에 깊은 감명을 받는데, 그 강연에서 그녀는 자신의 "진리에 대한 추구"를 강조했다. 그는 베

---

50) John C. B. Webster, "Gandhi and the Christians," in Coward, *Hindu-Christian Dialogue: Perspectives and Encounters*, 84.
51) 같은 책. 스콧에 대한 간디의 응답은 다음 책에서 볼 수 있다. M. K. Gandhi, *Christian Missions: Their Place in India* (Ahmedabad: Navajivan Press, 1941).
52) Margaret Chatterjee, *Gandhi and the Challenge of Religious Diversity* (New Delhi: Promilla, 2005), 31.

산트의 *How I Became a Theosophist*라는 책도 읽었다.[53] 간디는 신지학 협회(Theosophical Society)의 회의에 참석하여 블라바츠키 부인(Madame Blavatsky)을 만나고, 블라바츠키의 *Key to Theosophy*도 읽었다.[54] 아이러니하게도 영국의 신지학자들을 통해 간디는 자신의 힌두 전통에 대해 더 많이 배우도록 자극을 받았다. 두 신지학자들은 간디에게 에드윈 아놀드(Edwin Arnold)경의 힌두 고전 바가바드 기타(Bhagavad Gita)의 영어 번역 *The Song Celestial*을 함께 읽자고 초대했으며, 그렇게 하여 기타(Gita: 힌두교의 경전 중 하나-옮긴 이)에 대한 그의 평생의 몰입이 시작되었다. 또한 간디는 부처 고타마의 삶에 관한 에드윈 아놀드 경의 서사시인 *The Light of Asia*도 소개받았다. 정리하자면, 인도 종교 전통에 관심이 있는 유럽인들과의 상호 작용으로 인해 간디는 자신의 힌두 문화 유산에 대해 더 많은 것을 배우려는 자극을 받은 것이다.

남아프리카(1893~1914)에 있는 동안 간디는 복음주의 기독교인들과 광범위하게 교류했으며, 이로 인해 심지어 어느 시점에서부터는 간디가 기독교인이 될 것처럼 보였다. 또한 그는 무슬림 친구들도 있었는데, 그들은 간디에게 이슬람교도가 되라고 권유한 적도 있다. 이 시절은 그에게 혼란의 시간이었다. 간디는 인도로 돌아와서 그의 친구이자 멘토인 레이찬드에게 조언을 구했는데, 그에게 성스러운 경전이 실제로 신성한 영감으로 이루어진 것인지, 또는 어떤 특정 종교가 유일하게 참인지, 이 모든 것을 포함하여 종교에 관한 질문 목록을 그에게 편지로 보냈다.[55] 이것은 다소 특이한 경우인데, 왜냐하면 차테르지(Chatterjee)가 말한 대로, "한 힌두교인이 자이나교인에게 힌두교와 기독교 모두에 대해 상담하는 것"을 우리는 여기서 보기 때문이다.[56] 레이찬드는 다른 종교에 대한 관용

---

53) 같은 책, 71.
54) Gandhi, *Autobiography*, 76-77.
55) 같은 책, 135-36.
56) Chatterjee, *Gandhi and the Challenge of Religious Diversity*, 236.

적인 견해를 받아들이면서 힌두교를 더 깊이 탐구하도록 간디를 격려하였다. 간디는 또한 한 영국 친구인 the Esoteric Union 창립자 에드워드 마이트란드(Edward Maitland)에게 성서에 관한 복음적인 기독교의 주장에 관해 상담했다. 마이트란드는 이전에 영국 신지학회 회장이었으며, 많은 종교의 성스러운 문헌들은 "기초적이며 보편적인 계시의 반복적이며 역사적인 계시"이며 예수 그리스도는 "완벽의 이상이었는데, 이런 완벽은 모든 사람이 다 도달 가능한 것"이라는 견해를 가지고 있었다.[57] 이러한 마이트란드의 답변은 복음주의자들과는 다른 방법으로 성경을 읽는 방법이 있다는 것을 간디에게 보여주었다.

간디는 그의 자서전에서 남아프리카에서 경험했던 보수적인 기독교인들과의 사건들을 사용하여 정통기독교를 받아들이지 않는 이유를 설명한다. 동료 변호사이자 독실한 기독교인인 베이커(A. W. Baker)는 간디와 특히 친밀한 관계였으며, 간디로 하여금 예수 그리스도에게 그의 삶을 헌신하도록 권유했다. 그러나 간디는 기독교인이 되지 않았다.

> 베이커는 내 미래에 대해 걱정하고 있었다. 그는 나를 웰링턴 대회(the Wellington Convention)로 데려갔다. 개신교 기독교인들은 종교적 계몽, 즉 자기 정화를 위해 몇 년마다 그러한 모임을 조직한다. … 그 대회의 회장은 그곳의 유명한 신자인 앤드류 머레이(Andrew Murray) 목사였다. 베이커는 대회에서 종교적 선양의 분위기와, 참석한 사람들의 열의와 열심이 나로 하여금 필연적으로 기독교를 받아들이기를 희망했었다.
>
> 그러나 베이커의 마지막 희망은 기도의 효능에 있었다. 그는 기도

---

[57] J. F. T. Jordens, "Gandhi and Religious Pluralism," in *Modern Indian Responses to Religious Pluralism*, ed. Harold G. Coward (Albany: State University of New York Press, 1987), 6-7.

에 대한 변함없는 믿음이 있었다. 신은 열렬한 기도를 들을 수밖에 없다는 것이 그의 확고한 믿음이었다. 그는 현세적인 요구에도 기도에 전적으로 의존한 브리스톨의 조지 뮬러(George Muller)와 같은 사람들의 사례를 인용하곤 했다. 나는 편견 없이 주의를 기울여 기도의 효력에 관한 그의 이야기를 들었고, 내가 특별히 부르심(the call)을 느끼면 기독교를 받아들일 수밖에 없다고 하며 그에게 확신을 주었다.

그 대회는 독실한 그리스도인들의 집회였다. 나는 그들의 신앙에 기뻤다. 나는 머레이 목사를 만났다. 많은 사람이 나를 위해 기도하는 것을 보았다. 나는 그들의 찬송가를 좋아했고 그 찬송가들은 매우 달콤했다.

그 대회는 3일 동안이나 이어졌다. 참석한 사람들의 독실함을 이해하고 긍정적으로 평가할 수 있었다. 그러나 나는 나의 믿음, 나의 종교를 바꿀 이유가 전혀 없었다. 내가 그리스도인이 되어서야 천국에 갈 수 있거나 구원을 얻을 수 있다고 믿는 것이 내게는 불가능했다. 내가 좋은 그리스도인 친구들 몇몇에게 솔직하게 그렇게 말했을 때, 그들은 충격을 받았다. 그러나 어떤 것도 이를 바꿀 수는 없었다.

나의 어려움은 더 깊은 곳에 있었다. 예수는 신의 유일한 성육신한 아들이며, 그를 믿는 사람만이 영원한 생명을 누리게 된다는 것을 나는 도저히 믿을 수가 없었다. 신이 아들을 가질 수 있다면 우리 모두는 그분의 아들이다. 예수가 신과 같거나 신 자신이라면 모든 사람은 신과 같거나 신 자신이 될 수 있을 것이다. 내가 이렇게 생각하는 이유는 예수가 그의 죽음과 그의 피로 세상의 죄를 속하였다는 것을 문자 그대로 믿을 준비가 되어 있지 않았다는 것이다. 은유적으로 거기에는 진실이 있을 수 있다. 다시 말하지만, 기독교에 따르면, 오직 인간만이 영혼을 가지고 있고 다른 생명체는 그렇지 않은데, 그렇다면 그런 생명체들에게 죽음은 완전한 소멸을 의미한다. 하지만 나는 그 반대되는 믿음을 가졌다. 나는 예수를 순교자, 희생의 모범, 신성한 선생님으로 받아들일 수는 있었지만, 지금까지 태어난 인간 중 가장 완벽한 사람으로서는 아니다. 그의 십자가에서의 죽음은 세상에 큰 모범이었지만, 그 안에 신비롭고 기적적인 미덕과 같은 것이 있었다는 것은 도저히 받아들일 수 없었다. 그리스도인들의 경건한 삶이 다른 신앙을 가진 사람들의 삶이 내게 주지 못한 어떤 것을 나에게 주지는 못했다. 나는 다른 종교를 가진 사람들의 삶에서도 그리스도인들에게서 들었던 것과 똑같은 개선을 보았다.

철학적으로 기독교 원리에는 특별한 것이 없다. 희생의 관점에서는 오히려 힌두교인들이 기독교인들을 크게 능가하는 것처럼 보였다. 내게 있어 기독교를 완전한 종교 또는 모든 종교 중 가장 위대한 종교로 간주하는 것은 불가능했다. … 비록 나의 기독교 친구들이 나를 위해 의도하지 않았던 길을 나는 택했지만, 그들이 나에게 일깨워준 종교적 탐구로 인해 그들에게 영원히 빚을 진 셈이다. 나는 항상 그들과의 교제에 대한 기억을 소중히 여길 것이다.[58]

간디의 이성은 사려 깊으며, 힌두교 배경의 영향과 기독교 신앙에 대한 비판자들 사이에서 더 광범위하게 발견되는 주제를 반영한다.

간디는 포괄적이고 철학적, 또는 종교적 체계를 제공하지는 않았다. 그는 힌두교인이었지만 고대의 힌두 가르침을 다른 종교 전통들의 영향과 결합하여 강한 도덕적 양심을 통해 그것들을 모두 걸러낸 근대적 힌두교인이었다. 간디는 영어로 '신'이라는 단어를 반복해서 사용했지만

---

58) Gandhi, *Autobiography*, 134-37.

신의 본성에 대한 그의 견해는 다소 불분명하다. 간디는 자신이 베단타(Vedanta)의 힌두 전통을 따르는 자라고 주장하였고, 이에 따라 그는 '진리'를 '신'과 동일시했다. 베단틴(Vedantin) 사상가들은 궁극적으로 유일한 현실인 브라만이, 개인적 존재를 의미하는지 비개인적 존재를 의미하는지에 대한 질문에 동조하지 않았다. 간디도 마찬가지로 이 문제에 대한 철학적 논의에 참여하기를 거부하였다. 그는 개인적 또는 비개인적 용어로 신이나 브라만에 대해 말하면서 둘 다 받아들일 수 있다고 말했다.[59] 또한 베단타(Vedanta)에 이어, 간디는 내면의 자아와 진리와 브라만 사이의 본질적인 연합을 유지하였다. 이에 대해 간디는 이렇게 말한다. "나는 신의 절대적인 하나 됨과 인간의 절대적인 하나 됨을 믿는다. 그런데 왜 우리는 많은 몸을 가지고 있을까? 우리는 단지 하나의 영혼을 가지고 있다. 태양 광선은 굴절을 통해 여러 가지로 갈라져 많아진다. 그러나 그들은 똑같은 근원을 가지고 있다."[60]

간디는 예수 그리스도에 대한 기독교의 가르침에 힌두교적인 사상적 틀을 가지고 어떻게 반응을 보였는가? 위에서 인용한 간디 자신의 진술에서, 그는 예수에 관한 정통 기독교 가르침을 신의 유일한 성육신이자 모든 인류를 위한 유일한 구주로는 거부한 것이 분명하다. 여기에는 많은 요소가 관련되어 있지만 특히 정통 기독론의 배타성을 특별한 문제점으로 만든 두 가지 사항에 대해 간단히 언급하겠다. 먼저, 간디는 자이나교의 가르침인 아네칸타바다(anekantavada), 즉 현실의 다면성과 진리에 대한 조망적 본성에 영향을 받았다.[61] 자이나교의 인식론은 전지전능한 사람들을 제외하고는 현실에 대한 우리의 판단이 반드시 제한적이고 불완

---

59) Margaret Chatterjee, *Gandhi's Religious Thought* (Notre Dame, IN: University of Notre Dame Press, 1983), 104; Glyn Ricards, "Gandhi's Concept of Truth and the Advaita Tradition," *Religious Studies* 22 (1986): 2.
60) 참고, Glyn Richards, "Gandhi's Concept of Truth and the Advaita Tradition," 2.
61) Margaret Chatterjee, *Gandhi's Religious Thought*, 32-33.

전하므로, 우리는 부분적으로 진리를 엿볼 수 있다는 사실을 강조한다. 신중한 회의론은 반대 견해에 대한 관용으로 갈 것이므로 간디는 배타적 진리라고 제시된 독단적이고 종교적인 공식화를 거부하였다.

더욱이 힌두교에는 모든 피조물의 신성을 가르치는 지배적인 주제(theme)가 있다. 그러므로 예수가 신의 아들이라면 우리 모두도 신의 자녀여야 한다. 간디는 그리스도인인 에밀리 키네어드(Emily Kinnaird)와 이야기하면서 이렇게 말했다. "당신에게 예수는 신의 독생자였다. 내게는 그분이 우리 모두보다 더 순결하다는 것에는 관계없이, 신의 아들이었지만 우리 모두도 신의 자녀이고, 우리 모두 안에 있는 신성한 것을 표현하려고 노력한다면 예수가 한 일을 우리도 할 수 있다."[62]

간디는 도덕적 선생으로서 예수를 대단히 존경하였다. 그는 힌두 르네상스의 많은 지도자와 마찬가지로, 예수와 제도적 기독교 사이를 분명히 구분하였다. 그렇기에 어쩌면 우리는 간디의 예수와, 유럽 기독교권의 예수에 대한 해석에 대해 이야기해야 할 것이다. 간디는 이렇게 말한다. "저는 예수를 인류의 위대한 선생으로 생각하지만, 그를 신의 독생자라고 생각하지는 않는다."[63] 간디에게는 예수를 다른 위대한 종교 지도자들과 구분할만한 어떤 것도 없는 것이다. 그래서 그는 이렇게 말한다. "따라서 나는 예수가 신의 독생자라는 글을 문자 그대로 진실로 받아들이지 않는다. 신은 배타적인 아버지가 될 수 없으며, 예수에게 배타적인 신성이 있다고 할 수 없다. 그는 크리슈나(Krishna)나 라마(Rama)나 모하메드(Mohammed)나 조로아스터(Zoroaster)정도로만 신성할 뿐이다."[64] 간디는 여타 종교의 전통들에서 볼 수 없었던 어떤 것을 예수에게서만 본 적이 없었다. 그래서 다음과 같이 말한다. "나는 예수와 (내가 이해할 수 있고 설명하고

---

62) M. Gandhi, in *Gandhi on Christianity*, ed. Robert Ellsberg (Maryknoll, NY: Orbis Books, 1991), 15.
63) 같은 책, 26.
64) 같은 책, 66.

평가할 수 있는) 다른 선생들 사이에 근본적인 차이점을 보지 못했다. … 나는 예수, 모하메드, 크리슈나, 부처, 조로아스터 및 다른 사람들에게 동등한 경의를 표할 수 있다."65) 간디는 친한 친구이자 기독교인인 밀리 폴락(Millie Polak)에게도 말하기를, "나는 기독교에 대단히 끌렸지만, 당신의 성경에 있는 것들은 실제로 우리가 우리 안에 모두 가지고 있으며, 나는 훌륭한 힌두교인이 된다는 것도 훌륭한 기독교인이 될 것이라는 결론에 도달하였다. 신은 하나뿐이지만 그에게 이르는 길은 많이 있다."66)

간디에게 예수의 가르침의 핵심은 산상수훈에 있으며, 그 본질은 "악에 대한 비보복 또는 무저항"이다.67) 그러면서 그는 그 산상수훈에 대한 자신의 해석이 고전적인 기독교의 가르침과 상충된다는 것을 인정했다.

> 내가 이해한 것처럼 예수의 메시지는 완전하게 산상수훈에 담겨 있지만, 산상수훈과 관련하여도 그 메시지에 대한 나의 겸손한 해석은 여러 측면에서 정통 기독교의 해석과는 다르다. 내 생각에 이 메시지는 서방세계에서 왜곡되었다. … 내가 산상수훈과 그에 대한 나의 해석에만 집중한다면 "오, 그래요, 저는 기독교인입니다"라고 말하는 데 주저하지 않을 것이다.68)

간디는 예수의 설교와 그의 십자가에 대한 도덕적 가르침에서 간디 자신의 사티아그라하(satyagraha), 즉 수동적 저항 또는 진리의 힘의 최고의 모범을 보았고, 그로 인해 예수를 '사티아그라히스(satyagrahis)의 왕자'라고 지칭했다. 간디는 이렇게 말했다. "수동적 저항의 가치에 대해 내게 참으로 깨닫게 해준 것은 신약성경이었다. 나는 산상수훈에서 '악한 자에

---

65) 같은 책, 61.
66) 같은 책, 12.
67) 같은 책, 21.
68) 같은 책, 19.

저항하지 말라. 너의 오른쪽 뺨을 때리는 자에게 다른 쪽도 돌려대고, 네 원수를 사랑하고, 너를 박해하는 사람들을 위해 기도하라, 그러면 너는 하늘에 계신 아버지의 자녀가 될 것이다'라는 가르침을 보았고, 이걸 본 나는 너무나 기뻤다."[69]

힌두 르네상스의 다른 사람들처럼 간디는 모든 종교에는 본질적인 일치가 있다고 주장하였다. "힌두교인, 이슬람인, 기독교인, 파르시교인(Parsis), 유대교인은 그저 편의를 위한 명칭이다. 만약 내가 그들을 해체해 놓고 보면, 나는 어느 것이 어느 것인지 구별할 수 없다. 우리는 모두 동일한 신의 자녀이다."[70] 간디의 시점에서는, 인간의 복지를 증진시키는 한 모든 종교는 진리로 간주될 수 있다. "개인적으로 나는 세상의 어떤 위대한 종교도 거짓으로 간주하지는 않는다. 그 모두가 인류를 풍요롭게 하는데 기여했으며 지금도 그들의 목적에 이바지하고 있다."[71]

간디는 당연히 기독교 선교에 대해 비판을 하였으며, 기독교 선교를 포함한 제도적 기독교는 예수가 전한 산상수훈에서의 단순한 메시지에 대한 유럽인들의 문화적 왜곡이라 반복해서 이야기했다. 특히 제도적 기독교에 대해서는 다음과 같이 말하며 영국 식민주의와의 관련성으로 비난을 하였다. "안타깝게도 인도에서의 기독교는 지난 150년 동안 영국의 통치와 불가분의 관계에 있었다. 그것은 우리에게는 더 약한 세계 종족에 대한 강한 백인종족의 물질주의적 문명과 제국주의적 착취와 동의어로 보인다."[72]

비록 간디는 정통 기독교 가르침을 거부하였지만, 어떤 면에서 그가 기독교인이라고 공언하는 사람들보다 더 진실한 기독교인이었다고 많은

---

69) 참고, K. L. S. Rao, "Mahatma Gandhi and Christianity," in Sharma, *Neo-Hindu Views of Christianity*, 149.
70) M. Gandhi, in Ellsberg, *Gandhi on Christianity*, 25.
71) 같은 책, 23.
72) 같은 책, 44.

사람이 증언한다. 기독교 선교사 겸 간디의 친한 친구였던 스탠리 존스(E. Stanley Jones)는 다음과 같이 말한다:

> 마하트마 간디는 확신에 찬 그리스도인이 십자가에서 보는 것, 즉 신이 그리스도 안에서 세상을 자신과 화해시키고 있으며, 우리의 죄를 나무 위에서 짊어지고 있다는 것을 보지 못했다. 간디는 분명 그것을 보지 못했다. 그러나 그는 예수가 고통을 스스로 겪고 그 것을 다른 사람에게 주지 않고, 그래서 다른 사람의 마음을 얻을 수 있음을 보았다. 그것을 그는 십자가에서 보았고, 그것을 실천 하고, 그것을 국가적인 규모로 수행하였다. 차이는 이것이다. 우 리는 그리스도인으로서 간디보다 십자가에서 더 많은 것을 보았지 만 그것들을 더 적게 실천했다. 하지만 간디는 우리보다 십자가에 서 더 적게 보았지만 그 가르침과 진리를 더 많이 실천했다. 우리 는 십자가를 교리로만 알고 있었고, 간디는 그것을 행동으로 옮겼 다.[73]

비베카난다, 라다크리슈난 및 간디는 인도에서의 전통과 근대 사이의 긴장을 보여주는 매력적인 인물들이다. 즉 유럽과 인도, 식민지 권력과 피식민지 사이의 만남, 종교적 전통들의 절충적 혼합, 그리고 예수의 신약 적 모습에 대한 동시적인 매력과 혐오 사이의 긴장을 보여준다. 역설적이 게도, 간디는 인도에서 자랐지만 영국을 여행할 때까지 힌두교에 대해 잘 알지 못했는데, 영국에서 신학자와 기독교인들과의 접촉을 통해 인도 전 통에 대한 그의 관심은 크게 자극을 받았다. 비베카난다, 라다크리슈난 및 간디, 이 모든 이들은 전통적인 힌두교적 양식과, 서구 문화로 대변되

---

73) E. Stanley Jones, *Mahatma Gandhi: An Interpretation* (New York: Abingdon-Cokesbury, 1948), 79-80.

는 기독교 사이의 충돌의 산물이었다. 이 세 사람 각자는 기독교에 상당히 노출되었고 예수에 대한 긍정적인 견해를 가지고 있었지만, 이들 모두 예수에 대한 정통 기독교의 가르침은 거부하였다. 각각은 힌두교의 전제에 따라 예수에 대한 대안적인 이해를 제시하여, 예수가 신비로운 영성과 도덕적 양심의 예시가 되게 하였다. 세 사람 모두에게 예수는 위대한 종교적 윤리적 지도자이지만, 원칙적으로 여타 위대한 종교적 인물들과 다르지 않았다. 그리고 마지막으로, 세 사람 모두 인도뿐만 아니라 서구에도 큰 영향을 미쳤으며, 보다 다원적인 방식으로 예수의 재해석을 형성하는 데 도움을 주었다.

존 힉 (John Hick)

존 힉(John Hick, 1922~2012)은 간디가 대영제국에 대한 비폭력 저항을 불러일으키고 있을 즈음 영국에서 태어났다. 힉은 20세기에서 가장 영향력 있는 신학자와 철학자 중 한 사람이 되었고, 간디가 신봉했던 철학적으로 복잡한 주제의 종교 다원주의 모델을 발전시켰다. 종교다원주의에 대한 그의 견해는 이후 5장에서 더 자세히 논의될 것이다. 여기서 우리는 예수 그리스도에 대한 그의 관점, 특히 그의 기독론과 위에서 살펴본 근대 힌두 사상가들의 기독론의 유사점을 살펴볼 것이다.

힉의 가족은 특별히 종교적이지 않았지만, 청년 시절에 그는 광범위한 독서를 하면서 신지학(Theosophy)에 잠시 끌렸었다. 그의 자서전에서 이렇게 말한다. "나는 내가 알고 있는 기독교보다 훨씬 더 일관된 최초의 종교 철학으로서의 신지학에 끌렸다. 그러나 얼마 후 나는 인간 실존의 정확한 수준과, 보이지 않는 여러 영역과 계급의 천사적 존재들을 말하는 신지학을 자로 잰듯이 깔끔하고 많은 것을 알고 있다고 내가 스스로 공언하는 것 같아서 의식적으로 멀리하였다. 그러나 내가 신지학에서 얻은 것은 동방 종교들에 대한 관심이었는데, 이것은 내가 복음주의적 기독교로 개종 때까지 계속되었고 그 이후 수년간은 외면하였다."74)

영국의 헐(Hull)에 있는 한 대학에서 법학을 전공하는 동안, 힉은 "기독교 신앙과 경험의 전체 세계가 생생하게 살아났던 영적 개종을 경험했으며, 강력하고 복음주의적이며 근본주의적 유형의 기독교인이 되었다."75) 그의 기독교인으로서의 초기 삶을 되돌아보면서 힉은 "복음적인 신학의 전체, 즉 성경의 언어적 영감, 창조와 타락, 동정녀에게서 태어나고, 자신의 신성을 의식했으며, 신적인 능력으로 기적을 행한 성육신 성자 예수, 자신의 피에 의한 속죄, 예수의 육체적 부활, 승천, 미래의 영광 속에 다시 오심, 천국과 지옥"을 의문 없이 온전히 받아들였다고 말한다.76)

2차 세계대전 후, 힉은 옥스퍼드와 케임브리지에서 철학과 신학 박사 과정을 밟았다. 힉은 그의 길고 생산적이었던 경력을 거치며 코넬 대학, 프린스턴 신학교, 케임브리지 대학, 버밍엄 대학 및 클레어몬트 대학원에서 가르쳤고, 1992년이 되어 은퇴하였다. 그가 1960년대와 70년대 버밍엄에 있을 때, 영국의 인종적, 종교적 다양성의 증가를 경험하였고, 그로 인한 인종 차별에 대항하기 위해 적극적으로 활동했다. 사회 정의 문제에 대한 그의 참여는 다른 종교의 종교 지도자들과 긴밀한 접촉을 일으켜 다른 종교에 대한 관심을 심화시켰다. 1970년대에 힉은 인도와 스리랑카에서 힌두교와 불교 학자들과 교류하면서 오랜 시간을 보냈다.

1960년대에 힉은 그의 정통 기독교 전통 속에 여전히 남아 있었지만, 그의 초기 신학적 헌신에서는 멀어져 있었다. 프린스턴에 있을 때, 그는

---

74) John Hick, *John Hick: An Autobiography* (Oxford: Oneworld, 2002), 31.
75) John Hick, *God Has Many Names* (Philadelphia: Westminster, 1980), 14.
76) John Hick, "A Pluralist View," in *Four Views on Salvation in a Pluralistic World*, ed. Dennis L. Ockholm and Timothy R. Phillips (Grand Rapids: Zondervan, 1995), 30.

성경의 영감과 예수의 동정녀 탄생에 대한 그의 견해에 대해 논란에 휩싸였으며, 1966년까지 성공적인 신정론(神正論)의 필수 부분으로 조직학적 보편주의를 받아들였다.[77] 힉은 또한 기독교 신앙과 타 종교의 관계에 대해 탐구하기 시작하였고, 1973년에는 기독교가 중심에 있다는 신앙에서, 신이 중심에 있다는 신앙으로 옮겨갔다. 우리 종교, 즉 기독교를 포함한 인류의 모든 종교가 신에게 봉사하며 신을 중심으로 돌고 있다고 깨달은 것이다. 이러한 깨달음으로 그는 "코페르니쿠스적 혁명"의 필요성에 대해 설파하였다.[78] 그 후 15년 동안 힉은 종교 다원주의에 대한 그의 견해를 다듬은 많은 논문과 서적을 출판했는데, 1986년 자신의 기포드(Gifford) 강의를 *An Interpretation of Religion*이라는 이름으로 출판했을 때 그 절정을 이루었다.[79]

힉은 이전에 예수의 정통적인 두 가지 성질(인성과 신성)에 대한 기독론에 확고한 수호자였지만, 1960년대 들어서면서 예수의 의미에 대한 대안적인 사고방식을 찾기 시작하였다. 1966년에 힉은 다른 종교에 대해 점점 늘어나는 인식이 교회에 대한 새로운 의문을 제기하고 있음을 보았다. 그러면서 그는 이렇게 말한다. "이 새로운 상황에서 기독교 계시의 유일성과 다른 종교에 대한 비판적인 기독교의 주장에 대한 오래된 문제는 시급하고 강박적으로 될 수 있다. 그 중심에는 그리스도의 유일성에 관한 문제가 있다. 이 중심적이고 가장 중요한 문제에서 오늘날 기독론은 기로에 서 있다."[80] 1973년, 힉은 성육신의 교리가 '신화' 또는 "문자적으

---

77) 참고, John Hick, "Three Controversies," in *Problems of Religious Pluralism* (New York: St. Martin's Press, 1985), 1-15; 같은 저자, *Evil and the God of Love* (New York: HarperCollins, 1966; rev. ed., 1977).
78) John Hick, *God and the Universe of Faiths* (New York: St. Martin's Press, 1973), 131.
79) John Hick, *An Interpretation of Religion* (New Haven: Yale University Press, 1989; 2nd ed., 2004).
80) John Hick, "Christology at the Crossroads," in *Prospect for Theology*, ed. F. G. Healey (London: Nisbett, 1966), 139.

로 사실이 아니라 … 듣는 사람들에게 특별한 태도를 요청하는 이야기로서" 해석되어야 한다고 주장했다.[81] 성육신이 신화라는 생각은 힉이 1977년에 편집하여 출판한 *The Myth of God Incarnate*이 서방 매체들에 광범위한 주목을 받았다.[82] 이 책 안에 있는 "Jesus and the World Religions(예수와 세계 종교)"에서, 힉은 성육신이 문자 그대로 예수가 신과 인간이라는 관점이 아니라, 신화적 혹은 은유적 의미에서 신이 다른 종교 지도자들에서와 비슷한 방식으로 예수 안에서 존재하고 활동하는 것으로 이해해야 한다고 다음과 같이 주장한다. "나는 이 나사렛 예수를 신의 신성한 실재를 강렬하고 압도적으로 의식하는 그런 사람으로 보고 있다. … 그러므로 예수의 면전에 서면, 우리는 사람 예수가 문자 그대로 신이라는 의미에서가 아니라 그가 신을 너무나 전인격적으로 의식하였고, 그 영적인 전염에 의해 그의 의식의 무언가를 우리가 잡을 수 있다는 의미에서 우리는 신의 면전에 있는 것처럼 분명 느낄 것이다."[83] *The Metaphor of God Incarnate*(1993)에서 힉은 이렇게 같이 말한다: "우리는 예수 안에서 한 인간을 보는데, 그는 신의 영향력에 극도로 개방되어 지구상에서 신의 대리인 같은 삶을 살아가므로, 이것은 결국 인간을 향한 신의 목적을 '구체화(=성육신)'하는 것과 같다."[84] 예수의 의미에 대한 이러한 재해석을 감안할 때, 힉이 예수뿐 아니라 모세, 부처, 공자, 조로아스터, 소크라테스, 무함마드, 그리고 나낙(Nanak)도 신적 실재에 반응하여 인간 삶의 이상을 '다른 방식으로 구체화했다'는 사실을 인식해야 한다고 촉구하는 것은 그리 놀라운 일이 아니다.[85] 다시 말해서, 힉에게는 원칙적으로 예

---

81) John Hick, *God and the Universe of Faiths*, 166-67.
82) John Hick, ed., *The Myth of God Incarnate* (Philadelphia: Westminster, 1977).
83) John Hick, "Jesus and the World Religions," in *Myth of God Incarnate*, 172.
84) John Hick, *The Metaphor of God Incarnate: Christology in a Pluralistic Age* (Louisville: Westminster/John Knox, 1993), 12.
85) 같은 책, 96, 98.

수와 신의 관계에 대해 독특하거나 독창적인 것은 없다. 다른 위대한 종교 지도자들도 비슷한 은유적 의미에서 신의 '성육신'이라고 할 수 있기 때문이다.[86]

힉은 그리스도인들에게 그들의 주(Lord)로서의 예수에 대한 헌신을 포기하라고 요구하지는 않았다. 그러나 그는 예수 그리스도를 전적으로 유일하게 성육신한, 온 인류를 위한, 유일한 주이자 구세주라는 전통적 주장은 거부해야 하며, 예수를 신과 특별한 관계를 가진 많은 위대한 종교 지도자 중 하나로 보아 그 성육신은 은유적으로 이해해야 한다고 주장하였다. 다른 종교의 신봉자들도 자신들의 궁극적인 헌신의 대상으로 정당하고 합법적인 인물을 가지고 있음을 인정하는 한에서 예수는 그리스도인들에게 그들의 주와 구세주가 될 수 있다는 것이다. 힉의 전통적인 정통 기독교적 견해에 대한 거부는 주로 신약학자들의 보다 급진적인 결론에 대한 수용과, 전통적인 두 성격(예수의 인성과 신성)의 기독론이 단순히 일관성이 없다는 신념 때문이었다. 하지만 1970년대와 80년대에 그가 종교간 대화에 더 많이 참여하고 힌두교와 불교에 대한 인식이 점점 높아짐에 따라 정통 기독론에서 멀어지게 되었을 수도 있다.

힉의 예수에 대한 다원론적 이해와 마하트마 간디의 견해 사이에는 놀랄만한 유사점이 있다. 힉은 간디에게 큰 감사를 표하며, 간디의 삶과 가르침에 대해 그의 책 *The Fifth Dimension*에서 세 개의 장을 할애한다.[87] 그는 자신의 종교적 다원주의 모델이 "간디와 같은 선상에 있다"

---

[86] 여기서 힉의 언어에 있는 불일치성은 짚고 넘어가야 한다. 예수의 중요성에 대한 논의에서 힉은 자신이 유신론자이고 유신론적 입장에서 예수를 이해한다고 시사하면서 하나님에 대한 예수의 관계를 말한다. 그러나 5장에서 살펴보면 분명해지듯이, 고전적 유신론 안에서 이해되는 종교다원주의와 하나님에 대한 힉의 모델은 종교적 극치(the religious ultimate)가 아니다. 그의 주장에서 '하나님'은 유신론적 종교 전통들이 이해하고 진정한 실재(the Real)와 결부시키는 단순한 상징이다.

[87] John Hick, *The Fifth Dimension: An Exploration of the Spiritual Realm* (Oxford: Oneworld, 2004), chaps. 21-23.

고 인정했다. 그러나 인도에서 얼마간의 시간을 보냈음에도 불구하고 힉은 다원주의에 대한 자신의 견해를 발전시키는 데 간디가 직접적인 영향을 끼쳤다고 생각하지는 않는다고 말한다.[88] 간디와 힉은 둘 다 배타적인 교리들을 일체 거부했는데, 이러한 배타적 교리들은 그 특별한 교리적 주장이 모든 사람에게 유일한 진실이며 규범적이라고 주장하기 때문이다. 또한 간디와 힉 둘 다 예수를 위대한 도덕적 영적 지도자로 간주했지만, 신의 결정적인 성육신이나 신의 계시로 보지는 않았다. 이 둘 각자는 자신들의 방식으로 종교 교리를 은유적 용어로 재해석하였고, 형이상학적 주장을 약화시킨 반면에 신자들의 도덕적 변화에 대한 종교적 전통의 실질적인 영향을 중시하였다. 간디와 힉은 다양한 종교들의 개별적 특성을 넘어 종교적 표식과 개념을 초월하는 가상의 공동 근원을 지적한 것이다.[89]

슈샤쿠 엔도(Shusaku Endo)

이 장을 마치면서 우리는 주요 일본 소설가 한 사람을 살펴볼 것인데, 그의 작품들은 기독교 신앙과 일본 문화의 이슈들을 탐색하였다. 도쿄에서 태어난 슈샤쿠 엔도(Shusaku Endo, 1923~96)는 어린 시절 만주에서 살았다. 엔도는 10살 때 부모가 이혼했고, 그리고 그는 로마가톨릭으로 개종한 어머니와 함께 살았다. 어머니의 설득으로 엔도는 세례를 받았으며,

---

[88] 힉은 나에게 이렇게 말했다. "나는 간디에 직접적인 영향을 받고 있지 않음을 인지하고 있지만, 대단하고 도덕적인 인물이 나와 같은 것을 생각했다는 것에 아주 기쁘다" (Netland와 Hick의 개인적인 대화, November 3, 2009).

[89] 참고, Sharada Sugirtharajah, "The Mahatma and the Philosopher: Mohandas Gandhi and John Kick and Their Search for Truth," in *Religious Pluralism and the Modern World: An Ongoing Engagement with John Kick*, ed. Sharada Sugirtharajah (New York: Palgrave Macmillan, 2012), 121-33.

그는 평생 자신을 기독교인으로 밝혔다. 기독교인들이 16세기 이래로 일본에 계속 존재했지만, 오늘날 일본 인구의 불과 1~2% 차지하고 있으며, 일본 내에서 기독교는 외국 종교로 널리 여겨지고 있다.

일본의 종교들은 근대와 고대 양식의 매력적인 조합을 보여 준다.[90] 오늘날 일본은 세계에서 가장 근대화되고 기술적으로 진보된 문명사회 중 하나이다. 그러나 최근 세계적으로 종교의 감소에도 불구하고 많은 일본인 사이에서는 고대의 종교적 인상, 가치, 관행은 계속 번성하고 있다.[91] 그러나 일본의 종교적 표현은 유럽과 북미의 표현들과는 사뭇 다르다. 대부분 일본인에게는 명백한 종교적 신념이나 교리가 상대적으로 중요하지 않다. 도교와 불교의 영향으로 인해 교리에서 단어와 정확성에 대한 전반적인 의심이 있어왔다. 일본인들에게는 종교의 의식, 경험 및 사회적 차원이 훨씬 더 중요하다.

종교를 특정 문화 및 민족과 연결하는 종교에 대한 일본의 접근 방식에는 일종의 문화적 또는 인종적 상대주의가 있다.[92] 미국인은 기독교인, 인도인은 힌두교인, 일본인은 불교인, 이런 식이다. 각 그룹이 적절한 경계를 유지하고 다른 사람들을 개종시키려 하지 않는 한, 모든 종교는 합당한 것으로 받아들여질 수 있다. 전통적으로 일본인들은 배타적인 종교적 전통들을 의심해왔다. 일본인이 일부 외국 종교 전통들(불교는 외국 종교

---

[90] 참고, Ian Reader, *Religion in Contemporary Japan* (London: Macmillan, 1991); Ian Reader and George J. Tanabe Jr., *Practically Religious: Worldly Benefits and the Common Religion of Japan* (Honolulu: University of Hawaii Press, 1998); Susumu Shimazono, *From Salvation to Spirituality: Popular Religious Movements in Modern Japan* (Melbourne: Trans Pacific Press, 2004).

[91] Ian Reader는 종교적 신념과 관행이 특히 젊은 일본인들 사이에서 쇠퇴하고 있다는 설득력 있는 증거를 제공한다. 참고, Reader, "Secularisation, R.I.P.?" Nonsense! The 'Rush Hour away from the Gods' and the Decline of Religion in Contemporary Japan," *Journal of Religion in Japan* 1 (2012): 7-36.

[92] 참고, Hajime Nakamura, *Ways of Thinking of Eastern People: India, China, Tibet, Japan*, ed. Philip P. Wiener (Honolulu: University of Hawaii Press, 1964), part 4.

로서 일본에 들어갔다)을 현저히 수용하고 있지만, 이러한 개방성은 조상 숭배와 '진짜 일본적인' 것에 뿌리를 둔 공동의 종교 정체성 감각의 수용을 포함하여, 신중하게 정의된 한도 내에 항상 제한되어왔다. 그러나 이러한 제약과 함께 많은 일본인은 신에게 반응하는 여러 다른 방법이 있을 수 있다는 생각을 받아들인다.

일본에 명시적인 기독교인은 극히 드물지만, 많은 일본인은 기독교와 어느 정도의 접촉을 했으며 예수와 기독교적 주제에 상당히 관심이 많다. 일본은 식자율이 거의 100%에 달하며, 세계 최고의 교육을 받은 사람들 중 하나이다. 당연하게도 문학과 문학적 인물들은 해당 국가에 엄청난 문화적 영향을 미치기 때문에, 일본을 대표하는 문학적 인물들이 예수의 매력을 표현하는 것은 매우 놀라운 일이다. 20세기 일본의 많은 주요 소설가들은 기독교적 주제를 그들의 작품에 포함시켰으며, 일부는 심지어 예수의 인성에 대한 개인적인 성찰을 쓰기도 하였다.[93]

기독교적 테마를 그의 소설에 통합한 것으로 가장 잘 알려진 작가는 슈샤쿠 엔도다. 노년의 엔도는 아마도 일본에서 가장 유명한 기독교인이었을 것이다. 그는 많은 일본인에게 일본의 기독교를 상징하게 되었다. 1973년에 그는 *A Life of Jesus*을 출판했는데, 이 책은 인간 예수를 우리와 함께 고통받는 자로 묘사하며, 약하고 억압받는 자에게 위로와 동정심을 나타낸다. 이 책은 30만 부 이상 빠르게 팔렸다.[94] 그러나 엔도는

---

93) 참고, Noah S. Brannen, "Three Japanese Authors Look at Jesus: A Review," *Japan Christian Quarterly* 54.3 (Summer 1988): 132-41; Philip Williams, "Images of Jesus in Japanese Fiction," *Japan Christian Quarterly* 49.1 (Winter 1983): 12-22.

94) Shusaku Endo, *A Life of Jesus*, trans. Richard A. Schuchert (Tokyo: Tuttle, 1978 [1973]). 엔도는 예수에 대해 영어로 번역이 안 된 두 편의 글을 더 썼다: Watakushi no Iesu [My Jesus] (1976) and Kirisuto no Tanjo [The birth of Christ] (1978), 이외에 신학적 주제에 대한 책들과 에세이들이 더 있다. 또한 나는 How Chuang Chua의 박사논문에 감사하다, "Japanese Perspectives on the Death of Christ: A Study in Contextualized Christology" (Ph.D diss., Trinity

*Silence*와 *The Samurai*와 같은 소설들에서 일본 문화와 기독교 신앙 사이의 긴장 관계를 다루는 것으로 더 잘 알려져 있다.[95] 그는 종종 "나에게 기독교란 내가 자랄 때 어머니가 입혀주었던 서양 옷과 같다"라고 말했다.[96] 추아(Chua)에 따르면, "엔도의 소설과 비소설적 작품들에서 되풀이되는 주제는 유럽 기독교와 일본 종교, 서구의 일신론과 아시아의 범신론, 그리고 종교적인 승리와 피할 수 없는 깊은 고통 사이의 신학적 불협화음이다."[97] 엔도는 많은 기독교인과 비기독교인에게 공히 일본이 기독교와 양립할 수 없는 '늪'이라는 이론을 주창한 것으로 평가된다. 이 말은 기독교가 그곳에 뿌리내리려면 일본이 변하거나 기독교가 변해야 한다는 것이다. 엔도의 초기 작품은 일본 문화와 유럽 문화의 차이점과 유럽 기독교를 소재로 종교에 대한 일본식 접근 방식을 탐색한다. 아드리안 페닝턴(Adrian Pennington)은 엔도의 소설이 죄의 문화와 수치의 문화의 대조를 반영하는 인류학자 루스 베네딕트(Ruth Benedict)의 *The Chrysanthemum and the Sword*(1946)과 함께, 2차 세계대전 이후의 많은 일본 지식인에게 관심을 끌었다고 말한다.[98] 엔도 저서의 인기는 많은 일본인이 이 문제들에 관심을 가지고 있을 뿐만 아니라, 그들이 기본적인 기독교 주제에 대한 이해를 가지고 있음을 나타낸다.

그러나 엔도는 일본과 예수의 관계에 대한 또 다른 차원도 보여준다. 엔도의 초기 작품들은 기독교와 일본 문화 사이의 관계에 대한 의문으로

Evangelical Divinity School, 2007), 201-83.
95) Shusaku Endo, *Silence*, trans. William Johnston (New York: Taplinger, 1969); 같은 저자, *The Ssamurai*, trans. Van C. Gessel (New York: Harper & Row, 1982).
96) 참고, Noah S. Brannen, "Three Japanese Authors Look at Jesus," 139.
97) Chua, "Japanese Perspectives on the Death of Christ," 204-5.
98) Adrian Pennington, "Yoshimitsu, Benedict, Endo: Guilt, Shame and the Postwar Idea of Japan," *Japan Forum* 13.1 (2001): 98-99; Ruth Benedict, *The Chrysanthemum and the Sword: Patterns of Japanese Culture* (Tokyo: Tuttle, 1974 [1946]).

어려움을 겪고 있었지만, 1970년대에 들어서 엔도는 보다 정통적인 기독교적 관점에서 벗어나 종교적 다양성과 다원주의의 주제를 탐구했다. 페닝턴은 엔도의 초기 소설들에서 등장인물들이 죄의식을 가지고 있지 않지만, 그들이 하고 있는 일이 악하다는 데에는 의심의 여지가 없다고 설명한다. 그러나 Silence에서는 악 의식이 물러나고 약한 인간의 모습이 강조된다. 일본의 루터교 신학자 카조 키타모리(Kazo Kitamori)에 따르면, 이것이 엔도가 기독교에 대한 정통적인 이해를 버리는 지점이 된다.99)

엔도는 Watakushi no Iesu(나의 예수)에서 "후지산을 오르는 방법은 여러 가지가 있다. 북쪽, 남쪽, 동쪽 또는 서쪽에서 등정할 수 있다. … 이와 마찬가지로 한 사람이 성실하게 불교인으로 살고, 다른 사람이 성실하게 기독교인으로 살아간다면 결국에는 같은 진리에 이르게 된다."고 말한다.100) 엔도는 1980년대 후반과 90년대 초반에 인도를 여러 차례 방문하면서, 보다 통합적이고 다원적인 신앙으로의 이동을 권유받았을 것이다. 1994년 윌리엄 존스턴(William Johnston)과의 인터뷰에서, 기독교와 불교의 유사점과 차이점에 대해 논의하면서 엔도는 그가 두 종교에 관한 중심적 질문으로 이렇게 묻는다: 우리는 어떻게 두 종교의 너머에 있는 '생명의 대근원'에 대해 생각해야 하는가? "우리는 그것을 부처라 부르는가? 아니면 그리스도라 부르는가?"101) 엔도의 종교다원주의는 그의 마지막 소설인 Deep River(1994)에서 보다 더 명확해지는데, 이 책은 그가 사망하기 2년 전에 출간되었다. 많은 사람이 Deep River에서 보이는 다원

---

99) Pennington, "Yoshimitsu, Benedict, Endo," 100-101. 페닝턴은 Kitamori의 관찰을 요약하고 있다, "Ashi no Itami no Bungaku: Endo Shusaku" [The literature of the pain of the feet], in *Ureinaki Kami: Seisho to Bungaku* [God without cares: The Bible and literature] (Tokyo: Kodansha, 1991), 304-40.
100) 참고, Chua, "Japanese Perspectives on the Death of Christ," 265.
101) William Johnston, "Endo and Johnston Talk of Buddhism and Christianity," *America* 171.16 (November 19, 1994): 20. 참고, Chua, "Japanese Perspectives on the Death of Christ," 263-64.

주의를 엔도가 자신의 초기 소설의 입장을 버린 것으로 간주하지만, 마크 윌리엄스(Mark Williams)는 이것을 *Silence*와 같은 작품에서 보이는 질문에서, 그의 후기 영적 질문으로까지의 논리적 확장이라 주장한다. 윌리엄스는 *Deep River*가 "엔도의 작가 시절 후반에 공개적으로 지지했던 종교 다원주의적 태도에 대한 문학적 실현이지만, 돌아보면 그의 초기 작품에서도 이것은 분명히 싹트고 있었다"고 주장한다.102)

*Deep River*는 인도의 신성한 강인 겐지스 강을 나타내며, 가톨릭 사제직을 위해 공부하지만 나중에 다른 종교에 대해 지나치게 긍정적인 견해로 그의 교단에서 추방되는 젊은 일본인 오츠(Otsu)의 영적 여정을 그린다. 오츠는 결국 인도에서 저소득층을 위해 봉사하게 된다. 소설 속 오츠는 자신의 신학적 변화를 반추하며 이렇게 말한다.

> 나는 이제 교회 형제들 앞에서 어리석게 말한 것을 후회한다. 그러나 많은 사람이 자신이 태어난 나라의 문화와 전통과 기후에 따라 자신이 믿는 신을 선택하는 것이 나에게는 아주 자연스러운 것 같다. 유럽인들은 선조들의 신앙이었고 그 문화가 그들의 땅을 지배했기 때문에 기독교를 선택했다고 생각한다. 중동 사람들이 여러 종교 중에서 한 종교를 선택하여 무슬림이 되기로 마음먹었거나, 많은 인도인은 자신의 종교를 다른 사람들의 종교와 엄격하게 비교한 후 힌두교인이 되었다고 말할 수는 없다. 신은 여러 다른 얼굴을 가지고 있다. 나는 신이 유럽의 교회와 예배당에만 배타적으로 존재한다고 생각하지 않는다. 나는 신이 유대교인, 불교인, 힌두교인 가운데에도 있다고 생각한다.103)

---

102) Mark Williams, "Crossing the Deep River: Endo Shusaku and the Problem of Religious Pluralism," in *Xavier's Legacies: Catholicism in Modern Japanese Culture*, ed. Kevin M. Doak (Vancouver: UBC Press, 2011), 116.
103) Shusaku Endo, *Deep River*, trans. Van C. Gessel (New York: New

소설 속 오츠는 간디의 다음과 같은 말을 특히 좋아한다: "많은 종교가 있지만, 단지 길만 다르지 다 같은 장소로 가고 있다. 그들이 같은 위치에 도달하기만 하면 우리가 걷는 각각의 경로에 어떤 차이가 있겠는가?"104)

오츠의 입을 통해,105) 엔도는 일본의 종교의식에 깊이 내재된 주제를 표현한다. 종교는 문화적, 역사적인 조건이 있으며, 여러 문화는 동등하게 합당하지만 단지 다른 종교적 전통을 가지고 있다는 생각은 많은 일본인에게 설득력이 있다. 이러한 견해의 힌두판이 힌두 르네상스의 사상가들에 의해 주창되었으며, 이런 견해는 서구 여러 지역에서도 점점 인기가 높아지고 있다. 이는 특히 존 힉의 글에서 정교하고 설득력 있는 지지를 받아왔다. 흥미롭게도, 종교다원주의에 대한 힉의 많은 작품은 몇 년 동안 히로마사 마세(Hiromasa Mase)에 의해 일본어로 번역되어 왔으며, 마세 자신은 게이오 대학의 철학 교수이며 대학생 때 기독교로 개종하였다. 마세는 나중에 힉의 가장 친한 친구가 되어 힉과 매우 유사한 다원적인 틀을 받아들였다.

엔도와 힉은 서로 한 번도 만나지 못했지만, 두 사람 사이에는 흥미로운 관계가 있다. 1991년 9월 5일자 일기에서 엔도는 힉의 책을 발견한 그의 이야기를 적고 있다.

> 며칠 전 나는 타이세이도(Taiseido) 서점 2층에 있었는데, 서가의 한 편에서 [존 힉(John Hick)의] *Shukyo Tagen Shugi*(종교다원주의의 문제

Directions, 1994), 121.
104) 같은 책, 191.
105) John Netland는 "이전 소설들에서는 비슷한 목소리를 내는 등장인물들이 전형적으로 적대자들이거나 도덕적으로 타협적인 인물들인 반면, 오츠는 첫 주창자이고, 이런 관점에서는 논쟁의 소지가 있는 그리스도 상이다"라고 지적한다(개인적인 대화, November 30, 2013).

를 우연히 보게 되었다. 서점 점원이나 고객이 그곳에 두고 잊어버린 것 같았다. 그러나 이것은 단순한 우연이 아니라, 내 잠재의식이 그것을 그곳으로 불러온 것처럼 보였다. 꽤 오래 전에 융(Jung)과의 우연한 만남 이후로, 나는 이 책을 읽을 때까지는 마음속에서 그런 큰 감동을 느낀 적이 없었다. 힉은 기독교 신학자이지만, 세계 여러 종교가 실제로는 다른 길, 다른 문화 및 상징을 통해서 동일한 신을 찾고 있다고 믿는다. 그는 또한 다른 종교들을 그 자체 내로 흡수하려는 경향을 유지하면서도, 동시에 바티칸 제2공의회에 이어 다른 종교들과 대화할 것을 주장하는 기독교를 비판한다. 또한 진정한 종교다원주의는 예수를 그리스도로 선포하는 신학에서는 설 자리가 없다고 대담하게 주장한다. 다시 말해서, 예수의 성육신과 삼위일체의 문제는 과감한 수술을 받아야 한다는 것이다. 이틀 전부터 나는 이 충격적인 책에 압도되었다. 그리고 이와나미(Iwanami) 출판사 직원이 나에게 와 같은 저자의 *Kami Wa Oku No Na O Mostu*(신은 여러 이름을 가지심)이라는 책을 내게 주었다.[106]

엔도는 한동안 힉과 흡사한 관점으로 나아가고 있었지만, 추아(Chua)가 말하듯이, "힉과의 만남 때까지는, 그[엔도(Endo)]는 분명히 그러한 관점을 비서구적인 관점이라고 가정하고 있었다."[107] 한 통찰력 있는 에세이에서 신학자 안리 모리모토(Anri Morimoto)는 대중적 일본 종교의 현실참여, 존 힉의 종교다원주의 모델, 그리고 슈사쿠 엔도의 후기 작품 사이의 연관성에 주목한다.

---

106) 참고, Chua, "Japanese Perspectives on the Death of Christ," 264-65. 엔도의 저널은 그의 죽임 이후 1997년에 첫 출판되었고, 2007에 재출판되었다.
107) 같은 책, 265. 참고, Williams, "Crossing the Deep River."

힉이 대표하는 종교에 대한 다원적 이해는 일본인들에게 독특한 매력을 가지고 있다. 일본은 "살아있는 종교 박물관"이다. 일본의 종교 문화를 조사하는 사람은 역사적 종교와 근대 종교의 복잡성과 다양성에 놀라게 될 것이다. 종교다원주의는 아시아의 다른 지역들과 마찬가지로 이데올로기적 구성이 아니라 살아내야 할 현실이다. 일본의 한 전통적인 시가 이러한 분위기를 잘 표현하고 있다: "산꼭대기에 오르는 길은 많지만 모두 같은 달을 보게 된다." 힉의 다원주의는 종교 간의 조화를 보증한다. 특히 서구 신학자로부터 이런 생각이 나왔기 때문에 엔도는 확신에 찼고 크게 안심했다.[108]

힉의 다원주의에서 엔도는 자신의 신념과 동일한 것을 분명히 발견했으며 *Deep River*가 어느 정도는 힉의 영향을 받았음에는 의문의 여지가 거의 없다.

이 모든 것에는 상당한 아이러니가 있다. 존 힉은 스코틀랜드에서 대학생 때 기독교로 개종했으며 한동안 철저히 정통적이고 근본주의적인 기독교인이었다. 그리고 지금 그는 영향력 있는 다원주의자가 되었다. 힉의 작품을 일본어로 번역한 히로마사 마세는 일본의 복음주의 루터교 선교사역을 통해 학생 때 기독교로 개종하였다. 그러나 힉과의 접촉을 통해 마세는 일본의 다원주의의 대변인이 되었다.[109] 슈샤쿠 엔도는 초기

---

108) Anri Morimoto, "The (More or Less) Same Light but from Different Lamps: The Post-pluralist Understanding of Religion from a Japanese Perspective," *International Journal for Philosophy of Religion* 53 (2003): 164. "살아있는 박물관"으로서의 일본에 대한 참고문헌은 H. Byron Earhart, *Japanese Religion: Unity and Diversity*, 2nd ed. (Belmont, CA: Dickenson, 1974), 1.
109) 참고, Hiromasa Mase, "The Fall of Christian Imperialism," in *How Wide Is God's Mercy? Christian Perspectives on Religious Pluralism: Hayama Missionary Seminar*, 1993, ed. Dale W. Little (Tokyo: Hayama Seminar, 1993), 53-61; 같은 저자, "Religious Pluralism from a Japanese Perspective," *Theology and the Religions: A Dialogue*, ed. VIggo Mortensen (Grand

에 로마가톨릭 신자가 되었지만 기독교와 일본 문화 및 종교의 관계에 대한 문제는 그가 평생 씨름했던 문제였다. 세 사람은 모두 나름대로의 방식으로 예수에 대한 다원적 해석에 찬성하고 정통 기독교를 거부하였다. 그리고 세 사람 모두 예수와 종교에 대한 견해에서는 인도의 비베카난다, 라다크리슈난, 간디와 매우 유사하다.

Rapids: Eerdmans, 2003), 443-48.

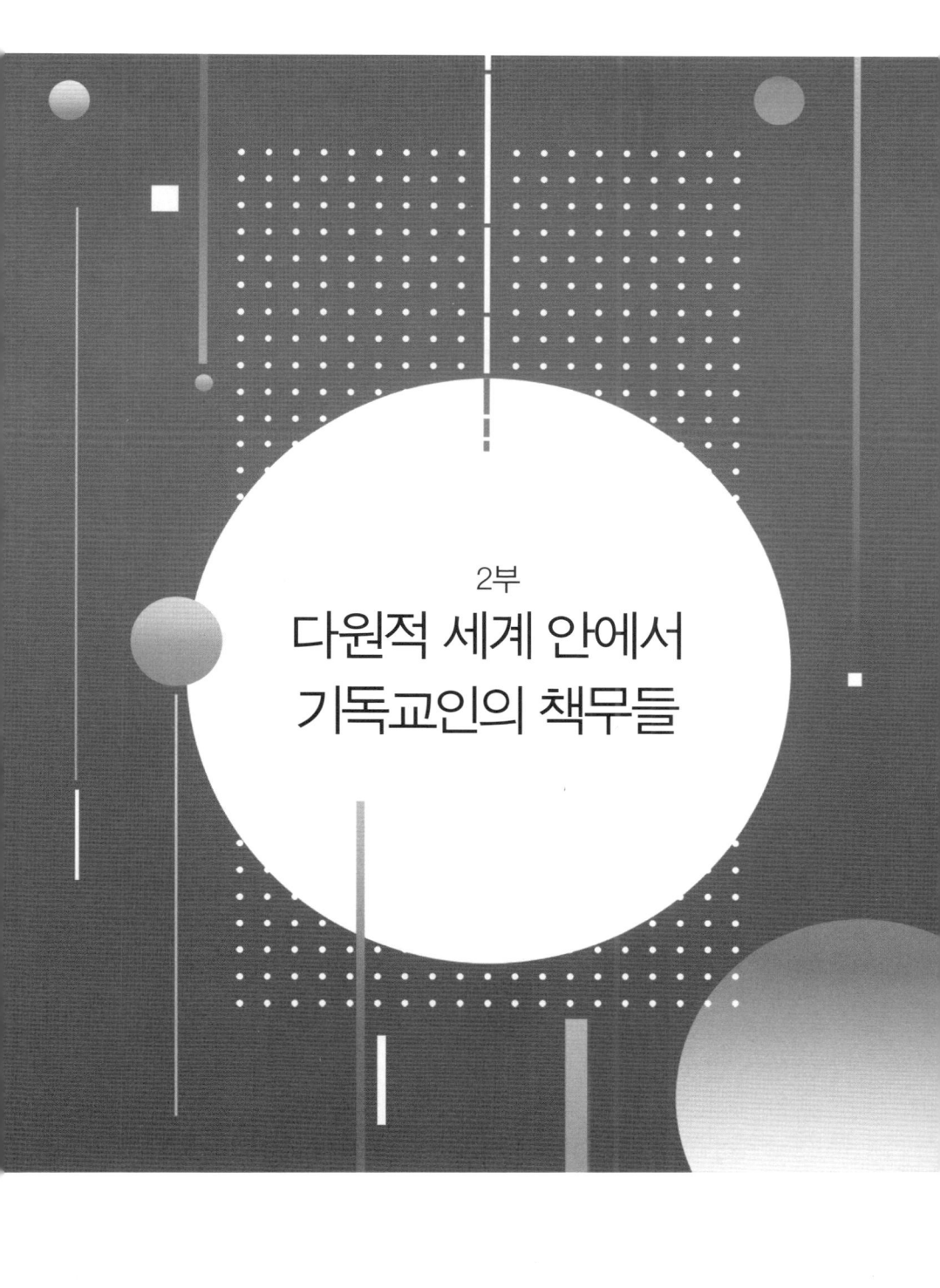

5장
모든 종교가 진리일 수 있는가?

　종교들 사이에는 의복, 식생활, 예배 또는 명상의 장소, 축제, 사회적 관행, 통과의례 등에서 엄청난 다양성이 존재한다. 이러한 다양성은 종교에 대한 연구를 매우 흥미롭게 하는 이유가 되며, 그 안에 있는 차이점들은 특별히 문제가 되지 않는다. 그러나 그 차이점들이 의견 충돌로 이어질 때, 그리고 특히 차이점 사이에서의 논쟁이 우주의 본질, 우주 안에 있는 우리의 위치, 그리고 우리가 어떻게 살아야 하는지에 대한 근본적인 질문들과 관련이 있을 때는, 상당한 문제가 될 수 있다. 종교 사이에서의 의견 불일치는 안타깝게도 일부 신자들이 자신들은 옳고 다른 신자들은 잘못된 믿음을 지니고 있다는 결론으로 이어지는 경우가 많다.

　종교에는 특정 종교의 신자들이 참된 것으로 받아들여야 할 가르침이나 교리가 포함된다. 폴 그리피스(Paul Griffiths)의 표현을 따르자면, "종교적 주장은 … 만물의 현재 상황에 대한 주장으로서, 특정한 형태의 종교적 생활에 소속되어 있다는 사실에 의해 요구되거나, 강력하게 제안되는 것을 받아들이거나, 이에 동의하는 것이다."[1] 비록 몇몇 종교들은 다른 종교들에 비해 교리에 더 중점을 두는 것이 사실이지만, 분명 신념도 매우 중요하다. 한 종교의 일원으로서 자격을 인정받는 것은 해당 종교의 기본적 가르침들을 받아들이고, 그에 따라 자신의 삶을 순응하는 것을 포

---

1) Paul Griffiths, *Problems of Religious Diversity* (Oxford: Blackwell, 2001), 21.

함하며, 종교적 가르침에 대한 종교적 의견 불일치는 진리에 대한 서로 상충하는 주장들을 낳기도 한다.

상충하는 진리 주장들의 문제점

일부 사안들에 관하여는 종교들 사이에 부인할 수 없는 유사점이 존재함과 동시에, 또 다른 사안들에 대해서는 첨예한 의견 충돌이 분명 존재한다. 만약 어떤 사람이 자신의 생각대로 여러 종교의 가르침을 한꺼번에 진심으로 받아들인다면, 그 가르침들은 확실히 근본적으로 서로 다른 주장을 하기에 서로 양립할 수 없는 것처럼 보일 것이다. 진리에 관한 주장들이 충돌하는 이 불편한 문제는 종교다원주의를 옹호하는 피터 바이른(Peter Byrne)에 의해 확인된다:

> 종교적 다양성이란 서로 다른 종교들이 궁극적으로 이르게 되는 형이상학적이고 가치론적인 현실에 대한 대립되는 여러 서술과, 이러한 현실과의 관계 속에서 궁극적으로 선한 인간상에 대한 경쟁적인 설명들을 포함하는 것을 의미한다. … 하나 이상의 종교에서 제공되는 (예컨대 기독교와 이슬람) 초월자와 종교적 현실, 그리고 부활에 대한 기술(記述)들이 상당 부분 겹치는 경우에도 그 안에 내재된 이론들 사이에는 양립할 수 없는 사실들이 존재할 것이다.[2]

종교적 불일치, 혹은 종교의 차이는 오늘날 종교의 통합과 조화에 관

---

[2] Peter Byrne, "A Philosophical Approach to Questions about Religious Diversity," in *The Oxford Handbook of Religious Diversity*, ed. Chad V. Meister (New York: Oxford University Press, 2010), 30.

해 가장 두드러진 목소리를 내고 있는 달라이 라마(Dalai Lama)에 의해서도 확인되고 있다.

> 비록 대부분의 종교가 유신론 창조자로서의 초월적 존재에 대한 믿음을 주장하지만, 불교, 자이나교, 그리고 상키아(Samkhya)로 알려진 고대 인도 종교 중 한 분파와 같이 진정으로 무신론을 주장하는 종교들도 있다. 신에 대한 믿음과 그런 믿음의 부재 사이의 불화는 근본적인 것이다. 그렇지 않은 척하는 것은 의미가 없다.
> 아브라함 계통의 세 종교 내에서는 예수 그리스도의 지위에 대한 깊은 교리적 차이가 존재한다. 유대교 신자들에게 예수는 구약성서에서 약속된 메시아가 아니지만, 기독교 신자들에게 예수는 약속된 메시아이자 그리스도일 뿐 아니라, 사실 하나님의 아들이기도 하다. 복음서에 따르면, "나는 길이요 진리요 생명이니"(요한복음 14장 6절)라고 한다. 그러니 기독교 신자들에게 예수 그리스도는 길이자 진리이며, 사실상 하나님 자신이다. 이슬람 신자들에게 예수는 예언자이지만 완성된 존재는 아니다. 그들에게 그러한 존재는 하나님의 마지막 예언자인 무함마드이고, 이슬람 경전 코란은 창조주의 피조물을 향한 그의 마지막 메시지의 정점을 상징한다.
> 이러한 것들이 세 종교 사이의 근본적인 교리적 차이라는 것을 부인하는 것으로는 아무런 이득이 없다.[3]

서양에서 달라이 라마는 모든 종교를 있는 그대로 받아들이는 다원주의자로 묘사되는 경우가 많기 때문에 그의 발언은 의미가 크다. 그는 신의 존재 여부에 대한 질문에 관한 불교와 기독교의 근본적인 불일치를 인

---

3) The Dalai Lama, *Toward a True Kinship of Faiths: How the World's Religions Can Come Together* (New York: Doubleday, 2010), 133-34.

정한다.

> 철학적 관점에서 보면, 하나님이 창조주이고 전능하며 영원하다는 이론은 불교의 가르침과 모순된다. 이런 관점에서 볼 때 분명 두 종교 사이에 의견 충돌이 생긴다. 불교 신자들에게 우주는 태초의 원인이 없고 따라서 창조주도 없으며, 영구적이고 원초적인 순수한 존재와 같은 것도 존재할 수 없다. 그렇기에 당연히 기독교와 교리적 갈등이 존재한다. 그들의 견해는 서로 정반대가 되기 때문이다.[4]

기독교인과 이슬람교인들은 우주가 영원한 창조주에 의해 창조되었다고 믿는다. 불교 신자들은 이것을 부정한다. 기독교인들은 예수 그리스도가 인간의 모습을 한 하나님의 말씀이자 완전한 하나님이며 완전한 인간이라고 주장한다. 이슬람교인들은 이러한 생각을 신성모독이라고 여기며 배척한다. 힌두교도, 불교도, 자이나교도 모두 부활이 있다는 데는 동의하지만, 다시 태어나는 존재가 영속적이고 실체가 있는 사람인지 영혼인지에 대해서는 의견이 서로 다르다.

세계의 주요 종교들은 특정한 형식의 구조를 공유한다. 그들 각각은 무엇이 종교적으로 궁극적인, 또는 존재론적으로 가장 높은 현실을 구성하는지에 대한 특정한 이해를 지니고 있으며, 그들 각각은 현재의 우주가 마땅히 그러해야 할 형태로 존재하지 않기에, 따라서 인류는 어떠한 원치 않는 상태에 시달리고 있다고 주장하고, 또 그들 각각은 현재의 곤경을 극복하고 보다 나은 상태를 이룩할 수 있는 방법을 제공한다.

---

4) The Dalai Lama, "Buddhism and Other Religions," in *Philosophy of Religion: Selected Readings*, ed. Michael Peterson et al., 4th ed. (New York: Oxford University Press, 2010), 578.

그러나 각 종교들은 이런 형식적 구조를 채우는 구체적이고 실질적인 가르침에 대해서는 서로 상충된다. 스티븐 프로테로(Stephen Prothero)가 보기에 "세계의 종교들이 공유하는 것은 결승점이 아니라 출발점이다. 그리고 그들은 '세상에는 무언가 잘못된 것이 있다'는 간단한 관찰에서부터 시작한다. … 전 세계의 종교인들은 모두 무언가 틀어졌다는 것에 동의한다. 그러나 무엇이 잘못되었는지에 대해 이야기할 때 그들은 서로 의견을 달리하기 시작하고, 인간의 문제를 진단하는 것을 지나 그것에 대한 해결 방법을 처방하려 하면 그들의 의견은 급격하게 나뉘게 된다."5) 모든 종교는 현재 세계의 상태가 마땅히 그래야 할 상태가 아니라는 것을 인정하지만, 이렇게 불만족스러운 상태가 되어버린 원인과 그것에 관한 적절한 해결책에 대해서는 서로 동의하지 않는다. 기독교인들에게 그 근본적인 원인은 신성한 하나님에 대한 죄악이며, 그 해결책은 십자가에 달린 인간 예수 그리스도와 그가 행한 일을 통해 하나님께 회개하고 하나님과 화해하는 데에 있다. 많은 불교도, 힌두교, 그리고 자이나교도들에게 세계의 부패된 현 상태의 원인은 근본적으로 잘못된 현실관에 존재하며, 그에 대한 해결책은 그러한 잘못된 시각의 한계를 극복하는 일을 포함한다. 그러나 힌두교도, 불교도, 그리고 자이나교도들은 그 오류의 본질과 그것을 극복하는 방법에 대해서는 또한 서로 의견을 달리한다.

종교 간의 이러한 의견 불일치는 우리가 어떻게 살아야 하는지에 대한 많은 이견을 낳는다. 기독교와 소승불교의 차이 예컨대, 자신의 죄를 뉘우친 뒤에 주님이자 구세주인 예수 그리스도를 따라야 하는지, 아니면 팔정도를 따라야 하는지에 대한 차이는 공동의 목표를 달성하기 위한 다양한 **수단들**을 반영하기보단, 각자가 추구하는 굉장히 다른 **결말들**을 반영한다고 할 수 있다. 이러한 차이점들은 종교적으로 궁극적인 것, 우주

---

5) Stephen R. Prothero, *God Is Not One: The Eight Rival Religions That Run the Worldand Why Their Differences Matter* (New York: HarperOne, 2010), 11.

를 괴롭히는 문제의 본질, 그리고 이 곤경에 대한 적절한 해결책 등에 대한 보다 근본적인 불일치로부터 자라난다.

서로 다른 어떠한 종교적 가르침들은 실제로 양립 가능할 수 있을지도 모른다. 그러나 그 외 다른 가르침들은 상호 양립할 수 없다. 여기서 양립할 수 없는 두 종류의 가르침을 구분하는 것은 매우 중요하다.[6] 이 두 가지 종교적 주장들이 각각 진리를 주장하고, 두 주장이 동시에 진리일 수는 없지만 한쪽은 반드시 진리이어야 하는 경우에, 그들은 서로 모순적이라고 말한다. "영원한 창조주 하나님은 존재한다"와 "영원한 창조주 하나님은 존재하지 않는다"는 주장은 서로 모순적이다. 반면에 두 가지 종교적 주장이 각각 진리라 주장하고, 그 두 주장이 동시에 참일 수는 없지만 어느 쪽 주장도 참일 필요가 없는 경우에, 그들은 서로 **정반대**라고 말한다. "궁극적인 현실은 공(空)[비어 있는 상태]이다"와 "궁극적인 현실은 알라신이다"는 서로 반대이다. 둘 다 참일 수는 없지만 둘 다 거짓일 수는 있다. 양립할 수 없을 것 같은 대부분의 종교적 불일치는 모순이 아니라 사실 반대 관계에 놓여 있는 것이다.

진리에 관하여 충돌하는 주장들에 대해서 우리는 어떻게 해야 하는가? 종교적 불일치와 진리에 관하여 채택할 수 있는 접근법이 최소한 여섯 가지가 존재한다:

1. 모든 종교가 거짓이라고 단정 지을 만한 충분한 이유가 있다. 그들의 주된 주장이 참인 종교는 없다.
2. 참이라는 것을 증명할 수 있거나 다른 종교에 비해 합리적인 하

---

[6] 참고, Paul J. Griffiths, *Problems of Religious Diversity*, 31-37. 종교들에 관하여 상충되는 주장들은 다음을 참고, William A. Christian, *Oppositions of Religious Doctrines: A Study in the Logic of Dialogue among Religions* (London: Macmillan, 1972); 같은 저자, *Doctrines of Religious Communities: A Philosophical Study* (New Haven: Yale University Press, 1987); Ninian Smart, *A Dialogue of Religions* (London: SCM, 1960).

나의 특정한 종교(예컨대 기독교)가 있다.
3. 하나의 종교가 참이라는 것을 증명하거나 다른 종교에 비해 합리적이라는 것을 보일 수는 없지만, 그럼에도 불구하고 한 종교의 신자(예컨대 기독교인)가 자신의 종교를 참으로 간주하는 것은 합리적일 수 있다.
4. 종교 간의 의견 불일치는 각자의 독특한 진리에 대한 종교의 주장을 훼손시킨다. 가장 합리적인 관점은 결정적 판단을 유보하고 불가지론자로 남는 것이다.
5. 각 종교는 자신의 신자들에게는 '진리'이자 '효과적'이라고 볼 수 있지만, 종교적 진리를 판단할 만한 객관적이고 전통적이고 초월적인 방법은 없다.
6. 종교들 사이의 분명한 의견 불일치에도 불구하고, 주요 종교들이 모두 같은 궁극적이고 신성한 현실과 '맞닿아 있다'고 믿는 데에는 타당한 이유가 있다. 어느 하나의 종교도 진리에 관해서나, 구원론적 효과에 관해서는 다른 종교에 비해 우월하다고 정당하게 주장할 수 없다.

접근법 1에 나타난 무신론은 여전히 소수의 관점으로 남아있지만, 오늘날 그 수가 꽤 증가하고 있다. 많은 기독교인은 접근법 2를 받아들일 것이고, 그 외 다른 기독교인들은 아마도 접근법 3을 편안하게 여길 것이다. 접근법 4에 반영된 불가지론은 오늘날 세계 많은 사람에게 매력적으로 보일 것이며, 다양한 종교적 활동과도 양립할 수 있다. 접근법 2, 3, 4와 관련된 몇 가지 쟁점들은 다음 두 장에서 살펴볼 것이다. 접근법 5는 종교적 상대주의를 나타내고 있으며,[7] 상대주의와 구별되는 종교다원주

---

7) 참고, Joseph Runzo, "Pluralism and Relativism," in Meister, *Oxford Handbook of Religious Diversity*, 61-76; 같은 저자, *Reason, Relativism, and God* (London:

의는 접근법 6에서 찾을 수 있다.

이 장에서 우리는 "종교다원주의"라는 용어로 칭할 접근법 6에서의 관점을 살펴볼 것이다.[8] 마하트마 간디(Mahatma Gandhi)의 다음과 같은 진술은 다원주의의 대중적인 형태를 잘 표현한다: "서로 다른 종교들은 하나의 정원에서 피어난 아름다운 꽃들이거나, 하나의 장엄한 나무에서 뻗은 가지들이다. … 모든 종교의 뿌리는 하나이고 순수하며, 모두 같은 근원에서 생겨났기 때문에 그들 모두는 평등하다."[9] 이런 의미에서 종교다원주의란, 모든 주요 종교가 (거의) 동등하게 진실하며 신성한 존재에 대응할 수 있는 동등하고 정당한 효과적인 방법을 제공한다는 관점이다. 어느 하나의 종교도 그것이 모든 문화권의 모든 사람에게 언제나 뚜렷하게 진실되고 규범적이라고 주장할 수는 없다. 다른 다원주의자들의 관점도 참고할 것이지만, 우리는 존 힉(John Hick)이 주장하는 종교다원주의의 이론을 주요하게 다룰 것이다. 그리고 나는 다원주의가 극복하기 어려운 문제에 직면해 있으며, 따라서 그것은 성립할 수 없는 선택지임을 후에 주장할 것이다.

Macmillan, 1986).

8) "종교다원주의"라는 용어는 다양한 방식으로 사용된다. 사회학자들은 이를 종교적 다양성에 대한 동의어로서 묘사적 의미로 종종 사용한다. 다른 이들은 이것이 무엇을 포함하는지 신중하게 그 의미를 규정하지 않고 종교적 다양성을 향한 거의 긍정적인 태도를 뜻하는 것으로 여긴다. 나는 "종교다원주의"를 세계 주요 종교들이 대략적으로 동등하게 참되고, 모두 동일하게 하나의 종교적인 궁극적 존재에 대한 적절한 응답으로서 실질적으로 정당한 종교들이라는 시각을 지칭하는 것으로서 사용한다.

9) M. Gandhi, 다음에서 인용, *Gandhi on Christianity*, ed. Robert Ellsberg (Maryknoll, NY: Orbis Books, 1991), 65; and in *Mahatma Gandhi: Essential Writings*, ed. Judith M. Brown (New York: Oxford University Press, 2008), 50-51.

종교다원주의: 이론

피터 바이른에 따르면, 종교다원주의는 "인간적 경험의 어떤 흐름도 그 실체에 관하여 독점적으로 접촉하거나 그것에 대한 확정적이고 신뢰할 수 있는 설명을 지니고 있지 않지만, 세계의 종교들은 인류가 신성하고 초월적인 존재와 접촉하고 있다고 가정할 만한 충분한 이유를 제공한다"고 주장한다.[10] 바이른은 종교다원주의의 핵심을 이루는 세 가지의 명제를 간결하게 내세운다:

> 종교의 다양성에 대한 이론적 응답으로서의 다원주의는 이제 세 가지 명제에 의해 간단하게 정의될 수 있다. (1) 종교의 모든 주요 형태는 하나의 초월적이고 신성한 존재를 언급한다는 측면에서 서로 동등하다. (2) 종교의 모든 주요 형태는 인간의 구원에 대해 어떠한 수단을 제공한다는 면에서 마찬가지로 서로 동등하다. (3) 종교의 모든 전통은 신성의 본질에 대한 수정 가능하고 제한된 설명을 포함하는 것으로 간주되어야 한다: 각각의 특정한 독단적 서술을 제공하는 데 있어 그 어느 것도 타 종교를 해석하기 위한 기준을 제공할 만큼 충분히 확실하지는 않다.[11]

위에서 피터 바이른이 말한 첫 번째 명제는 다원주의 모델에 필수적인 통일성을 제공한다. 종교들 간의 여러 차이에도 불구하고 그 종교들이 공통으로 언급하는 존재론적 대상이 있다는 것이다. 나아가, 종교의 구

---

[10] Peter Byrne, "It Is Not Reasonable to Believe That Only One Religion Is True," in *Contemporary Debates in Philosophy of Religion*, ed. Michael L. Peterson and Raymond J. VanArragon (Oxford: Blackwell, 2004), 215.

[11] Ibid., 204. 다음 문헌도 참고, Peter Byrne's *Prolegomena to Religious Pluralism: Reference and Realism in Religion* (New York: St. Martin's Press, 1995), 12.

원론적 목표를 어떻게 해석하든지 간에, 종교들이 원하는 목표를 달성하는 데 있어 서로 동일한 정도로 모두 효과적이라고 주장한다. 위에 나타난 세 번째 명제는 종교적 가르침이나 교리의 중요성을 최소화함으로써 진리에 관해 충돌하는 주장들의 문제를 완화하려고 한다.

나는 종교에 관한 진정한 다원주의적 이해를 위해 필요한 조건을 이 명제들 위에 덧붙이고자 한다: 종교다원주의의 실행 가능한 모델은 어느 것도 특정 단일 종교의 관점이나 어느 유신론적, 범신론적, 무신론적 형태의 관점을 우월하게 여겨서는 안 된다는 것이다. 예를 들어, 앞서 4장에 등장하는 스와미 비베카난다나 라다크리슈난의 다원주의적 견해는 폭넓은 베단타 힌두교의 틀 내에서 다른 종교들을 실행 가능한 선택사항으로 받아들인다. 따라서 이 경우에 종교적 진리의 가장 높은 형태는 베단타 힌두교의 진리가 되며, 유신론적 전통들에는 그보다 낮은 지위가 부여된다. 그러나 이것은 진정한 다원주의가 아니다. 이것은 단순히 베단타 힌두교의 관대해 보이는 형태일 뿐이다.[12] 이와 비슷한 형태로, 신의 존재를 명백히 배척하는 불교와 자이나교를 포함한 모든 종교를 신에 대한 납득 가능한 종교적 응답으로 간주하는 매우 수용적인 형태의 유신론들도 존재한다. 그러나 이런 패러다임들 역시 진정으로 다원주의적인 것이 아니라 그저 유신론의 매우 포괄적인 형태에 불과하다. 종교에 대한 진정한 다원주의적 이해는 유신론적 전통과 무신론적 전통 중 어느 하나를 우월하게 여기지 않아야 한다. 앞으로 우리가 보게 되겠지만, 물론 이것은 굉장히 충족시키기 어려운 조건이긴 하다.

종교다원주의의 가장 영향력 있는 모델은 신학자이자 철학자인 존 힉에 의해 만들어졌는데, 그의 견해는 그의 책 *An Interpretation of*

---

12) 힌두교의 "다원주의"가 해석되는 이런 방식에 대해 유용한 분석은 다음을 참고, Arvind Sharma, "All Religions AreEqual? One? True? Same? A Critical Examination of Some Formulations of the Neo-Hindu Position," *Philosophy East and West* 29.1 (January 1979): 59-72.

Religion 안에 온전히 제시되어 있다.[13] 힉의 이론은 대중적 문화에서 널리 받아들여지고 있는 관점을 세련되고 매력적으로 표현하였다. 그의 제안은 피터 바이른이 말한 세 가지 명제에 들어맞으며, 어떤 특정한 종교적 전통을 우월하게 여기지 않는다는 조건마저 충족시키고자 한다. 힉의 모델의 핵심에는 다음과 같은 주장이 있다:

> 인간적이게 되는 다양한(variant) 방식 안에서 '신앙'은 실재(the Real)에 대한 서로 다른 인식과 개념들을 구현하고 그에 상응하는 서로 다른 반응들을 포함한다. 그리고 그들 각각의 내부에서는 자기 중심성에서 현실 중심성으로의 인간 존재의 변혁이 일어나고 있다. 따라서 이러한 종교 전통들은 모든 사람이 구원/해방/계몽을 찾기 위한 대안으로의 구원론적 '공간' 또는 '길'로 간주된다.[14]

힉은 그의 다른 저서에서 위의 말을 다음과 같이 달리 표현한다: "세계의 각기 다른 종교들은, 각각 그들의 신성한 성서, 영적 관행, 종교적 경험의 형태, 신념 체계, 설립자 혹은 본보기가 될 만한 위대한 인물들, 공동의 추억, 생활 방식의 문화적 표현, 규정과 관습, 예술 형식 등이 복합적인 역사적 총체로서 함께 취합되어, 그들 모두가 서로 다른 방식으로 목격하는 궁극적인 초월적 존재에 대한 인간의 서로 다른 반응을 구성한다."[15]

종교다원주의는 존재론적인 종교적 사실주의의 관점에서 이해되어야

---

13) John Hick, *An Interpretation of Religion*, 2nd ed. (New Haven: Yale University Press, 2004 [1989]). 힉이 자신의 논지를 발전시킨 또 다른 저서들은 다음과 같다. *Disputed Questions in Theology and the Philosophy of Religion* (New Haven: Yale University Press, 1993); *A Christian Theology of Religions: The Rainbow of Faiths* (Louisville: Westminster John Knox, 1995); *The Fifth Dimension: An Exploration of the Spiritual Realm* (Oxford: Oneworld, 1999); and *Dialogues in the Philosophy of Religion* (New York: Palgrave, 2001).

14) John Hick, *Interpretation of Religion*, 240.

15) John Hick, *Fifth Dimension*, 77.

한다. 다원주의는 실제로 다양한 종교들이 적절한 관계를 맺고 있는 종교적인 궁극적 누군가(혹은 무언가)가 '저기 어딘가'에 존재한다고 주장한다. 바이른은 다음과 같이 말한다. "모든 주요 종교 전통들이 공동의 신성하고 초월적인 존재를 가리킨다는 교리는 다원주의의 핵심이다. 이를 자연주의와 구별하기 위해서는, 비록 어떤 종교도 그 현실을 충분히 묘사하지 못하겠지만, 어떤 비인간적 신성한 존재가 모든 종교에 영향을 미친다는 사실을 식별해야 한다."16) 다양한 종교들이 각자의 방식으로 가리키는 이 초월적인 존재를 힉은 '실재'(The Real)라고 일컫는다. 힉은 여러 종교 사이의 분명한 차이들에도 불구하고 "모든 것의 근원이자 기초가 되는 궁극적이고 형언할 수 없는 존재"가 있으며, 종교는 "이 실재(the Real)에 대한 인간의 서로 다른 이해와 그에 상응하는 다른 형태의 경험과 다른 삶의 형태를 지니고 있다"고 주장한다.17)

그런데 모든 종교가 모두 동일하게 신성한 존재에 반응하고 있는 것이라면, 왜 그들 사이에 더 큰 합의가 이루어지지 않는 것일까? 왜 그들의 가르침이 이렇게 다양해진 것인가? 어떤 종교들은 궁극적 존재를 야훼, 삼위일체 하나님, 알라, 크리슈나와 같은 개인적 존재로서 나타낸다. 다른 종교들은 유신론을 거부하고 궁극을 도, 니르구나 브라만(Nirguna Brahman), 공(空), 법신과 같은 비개인적 현실로 간주한다. 이러한 개념들이 각각의 종교적 맥락 안에서 이해된다면, 이것들이 단지 공통의 존재에 대한 사소한 변형이 아니라는 것은 자명하다. 이슬람에서 '알라'가 의미하는 것은 아드바이타 베단타(Advaita Vedantin)에서 '브라만'이 의미하는 것과 다르고, 불교에서 '공(空)'(비어 있는 상태)이 의미하는 것은 기독교와 이슬람에서 말하는 창조주 하나님의 개념과 절대 양립할 수 없는 것으로 이해

---

16) Peter Byrne, *Prolegomena*, 31. 다음 저서도 참고, Peter Byrne, *God and Realism* (Burlington, VT: Ashgate, 2003). *Interpretation of Religion*의 11-12장에서 힉은 종교적 비현실주의를 반대한다.
17) Hick, *Christian Theology of Religions*, 27.

된다. 다원주의자들은 어떻게 이렇게 서로 전혀 다른 관점들이 실은 모두 동일한 종교적으로 궁극적 존재와 연관되어 있다고 주장할 수 있을까?

힉은 임마누엘 칸트(Immanuel Kant)가 지각의 인식론에서 유명하게 주장한 물자체(noumenon)와 현상(phenomenon)의 구별을 적용함으로써 위의 질문들에 대응한다. 힉은 종교적 궁극을 종교적 궁극 그 자체와, 역사적으로나 문화적으로 영향을 받은 사람들이 경험하는 종교적 궁극으로 구분한다. 실재 자체는 결코 종교적 체험의 직접적인 대상이 될 수 없지만, 인간은 이 실재의 수많은 상징적 '현상'이나 개념적 이미지를 경험할 수 있다. 그러므로 특정 종교 전통 안에 놓여 있는 사람들은 특징적으로 실재를 야훼, 알라, 크리슈나, 또는 예수 그리스도와 같은 개인적인 존재로서 경험하고, 이와 다른 전통 안에 놓여 있는 사람들은 실재를 도, 니르구나 브라만, 공(空), 또는 법신과 같은 비개인적인 형태로 경험한다는 것이다. 실재의 개인적인 표현은 신적 인격성(divine personae)이라고 불리며, 비개인적인 표현은 실재의 신적 비인격성(divine impersonae)이다. 특정 종교들이 관련된 인격성과 비인격성을 종교적 궁극으로 간주하는 한편, 힉은 그것 모두가 결국 다양한 종교인들이 생각하고 반응하는 진정한 궁극 즉 실재(the Real) 이전의 개념적 상징이라고 주장한다.

만약 어떤 사람이 종교의 진정한 다원주의적 모델을 받아들였다면, 그 사람은 인격성과 비인격성 중 어느 하나를 우위에 두어서는 안 된다. 이에 따라 힉은 우리의 개념이나 언어적 용어 중 어떤 것도 실재 자체에 적용될 수 없을 만큼 실재 자체는 개인과 비개인의 특성 모두를 초월한다고 주장한다.

> 실재 그 자체와 인간의 종교적 개념을 통해 이해하고 경험한 실재의 구별은 … 우리가 **인격성**과 **비인격성**에서 마주하는 특성을 실재 **그 자체**에 적용할 수 없다는 사실을 수반한다. 그러므로 실

재는 하나 또는 다수, 사람이나 사물, 의식적이거나 무의식적, 물질이나 과정, 선이나 악, 사랑 또는 증오와 같은 것으로 설명될 수 없다. 인간 경험의 영역 내에서 적용되는 어떠한 서술적 용어도 그 영역의 기초가 되고 경험할 수 없는 현실에 그 자체로 적용될 수는 없다.[18]

따라서 힉은 실재 그 자체에 대해 실질적으로 어떤 것도 말할 수 없다고 주장한다. 초월적이고 궁극적 존재인 실재는 표현 불가능하다는 것이다.

표현 불가능함에 대한 일반적인 반박으로는 "x는 표현 불가능하다"는 형식의 문장이 자기지시적으로 비논리적이라는 주장이 존재한다. x가 표현 불가능하다고 말하는 것에서 x는 '표현 불가능함'의 속성을 지니고 있다고 말하고 있기 때문에, 이것 자체로 x에 관해 무언가를 표현하는 것이 된다는 말이다. 이러한 모순을 피하기 위해 힉은 순전히 형식적인 속성(예컨대 가능성 있는 언급 대상이 되는 속성)과, 실재가 어떤 것인지에 대한 중요한 정보를 알려주는 실질적인 속성을 구분한다. 그리고 그는 어떠한 실질적인 속성도 실재에 적용될 수 없다고 주장한다.[19] "'표현 불가능하다'는 말은 … 인간의 개념으로 형성된 네트워크의 영역을 벗어난 본질을 갖는다는 것이다. 따라서 실재 그 자체는 인격적이거나 비인격적이거나, 목적이 있거나 목적이 없거나, 선하거나 악하거나, 물질이거나 과정이거나, 하나 또는 다수라고 적절하게 말할 수 없다."[20]

---

18) John Hick, *Interpretation of Religion*, 350; 다음 부분도 참고, 246-47, 349.
19) 참고, John Hick, "Ineffability," *Religious Studies* 36 (March 2000): 35-46; 같은 저자, "Introduction to the Second Edition," in *Interpretation of Religion*, ?x-xx; 같은 저자, "Religious Pluralism," in *The Routledge Companion to Philosophy of Religion*, ed. Chad V. Meister and Paul Copan (London: Routledge, 2007), 220-23.
20) Hick, *Christian Theology of Religions*, 27.

종교들 사이에서 진리에 대한 주장이 충돌하는 것에 대한 문제를 힉은 어떻게 다루고 있을까? 실현 가능한 종교다원주의의 모델은 두 가지를 함으로써 이 문제를 완화시킬 수 있어야 한다. 첫째로, 다원주의자는 종교들 사이에 걸친 가르침의 진정한 차이를 인정해야 한다. 둘째, 다원주의자는 또한 이렇게 명백히 양립할 수 없는 주장들이 실제로 어떻게 상호 양립할 수 있는지를 보여주거나(이는 참으로 쉽지 않은 도전일 것이다), 이러한 갈등이 중요하지 않게끔 하는 종교적 가르침과 진리에 대한 대안적인 이해를 제공할 수 있어야 한다. 힉은 대부분의 다른 다원주의자들과 마찬가지로 교리적 논쟁의 중요성을 축소시키고 종교적 진리의 개념을 자기 안에서 재해석함으로써 후자의 선택을 채택하고 있다.

종교적 교리와 진리에 대한 힉의 견해를 살펴보기 전에, 우리는 힉의 시각에 상당한 영향을 끼친 다원주의자 윌프레드 칸트웰 스미스(Wilfred Cantwell Smith)가 제시한 종교에서의 명제적 진리에 대한 비판에 우선 주목해야 한다. 진리에 대한 주장이 충돌하는 문제는 종교가 명제적 진리를 수용하는 데에 달려있다고 그는 말한다. 만약 이 진리에 대한 관점이 적용될 수 없다면 그 문제는 간과해도 될 것이다.

명제적 진리는 특정 명제나 진술의 속성이며,[21] 이에 대해 1. 윌리엄 앨스턴(William Alston)은 이렇게 말한다. "어떤 진술(명제나 신념 등)은 그것이 사실이라고 주장하는 것이 실제로 사실인 경우에만 진리인 것이다."[22] 이는 흔히 '진리의 대응론'이라고 하는 것과 밀접한 관련이 있는데, 이 이론은 "한 진술이 진리이기 위해서는 진리에 대한 그 진술과 세계의 실제적인 특징들 사이에 적절한 **대응관계**가 존재해야 한다"고 말한다.[23] 그렇다

---

21) 이 책에서 우리의 목적을 위해서는 우선 우리가 "진술"을 사실상 동의어로 "명제"로 여길 수 있다. 그럼 한 명제는, 선언적 문장 또는 암시적이거나 명백한 주장을 만드는 문장에 의해 전해지는 것을 표현하는 의미가 된다.
22) 참고, William P. Alston, *A Realist Conception of Truth* (Ithaca, NY: Cornell University Press, 1996), 5.
23) Paul K. Moser, Dwayne H. Mulder, and J. D. Trout, *The Theory of*

면 진리가 명제적이라고 하는 것은, 논리적으로 기초적 의미에서, 명제가 언급하는 상황이 사실인 경우에만 사실이 되는 명제들의 속성이 바로 진리임을 주장하는 것이다. 그렇지 않은 경우에 그것은 거짓이 된다. 그러므로 "어젯밤의 폭우로 인해 지하실이 범람했다"는 진술은 오직 어젯밤의 폭우로 인해 실제로 지하실이 범람했을 경우에만 진리가 되는 것이다. "사흘째 되는 날 나사렛 예수가 죽은 자 가운데서 살아났다"는 진술은 오직 사흘째 되는 날 나사렛 예수가 죽은 자 가운데서 살아났을 경우에만 진리이다. "무함마드는 천사 가브리엘로부터 코란을 구성하라는 계시를 받았다"는 진술은 오직 무함마드가 실제로 천사 가브리엘로부터 코란을 구성하라는 계시를 받았을 경우에만 진리가 된다. 명제적 진리의 개념은 진리에 대한 우리의 통상적인 이해의 기저를 이루고, 대부분의 종교 신자들이 그들의 종교 전통의 핵심에 있는 주장을 받아들이는 데 있어 당연한 것으로 받아들여지고 있다.

진리에 대한 명제적 이해는, 진리는 진술이나 신념에 유리한 증거로서 기능한다고 주장하는 진리에 대한 인식론적 개념과 구별되어야 한다.[24] 진리가 되는 진술에서는, 그 진술이 주장하는 것과 실제 현실의 상태 사이의 특정한 관계가 그 진술을 진리이게끔 하는 것이다. 그 진술이 진리임을 알고 있느냐는 물음, 혹은 그 진술을 믿는 것에 대한 정당성을 획득하는지에 대한 물음은 그 진술이 실제로 진리인 것과는 별개다.

그러나 윌프레드 칸트웰 스미스는 그의 영향력 있는 몇몇 저서에서 종교적 진리는 명제적 진리가 아니라 '사적인 진리'로 이해되어야 한다고 주장한다. 스미스의 말에 따르면 "진리는 객관적인 개념이 아니라 인간적인 개념이다. 진리의 개념은 명제에 있지 않다. 근대에서 진실과 거짓은 종종

Knowledge: A Thematic Introduction (New York: Oxford University Press, 1998), 65.
24) Alston, *Realist Conception of Truth*, 7.

진술이나 명제의 속성 혹은 기능이라고 여겨졌던 것에 비해, 현대에 와서는 그것을 오히려 개인의 속성 혹은 기능으로만 볼 때, 혹은 이러한 관점을 더 큰 주안점으로 여길 때 더 많은 이점이 있다."[25] 사적인 진리는 어떤 명제나 진술적 속성이 아닌 개인적 속성이며, 개인 내면의 삶에 대한 기능이다. "인간의 행동은 말이나 행동을 통한 개인 내면의 삶과 주변 세계 사이를 연결하는 고리이다. 개인적 차원에서의 진리는 그 관계의 양쪽 부분이 모두 꾸밈없고 적절하며 진실인 특성을 의미한다."[26] 즉 사적인 진리는 현실과의 객관적 유사성을 나타내는 것이 아니라 오히려 믿는 이의 행위에서 드러나는 특정한 신념의 진실성, 신뢰성, 그리고 존재론적 적절성을 나타내는 것이다. "저자의 내면에서 적절하다고 인정받지 못한 이상 그 어떤 진술도 진정한 진리로 받아들여질 수 없다."[27] 사적인 진리는 계속해서 변하고 사람마다 다르기 때문에, 어떠한 진술, 신념, 그리고 종교적 전통까지도 '나'에게는 진리라고 말하거나 여겨질 수 있지만 '너'에게는 그렇지 않을 수 있다. 한 종교적 전통은 "그것이 개인의 삶과 집단에 영향을 미치고 신앙을 육성하는 정도에 따라, 사람마다 더 진실되거나 덜 진실될 수 있다."[28] 예를 들어 누구도 기독교를 단순히 진실이거나 거짓이라고 생각해서는 안 된다. "기독교는 절대적이고 개인과는 관계없는 정적인 진리가 아니라, 당신과 내가 그것을 우리의 것으로 만들고 내면화하여 하루하루 살아낸다면 진리가 될 수 있는 것이다. 우리가 그것을 선반에서 꺼내어 실제적인 존재 속에서 개인화한다면 진리가 되는 것

---

[25] Wilfred Cantwell Smith, *Towards a World Theology: Faith and the Comparative History of Religion* (Maryknoll, NY: Orbis Books, 1989), 190; 같은 저자, "A Human View of Truth," in *Truth and Dialogue in World Religions: Conflicting Truth Claims*, ed. John Hick (Philadelphia: Westminster, 1974), 20.

[26] W. C. Smith, "Human View of Truth," 26.

[27] 같은 책, 35.

[28] W. C. Smith, *Towards A World Theology*, 187.

이다."29)

존 힉은 윌프레드 칸트웰 스미스로부터 상당한 영향을 받았으며, 스미스가 그랬듯 힉 또한 종교에서의 진리 개념을 재해석함으로써 여러 종교 안에서 진리에 대한 주장들이 충돌하는 문제를 해소하려 한다. 힉은 종교들 내에서 충돌하는 진리 주장을 세 단계로 구분한다.30) 첫째, 역사적 사실에 대한 의견의 불일치가 있다. 예수는 십자가에서 죽었는가 죽지 않았는가? 기독교인들은 그렇다고 말하고 이슬람교도들은 대체적으로 제 3의 장소를 상정하며 예수가 십자가에서 죽었음을 부정한다. 둘째로, 다른 종류의 의견 불일치는 역사적 사실을 초월하는 문제들에 관한 것이다. 환생은 진실인가? 죽음에서 살아남는 영혼이 있는가? 만약 그렇다면, 그 영혼에게는 어떤 일이 일어나는 것인가? 셋째로, 우주에 대한 궁극적인 사고방식과 종교적 궁극, 즉 실재에 대한 의견 불일치가 존재한다. 종교적 궁극은 인격인가 비인격인가? 종교적 궁극과 우주는 어떤 관계에 놓여 있는가? 힉은 비록 현실에서 이러한 문제들에 대한 합의는 거의 이루어지지 않지만, 처음 두 범주에 속하는 질문은 원론적으로 대답할 수는 있다고 주장한다. 그러나 세 번째 범주에 속하는 질문은 현재 우리의 이해와 범주를 통해서는 해결될 수 없다고 분명히 말한다.

힉에 따르면, 진리에 대한 주장들이 충돌하는 문제는 우리가 의견 불일치를 '기본적인 진리'(literal truth)의 문제로 취급할 때 발생한다고 한다. 그러나 힉은 우리가 종교적 진리를 기본적인 진리가 아니라 신화적 진리로 이해해야 하며, 그렇게 할 때 진리에 대한 주장들이 서로 충돌하는 문제가 사라진다고 주장한다. 한 종교적 서술에 대한 신화적 진리는 그 서술이 주장하는 바와 객관적 상황들 사이의 상관관계에 달려 있지 않으며,

---

29) Wilfred Cantwell Smith, *Questions of Religious Truth* (London: Gollancz, 1967), 67-68.
30) Hick, *Interpretation of Religion*, 362-76.

그것은 그 서술이 개인이나 공동체에 미치는 영향의 역동적인 기능이다. 이는 스미스가 주장한 개인적 진실의 개념과 유사하다.

> 사실적 주장에 대한 기본적인 진리 혹은 거짓(이는 분석적 명제에 대한 진리 혹은 거짓과 구별된다)은 사실과의 일치, 혹은 불일치에 달려있다. "여기에 지금 비가 오고 있다"는 말은 여기에 지금 비가 오고 있는 경우에만 일반적으로 진실이다. 그러나 기본적 전리 외에도 신화적 진리가 존재한다. x에 대한 진술이나 명제의 집합이 일반적으로 진실이 아니더라도 x에 대한 적절한 기질적 태도를 환기시키는 경향이 있다면, 그것은 신화적으로 진실이라고 할 수 있다. 따라서 신화적 진리는 실용적이며, 어떤 의미에서는 많이 남용된 용어이기는 하지만 실존적이다. 왜냐하면 신화에 준거한 현실은 사실에 관해 이야기된 것에 기반하지 않고, 신화를 통해 듣는 이에게서 대개 환기되는 행동적 성향의 적절성에 기반하기 때문이다.[31]

따라서 "진정한 종교적 신화는 실재(the Real)와 관련된 우리의 상황에 적절한 태도와 행동 방식을 환기시키는 것이다."[32]

야훼, 삼위일체, 알라, 니르구나 브라만, 공(空), 그리고 도에 관한 종교들에서 비롯한 교리는 일반적으로 진실이거나 거짓이지 않으며, 실재(the Real)와 관련된 신자들의 상황에 적절한 성향적 반응을 환기시키는 한 신화적으로 진실되다고 할 수 있다.[33] 그러므로 중심적인 신념들 천사 가브리엘이 무함마드에게 코란을 받아쓰게 했다는 이슬람의 주장이나, 인간의 궁극적 정체성에 관한 니르구나 브라만과 아드바이타 베단타의 주

---

31) 같은 책, 348.
32) 같은 책, 248.
33) Hick, *Disputed Questions*, 116-17.

장이나, 깨우침을 통해 궁극적인 공(空)의 상태에 직접적이고 즉각적으로 접근할 수 있다는 선종의 주장 등은 기본적인 진리는 아닐 수 있으나 신화적인 진리는 될 수 있다. 스미스나 힉의 종교적 진리에 대한 이해에 있어서 진리는 신념이나 진술 그 자체의 속성이 아니라, 특정한 신념과 이를 믿는 자의 관계의 속성이 되어 신자들에 따라 다를 수 있기 때문에 진리에 대한 주장이 충돌하는 문제가 사라지게 된다.

왜 실재(the Real)를 상정하는가?

왜 모든 종교가 가리키는 종교적 궁극을 실재(the Real)로 상정하는가? 이에 대한 온전한 답을 내기 위해서는 종교적 모호성에 대한 논의와 인지적 자유, '어떤 무엇으로서의 경험'(experiencing-as), 종교적 체험의 영향 등을 포함한 힉의 일반적인 종교적 인식론에 관한 논의를 다뤄야 할 것이다.[34] 비록 여기에서 힉의 인식론에 관해 완전한 논의를 진행할 수는 없지만, 힉의 종교다원주의의 중심이 되는 종교적 모호성, 종교적 체험, 그리고 종교 내에서의 도덕적 변화, 이 세 가지 주장을 간단히 다뤄볼 것이다.

힉의 모델은 "우주는 두 가지 차원에서 종교적으로 모호하다"는 결정적인 가정을 하고 있다. 첫째로, 그는 우주를 종교적인 용어로도 비종교적인(자연주의적인) 용어로도 합리적으로 해석할 수 있다는 점에서 종교적 모호성이 있다고 주장한다. 이성적인 사고만으로는 어느 해석이 더 나은지 판단할 수 없다. 창조주 하나님을 믿는 데에도 이유가 있지만, 그를 믿지

---

[34] 참고, John Hick, *Faith and Knowledge*, 2nd ed. (Ithaca, NY: Cornell University Press, 1966); 같은 저자, *Arguments for the Existence of God* (London: Macmillan, 1970); 같은 저자, *Interpretation of Religion*, chaps. 5-13; 같은 저자, *Between Faith and Doubt: Dialogues on Religion and Reason* (New York: Palgrave, 2010).

않을 만한 타당한 이유도 있다.[35] 또한 우주와 경험에 대한 세심한 분석만으로는 어떤 종교적 관점이 가장 사실일 가능성이 높다고 단정지을 수 없다는 점에서도 모호성이 존재한다. 이성적인 분석만으로는 종교적 궁극이 인격적인 창조주 하나님인지, 대승불교의 공(空)(비어 있는 상태)인지 확정할 수 없다.

위와 같이 힉은 비록 우주가 종교적으로 모호하다고 여김에도, 그는 종교적 체험을 인식론적 문제의 결정적 요소로 간주한다. 힉은 종교적 체험이 진실하지 않다고 주장하는 자연주의적인 설명은 설득력이 없으며, 따라서 우리가 단순히 종교적 체험을 망상으로 간주하여 배제할 수 없다고 주장한다. 그러나 그러한 체험이 상당히 해석 가능한 성격을 지녔다는 점을 고려했을 때, 우리는 그것으로 어떤 종교적 전통이 진리인지에 대한 주요한 문제를 해결할 수는 없다. 그럼에도 불구하고 적절한 상황에서 종교적 체험을 한 적이 있는 사람들에게는 그러한 체험이 진실하며 그에 따라 현실을 해석하는 것이 합리적일 수 있다. "자신의 삶을 하나님의 현존 앞에서 사는 것과 같이 경험하는 사람들이 하나님이 실재하다는 것을 믿는 것은 우리 모두가 우리의 경험을 바탕으로 자연에 대한 믿음을 형성하는 것만큼이나 합리적이다."[36] 이는 힉이 '중대한 신뢰' 원칙이라고 부르는 것에 근거한 것으로, "우리가 달리 생각할 이유가 있는 경우가 아니라면, 그렇게 보이는 것이 정말로 그렇다고 믿는 것은 합리적"이라고 주장한다.[37] 힉은 종교적 체험의 진실성에 대한 일반적인 추정을 수반하는 이 원칙이 기독교적 체험뿐만 아니라 다른 종교 전통들의 체험에도 적용된다고 말한다.[38] 그리고 이것이 다양한 종교적 체험 '이면에' 존재하

---

35) Hick, *Interpretation of Religion*, 124. Robert McKim 역시 종교다원주의의 형태를 옹호하기 위해서 종교의 모호성에 대한 개념을 발전시켰다.
36) Hick, *Interpretation of Religion*, 210.
37) Hick, "Religious Pluralism," 220.
38) 진실성에 대한 일반적인 추정은 물론 어느 경험이나 그 경험에 대한 누군가의 해석을 논박하는 요소들에 의해 기각될 수 있다.

는 공통의 궁극적인 존재를 암시한다고 주장한다.

실재(the Real)를 상정하는 것의 또 다른 중요한 가정은, 힉이 여러 종교 신자들 사이에서 흔히 볼 수 있는 도덕적 변화로 인식하는 것에 대한 호소이다. 힉은 "세계의 다른 종교들이 신들과 절대적 존재들에 대한 그들의 구체적인 관념을 통해 동일한 궁극적 실재(the Real)를 언급하고 있다고 가정하는 이유는, 여타 종교 전통들 안에서 구해지고, 구원되고, 깨우쳐지고, 지혜로워지고, 깨어나고, 해방된 것으로 묘사되는 변화된 여러 인간상 사이의 명백한 유사성이다. 이러한 유사성은 구원의 변화에 대한 공통의 출처를 강하게 시사하고 있다."39) 힉은 이러한 종교들이 '자기중심성'(self-centredness)에서 '실재중심성'(Reality-centredness)으로의 도덕적 변화를 포함하는 공통의 구원론적 구조를 나타낸다고 주장한다. 이 종교들은

> 하나의 근본적인 주제에 대한 다양한 개념 체계 내의 변형된 모습을 구성한다. 그 공통의 주제는 개인이 몰입적인 자기관념에서 하나님, 브라만, 진리, 공(空), 또는 도라고 생각되는 것으로 추정하는 현실과 가치의 통일점으로의 새로운 중심으로 갑작스럽게 혹은 점진적으로 변화하는 것이다. 따라서 각각의 위대한 종교 전통들 속에서 서로 다른 구체적인 형태를 취하는 구원과 해방의 총체적인 개념은 인간 존재가 자기중심성에서 실재중심성으로 변화하는 개념이다. 40)

힉은 이러한 도덕적 변화가 주요 종교들 내에서 대략 비슷하게 일어나고 있다고 주장한다. "우리가 알 수 있는 한, [종교들은] 모든 종교 전통 속 성자들에게서 보이는 자아에서 실재로의 이행을 이룩하는 데 있어서

---

39) Hick, *Christian Theology of Religions*, 69.
40) Hick, *Interpretation of Religion*, 76.

동일한 정도로 결실을 맺는다."⁴¹⁾

　종교들의 윤리적 이상에 대한 유사성, 여러 종교 속 성자들의 삶에서 예시로 삼는 도덕적 가치들, 그리고 종교 신자들 사이에서 도덕적인 변화가 일어나는 정도는, 모두 종교들의 바탕이 되는 공통의 근원을 암시한다. "사색적이거나 실용적인 의미에서나, 개인적이거나 정치적인 의미에서나, 성자들이 생성된다는 점은 한 종교적 전통을 실재에 대한 구제적인 대응으로 규명할 수 있는 하나의 타당한 기준이다. 이 기준에 비추어 볼 때, 모든 신앙이 각자의 성도들을 자체적으로 만들어냈다는 점에서, 세계의 주요 종교적 신앙들은 공통적으로 어떤 구원이나 해방의 맥락을 구성한다는 것을 쉽게 알 수 있다."⁴²⁾ 이것은 힉의 모델에서 두 가지 기능을 수행하는 도덕적 기준을 제공한다. 첫째로, 이는 종교들이 완전히 잘못된 주장을 하는 것이 아니라 동일한 종교적 궁극에 "기반을 두고 있다"고 결론지을 수 있는 타당한 이유를 제공한다. 둘째로, 도덕적 변화는 실재(the Real)에 대한 진정한 반응과 그렇지 않은 반응을 구분할 수 있는 기준을 제공한다. 이에 따르면 모든 종교적 전통들이 받아들여지지는 않는다. 오직 도덕적 변화를 보이는 종교 전통만이 실재(the Real)에 대한 적절한 반응으로 간주된다.

　힉의 다원주의 모델은 상당량의 저술들을 불러일으켰고, 몇 가지 강한 비판을 받았다.⁴³⁾ 그의 제안에는 다양한 이유로 이의가 제기될 수 있다.

---

41) John Hick, *Problems of Religious Pluralism* (New York: St. Martin's Press, 1985), 86-87.
42) Hick, *Interpretation of Religion*, 307.
43) 참고, Paul Rhodes Eddy, *John Hick's Pluralist Philosophy of World Religions* (Burlington, VT: Ashgate, 2002); *Problems in the Philosophy of Religion: Critical Studies of the Work of John Hick*, ed. Harold Hewitt (New York: St. Martin's Press, 1991); Harold A. Netland, "Religious Pluralism as an Explanation for Religious Diversity," in *Philosophy and the Christian Worldview*, ed. David Werther and Mark D. Linville (New York: Continuum, 2012), 25-49; Philip L. Quinn and Kevin Meeker, eds. *The Philosophical*

예를 들어, 힉의 모델은 종교적 모호성에 관한 그의 주장에 기반하고 있지만, 우주가 모호하다는 것은 그가 주장하는 것만큼 명백하지 않다. 사실 우주가 그렇게 모호하지 않다면(즉, 어떤 종교적인 관점보다 자연주의를 받아들이거나, 무신론적이거나, 자연주의적 대안보다는 유신론을 받아들이는 데 설득력 있는 이유가 있다면), 종교다원주의는 인식론적으로 옹호될 수 없다. 우리는 다음 두 장에서 이 문제에 대해 더 자세히 다뤄볼 것이다. 비평가들은 또한 힉의 체계 내에서 인격성과 비인격성의 존재론적 상태와 실재(the Real)와의 관계에 문제가 있다고 지적해왔다. 힉이 말하는 인격성과 비인격성은 인간 인식의 외부적인 지시 대상물 없이, 다양한 집단들이 실재(the Real)에 대해 생각하는 개념일 뿐인가? 혹은 어떠한 인식 외부적인 존재를 지니고 있는 것인가? 정확히 힉의 개념들은 어떻게 실재(the Real)와 연관되어 있는가?[44] 그는 또한 종교에 대한 공통의 구원론적 구조를 다루는 데 있어서 환원주의적이라는 비판을 받아왔다. 종교들이 매우 형식적인 의미에서 '바람직하지 않은 상태에서 훨씬 더 나은 상태로의 변화'를 포함하는 구조를 나타내는 것은 사실이지만, 각 종교들은 그런 바람직하지 않은 상태, 선호되는 상태, 원하는 상태에 도달하기 위한 방식 등을 이해하는 데에는 서로

Challenge of Religious Diversity (New York: Oxford University Press, 2000).

[44] 힉의 모델에 있는 인격성/비인격성을 고려한 존재론적 사안들에 대한 날카로운 비평은 다음을 참고, George Mavrodes, "Polytheism," in *The Rationality of Belief and the Plurality of Faith*, ed. Thomas D. Senor (Ithaca, NY: Cornell University Press, 1995), 261-86. 힉과 Mavrodes 사이의 논쟁에 대해 도움이 되는 분석은 다음을 참고, William Hasker, "The Many Gods of Hick and Mavrodes," in *Evidence and Religious Belief*, ed. Kelly James Clark and Raymond J. VanArragon (New York: Oxford University Press, 2011), 186-99. 다른 곳에서 Mavrodes는 유신론의 하나님을 넘어서는 종교적 궁극을 상정하는 Paul Tillich와 John Hick을 평가하고, 이런 이동이 의미 없는 너무 추상적인 상태와 하위 신들에 의해 정신이 팔린 상태 사이에서 어떻게 자주 바뀌는지 보여준다. 다음을 참고, George I. Mavrodes, "The Gods above the Gods: Can the High Gods Survive?," in *Reasoned Faith: Essays in Philosophical Theology in Honor of Norman Kretzman*, ed. Eleonore Stump (Ithaca, NY: Cornell University Press, 1993), 179-203.

매우 다른 방식들을 제공한다. 그러나 이 장에서 우리는 다음과 같은 세 가지 분야의 문제에만 초점을 맞출 것이다: 종교적 진리에 대한 힉의 재해석, 종교적 차이들을 설명하기 위한 문화에 대한 그의 호소, 그리고 실재(the Real)의 표현 불가능함이다. [45]

종교적 진리의 재해석

스미스가 주장하는 사적인 진리의 개념과 힉이 주장하는 신화적 진리가 종교에서의 명제적 진리를 대체하기 위한 의도에서 탄생한 것이라면, 그 두 가지 모두 문제가 있다. 이 두 가지 관점에 대해 가장 먼저 인지해야 할 것은 그 개념들이 대부분의 종교 신자들이 자신의 종교적 주장에 대해 생각하는 방식과 들어맞지 않는다는 점이다. 한 기독교인이 "예수가 십자가에서 제물로 바쳐져 죽음을 당했기 때문에 나는 하나님과 화해할 수 있다"고 단언할 때, 이 기독교인은 현실을 정확히 반영하는 진술, 즉 진실로 예수가 십자가에서 제물로 바쳐져 죽음을 당했기 때문에 자신이 하나님과 화해할 수 있다는 진술을 하려는 것이다. 그는 그 진술에 대해 적절하게 행동하고 그 진술에 자신의 삶을 맞춰 살아갈 때에만 그 진술이 그에게 진리인 것이라고 여기지 않는다. 마찬가지로 한 힌두교인이 "브라만과 함께 자신의 본질적 정체성을 인식해야만 환생으로부터 해방을 얻을 수 있다"고 주장할 때, 그 힌두교인은 그것을 받아들이고 그것이 자신의 성향과 행동을 형성하도록 하는지에 관계없이, 그것이 현실을 정확하게 묘사한다는 진술을 하려는 것이다. 종교 신자들은 그들의 주장이 현실을 반영한다는 의미에서만 진리가 아니라, 그들이 실재(the Real)에

---

[45] 뒤의 두 개의 사안은 앞서 언급된 에세이에서 분석되었다: Netland, "Religious Pluralism as an Explanation for Religious Diversity."

대해 적절한 성향적 반응을 할 수 있도록 하는 범위 내에서만 진리가 될 수 있다는 것을 알면 놀랄 것이다.

더욱이 힌두교인과 기독교인의 주장이 실제로 현실을 정확히 반영하든 그렇지 않든 간에, 신자들의 의도를 무시하고 그들의 담론과 이질적인 방식으로 진리를 재해석하는 종교적 진리에 대한 어떤 이론도 그러한 재해석을 시도하는 것에 설득력 있는 이유가 없는 한 용납될 수 없다. 나는 진리에 대한 주장들이 서로 충돌하는 문제를 피하고 싶은 갈망 외에는 재해석할 이유가 없다고 본다. 나아가 개인적이고 사적인 진리도, 신화적 진리도, 둘 다 명제적 진리에 대한 대안이 될 수 없는 이유는 전자가 논리적으로 후자에 의존하고 있기 때문이라 본다. 특정한 신념에 있어 이것이 개인적인 의미가 아니라 명제적인 의미에서 진실되지 않는 한, 종교에 대한 개인적인 진리는 성립할 수 없다. 실존적인 의미에서 믿음을 자신의 것으로 만드는 일은 인지적 진공 상태에서 일어나지 않는다. 로저 트리그(Roger Trigg)가 정확하게 보듯이, "어떤 영역이든 헌신과 책무에 대한 사실은 논리적으로 특정한 신앙을 수반하고, 동시에 특정한 다른 신앙들을 배제한다."[46] 예컨대, "알라(Allah)는 의로운 심판관이다"라는 말을 생각해 보자.[47] 스미스의 제안을 따른다면, 이 진술은 그 자체로 진실도 거짓도 아니지만, 이슬람교도들이 이를 받아들여 그에 따라 자신들의 삶을 적절한 방식으로 형성한다면 그것은 진리가 될 수 있다. 그렇게 하는 것은 아마도 이슬람교도가 코란의 가르침에 따라 성실하고, 윤리적으로 진실되고, 충실한 삶을 산다는 것을 의미할 것이고, 그렇게 함으로써 자신이 주장하는 것과 삶을 살아가는 것 사이에 현저한 괴리가 생기지 않게 할 것

---

46) Roger Trigg, *Reason and Commitment* (London: Cambridge University Press, 1973), 44.
47) 여기서 나는 William J. Wainwright의 섬세한 논의에 감사하다. William J. Wainwright, "Wilfred Cantwell Smith on Faith and Belief," *Religious Studies* 20 (September 1984): 353-66.

이다. 이러한 이해를 바탕으로 "알라는 의로운 심판관이다"라고 말하는 것은 이 특정한 사람의 삶이 알라가 의로운 심판관이라는 믿음과 일치한다는 사실을 확인하는 것을 의미한다.

그러나 사실 "알라는 의로운 심판관이다"라는 말은 비개인적이거나 명제적인 의미에서 진리로 받아들여졌을 때에만 개인적인 의미에서도 진리가 될 수 있다. "알라는 의로운 심판관이다"라는 진술은 이슬람교도가 비개인적이거나 명제적인 의미에서 아래의 진술 1과 2가 진실되었다고 확신하는 경우에만 개인적인 의미에서도 적절하게 될 것이다.

1. 알라는 존재한다.
2. 알라는 의로우며 악을 행하는 자를 심판할 것이다.

"알라는 의로운 심판관이다"라는 사안에 대한 개인적 감정과는 무관하게, 이슬람교도들에게는 위의 1과 2의 선언이 인간의 현실을 정확히 반영하는 것으로 이해되기 때문에, 그들은 "알라 신은 의로운 심판관이다"라는 말에 적절하게 반응할 수 있게 되는 것이다. 그러나 만약 진정 이렇다면, 사적이고 개인적인 진리는 명제적 진리를 전제로 하기 때문에 명제적 진리의 대안이 될 수 없게 된다. 스미스는 진리의 문제와 진리에 대해 신자가 반응하는 문제를 혼동하고 있는 것이다.

마찬가지로 힉이 주장하는 신화적 진리 개념 또한 진리의 비신화적, 혹은 명제적 진리에 논리적으로 의존한다. 실재(the Real)에 대해 적절한 성향적 반응을 취한다는 것은 무엇을 의미하는가? 이 질문에 답하기 위해서는 우리가 실재에 대해 아는 것이 있어야 적절한 반응과 부적절한 반응을 구별할 수 있다. 실재에 대한 그러한 지식을 갖는다는 것은, 실재가 어떤 것인지, 그리고 실재에 대한 적절한 반응이 무엇을 포함하는지를 정확하게 묘사하는 등 실재에 대한 진실된 은유적인 의미가 아니라 명제적인 의미에서 진술들을 식별할 수 있다는 것을 포함한다.

예를 들어 힉의 제안에 따르면, "하나님은 우리를 사랑하시며 우리가 타인을 사랑으로 대할 때 기뻐하신다"는 말은 일반적인 진리가 아니라, 그 말을 받아들임으로써 실재에 대한 적절한 성향적 반응을 만들어 낼 때 기독교인들에게 은유적으로 진리가 될 수 있다. 그러한 이러한 반응은 어떤 모습인가? 아마도 그것은 기독교인들이 다른 사람들을 사랑으로 대하는 것을 포함할 것이다. 만약 그렇다면 이는 실재의 본질상, 타인을 사랑으로 대하는 것은 적절한 반응이고, 타인에게 이기적으로 행동하는 것은 그렇지 못한 반응이기 때문일 것이다. 그러나 "실재의 본질에 따르면 타인을 사랑으로 대하는 것이 적절한 반응이고, 타인에게 이기적으로 행동하는 것은 그렇지 못하다"는 말이 은유적 의미가 아니라 명제적인 의미에서 진리일 경우에만 그 말이 이치에 맞는다는 점에 주목해야 한다.

따라서 진리에 대한 서로 다른 주장들이 충돌하는 문제는 그렇게 쉽게 제거될 수 없다. 오늘날 많은 사람에게 종교다원주의가 매력적으로 비치는 이유는 오직 다원주의만이 일부 종교의 중심적 가르침들을 거짓된 것으로 거부하지 않고 모든 주요 종교들을 있는 그대로 받아들일 수 있게 한다는 가정 때문이다. 진리에 대한 서로 다른 주장들이 충돌하는 문제는, 진실되고 도덕적으로 존중받을 만하며 총명한 타 종교 신자들이 그들의 기본적인 종교적 헌신이 틀렸다는 주장을 함축하고 있는 것으로 보이지만, 다원주의는 이러한 결론을 피할 수 있는 방법을 제시해 주는 것 같다. 그러나 아이러니하게도, 다원주의를 통해서도 수많은 종교 신자들이 그들의 신앙에 대해 잘못 알고 있다는 결론은 피할 수 없다. 힉의 모델에 따르면, 예수 그리스도가 인간의 모습을 한 하나님이며 완전한 신이자 완전한 인간이라고 믿는 기독교인들은, 비록 그 진술이 은유적으로 진실이라 볼 수 있다고 하더라도 엄밀하게 말하면 그 진술은 거짓되었기 때문에 그 기독교인들은 잘못 알고 있는 것이 된다. 마찬가지로, 사토리(깨달음)의 경험이 종교적 궁극에 대한 직접적이고 즉각적인 접근을 제공한다는 불교계의 주장도 이와 비슷하다고 볼 수 있게 된다. 비록 은유적으로 진실되었을 수 있지만, 이 주장 역시 일반적으로는 거짓이라는 것이다. 이와 유사한 논증은 다양한 종교의 핵심 주장에도 적용된다. 그러므로 종교다원주의에 대한 힉의 제안을 받아들인다고 하더라도, 진실되고 총명하고 도덕적으로 선량한 많은 사람이 그들의 종교적 신념에 착오가 있다는 결론에서 벗어날 수는 없다.

문화와 종교에 관한 다원주의

우리가 앞에서 보았듯이, 다원주의자들은 종교적 신념과 종교적 관행들의 엄청난 다양성을 설명하기 위해 역사적이고 문화적인 영향에 상당히 호소한다. 힉의 설명대로,

> 우리는 항상 독특한 개념과 신화, 역사적인 본보기와 헌신적이고 고찰적인 기법을 지닌 **특정한 종교적 문화**의 렌즈를 통해 초월적인 존재를 인지한다. 그리고 종교적 인식에 대한 이러한 사라지지 않는 인간의 공헌들로 인해 수세기 동안 전세계에 걸쳐 그들의 모든 합리적이고 비합리적이며, 심오하며 얕고, 인상적이고 터무니없으며, 도덕적으로 존경스럽고 도덕적으로 비난받을 만한 특징을 지닌 종교적 사상, 경험, 그리고 관행의 대단히 흥미로운 변형들을 설명할 수 있다.[48]

다른 저술에서 그는 이렇게 말했다. "궁극적으로 단정 지을 수 없는 실

---
48) Hick, *Interpretation of Religion*, 8.

재는 인간이 만들어낸 개념들과 정신적인 관습들을 통해 가능해진 방법으로 인류에게 영향을 미친다. 이러한 방법은 **세계의 위대한 문화들이 되어버린, 인간으로서 살아가는 다양한 방법들**마다 다르다."[49] 그리고 *Problems of Religious Pluralism*에서 힉은 다음과 같이 말하기도 한다.

> 그리고 다음으로 왜 다양한 종교적 개념과 미래상이 인간 삶의 다양한 흐름들 속에서 타당한 것으로 여겨지게 되었는지 묻는다면, 우리는 중국, 인도, 아프리카, 셈족(the Semitic), 그리스 셈족(the Graeco-Semitic), 그리고 그 밖의 주요 문화들이 인간들의 셀 수 없는 삶의 방식들을 구성할 정도로 충분히 다르다는 사실에 의존해야 한다고 생각한다. 이렇듯 인간의 다양한 삶의 방식들은 종교적일 수 있는 수많은 방법을 수반해 왔다.[50]

종교적 신념과 종교적 관습들이 서로 다르게 된 데에는, 각 신자들이 위치해 있는 서로 다른 역사문화적 맥락이 영향을 미쳤다는 것이다.

또한 피터 바이른은 종교적 다양성을 설명하기 위해 "**문화적 형식들과 우발적인 상황들**이 종교적 상상력에 미치는 영향"을 언급한다.

> 다양성과 이견은 그것들에 대한 다음과 같은 해석을 제시한다: 종교적 다양성은 **구체적으로 서로 다른 형태들의 인간 문화 속에 놓인 종교적 삶의 환경**에 의해 설명된다. 그것은 문화적 형태와 우발적인 상황들이 종교적 상상력이 미치는 영향이 존재한다는, 자연스럽고 완성된 인류학적 설명을 가지고 있다. 이런 점에서

---

49) Hick, "Religious Pluralism," 221.
50) Hick, *Problems of Religious Pluralism*, 74.

자연주의자와 다원주의자는 모두 여러 종교 전통들에 대해 어떠한 해체적(deconstruction) 이론을 긍정한다. 종교 전통들은 적어도 아주 큰 규모로 문화의 다른 측면들을 형성하는 동일한 인류학적 힘의 산물이다. 그들의 상징이나 신념들이 굳이 인간 삶 바깥의 신성한 존재에 대한 지식에서 비롯했다고 생각할 필요는 없다.51)

따라서 종교적 신념과 관습들은 실재(the Real)와 다양한 역사적, 사회적, 문화적 요소들 사이의 상호관계의 산물이다. 종교들 사이의 유사성은 실재(the Real)와의 공통적인 관계에 의해 설명되고, 그들 사이의 차이는 우연한 역사문화적 요소들로 설명된다. 종교를 믿는 사람들은 모두 동일하게 신성한 존재를 (간접적으로) 접하지만, 우연적인 역사문화적 요소들은 이 현실에 대한 인식과 반응을 형성하는 일종의 여과 장치나 기준을 제공한다.

하지만 어떻게 문화를 통해 여러 종교 사이의 다양성과 의견 불일치를 명확히 설명할 수 있나? 다원주의자들은 이것이 어떻게 작용하는지에 대해서는 아무런 설명도 제공하지 않으며, 문화에 대해 다소 산재해 있는 그들의 언급은 몇몇 문제가 되는 가정을 전제로 하는 것처럼 보인다. 예를 들어, 다원주의자들은 때때로 문화와 역사의 영향이 결정적인 요소인 듯 이야기하여, 이에 따라 한 사람의 사회적 위치를 감안할 때 그가 기독교인이나 힌두교인 또는 불교인이라는 것이 거의 불가피한 것처럼 말한다. 다음과 같은 힉의 말을 살펴보자.

> 약 99퍼센트의 경우에 개인이 믿는다고 주장하고 지지하는 종교가 출생의 우연에 의존한다는 사실은 명백하다. 태국의 불교 신자

---

51) Byrne, "It Is Not Reasonable to Believe That Only Religion Is True," 205. 강조는 추가.

인 부모에게서 태어난 사람은 불교 신자가, 사우디 아라비아의 이슬람교인 부모에게서 태어난 사람은 이슬람교인이, 멕시코의 기독교인 부모에게서 태어난 사람은 기독교인이 될 가능성이 매우 높다. 물론 한 신앙에서 다른 신앙으로의 개종도 많이 존재하지만, 세계의 거대한 종교들의 경우 이러한 경우들은 그들의 인구 내에서 한 세대에서 다음 세대로 이어지는 것에 비하면 주변적인 것들이다.[52]

이와 유사하게, 조셉 룬조(Joseph Runzo)는 "한 사람의 종교적 신념은 대체로 태생의 우연에 연관되어 보인다. … 한 사람이 따르는 종교적 전통은 주로 그의 출생 장소와 시기, 민족적 배경, 과거 식민지가 문화에 미치는 영향 등의 요인에 의해 결정된다"고 말했다.[53] 이것은 확실히 주목할 만한 주장이다. 한 사람의 출생 시기와 장소는 그의 세계관과 종교적 책무를 포함한 모든 종류의 것들에 영향을 미친다. 그러나 힉과 룬조의 주장은 마치 종교적 헌신과 책무가 거의 전적으로 가족과 문화적 영향에 달려있다는 인상을 준다. 이런 주장에는 적어도 두 가지 문제가 있다.

첫째, 세계관 형성에 관한 한 위와 같은 주장들이 시사하는 것보다 훨씬 더 많고 다양한 동향과 변화가 존재한다. 힉이 99퍼센트의 수치를 도대체 어디에서 얻었는지 궁금하지만, 이것은 확실히 터무니없는 과장이다. 지난 60년 동안 아시아, 아프리카, 라틴 아메리카 전역에서 이루어진 기독교의 놀라운 성장과, 전세계 무신론자들의 현저한 증가, 이슬람교나 불교로 개종한 서양인들의 수, 그리고 새로운 종교 운동과 영성의 복합적인 형태들의 증가 등은 모두 종교적 정체성이 힉과 룬조가 제안한 것보다 훨씬 더 유동적이라는 사실을 증명한다. 종교적 헌신과 책무는 단순히

---

52) Hick, *Interpretation of Religion*, 2.
53) Runzo, "Pluralism and Relativism," 61-62.

주변 환경의 정적인 산물이 아니다. 이주, 세계화, 여러 영역에서 자신의 종교를 전파하려는 노력들 등으로 인해 지역적 종교와 장소는 그렇게 깔끔하게 연결될 수 없다. 대부분 사람이 애니미즘이나 다신교를 믿던 곳이 지금은 기독교를 믿는 경우도 있고, 한때는 대부분이 기독교를 믿던 곳이 지금은 이슬람교를 믿는 경우도 있다.

뿐만 아니라, 앨빈 플랜팅가(Alvin Plantinga)가 힉의 주장에 대한 대응에서 지적한 바와 같이, 역사문화적 결정론에 대한 호소는 자기 지시적인 결과를 낳게 된다. 힉이 다원주의에 헌신할 수 있었던 이유 또한 그가 20세기 서구사회에서 태어났다는 사실에 기인하기 때문이다.

> 만약 내가 미국의 미시간(Michigan)이 아니라 아프리카의 마다가스카르(Madagascar)에서 태어났다면, 나의 종교적 신념이 상당히 달랐을 것이라는 사실을 인정한다고 가정하자. … 그러나 이는 물론 다원주의자에게도 마찬가지다. 다원주의는 세계적으로 널리 알려진 적도 없고 현재에도 알려지지 않았다. 만약 다원주의자가 마다가스카르나 중세 프랑스에서 태어났다면, 그는 아마 다원주의자가 되지 않았을 것이다. 그러나 이 사실 때문에 그가 다원주의자가 되어서는 안 된다든가, 그의 내부에서 다원주의적 신념이 신뢰할 수 없는 과정에 의해 만들어졌다고 단언할 수 있을까? 그건 심히 의심스럽다.[54]

비록 사회적 위치가 종교적 헌신에 명백하게 영향을 미치는 것은 사실이지만, 이 사실이 과장되어서는 안 된다는 말이다.

---

54) Alvin Plantinga, "A Defense of Religious Exclusivism," in *The Rationality of Belief and the Plurality of Faith*, ed. Thomas D. Senor (Ithaca, NY: Cornell University Press, 1995), 211-12.

종교적 차이들을 설명하기 위해 문화적인 요소에 호소하는 다원주의자에게서 우리는 보다 광범위한 시선에서 두 가지 문제를 관찰할 수 있다. 첫째, 만약 문화가 힉의 설명에 그 기능을 수행하려면, 명확하게 식별 가능하고 구별되는 문화가 있어야 하며, 이와 유사하게 연관 지을 수 있는 식별 가능하고 구별되는 종교적 신념과 관행이 존재해야 하고, 그러한 신념과 관행이 결국 다양한 종교를 정의할 수 있게 해야 할 것이다. 즉, 종교에 대한 역사적이고 현상학적인 조사를 통해 문화 A가 종교적 전통 A*와, 문화 B가 종교적 전통 B*와 깔끔한 상관관계가 있음을 밝혀내야 한다. 예를 들어, 영원한 창조주에 대한 믿음은 특정한 문화들과 명확하게 연결되어 있어야 하고, 그 결과로 유일신의 전통을 낳았어야 한다. 공(空)(비어 있는 상태)에 대한 믿음도 다른 문화들과 연결되어 불교적 전통을 낳았어야 하며, 도에 대한 믿음도 이들과 또 다른 문화와 연결되어 도교적 전통을 낳았어야 한다. 서로 다른 문화와 종교가 크게 겹치지 않고 신념의 차이가 구별되는 문화들과 분명한 상관관계가 있다면, 종교적 의견 차이를 형성하는 데 있어 문화를 핵심적인 변수로 볼 수 있을 것이다. 그러나 만약 그렇게 명백한 상관관계가 존재하지 않는다면, 그러한 차이들에 대한 그럴듯한 설명이 되지 못한다.

그렇다면 다원주의자의 제안은, 문화가 뚜렷하게 식별 가능하고 분명한 실체를 지니고 있으며, 서로 다른 종교적 전통과 명확한 경계를 지닌 채 일대일의 상관관계가 존재한다는 것을 전제로 한다고 볼 수 있다. 그러나 우리가 앞서 1장에서 보았듯이, 이것은 문화와 종교 모두에 대해 굉장히 단순하고 또한 오해의 소지가 다분히 있는 이해 방식이다. 문화란 불명확한 경계를 지니고 있어 상당히 유동적이기 때문에, 한 문화가 어디에서 시작하고 어디에서 끝나는지가 불명확하다. 어떤 종교 전통들은 여타 다른 민족들과 문화들에 비해 특정 민족과 문화와 더 밀접하게 연결되어 있지만(신토와 일본인들과 같이), 일반적으로 볼 때 특정한 문화와 종교 사이의 명확한 상관관계는 존재하지 않는다. 이미 여러 형태의 힌두교와 자이나교를 포함하고 있던 인도 북부의 동일한 언어적, 사회적, 문화적 배경 속에서 불교 신앙과 관행들이 생겨났다. 힌두교도, 자이나교도, 불교도는 많은 종교적 신념과 관행을 공유했다. 그러나 부처의 가르침은 방금 언급된 종교들 사이에서 어떤 면에선 충분히 다르다는 것이 금방 인식되어 브라만, 불교도, 자이나교도 사이에서는 격렬한 논쟁이 일어났고, 불교도들은 브라만에 의해 이단자들로 여겨져 배척당했다. 논란의 여지가 있는 신념과는 별개로 힌두교도, 불교도, 자이나교도가 많은 종교적 신념과 관행을 공유했음에도 불구하고 이런 신념에 대한 의견 불일치가 어떻게 역사적이고 문화적인 요소에 근거하여 설명될 수 있는지는 미지수다. 여러 종교의 초기 역사에 관한 많은 부분은 불분명하고 논란의 여지가 있다. 그러나 우리는 특정한 종교적 관점과 특정한 문화 사이의 명백한 상관관계 대신에, 다양한 형태의 유신론과 다신론과 범신론이 여러 지리적 위치와 문화 속에 흩어져 있는 것을 발견할 수 있다.

나아가, 여러 종교적 현상들을 설명하기 위해 문화적, 역사적 요인에 호소하는 것은 다원주의자들을 환원주의적(reductionistic)으로 보게 된다. 피터 바이른은 이 문제를 인정하면서 종교다원주의는

> 종교적 사상을 설명하기 위해 문화적 요소에 근거를 두는 일에는 매우 신중해야 한다. 그러한 상관관계는 일관성이 없기 때문에, 모든 사상, 또는 모든 종교적 사상이 문화적으로 관련되어 있거나 결정된다고 단언하는 어떤 원칙도 지지해서는 안 된다. 대신에 종교적 사상이 어떤 면에서 문화적으로 **제한되어** 있고, 따라서 **어느 정도까지** 관련성이 있는지에 대한 설명은 필요하다. 보다 철저한 형태의 상대주의는 다음과 같은 두 가지 이유에서 파생된다. 첫째로, 다원주의는 주요 종교 전통들이 어떠한 신성하고 초월적인 존

재를 언급한다고 말한다. 만약 인간의 사고방식이 문화적 배경에 의해 철저하게 결정된다면 그들은 그렇게 할 수 없을 것이다. 이러한 주장을 타당하게 하기 위해 필요한 참고사항과 인지 접촉의 개념은, 인간의 인지 능력이 문화적 배경을 어느 정도 넘어서기를 요구한다. 둘째로, 다원주의는 그 자체가 문화적으로 정해진 인간 사상의 한계를 넘어서 있다고 주장하는 종교들에 대한 이론이다. 인간의 사고가 문화적 배경의 구속으로부터 어느 정도 벗어난다고 가정할 경우에만 그것은 진술 가능하며 지지가 가능하다.[55]

힉과 바이른이 존재론적 현실주의를 유지하기 원한다면, 종교적 신념과 관행들은 단지 사회문화적 요소들로 환원될 수 없다. 종교는 모두 각자의 방식대로 실제적이고 초월적인 존재를 '가리키고' 있거나 '접촉하고' 있어야 한다면, 역사문화적 요인은 어느 정도의 설명의 토대로 작용할 수는 있어도, 종교 현상의 특수성을 명확히 설명하기엔 결코 충분할 수 없다. 현실주의적 관점에서 보면, 문화적 영향을 초월하여 종교적 체험과 신념들의 내용에 관한 엄청난 '것'을 제공하는 **무언가**는 항상 존재할 것이다.

종교적 신념과 관행의 내용을 형성하고 역사와 문화의 우연성으로 '여과'되는 이 '무언가'의 근원은 무엇일까? 유신론적 종교들은 이것을 신의 계시에 호소하고, 무신론적 종교적 전통들은 대체적으로 신비로운 체험에 의한 궁극적인 현실에의 접근에 둔다. 이 두 경우 모두 문화적, 역사적 영향을 초월하는 것에 접근할 수 있다고 주장한다. 그러나 힉은 이 둘 중 하나라도 채택할 시에는 특정 전통을 더 우위에 두게 되기 때문에 이 두 가지 선택권을 모두 배제하였다.[56] 인류에 대한 실재(the Real)의 직접적인

---

55) Byrne, *Prolegomena to Religious Pluralism*, 22.
56) 참고, Hick, *Interpretation of Religion*, chap. 10.

계시가 존재할 수 없고, 신비로운 체험이 실재(the Real)에의 직접적인 접근을 제공할 수도 없다. 그렇다면 그의 모델에서 지역의 문화적, 역사적 요소와 결합하여 종교의 다양한 신념을 도출해낼 수 있는 '무언가'를 제공하는 것은 무엇일까? 힉은 "우리의 개념적-언어적 체계와, 영적 실천에 의해 가능해진 다양한 형태를 통해 경험할 수 있는" 실재(the Real)의 '보편적인 존재'에 대한 모호한 진술이나, "인간으로서 살아가는 다양한 삶의 방식 속에서 실재(the Real)에 상응하는 서로 다른 인식과 개념"을 구현하는 다양한 종교에 대한 모호한 진술 외에는 아무런 답을 주지 않는다.[57] 만약 실재(the Real)가 유신론의 하나님이었다면, 이 실재(the Real)가 인간의 역사문화적 맥락 속에서 자신을 드러내는 것으로 생각하거나 종교들 사이의 차이가 역사문화적 우연성에 의해 부분적으로 설명 가능한 것으로 간주하는 것이 말이 될지도 모른다. 그러나 힉이 그러한 조치를 취한다면 그는 진정한 다원주의자임을 포기하고 폭넓은 유신론적 틀 내에서 그의 견해를 재구성해야 할 것이다. 현재 힉의 입장으로서는 그의 다원주의적 모델이 요구하는 해명적 부담을 어떻게 문화가 충족시킬 수 있는지 알기 어렵다.

형언불능성의 비논리성

종교적 궁극에 대한 인격적 개념이나 비인격적 개념 중 어느 하나에 우위를 부여하지 않기 위해서 힉은 실재(the Real)가 우리에게 친숙한 모든 개념을 초월한다고 주장한다. 그러나 형언불능성(ineffability)에 대한 호소는 종교적 현상들에 대한 설명의 일부로서 실재(the Real)의 사용을 오히려 헛되게 만든다. 이 때문에 힉의 모델의 이러한 측면이 다른 무엇보다도 가

---
57) Ibid., ? x, 240.

장 많은 비판의 대상이 되어왔다는 사실은 놀랍지 않은 일이다.[58] 그러나 많은 비판에도 불구하고 *An Interpretation of Religion* 제2판의 서론에서 힉은 계속해서 실재(the Real)에 대한 강력한 형언불능성을 주장한다. 실재는 "우리 인간의 개념적 체계를 초월"하고 있기 때문에 "선하고, 자애가 깊고, 강력하고, 공정하다는 것과 같이 인간적인 사고와 경험의 형태에 적용되는 속성들을 [실재에] 문자 그대로 적용할 수 없다."[59] 힉은 "타인에 대한 사랑은 실재에 대한 적절한 반응이고 타인에 대한 증오는 그렇지 않다"고 주장하지만, 그럼에도 불구하고 "이런 논리로부터 실재 그 자체가 애정이 넘친다거나 다정하다는 사실이 따라오지는 않는다"고 말한다. 그러지 않는 이유는 무엇일까? "왜냐하면 사랑과 증오, 지식과 무지, 지혜와 어리석음, 정의로움과 부당함 등은 사람의 속성이며, 오직 우리 자신의 이미지를 무한대로 확대하여 만들어낸 인격의 하나님과 실재를 동일시해야만 그러한 특성들을 부여할 수 있기 때문이다."[60] 그것이 긍정적이든 부정적이든 간에 어떤 실질적인 속성도 실재에 적용될 수 없다는 것이다.

위와 같은 힉의 주장에는 최소한 두 가지 중요한 문제가 있다. 첫째, 형언불능성에 대한 그의 주장에도 불구하고, 힉은 반복적으로 우리가 실재에 대해 어느 정도 긍정적인 이해를 지니고 있고, 적어도 몇몇 개념들이 실재에 의미 있게 적용된다고 전제하고 있는 언어를 사용한다. 왜냐하면 실재는 "모든 것의 근원과 기반", "초월적인 존재", "인간 존재의 필요조건이

---

58) 힉의 표현불가능성 개념에 대한 비평은 다음을 참고, Keith Yandell, *Philosophy of Religion: A Contemporary Introduction* (London: Routledge, 1999), 65-80; Alvin Plantinga, *Warranted Christian Belief* (New York: Oxford University Press, 2000), 43-63; William Rowe, "Religious Pluralism," *Religious Studies*, 35.2 (1999): 139-50; Keith Ward, "Truth and the Diversity of Religions," *Religious Studies* 26.1 (March 1990): 2-11.
59) Hick, "Introduction to the Second Edition," *Interpretation of Religion*, ?x-xx.
60) Ibid., xxiv.

자 최고의 선", "그에 상응하는 반응으로 생겨난 것이 종교"라고 표현되고 있기 때문이다. 뿐만 아니라 이러한 것들은 "인류에게 영향을 미치며", "보편적인 존재감"을 갖는다고 표현한다.[61] 이러한 언어의 사용은 특정 종류의 인과관계를 분명히 내포하고 있지만, 실재가 어떤 상황에 대해 인과적으로 책임이 있다는 것을 암시하는 언어를 사용함으로써 힉은 형언불능성이 허용하는 범위를 훨씬 넘어서고 있는 것이다.[62] 어떤 특정한 종교적 전통에 우위를 부여하지 않는 용어로 실재를 묘사하려는 노력에도 불구하고, 힉은 어떠한 속성도 실재에 적용될 수 없다고 말하면서 실재에 대해 특정한 유신론적 속성(의도적인 행동, 창조, 계시)을 암묵적으로 가정한다.

둘째로, 힉의 모델의 핵심에는 근본적인 모순이 존재한다. 힉은 반복적으로 우리에게 실재가 선, 그리고 악과 같은 도덕적 범주를 넘어선다고 말한다.

> '선함'과 '상냥함'은 우리가 사용하는 다른 가치 용어들과 함께 인간의 개념에 속한다. 이러한 단어들 인간의 삶 안에서 적용되며, 우리가 부분적으로 구성한 신성한 현상의 범위에 적용되지만, 궁극적인 실체적 존재 그 자체에는 적용될 수 없다. 개념과 언어의 범위 내에 존재하는 우리의 인간 본질은 **우리의 관점에서 경험한** 다양한 신성한 현상을 통해 실재가 친절하고 선하다고 여기는 것이다.[63]

그럼에도 불구하고 우리가 앞서 보았듯이, 힉은 실재의 존재를 가정하는 이유와 실재에 대한 진정한 반응을 구별하는 이유로 어떤 도덕적 기준

---

61) 참고, Hick, *Christian Theology of Religions*, 27, 60, 63, 67; 같은 저자, "Religious Pluralism," 221.
62) 참고, Yandell, *Philosophy of Religion*, 71-72.
63) Hick, "Ineffability," 44.

을 사용한다. 그러나 만약 실재 자체가 선과 악으로 구분될 수 없는, 도덕적 범주를 초월하는 어떤 것이라면, 어떻게 도덕적 변화가 실재와의 적절한 관계를 판정하는 기준이 될 수 있는 것인가? 왜 종교적 신자들의 도덕적 변화가 그들이 실재에 대한 적절한 성향적 반응을 나타내고 있다는 것을 의미한다고 가정하는가? 왜 타인을 사랑하는 것은 실재에 대한 적절한 반응이지만 타인을 증오하는 것은 적절하지 않다고 추정하는가? 도덕적 기준이 이런 식으로 사용되기 위해서 실재 자체는 사랑, 선함, 정의, 박애, 자비와 같은 도덕적 특성에 의해 특징지어지는 도덕적 존재여야 한다. 그러나 이런 식으로 실재를 특징짓는 것은 종교적 궁극에 대한 이해에 있어 인격적인 이해를 비인격적 이해보다 우위에 놓는 것이다.

실재는 존재하지만 우리에게 친숙한 어떠한 실질적인 속성도 실재에 적용할 수는 없다고 주장하는 것이 말이 되는가? 아무런 실질적인 속성을 지니지 않은 실체가 존재한다는 것은 무엇을 의미하는가? 애초에 그러한 실체를 왜 상정하는가? "x는 존재하지만, x에는 실질적인 속성의 어떠한 개념도 적용될 수 없다"는 말과 "x는 존재하지 않는다"는 말은 도대체 서로 뭐가 다른가?

형언 불가능한 실재를 상정하는 것은 종교적 다양성에 대한 설명을 제공하는 데 아무런 도움이 되지 않는다. 힉의 주장에 따르면, 어떤 인과적 특성도 실재에 적용될 수 없다. 그러나 만약 그렇다면, 실재의 존재는 종교적인 현상들에 대한 인과적 설명의 일부로 사용될 수 없고, 종교적 체험 그 자체나 종교 신자들의 도덕적 변화에 대해 실재가 어떤 인과적 책임도 질 수 없다. 키스 얀델(Keith Yandell)은 "만약 원칙적으로 x에 의해서 y를 설명할 수 있는 어떤 속성도 x에 귀속시킬 수 없다면, x를 y에 대한 설명으로 추정하는 것은 전적으로 공허한 것이며, 이는 허위의 설명을 제공하는 것"이라고 말했다. "종교다원주의는 이를 어떤 것으로든 설명할 수 있다고 상정하는 미덕에 의해서 실재에 어떠한 특성도 부여할 수 없다."[64]

그렇다면 그리 놀랍지 않은 결과로서, 일부 종교 다원주의자들은 실재에 대한 힉의 엄격한 형언불능성을 거부하면서, 종교적 궁극에 어떤 특징이 존재하여 그것에 대한 최소한의 진술이 가능하고 종교적인 해석은 받아들일 수 있는 반면, 특정 종교적인 해석은 거부될 수 있다고 주장한다. 기독교 유신론의 영향을 받은 다원주의자들은 하나님과 관련된 속성을 실재에 적용한다. 이렇게 하여 다원주의자 로버트 맥킴(Robert McKim)은 적어도 일부 실질적인 속성은 실재에 적용될 수 있다고 제안함으로써 힉의 제안을 조정한다. 맥킴은 실재를 "도덕적으로 긍정적인", 혹은 "선한 실재"로 생각해야 한다고 주장하는데, 이는 "이타주의, 연민, 그리고 선한 것에 우호적으로 생각되는 것"으로 특징 지을 수 있다.[65]

키스 워드(Keith Ward)는 실재의 형언불능성을 고수하는 힉의 다원주의적 모델을 거부한다. 그러나 그는 "관대한 다원주의"라고 불리는 관점을 옹호하는데, 그 관점은 "실재는 여러 전통 속에서 발현될 수 있고, 인간은 각자의 전통 내에서 그에 적절하게 반응할 수 있다"는 견해를 지니고 있다. 워드는 "그 본질적인 본성에서 무한하고 인간의 이해를 초월한 신이 존재한다고 상정하여, 그 신이 여러 종교적 전통들 속에서 우리와 관계를 맺으며 그의 본성의 무언가를 드러낸다고 보는 것은 일리가 있다"고 주장한다.[66] 워드의 다원주의에는 개인적인 속성을 가진 존재로서 인간에게 자신을 드러낼 수 있는 존재이자 그에 대한 다양한 반응으로 종교들이 파생되는 종교적으로 궁극적인 신이 존재한다. 그의 저서 *Concepts of God*에서 워드는 힌두교, 불교, 유대교, 이슬람교, 그리고 기독교를 다

---

[64] Keith Yandell, *Philosophy of Religion*, 79. 다음 같은 저자의 저서도 참고, "How to Sink in Cognitive Quicksand: Nuancing Religious Pluralism," in Peterson and VanArragon, *Contemporary Debates in Philosophy of Religion*, 197.
[65] McKim, *On Religious Diversity*, 113-14.
[66] Ward, "Truth and the Diversity of Religions," 16.

루며, 각각에 대해 "신앙의 기본 구조에서의 유사성"을 주장한다. 그는 이러한 구조적 유사성을 "우상적 비전"(the iconic vision)이라고 부르는데, 그것은 "유신론의 이중적 측면"의 중심에 위치해 있다.[67] 이에 비추어 그는 "같은 신을 여러 다양한 신앙 속에서 숭배한다고 하는 것은 충분히 일리가 있다"고 말한다.[68]

어떤 학자들은 신이나 종교적 궁극이 여러 본성을 지닌 것으로 이해되거나, 적어도 복합적인 본성을 가진 것으로 이해될 수 있다고 제안하면서, 그것이 인격적인 범주와 비인격적인 범주 모두에서 경험되고 묘사될 수 있다고 주장한다. 로버트 맥킴이 이러한 주장을 하는 대표적인 학자이다.[69] 이와 비슷하게, 피터 바이른도 종교적 궁극이 "다중적"으로 이해될 수 있다고 주장하며, "현재 인간에게 그것이 인격적인 신이나 절대적인 비인격으로 표현되고 있다 하더라도, 궁극은 하나일 수 있다. 초월적이고 신성한 존재는 하나이지만 그것이 여러 측면을 가질 수 있다는 개념인 것"이라고 말한다.[70] 그러나 여기서 중요한 문제는, 궁극이 인격적이거나 비인격적인 용어로 설명될 수 있느냐의 문제가 아니라, 종교적 궁극의 본질이 실제로 인격과 비인격의 속성을 모두 적용할 수 있는 것이어서 그것이 동시에 인격적인 존재이자 비인격적인 실체 혹은 상태일 수 있는가의 문제이다. 비록 여기에서 이 문제를 더 깊이 다룰 수는 없지만, 이것이 논리 정연한 개념이 아니라는 사실은 분명하다.

다원주의의 유신론적 형태에 관해서 두 가지 논평을 간단하게 이야기해

---

67) Keith Ward, *Concepts of God: Images of the Divine in Five Religious Traditions* (Oxford: Oneworld, 1998), vii-viⅰ.
68) 같은 책, 2. 다음도 참고, Keith Ward, "Pluralism Revisited," in *Religious Pluralism and the Modern World: An Ongoing Engagement with John Hick*, ed. Sharada Sugirtharajah (New York: Palgrave Macmillan, 2012), 58-67.
69) Robert McKim, *On Religious Diversity*, 120-23; 같은 저자, "Could God Have More Than One Nature?," *Faith and Philosophy* 5.4 (October 1988): 387-98.
70) Byrne, "Philosophical Approach," 38.

보려 한다. 첫째로, 아드바이타 베단타 힌두교와, 샹카라(Shankara)의 가르침과, 불교에서조차 근본적인 유신론을 포함하는 워드의 '우상적 비전'은 확실히 의문의 여지가 있다. 많은 공통점을 지닌 유신론적 전통들은 분명 존재한다. 그러나 아드바이타 베단타 힌두교나 대부분의 형태의 불교가 유신론적이라고 말하는 것은 이러한 종교적 전통들이 전통적으로 이해되어 온 방식이 아니라는 점에서 문제가 있다. 그리고 이는 두 번째 문제로 이어진다.

유신론적 다원주의가 진정한 다원주의의 모델이라면, 어떤 특정한 종교적 전통에 우위를 부여하지 않는다는 자신의 주장을 모순적이게도 충족하지 못한다. 워드의 '관대한 다원주의'와 맥킴의 '선한 실재'(good Real)는 모두 종교적 궁극인 신에게 어떤 개인적인 속성이나 작용이 적용된다고 주장하는 유신론의 한 형태이다. 그러나 여러 종교 중에서도 특히 불교도들이 가장 먼저 지적할 것과 같이, 이것은 엄격한 의미에서의 다원주의가 아니다. 워드나 맥킴의 주장은 매우 개방적이고 관대한 형태의 유신론일 뿐이다. 이에 따라 그들의 주장은 비인격적 형태의 종교보다 인격적 형태의 종교가 더 정확하다는 사실을 포함하고 있으며, 이는 유신론자들에게 반가운 소식일지라도, 진정한 종교다원주의가 될 수 없다.

6장
하나의 참된 종교로서의 기독교에 대한 생각에 대하여

기독교인의 관점에서 보면, 기독교 신앙과 다른 종교 전통들 사이의 관계는 적어도 기독교가 결국 다른 종교들을 대체하는 경쟁적 관점으로 자주 묘사된다. 1896년 미국 해외선교 교육 평의회(ABCFM) 위원인 저드슨 스미스(Judson Smith)가 말한 다음과 같은 성명은 다른 종교들에 대한 많은 기독교인의 관점을 반영하고 있다.

> 선교사들은 동양인들을 미국화하거나, 유럽화하거나, 서구 강대국들의 정치적 통제 하에 두거나, 우리와 같은 형태의 문명을 그들에게 강요하려는 것이 아니다. … 그들은 더 심오한 목표를 가지고 있고 더 중요한 요구를 다룬다. 즉, 그들은 이 사람들을 기독교화시키고, 복음의 진리와 정신을 가지고 그들의 마음과 삶에 스며들고, 그들의 영혼 속에 예수 그리스도를 모시도록 하는 것이다. … 기독교로 대체되지 않을 만한 신앙은 없다. 기독교는 이슬람과 **함께**, 불교와 **함께**, 다른 종교 체계와 **함께** 세계를 공유하는 것이 아니다. 그것은 동양과 서양에서, 1세기에도 20세기에도 그리고

시간이 지속되는 한, 인류에게 하나의 참된 종교다. [1]

위의 성명에는 분명 중요한 사항이 들어있긴 하지만, 나는 이것이 기독교 신앙과 다른 종교 전통들 사이의 문제를 숙고하는 데에 가장 도움이 되는 방법은 아니라고 본다.

우선 기독교에 대해 숙고하는 두 가지 서로 다른 사고방식들 사이에 일종의 긴장이 있다는 스미스의 진술에 문제가 있다. 한편으로, 저드슨 스미스는 기독교 복음이 모든 사람을 위한 보편적인 메시지라는 것을 당연시 여긴다. 이에 따라 기독교는 이슬람교와 불교와 함께 마크 주겐스마이어가 초국가적 종교라고 부르는, "어떤 지역 집단보다도 위대하고 특정 지역의 문화적 한계에 국한될 수 없다"는 생각을 핵심으로 하고 있다. 기독교, 이슬람, 불교는 그들 스스로 "보편적 권위와 세계적 열망"을 가지고 있으며, "이러한 경쟁적인 세계적 이데올로기의 신자들은 종종 그들의 신앙을 다른 이데올로기들보다 지적으로 우월하다고 여긴다."[2] 더 나아가 스미스의 논평들은 서구 제국주의의 전성기에 쓰였음에도 불구하고, 그의 글들은 예수 그리스도의 복음을 미국과 유럽 문화로부터 신중하게 구별하고, 적어도 원칙적으로는 다른 민족에 대한 서구 문명의 강요를 거부한다. 일반적인 비평은 기독교 선교가 서구 제국주의의 또 다른 차원일 뿐이며, 스미스는 복음을 전하는 것을 다른 사람들을 '미국화' 또는 '유럽화'하는 것으로부터 적절히 구별한다는 것이다.

그러나 동시에 저드슨 스미스는 복음뿐만 아니라 기독교와 다른 종교들에 대해서도 언급하며, 그들 사이의 관계를 경쟁과 갈등의 관계로 보

---

1) Judson Smith, "Foreign Missions in the Light of Fact," *North American Review* (January 1896): 25; 다음 문헌에서 인용, Robert E. Speer, *The Finality of Jesus Christ* (New York: Revell, 1933), 161-62.
2) Mark Juergensmeyer, "Thinking Globally about Religion," in *Global Religions: An Introduction*, ed. Mark Juergensmeyer (New York: Oxford University Press, 2003), 7.

고 있다. 기독교는 다른 종교를 대체하는 종교이기 때문에, 기독교와 이슬람교 또는 불교 사이에는 화해의 여지가 없게 된다. 이에 대한 이유는 기독교가 모든 사람에게, 모든 시대에 걸쳐 '단 하나의 참된 종교'라는 사실 때문이다. 스미스의 성명에서 말하는 긴장감은 그가 '기독교'와 '기독교화'라는 단어를 사용할 때의 불명확함에 의해 야기된다. 그는 유럽이나 미국 문명을 다른 사람들에게 강요하려는 어떤 의도도 거부한다. 그렇기 때문에 기독교에 대해 다른 종교를 대체하는 참된 종교라고 말할 때, 그는 '기독교'를 예수 그리스도의 복음에 대한 동의어로 사용하는 것 같다. 그러나 종교는 종교 공동체의 사회적, 문화적, 역사적 양상들을 포함하므로, 기독교에 대해 말할 때 우리는 복음을 특정한 시대와 장소의 실제 기독교 공동체들 안에 살아있는 현실들과 완전히 분리할 수 없다. 따라서 기독교를 하나의 참된 종교라고 말할 때, 스미스가 기독교 신앙의 핵심 가르침을 언급하고 있는지, 아니면 모든 사회적, 문화적 요소를 함유한 경험적 기독교를 가리키는 것인지는 분명하지 않다. 이러한 모호함은 기독교를 부적절한 오해를 불러일으킬 수 있는 종교로 만든다.

대부분의 이슬람교도가 이슬람교를 참된 종교로 생각하고, 대부분의 불교 신자들은 불교를 참된 종교로 간주하는 것과 마찬가지로, 대부분의 기독교인은 기독교가 참된 종교라고 생각한다. 그렇게 함으로써, 그들은 피터 바이른이 종교에 대한 '신조주의자'라고 부른 접근법을 채택한다.[3] 신조주의자들은 진리와 관련하여 자신의 종교가 다른 종교보다 우월하다고 믿는다. 그러나 특정 종교가 진리라고 주장하는 것은 무엇을 의미하는가? 이 장에서 나는 기독교에 대한 이 질문을 살펴볼 것이다. 나는 기독교가 분명 제대로 자격을 갖춘 참된 종교라고 생각하지만, 여기

---

[3] Peter Byrne, "A Philosophical Approach to Questions about Religious Diversity," in *The Oxford Handbook of Religious Diversity*, ed. Chad V. Meister (New York: Oxford University Press, 2010), 36.

서 그것을 주장하지는 않을 것이다. 나의 관심사는 그러한 주장을 하는 데에 있어 무엇이 관여되고 무엇을 배제해야 하는지를 명확히 하는 것이다.

우리는 참된 종교는 단 하나라는 생각에 대한 두 가지의 반대의견을 확인하는 것으로 시작할 것이다. 어떤 사람들은 종교적으로 다른 사람들에 대한 학대나 종교적 폭력으로 이어지기 때문에, 거부되어야 하는 일종의 절대주의로서 단 하나의 참된 종교가 있다는 믿음에 반대한다. 두 번째 반대의견은 하나의 종교를 참된 것이라고 말할 때, 우리가 합리성, 진리, 선량함 또는 실제적 효과의 관점에서 그 종교의 우월성을 부여하고 있다는 사실에서 나온다. 그러나 이런 식으로 종교들에 등급을 매기거나 평가할 수 없고, 이에 따라 하나의 종교가 진정한 종교라고 주장하는 것은 말이 되지 않는다. 이러한 반대의견들을 확인한 후, 우리는 한스 큉(Hans Küng)이 제안한 종교에서의 진리를 결정하기 위한 기준을 검토할 것이다. 그리고 이 장은 우리가 기독교를 참된 종교라고 말할 수 있는 의미에 대한 논의로 마무리할 것이다.

종교적 절대주의와 폭력

오늘날 자신의 종교가 참되고 다른 종교들은 거짓이라는 견해는, 이러한 '배타주의'[4]나 '절대주의'가 (불가피하게?) 끔찍한 결과를 초래하기 때문에 거부되어야 한다는 생각이 널리 퍼지고 있다. 자신의 종교만이 참되고

---

[4] '배타주의'와 '배타적'이라는 용어는 신중하게 정의되지 않는다면 문제가 있다. 왜냐하면 이런 용어들은 서로 다른 방식으로 사용되기 때문이다. 다음을 참고, Harold A. Netland, "Religious Exclusivism," in *Philosophy of Religion: Classic and Contemporary Issues*, ed. Paul Copan and Chad V. Meister (Oxford: Blackwell, 2008), 67-80.

다른 모든 종교를 거짓으로 간주하여 자신의 종교집단 구성원들에게만 구원이 이루어진다는 사고방식은 지나친 종교적 긴장과 폭력의 불씨를 키운다는 견해가 많다. 우리가 이러한 배타주의를 없애고 모든 종교(또는 적어도 모든 '좋은' 종교)를 동등하게 참된 것으로 받아들여야만 다양한 종교의 신자들이 평화롭게 함께 살 수 있다고 한다. 샘 해리스(Sam Harris), 크리스토퍼 히친스(Christopher Hitchens), 리차드 도킨스(Richard Dawkins)와 같은 종교에 대해 무신론적 비평가들은 전 세계적으로 전쟁과 갈등을 일으킨 것으로 추정되는 종교들을 언제나 비난한다.5) 그러나 종교에 공감하는 사람들조차, 참된 종교는 단 하나뿐이라며 불필요한 긴장감과 폭력을 조장하는 믿음을 비판하곤 한다. 예를 들어, 찰스 킴볼(Charles Kimball)은 오늘날 종교적 폭력의 원인의 일부를 자신의 관점이 참이고 다른 모든 것이 거짓이라고 간주하는 배타주의적이고 절대주의적인 사고방식 때문이라고 말한다.6) 존 힉은 "가톨릭 신학자 한스 큉은 종교들 간의 평화가 있기 전까지는 국가들 간의 평화가 절대 없을 것이라고 말했다. 그리고 나는 각 종교가 다른 종교들의 동등한 타당성을 인정하기 전까지는 종교들 간의 진정한 평화가 존재하지 않을 것이라고 덧붙이고 싶다."라고 말한다.7) 우리는 힉과 큉 모두의 관점을 아래에서 좀 더 충분히 검토할 것이다.

그러나 *Toward a True Kinship of Faiths*에서 종교적 화합을 유창하게 주장한 제14대 달라이 라마 텐진 갸쵸(Tenzin Gyatso)의 말도 고려해보

---

5) Sam Harris, *The End of Faith: Religion, Terror, and the Future of Reason* (New York: Norton, 2004); 같은 저자, *Letter to a Christian Nation* (New York: Knopf, 2006); Christopher Hitchens, *God Is Not Great: How Religion Poisons Everything* (New York: Twelve Books, 2007); Richard Dawkins, *The God Dulusion* (New York: Houghton Mifflin, 2006).
6) Charles Kimball, *When Religion Becomes Evil: Five Warning Signs* (New York: HarperCollins, 2002), chap 2.
7) John Hick, *Who or What Is God?* (London: Seabury, 2009), 74.

자.[8] 1959년 달라이 라마는 중국의 박해로 인해 티베트에서 추방되었고, 그 이후 인도 다람살라(Dharamsala)에 근거지를 두고 티베트 국민의 대변인으로서 세계를 돌아다니며 종교적 화합을 주장하였다.[9] 그는 "21세기 인류의 과제를 규정하겠다"는 종교 간의 '평화적 공존의 도전'에 대해 열정적으로 말한다. 과거 역사는 "종교적 차이에 의해 일어난 갈등"으로 어지럽혀져 있지만, 지금의 세계화된 세상에서 "세계적 종교 간의 '조화'가 진정한 세계 평화의 필수 전제조건 중 하나입니다."[10] 그러므로 "종교의 신자들 앞에 놓인 도전은 자신의 것이 아닌 다른 신앙 전통들의 모든 가치를 진리로 받아들이는 것입니다. 이것은 다원주의 정신을 수용하기 위한 것입니다." 달라이 라마에 따르면, "자기 자신의 종교가 유일한 합법적 신앙"이고 다른 종교는 악하고 거짓이라고 가정하는 배타적 사고방식은 다른 종교들과의 평화적 공존에 장애물이 된다.[11]

기독교 신학자인 미로슬라프 볼프(Miroslav Volf)도 종교적 화합의 중요성을 강조하고, 타 종교인들과의 합의를 평화적 공존에 연결시킨다.

무슬림과 기독교인들은 (1) 각 종교집단의 정체성이 존중되고 표현

---

8) The Dalai Lama, *Toward a True Kinship of Faiths: How the World's Religions Can Come Together* (New York: Doubleday Religion, 2010).
9) 참고, the Dalai Lama, *Freedom in Exile: The Autobiography of the Dalai Lama* (New York: HarperCollins, 1990).
10) The Dalai Lama, *Toward a True Kinship of Faiths*, x.
11) 같은 책, ix. 달라이 라마의 경우, 우리는 한 두드러지는 현대 종교 지도자에 영향을 받은 신지학자들(Theosophists)과 어떻게 교류를 하는지 한 번 더 보게 된다. 달라이 라마는 1956년 첸나이(Chennai)의 신지학 협회(the Theosophical Society)와의 초기 만남이 타종교들에 대한 그의 배타적 태도로부터 그의 다원적인 관점으로 이동할 수 있도록 도왔다고 믿는다: "나는 세상의 여러 영적 전통들의 지혜뿐만 아니라 과학까지 합치려 시도했던 것을 처음 사람들에게 직접적으로 드러냈다. 나는 세상의 주요 종교들과 다원주의에 대해 진정한 포용과 엄청난 개방성의 감각을 느꼈다. 젊은 티베트 수도사들을 위한 놀라운 나라에서 3개월 이상을 머문 후 1957년 내가 티베트로 돌아갔을 때, 나는 변화된 사람이 되었다. 나는 더 이상 불교가 단 하나의 참된 종교라는 배타주의를 견지하며 편하게 살 수 없었다."(같은 책, 6).

의 자유가 주어지며, (2) 이들의 공동체 안에 있는 사람들이 각자의 삶에 지향하는 궁극적 가치들에 서로 상당한 중첩이 있을 때에만 서로 평화롭게 살 수 있을 것이다. 이 두 가지 조건은 성경의 하나님과 코란의 하나님이 중복되는 궁극적 가치를 구현할 때, 즉 무슬림과 기독교인 모두 유일신론자들이라면, "공통의 하나님"을 갖게 될 때에만 충족될 것이다. 12)

볼프의 논평은 이슬람교와 기독교의 하나님 개념 사이에 있는 유사성과 차이점에 대한 중요한 논의의 맥락에서 이루어진다. 그의 관심사는 무슬림에 대한 이해와 서로의 공통점을 찾고, 무슬림과 기독교인 사이의 적대감과 반목의 유산을 극복하는 것이다. 이것은 분명히 중요한 목표이며, 볼프의 결론은 어떤 면에서는 문제가 될지라도, 그의 논의에는 찬사를 보낼만한 것이 많이 있다. 13) 이 책에서 우리의 목적을 위한 중요한

---

12) Miroslav Volf, *Allah: A Christian Response* (New York: HarperCollins, 2011), 8-9.
13) 볼프의 견해에 대한 비판적 평가들은 다음 문헌을 참고, Gerald McDermott and Harold A. Netland, *A Trinitarian Theology of Religions: An Evangelical Proposal* (New York: Oxford University Press, 2014), chap. 2. 무슬림과 기독교인이 같은 하나님을 예배하는가에 대한 질문은 복잡하고 반드시 신중히 분석되어야만 한다. 자신을 제외한 모든 것을 창조하신 유일한 하나의 영원한 창조주 하나님만이 존재하시기 때문에, 기독교인들과 무슬림들 양쪽 다 같은 신을 의미하는 것이라 한다. 그러나 무슬림들과 기독교인들은 하나님의 본성에 대해 상당히 다른 관점을 가지고 있다. 그러기에 양쪽의 하나님에 대한 개념은 같을 수가 없다. 다음 문헌들을 참고, Lamin Sanneh, "Do Christians and Muslims Worship the Same God?," *Christian Century* 121.9 (May 4, 2004): 35-36; J. Dudley Woodberry, "Do Christians and Muslims Worship the Same God?," *Christian Century* 121.9 (May 4, 2004): 36-37; Jacob Neusner, Baruch A. Levine, Bruce D. Chilton, and Vincent J. Cornell, *Do Jews, Christians and Muslims Worship the Same God?* (Nashville: Abingdon, 2012); Miroslav Volf, ed., *Do We Worship the Same God? Jews, Christians, and Muslims in Dialogue* (Grand Rapids: Eerdmans, 2012); Timothy C. Tennent, *Theology in the Context of World Christianity: How the Global Church Is Influencing the Way We Think about and Discuss Theology* (Grand Rapids: Zondervan, 2007), 25-51.

요점은, 볼프가 기독교인과 무슬림이 '공통의 하나님'을 가지고 있을 때, 즉 그들이 같은 하나님을 숭배한다고 말할 수 있을 때만 평화롭게 함께 살 수 있다고 주장한다는 것이다. 이슬람교와 기독교에서 하나님의 개념이 양립할 수 없는 것으로 밝혀지면 평화로운 관계는 불가능하다는 것이다.

이것은 분명 강력한 주장이지만, 어째서 그것이 사실이라고 가정하는가? 정말 우리가 서로 공감하는 사람들과 잘 지낼 수 있는 것만이 해법일까? 그렇다면 창조주 하나님의 실체를 부정하는 불교 신자 또는 세속적인 무신론자들과 기독교인의 평화적 관계에 대한 전망은 어때야 하나? 우리가 깊은 의견 차이를 가지고 있는 사람들과 조화롭게 살 수 있다는 것은 오히려 성숙함의 표시가 아닌가? 분명하게 존재하는 깊은 차이를 서로 존중하고, 이러한 의견 불일치에도 불구하고 평화롭게 함께 사는 법을 배우는 것이 확실히 더 현실적이고 책임감 있는 접근법이다. 종교적으로 다른 사람들을 존중하고, 타 종교인들과 공동의 이익을 위해 협력하려는 강한 노력을 한다고 해서 종교의 기본 가르침에서의 매우 실제적인 차이를 최소화하거나 무시할 필요는 없다.

더구나 종교적 신념과 폭력과의 관계는 이러한 비판들이 시사하는 것보다 훨씬 복잡하다. 자신의 종교가 옳다는 주장에 초점을 맞춰 보자. 그리고 이러한 관점은 종종 '배타주의'라고 불리기 때문에, E는 다음과 같은 입장을 되도록 해보자.

E = 내 자신의 종교는 참되고 다른 종교들은 모두 거짓이다.

비평가들은 종교 신자들의 E 수용은 종교적 편협성, 종교들 간의 긴장 및 종교적 폭력으로 이어지며, 따라서 E는 거부되어야 한다고 주장한다. 여기에 몇 가지 견해가 관련되어 있다. 첫째, 비평가가 옳고 E를 유지하는 종교 공동체들과 폭력이나 심지어 전쟁을 포함한 종교적으로 다른 사람들을 부적절한 방법으로 대하는 이러한 공동체들 사이에 명확하고 입증 가능한 연관성이 있다고 가정한다. 이것은 정말로 슬픈 상황이 될 것이고, 그들 자신의 종교적 관점이 옳고 다른 사람들은 그렇지 않다고 생각하는 종교 신자들에게 해롭게 반영될 것이다. 그러나 이것이 바람직하지 않을 수 있지만, 반드시 참된 종교가 없거나 종교 신자들이 E를 유지하는 데 있어서 잘못되거나 인식론적으로 정당하지 않다는 결론이 따르는 것은 아니다. 슬프지만 이는 참된 믿음이 매우 부정적인 결과를 초래하는 또 다른 사례가 될 것이다. (아무것도 먹기를 거부하면 나는 결국 죽게 될 것이라는 믿음은 사실이고 불행한 결과를 초래한다.) 진리에 대해 실용적인 정의(definition)를 채택하지 않는다면, 신앙의 진리는 그 신앙의 결과와 구별되어야 한다.

그러나 우리는 E를 긍정하는 것이 종교적으로 폭력적 결과를 가져온다는 비평가들의 주장을 왜 받아들여야만 하는가? 확실히, 종교 신자들이 다른 사람들에 대한 폭력에 관여하였고, 지나친 종교적 헌신이 이런 비극적 일에 어떤 역할을 했다는 많은 증거가 존재한다. 역사는 종교 공동체 간의 잔인한 전쟁의 비극적인 사례들로 가득 차 있으며, 각 종교 기관들은 그들의 권위에 복종하지 않는 사람들을 박해해왔다. 안타깝지만 이런 행태에 냉소적인 반응은 너무 적절하다: "아, 우리가 하나님의 사랑을 위한답시고 서로를 얼마나 미워하는가!" 종교적 폭력은 대부분의 종교적 전통들과 조우한다. 기독교인들은 유대인들과 이슬람교도들을 학살했고, 이슬람교도들은 다시 기독교인들과 유대인들을 학살했다. 무슬림과 힌두교 신자들은 인도 아대륙에서 서로 격렬하게 싸워왔고, 바하이교 신자들(Baha'is)은 이슬람교도들로부터 조직적인 박해를 받아왔다. 불교 신자들은 동남아시아의 힌두교 신자들과 이슬람교 신자들을 공격한다. 오스 기네스(Os Guinness)가 냉담하게 관찰한 바와 같이, "세계의 많은 사람이 더 이상의 논쟁 없이 '나쁜 종교는 정말로 매우 나쁘다'라는 점에 동의할 수 있다."14)

종교가 종종 폭력에 관여했다는 것은 분명하지만, 그러한 관여의 성격과 그 폭력에 대해 종교적 요소가 어느 정도 책임이 있는가 하는 것은 덜 명확하다. 몇 가지 복잡한 문제를 해결할 필요가 있다. 앞에서 보았듯이 종교는 다면적인 현상이며, 종교적 요소들은 사회적, 경제적, 정치적, 민족적 고려 사항들과 얽혀 있어서 한 특정 폭력 사건의 원인을 뚜렷이 종교적인 것으로 식별하는 것은 매우 힘든 과제가 될 수 있다.15) 앞선 비평가들의 논지를 지지하기 위해 필요한 것은 인과적 요인을 사회적, 민족적, 정치적 또는 경제적 요인이 아닌 종교적 요인으로 식별하고 이러한 종교적 요인들과 E의 수용 사이의 명확한 연관성을 확립하는 것이다. 또한 우리는 많은 폭력이 종교와 연관되어 있지 않다는 사실을 기억해야 한다. 그래서 종교적인 '절대주의자'가 특별한 문제로 간주되기 위해서는, E를 받아들이는 종교 공동체가 비종교적인 공동체들보다 훨씬 더 큰 수준으로 폭력을 행사한다는 사실도 증명되어야만 한다.16) 이러한 경험적 질문은 확실히 대답하기 매우 어려울 것이다. 그러나 20세기에 비극적인 집단 학살의 책임이 있는 것은 종교적 정권이 아니라 무신론적이거나 비종교적

---

14) Os Guinness, *The Global Public Square: Religious Freedom and the Making of a World Safe for Diversity* (Downers Grove, IL: InterVarsity, 2013), 23.

15) 참고, Joshua C. Thurow, "Religion, 'Religion,' and Tolerance," in *Religion, Intolerance, and Conflict*, ed. Steve Clarke, Russell Powell, and Julian Savulescu (New York: Oxford University Press, 2013), 146-62.

16) 종교적 폭력에 대한 문헌의 양은 굉장히 많지만, 우리가 다루고 있는 영역 안에서 유용한 문헌들은 다음을 참고, Mark Juergensmeyer, *Terror in the Mind of God*, 3rd ed. (Berkeley: University of California Press, 2003); 같은 저자, *Global Rebellion: Religious Challenges to the Secular State, from Christian Militias to Al Qaeda* (Berkeley: University of California Press, 2008); William T. Cavanaugh, *The Myth of Religious Violence* (New York: Oxford University Press, 2009); Bryan Rennie and Philip L. Tite, eds., *Religion, Terror and Violence* (London: Routledge, 2008); Keith Ward, *Is Religion Dangerous?* (Grand Rapids: Eerdmans, 2006).

인 전체주의 정권이었다는 사실이 언급할 필요가 있다. 종교적 폭력이 모든 종교 지도자들의 관심을 요구하는 시급한 문제인 것은 맞지만, 종교에서 비롯된 것으로 추정되는 끔찍한 결과 때문에 참된 종교가 있다는 주장을 포기해야 한다는 주장은 설득력이 없다.

존 힉, 종교 등급 매기기

하나의 참된 종교가 있다고 주장하면서 우리는 종교에 대해 상대적인 판단을 하고 있다. 우리는 진리에 관하여 어느 종교가 다른 종교들보다 분명히 우월하다고 주장하고 있는 것이다. 그러나 우리는 그렇게 할 수 있나? 우리는 앞서 5장에서 종교 다원주의에 대한 존 힉(John Hick)의 견해를 살펴봤지만, 여기서는 그가 어떻게 종교들에 대해 '등급'을 매기고 평가할 수 있는지에 초점을 맞출 것이다.

힉은 모든 종교적 가르침들과 관행들을 동일하게 가치 있거나 존중할 만한 것으로 간주하는 것은 말이 안 된다고 인정한다. 일상의 삶 속에서 우리는 종교 안에 도덕적으로 혐오스러운 것(인간 제물, 사원에서의 아동 매춘)과 훌륭한 것(겸손, 동정심, 가난하고 취약한 사람들을 돌보는 것)을 구별한다. 역사적으로 위대한 종교 지도자들은 전형적으로 비도덕적이거나 사악한 관행을 거부하는 개혁가들이었다. 힉은 "종교적 현상들에 대한 어떠한 평가는 신에 대한 깊은 종교적 진지함과 개방성의 결과물인 것 같다"라고 말한다.[17]

그러나 우리는 종교를 도대체 어떻게 평가해야 할까? 종교는 지적, 사회적, 종교적 전통의 거대하고 복잡한 체계이다. 어떻게 우리는 전체로서

---

17) John Hick, *Problems of Religious Pluralism* (New York: St. Martin's Press, 1985), 67.

의 기독교를 받아들이고, 그것을 힌두교와 비교할 수 있을까? 힉은 이러한 평가에 대해 특정 종교의 가르침에 적용되는 이성과 그러한 가르침의 역사적 완성에 적용되는 도덕적 판단이라는 두 가지 기준을 제안한다.[18] 그러나 힉은 종교의 가르침에 대해서 합리적인 평가가 가능하지만, 이것이 결정적인 것은 아니라고 주장한다. 각각의 주요 종교들은 깊은 인상을 주는 자신들만의 지적 체계를 가지고 있으며, 그러기에 한 종교가 다른 종교들보다 확실히 우월하다는 것을 증명하는 것은 불가능해 보인다. 힉에 의하면, "토마스 아퀴나스(Thomas Aquinas), 알가잘리(al-Ghazali), 샹카라(Shankara), 붓다고사(Buddhaghosa)의 위대한 영속적 체계들이 그들의 지적 자질과 관련하여 현실적으로 등급이 매겨질 수 있을지 의문이다. 대체적으로 그들은 서로 다른 통찰에 관한 거대하고 강력한 체계화인 것 같다."[19] 힉은 만연한 종교적 모호성이 우리로 하여금 합리적인 생각에 근거하여 어느 종교를 다른 종교들보다 더 참될 수 있다고 생각하지 못하게 한다고 주장한다.

그럼 도덕적 기준에 대해선 어떨까? 여기서 다시 힉은 원칙적으로 특정 종교를 도덕적 근거로 평가하는 것이 가능하지만, 실제로 이런 평가 방식은 문제가 된다고 주장한다. 힉은 자신의 경험에서 관찰한 바를 근거로, "다른 종교 전통에 의해 영성이 형성되고 그 안에서 생활하게 된 평범한 가족들과 일부 비범한 개개인을 모두 알게 되면서, 세계 종교들의 신자들이 일반적으로 기독교인들과 다른 도덕적 또는 영적 차원에서 살고 있다는 것을 발견하지 못했다. 그들은 평균적으로 기독교인들보다 낫지도, 나쁘지도 않은 것 같다."고 진술한다.[20] 힉은 이런 판단이 지극히 개인적

---

[18] 같은 책, 79.
[19] 같은 책, 81.
[20] John Hick, "A Pluralist View," in *Four Views on Salvation in a Pluralistic World*, ed. Dennis L. Okholm and Timothy R. Phillips (Grand Rapids: Zondervan, 1996), 39.

인 것이고, 입증되지 않은 것이라는 사실을 다음과 같이 인정한다. "우리는 현대와 역사적으로 다른 사람들에 대한 개인적 관찰과 조사만 할 수 있을 뿐이며, 우리가 꼭 증명할 수 있다고 주장은 못할지라도, 이러한 관찰과 조사를 근거로 범세계적인 감명을 형성할 수 있다." 실로 어떻게 우리가 지난 수세기 동안 모든 주요 종교들의 전통에서 신자들의 도덕적 자질을 평가하고, 그것들을 객관적으로 비교하고, 어떤 전통이 더 많은 수의 성인들을 만들어 내는지 결정할 수 있었나?

> 필연적으로 제한된 인원의 가족들과 개인들을 알고, 한정된 양의 역사와 여행자들의 서술들을 읽은 것에 근거를 둔 나 자신의 범세계적인 인상은, 기독교인들이든, 아니면 '우리가 세계적 종교로 한정하는' 유대인들, 이슬람교도들, 힌두교 신자들(시크교 포함), 또는 불교 신자들에 상관없이, 전 인류에게 미덕과 악덕이 다소 고르게 퍼져 있는 것 같다.[21]

특정 종교와 관련된 문화와 문명을 평가하는 것은 또 어떨까? 힉은 원칙적으로 우리가 사회에 대한 종교의 도덕적 기여에 기초하여 등급을 매길 수 있어야 한다는 것을 인정하지만, 실제로 이러한 체계에 따른 객관적 평가는 불가능하다고 보여진다.

> 우리는 사회적, 경제적 문제들과 관련지어 많은 동양 국가들의 무기력함, 그리하여 고질적 가난에 시달리는 것과, 지구의 자원을 착취하는 서구의 무자비한 경쟁적 탐욕, 즉 세계의 절반과 모든 미래 세대를 희생시키면서 세상을 강탈하는 서양 자본가들과 어떻게 저울질할 수 있을까? 우리는 사회적, 경제적, 기술적 진보를 지연시키

---

21) 같은 책, 40-41.

는 힌두교와 불교의 '내세성'(otherworldliness)의 효과를, 유럽과 남아메리카의 부당한 사회 제도를 인정하고 남아프리카의 대규모 인종 착취를 정당화하고 영구화하기 위한 기독교 복음서의 사용에 어떻게 대조하며 판단해야 하는가? 우리는 인도의 부당한 카스트 제도를 서방 기독교의 많은 부당한 계급 체계와 만연한 인종차별에 어떻게 따져 볼 수 있는가? 우리는 위대한 무슬림, 힌두교, 불교 제국을 건설할 때의 검의 사용을 위대한 기독교 제국을 건설할 때의 총의 사용과 어떻게 대조하며 판단해야 하는가? 우리는 14세기 공격적인 무슬림의 유럽 침공을 십자군이라 알려진 기독교의 앞선 중동 침공에 대하여 어디에 무게를 더 둘 수 있는가? 우리는 인도에 만연해 있는 사티제도(suttee)라는 '자발적인' 끔찍한 관습을 유럽과 북아메리카 기독교에서의 똑같이 끔찍한 '마녀' 화형에 어떻게 대비하고 어떤 판단을 내릴 수 있는가? 우리는 인도 분할 당시의 피비린내 나는 대량학살, 이슬람 율법에 따른 도둑의 손 절단 등 일부 동방과 중동의 야만적 삶의 모습을 오랜 세월 동안, 그리고 우리 세기의 유대인들에 대한 기독교 박해와 대조하면 어떤 판단을 할 수 있나?[22]

힉은 다음과 같이 결론을 내린다. "종교적 현상을 어느 정도 평가하고 등급을 매길 수는 있지만, 현실적으로 우리는 주요 세계 종교들을 총체적으로 평가하며 등급을 매길 수 없다. 이런 종교들의 기나긴 전통들은 각각 너무나 많은 종류의 선과 악 모두를 포함하면서 내적으로 너무나 다양하기 때문에, 인간의 판단력으로 구원의 체계로서의 그 장점들을 평가하고 비교하는 것은 불가능하다."[23] 그럼에도 불구하고 우리가 알 수 있

---

22) Hick, *Problems of Religious Pluralism*, 84-85.
23) 같은 책, 86.

는 한, 세계 주요 종교들은 "모든 전통의 성인들 속에서 볼 수 있는 것처럼 자아에서 궁극적 진리로 나아갈 때, 그 종교들은 모두 동일하게 생산적"이라고 힉은 주장한다. 24)

힉은 여기서 분명 중요한 사항을 제시한다. (명백한 무신론자들뿐만 아니라) 타 종교 전통들의 많은 신자가 도덕적으로 모범적인 삶을 영위한다는 데 동의하기 위해서 그의 다원론적 가정을 받아들일 필요 없이, 분명히 우리는 언제 어디서든 덕행의 모범을 발견하는 것을 기뻐해야 한다. 힉은 또한 서구의 기독교의 영향을 받은 사회를 포함하여 종교적 문명의 복잡한 역사적 유산을 평가하는 어려움을 정확히 인식하고 있다. 안타깝게도 기독교인들이 많은 선뿐만 아니라 많은 악과 고통에 대해 책임이 있는 지난 2천년 동안의 기독교인들의 실증적 기록은 상당히 복잡하게 뒤섞여 있다.

힉의 일부 일리 있는 진술에도 불구하고, 몇 가지 점들은 명확히 표명되어야 한다. 힉은 종교들 사이에 있는 덕행의 대략적인 동등성에 대한 그의 판단이 (이성 사실이 아니라) 단지 인상에 의한 것이고 입증되지 않은 성격을 가졌다고 쉽게 인정한다. 다른 사람들은 **그들의 경험**에 근거하여 힉과는 상당히 다른 인상을 가질 수 있는데도, 힉은 자신의 인상에만 근거하여 한 종교나 특정 종교들이 훨씬 더 높은 고결성의 사례를 가지고 있다고 여기는 듯 하다. 자신의 경험으로부터 비롯된 인상에 의한 관찰은 본질적으로 제한적이고 주관적이며 신뢰할 수 없기 때문에, 광범위한 일반화에 불충분한 기초를 제공할 뿐이다.

게다가, 어떤 종교 전통이 다른 것들보다 인간의 번영에 더 유익하다는 주장을 실증적 증거가 뒷받침하지 못한다는 힉의 주장은 정말로 맞는 말인가? 모든 종교의 실증적 업적이 선과 악, 양면을 모두 포함하고 있으면서 혼합되어 있다고 주장하는 것은 논리적으로 별개의 문제다. 종교적 전통에 대한 의미 있는 비교를 할 수 없다고 주장하는 것과 앞의 것은 서로

---

24) 같은 책, 87.

별개의 사안이라는 말이다.

힉의 주장은 실제로 종교에 대한 책임 있는 평가가 가능하다는 것을 전제하고 있으며, 우리는 종교들이 그들의 역사적 기록에서 대체적으로 동등하다는 증거에 따라 결론을 내릴 수 있다고 말하는 힉의 논지에 주목해야 한다. 힉은 이것을 어떻게 안다고 자신 있게 말하는가? 종교들의 등급이 그가 주장하는 것만큼 실제로 결정적이지 않다면, 우리는 불가지론자로 남아서, 불가지론적 관점을 가지고 종교가 모두 기본적으로 평등하다고 주장해서는 안 된다. 물론 결정적 판단을 내린다는 것은 어렵고 논란도 많겠지만, 종교의 역사적 영향에 대한 **어느 정도의** 비교 평가가 가능하고, 결과적으로 이것이 한 개 이상의 종교가 다른 종교들보다 더 눈부신 성과를 가지게 될 수도 있다.

마지막으로, 합리적으로 생각하면 주요 종교들이 기본적으로 진리와 관련하여 동등한 위치에 있다는 힉의 주장을 우리는 왜 받아들여야만 하는가? 앞 장에서 보았듯이, 힉의 종교다원주의 모델에서 핵심적인 부분은 종교적 모호성에 대한 그의 개념이다. 힉이 옳다면, 그 어떤 특정한 종교적인 세계관도 다른 어떤 것보다 더 합리적이고 진실일 가능성이 높다고 판단되어서는 안 된다. 그러나 내가 믿는 것처럼, 종교적 모호성에 대한 강한 생각이 거부된다면, 하나의 종교적 세계관이 다른 종교들보다 합리적으로 우월하다는 것을 보여줄 수 있을 것이다. 우리는 이를 7장에서 깊이 있게 다시 살펴볼 것이다.

한스 퀑, 참된 종교

가톨릭 신학자 한스 퀑(Hans Küng)도 진리의 관점에서 종교를 평가하는 문제에 대해 다루었다. 퀑의 에큐메니컬 관련성과 종교 간 대화에 대한 헌신은 잘 알려져 있다. 그러나 그는 종교에서 진리라는 곤란한 문제를 우리가 무시할 수 없다는 것 또한 분명히 알고 있다.

> 세계 종교들의 대립은 평화의 문제를 넘어선다. 그것은 진리의 문제에 대한 설명을 결정적으로 요구한다. 다양한 종교들에 대한 실질적 분석과 종교의 비교가 집합(convergencies)과 분화(divergencies)를 명백하게 할 수 있는 만큼, 진리에 대한 문제는 끊임없이 그리고 냉정하게 제기되어야 한다. 하나의 참된 종교가 있는 것일까, 아니면 여럿이 있는가? 개별 종교의 진리에 대한 주장을 정당화하기 위한 체계적 기준이 있는가?[25]

우리가 종교에 대해 진지하게 고민한다면, 우리는 진리의 문제를 피할 수 없다.

큉은 '내 종교만이 참되고 다른 종교는 모두 거짓이다'라는 오만한 절대주의와 '모든 종교는 동등하게 참되다'라고 주장하는 단순한 다원주의, 양쪽 모두를 거부한다. 그는 종교를 평가하는 엄격한 실제적 기준에 불편함을 느끼지만, 우리로 하여금 진리에 대한 숙고와 종교에 대한 숙고의 선을 연결하도록 요구한다.

> 어떤 종교의 진리에 대한 문제는 순수한 이론 이상의 것을 목표로 한다. 진리의 본질은 신, 인간 및 세상에 대한 참된 진술 체계로만 입증되는 것이 결코 아니며, 다른 모든 것이 거짓인 것과는 반대되

---

25) Hans Küng, "Is There One True Religion? An Essay in Establishing Ecumenical Criteria," in *Christianity and Other Religions: Selected Readings*, ed. John Hick and Brian Hebblethwaite, rev. ed. (Oxford: Oneworld, 2001), 119. 다음 같은 저자 에세이도 참고, "What Is True Religion?" Toward an Ecumenical Criteriology," in *Toward a Universal Theology of Religion*, ed. Leonard Swidler (Maryknoll, NY: Orbis Books, 1987), 237-50.

는 일련의 명제적 진리로만 입증되는 것도 결코 아니다. 진리는 또한 언제나 그 진리의 **활용방식**, 구원 및 해방의 방식뿐만이 아니라 동시에 실천, 깨달음, 이해 및 입증된 가치의 방법이기도 하다. 따라서 종교가 우리의 삶과 죽음에 대한 궁극적이고 모든 것을 아우르는 의미를 약속한다면, 그리고 종교가 불멸의 최고 가치를 선언하고, 우리의 행동과 고통에 무조건적으로 연결된 기준을 세우고, 영적 안식처를 제공한다면, 이는 다음과 같은 것을 의미한다: 종교에서 의미 있는 것과 가치 있는 것의 **참**(verum)와 **선**(bonum)의 차원은 함께 넘쳐난다. 그리고 종교의 진리(더 이론적으로 이해된)나 의미에 대한 문제는 동시에 선함(더 실질적으로 이해된)이나 소중함에 대한 문제이다. '참된' 기독교인 또는 불교 신자는 '선한' 기독교인 또는 불교 신자다. 그만큼 '종교에서 참과 거짓은 무엇인가?'라는 질문은 '종교에서 선은 무엇이고 악은 무엇인가?'라는 다른 질문과 동일하다.[26]

그렇다면 큉에게 있어서 종교의 진리에 대한 문제는, 종교 공동체가 종교에서 유래한다는 의미, 종교에서의 선과 가치, 또는 종교의 신자들이 실생활에서 해당 종교의 긍정적인 요소를 구현하고 실천하는 정도와 불가분의 관계에 있다.

큉은 진리로 종교를 평가하는 데에 적용할 수 있는 세 가지 기준을 제안한다. 첫 번째는, "인간은 비인간적인 것이 아니라 인간에 관한 것 안에서 살아야 하며, 인간은 모든 관계에서 자신의 인간성을 깨달아야 한다"라고 규정하는 우리의 공통된 인간성에 기초한 일반적인 윤리적 규범이다. 큉에 따르면, 이 기준은 긍정적, 그리고 부정적 표현을 모두 가지고 있다. 긍정적으로는, "종교가 인류의 덕행에 도움이 되는 한, 즉 신앙과

---

[26] Küng, "Is There One True Religion?," 129.

도덕에 대한 종교의 가르침, 종교의 의례와 제도가 인간의 정체성에 있어서 **인간을 지지**하고, 의미 있고 보람 있는 존재가 될 수 있도록 해주는 한, 그것은 **참되고 좋은** 종교다." 부정적으로는, "종교가 **비인간성을 확산**시키는 한, 종교와 도덕에 대한 가르침이 인간의 정체성, 의미, 가치에 있어서 인간을 방해하는 한, 그리고 의미 있고 결실을 맺는 존재를 **이루지 못하도록 사용**되는 한, 그것은 **거짓되고 나쁜 종교다**."[27]

쿵은 또한 일반적인 종교적 기준을 제시한다. "종교는 **규범적 교리나 관행**(토라, 신약성서, 코란, 베다), 그리고 때로는 규범적인 **인물**(그리스도, 무하마드, 부처)에 의해서도 평가된다."[28] 각 종교는 종교 공동체의 가르침과 관행을 평가하는 규범적 기준을 가지고 있다. 이 기준은 종교의 신자들이 그들 내부의 규범적 이상에 얼마나 충실한지를 평가한다. 이 기준에 따르면, "종교는 자신의 **기원**이나 **규범**(canon), 즉 그 종교가 지속적으로 호소하는 그 진정한 '본질'인 규범적인 경전이나 인물에 충실하다면, 참되고 좋은 것이다."[29]

마지막으로 쿵은 "종교가 그 이론과 실천에서 예수 그리스도의 정신(the spirit of Jesus Christ)을 인식할 수 있도록 해주는 한, 참되고 좋다."라고 주장하며 특별한 기독교적 기준을 제안한다. 이 기준은 먼저 기독교에 직접 적용되며, "기독교인들의 종교가 과연 기독교적인지 여부와, 어느 정도까지 그러한지에 대한 자기 비판적 질문을 제기한다." 쿵은 우리가 "다른 종교(특히 유대교와 이슬람교)에서도 기독교적이라는 표를 붙일 수 있는 요소를 찾을 수 있는지 여부와, 어느 정도까지 그러한지를 식별하려고 노력하기 때문에, 이 기준을 다른 종교에도 간접적으로 적용할 수 있다"고 제안한다.[30] 하지만 분명한 건, 기독교인들이 기독교의 진리를 말할 때 주님으

---

27) 같은 책, 134. 원문의 강조 사용.
28) 같은 책, 136. 원문의 강조 사용.
29) 같은 책, 138. 원문의 강조 사용.
30) 같은 책.

로서 예수 그리스도에 대한 존재론적 헌신의 관점에서 말해야 한다는 것이다.

> 그러므로 나는 나의 역사적으로 조건화된 관점에서 나의 믿음을 고백한다. **나에게 참된 종교인** 기독교는 내가 다른 사람들을 설득할 수 있는 좋은 근거와 사고력들을 들 수 있는 그러한 진리를 가진 종교다. 나에게 있어 기독교는 내가 택한 길이며, 내가 나의 삶과 죽음에 대한 진리를 찾았다고 믿는 종교이다. 그러나 동시에 **다른** 종교들(수억 명의 사람들에게 **참된** 종교가 되는) 또한 이러한 이유 때문에 **결코 허위적인 종교가 되지 않으며**, 결코 잘못된 진리가 되지도 않는다. [31]

예수 그리스도는 기독교인이 다른 종교를 평가할 때 사용하는 적절한 기준이다. 이는 "예수 그리스도는 기독교인에게 **결정적인 규제적 요소**(the deciding regulative factor)"이기 때문이다. [32]

큉에 의하면 우리는 세 가지 기준을 가지게 된다. (1) 일반적인 윤리적 기준: 종교는 인간의 번영을 증진시키는가? (2) 일반적인 종교적 기준: 종교는 내부의 규범적 이상과 일치하는가? (3) 기독교인에게 있어 특정 종교에 대한 기준: 해당 종교 전통은 우리로 하여금 '예수 그리스도의 정신'을 지각할 수 있게 하는가?

위와 같은 질문과 논의는 우리를 어디로 이끄는가? 큉은 진리의 문제에 대한 '외부적' 관점과 '내부적' 관점을 구분한다. "종교의 역사를 보는 **외적 관점**에서 볼 때, 모든 양면성에도 불구하고 적어도 근본적으로(윤리적이고 종교적인) 관리하고 통치하는 기준을 충족시키는 **다양한 참된 종**

---

31) 같은 책, 139-40. 원문의 강조 사용.
32) 같은 책, 139. 원문의 강조 사용.

교들이 있다." 많은 종교는 앞의 기준1과 기준2, 이 두 가지 기준에 부합할 정도로 참될 수 있다. 그러나 "신약성경을 지향하는 충실한 기독교인의 입장에서 보는 **내적 관점**에서 볼 때, 내가 모든 종교적 방식들을 동시에 따르는 것은 불가능하기 때문에 **나에게 참된 종교**는 예수 안에서 한 분이신 참된 하나님에 대한 증거인 한, 내가 가려고 하는 길인 기독교이다."33) 세 번째 기준은 필수적으로 기독교 정신과 인격적 관계이어야 하고, 이에 따라 해당 종교의 신자의 입장에서 그 신자에게 참이 될 종교를 결정한다.

종교는 여러 가지 방식으로 평가될 수 있으며, 위에 제시된 큉의 기준은 특정 목적에 분명 도움이 된다. 예를 들어, 특정한 종교가 그 종교의 이상이나 관행에서 우리의 공통적인 인간애를 증진시키는지, 아니면 우리의 '인간다움'을 증진시키는지 묻는 것을 중요시할 수 있다. 또는 특정한 종교의 전통이 실제로 그 규범적 기원에 충실한지, 아니면 그 종교의 기준에 충실한지 묻는 것을 중요시할 수 있다. 그리고 확실히 각각의 종교 전통들은 진리나 경건함에 대한 자신만의 내적 기준을 가지고 있기 때문에, 기독교인으로서 나는 '그리스도의 정신'에 따라 살고 있는지 물어볼 수 있다. 그러나 이러한 기준들이 정말로 어느 종교가 참된지 여부를 결정하는 데 도움이 될까? 종교가 우리의 기본적인 인간성을 증진하고 육성할 정도로 '참되다'고 규정하는 큉의 일반적인 윤리 기준은 너무 모호해서 사실 도움이 안 된다. '인간다운 방식으로 산다'는 것과 '인간적 정체성 속에서 인간을 지지한다'는 것은 무엇을 의미하는가? '유익하고 의미 있는 존재'를 구성하는 것은 무엇인가? 이러한 표현들의 의미는 개인의 자유와 기본적인 인권에 관한 현대의 자유주의적 가치를 두드러지게 나타내는 큉의 다른 글에서 어느 정도 서술되어 있다.34) 큉이 이러한 가치를 강조하

---

33) 같은 책, 138-40. 원문의 강조 사용.
34) 참고, Hans Küng, *A Global Ethic for Global Politics and Economics* (New

고 이를 뒷받침하지 못하는 종교를 비판하는 것은 옳을 수 있겠지만, 이것을 종교 평가의 기준으로 삼는 것은 진리의 측면에서 더 많은 정당성을 필요로 한다. 왜 이러한 것들이 가치가 있고 그 외의 것들은 아닌가? 모든 종교가 개인의 자유와 인권에 대한 큉의 관심과 헌신을 공유하는 것은 아니다. 더구나 기독교, 힌두교, 불교와 같은 종교들은 인간의 본성, 종교적으로 궁극적 존재와 사람의 관계에 대한 이해, 그리고 이런 이해에서 이어져, 우리가 다른 사람들과의 관계 속에서 어떻게 살아가야 하는지에 대한 의미에 뿌리를 둔 자신들의 관점에서 진정으로 인간이라는 것이 무엇을 의미하는지에 대해 근본적으로 서로 다른 방식으로 이해하고 있다. 여러 원초적인 문제들에 대해 종교들은 상당히 다른 관점을 제공한다는 것이다. 그래서 현재 상태로는, 어떤 종교가 참된 것인지(혹시 그런 것이 있다면) 여부를 결정하는 데 일반적인 기준은 거의 쓸모가 없다.

더 나아가, 진리의 문제와, 종교의 선함이나, 효용성의 문제를 서로 연관시킴으로써 큉은 분리되어 있는 개별적 문제들을 융합한다. 어느 종교의 가르침이 참인지 아닌지는 그 종교에 선하거나 도덕적인 가치가 있는지와 구별되며, 이 두 가지 문제 모두는 어느 종교가 해당 신자들에게 존재론적 의미나 실제적인 유용성을 가지고 있는지에 대한 문제와 구별되어야 한다. 어느 종교의 핵심적인 가르침이 거짓이라 해도, 그 가르침, 관행, 제도의 일부에는 여전히 선함과 도덕적 가치가 있을 수 있다. 신자들에게 아무런 유용성도 주지 않는 종교, 어떤 의미나 목적을 주지 않는 종교는 오래 가지 못할 것이다. 그러나 인류와 궁극적 존재에 대한 어느 종교의 핵심적인 주장이 거짓일지라도, 그 종교는 실질적인 유용성을 제공하거나 선과 아름다움을 보여줄 수 있다.

큉의 두 번째와 세 번째 기준도 특정 종교가 참된 것인지 판단하는 데

York: Oxford University Press, 1998); 같은 저자, ed., *A Global Ethic* (New York: Continuum, 2006).

있어서 특별히 도움이 되지 않는다. 큉의 두 번째 기준은 단지 종교 공동체가 자신의 종교적 이상을 실현하고 있는 정도를 평가할 뿐이며, 그 자체로 그러한 규범적 이상들의 참이나 거짓에 대해서는 아무것도 말해주지 않는다. 그리고 기독교의 관점에서 볼 때, '예수 그리스도의 정신'이 기독교인의 삶에서 어느 정도 구현되는지를 고려하는 기준에 대해서는 정말로 가치가 있겠지만, 그것이 하나의 참된 종교가 있는지 여부에 대한 문제를 해결하는 데에 도움이 되는지는 알 수 없다. 이것은 기독교인의 삶과 그리스도의 가르침과 모범을 반영하는 정도를 평가하는 기준이지만, 그 자체로는 우리에게 이 가르침의 참이나 거짓을 알려주지 않는다.

하나의 참된 종교가 있을 수 있을까? 이에 대해 반대하는 두 가지 의견들이 긍정적으로 간주되지만 상당한 문제가 있는 것으로 보인다. 우리는 또한 어느 종교를 참된 것이라 식별하기 위해 큉이 제안한 기준을 살펴보았고, 그것들이 큰 도움이 되지 않는다는 사실을 발견하였다. 그러나 나는 하나의 참된 종교가 있을 수 없다고 단정할 이유는 없다고 본다. 이어지는 내용에서 나는 기독교에 초점을 맞추고 기독교가 참된 종교라는 주장에 무엇이 개입되어 있는지 물어볼 것이다. 이것은 단순하고 단도직입적인 질문처럼 보이겠지만, 사실 이런 질문은 생각보다 더 복잡하다. 기독교가 유일한 참된 종교라는 주장에 '포함된 것'이 아닌 것을 명확히 하는 것으로 시작하는 것이 도움이 될 것이다.

이런 주장을 제기하는 데 포함되지 않은 것은 무엇인가?

첫째, 기독교가 하나의 참된 종교인지에 대한 문제는 다른 종교들에 참과 선이 있는지에 대한 문제와 구별되어야 한다. 어떤 기독교인들이 기독교가 하나의 참된 종교라고 주장한다면, 그것은 다른 종교들에는 **어떠**

한 진리나 선도 있을 수 없으며, 다른 종교들은 거짓과 악에 불과하다 믿는다고 볼 수 있다.

그러나 그런 극단적인 입장을 취할 이유가 없다. 기독교의 성서에서는 그 어떤 것도 그런 입장을 요구하지 않는다. 사람은 성서의 증언에 전적으로 충실할 수 있고, 그러면서 동시에 다른 종교들에도 어떤 진리, 아름다움, 선이 있다는 것을 여전히 인정할 수 있다. 이를 부정하는 것은 다른 모든 종교들의 주장이 거짓이라는 견해를 전적으로 받아들이는 것이다. 그러나 이것은 옹호되기 어렵다. 우주가 하나님에 의해 창조되었다는 종교적 가르침은, 비록 그 종교와 기독교 사이에 하나님의 본성에 대한 각각의 이해에 관하여 상당한 차이가 있을지라도, 분명 공통의 진리를 가르치고 있다. 마찬가지로 어느 종교가 육체적인 죽음과 육체의 소멸 이후의 삶이 있다고 가르친다면, 비록 죽음 이후의 삶을 해석하는 특정한 방식(예컨대, 브라만교에서 말하는 브라만과의 일치의 실현)은 사실이 아닐지 모르지만, 그것은 분명한 진리를 가르치고 있는 것이다. 기독교 신앙이 정말로 참이라면, 기독교의 본질적인 가르침과 양립할 수 없는 다른 종교들의 그 어떤 가르침도 거짓이거나 불완전할 것이다. 그러나 이것이 다른 종교들에 의해 받아들여지는 진리가 없다는 것을 의미하지는 않는다. 기독교 신앙은 사실 다른 종교들보다 일부 종교와 상당한 공통의 신앙을 공유하고 있다. 다른 종교적인 가르침들과의 유사성은 아마도 기본적인 도덕적 원칙에서 가장 명백할 것이다. 로널드 그린(Ronald Green)은 다음과 같이 말한다.

> 종교 윤리에 대한 비교연구에 의해 만들어진 가장 인상적인 것 중 하나는 종교들 사이에 있는 기본적인 도덕적 규범과 윤리적 가르침들의 유사성이다. 히브리 신앙의 십계명, 산상설교에서 예수의 가르침과 서신을 통한 바울의 가르침, 힌두교(마누의 법 10.63)의 사

다라나(sadharana) 또는 우주적 다르마의 요구사항들, 불교의 5계(the Five Precepts), 코란의 이슬람 10계명(17:22 9), 이 모든 것은 매우 공통적인 규범적 요건에 해당한다. 이런 규례들은 모두 살인, 상해, 속임수 또는 신과의 맹세의 위반을 금지한다. C. S. 루이스는 이와 같은 기본적인 도덕 규칙을 "실용적 이성에 대한 궁극적인 평범함"이라고 불렀고, 다양한 종교 전통들 속에서 그러한 가르침들의 존재와 정해짐은 루이스의 묘사를 뒷받침한다.[35]

게다가 타 종교들의 핵심적 믿음 중 일부는 거짓이고 그런 종교들은 때로 끔찍한 악을 드러내기도 한다는 생각을 고수하는 것은, 종교적으로 다른 사람들의 삶에도 선이 있고 다른 종교적 전통에도 아름다움이 있다는 것을 인정하는 것과 양립한다. 실증적 기독교를 포함하여 무구한 역사를 통해 이어져 내려온 종교들은 선과 악 모두를 드러낸다.

또한 나는 기독교 신앙이 참이라고 주장하면서, 기독교인들이 이슬람교 신자들이나, 힌두교 신자들이나, 시크교 신자들보다 반드시 도덕적으로 더 나은 자들이라 주장하는 것은 아니다. 단순히 경험적인 차원에서 종교 신자들의 삶을 관찰함으로써, 우리는 기독교인이라고 주장하는 사람들을 포함하여 모든 종교에 선하고 악한 사람들이 있다는 사실을 인정해야 한다. 존 힉은 기독교 역사의 비극적인 만행과, 기독교인들 삶에서의 도덕적 모호함을 우리에게 올바르게 상기시킨다. 기독교가 참된 종교라는 주장은 다른 사람들로 하여금 지난 2천년 동안 제도적 기독교 교회가 행했거나 주장했던 모든 것을 옹호하도록 만들지 못한다. 안타깝게도, 기독교인들은 기독교 교회의 역사에서 예수 그리스도의 가르침을 때

---

[35] Ronald Green, "Morality and Religion," in *The Encyclopedia of Religion*, ed. Mircea Eliade (New York: Macmillan, 1987), 10:99. C. S. Lewis에 대한 참고문헌은 Green의 *Abolition of Man* (New York: Macmillan, 1947), 56-57. Lewis는 힌두교, 자이나교, 불교, 조로아스터교에 있는 도덕적 예들을 제공한다.

로 배반해놓고 그렇지 않은 척할 수가 없다. 종종 제도적 교회는 거짓된 것을 가르치기도 하였고, 부도덕하고 부패한 일을 일삼기도 하였다. 기독교인들은 전 세계에 평화와 강력한 사회개혁 운동에 대해 책임이 있지만, 그들은 또한 다른 사람들을 심하게 학대하고, 수치스럽고 악한 행동에 참여하였고, 그러한 학대를 정당화하기 위해 성경을 오용하기도 하였다.36)

기독교가 참된 종교라는 주장이 종교 엘리트주의를 초래하거나 모두를 위한 공동선을 추구하는 것에서 후퇴하는 결과를 초래해서는 안 된다. 그것은 또한 기독교인들이 우리 세계를 괴롭히는 많은 문제를 근절하기 위해 노력하는 데 있어서 다른 종교 단체들과 협력해서는 안 된다는 것을 의미하지 않는다. 반대로 주요 종교들의 지도자들, 특히 기독교인들은 종교 공동체 간의 갈등을 줄이고, 모두를 위한 정의를 증진하며, 모든 사람이 지속 가능한 삶을 위한 최소한의 요건을 갖출 수 있도록 함께 노력해야 한다. 이 장의 그 어떤 내용도 그렇게 긴급한 종교 간 협력을 훼손하는 것으로 간주되어서는 안 된다.

끝으로, 기독교의 진리를 말할 때 진리의 문제와 구원의 문제 또한 구별되어야 한다. 일부 기독교인들은 이것이 모든 종교에서 구원이 동일하게 가능하다는 견해나, 모든 사람이 궁극적으로 구원받을 것이라는 결론으로 이어질 것을 우려하여 다른 종교들에 진리가 있다고 말하는 것을 주저하고 있다. 그러한 우려는 분명 이해가 되지만, 위 두 가지 문제

---

36) 여기서 필요한 것은 전 역사를 통틀어 제도적 기독교와 개별 그리스도인들의 복잡한 유산에 대한 솔직하고 공평한 평가다. 최근 조사의 흥미로운 부분은 종교의 자유와 사회 개혁을 포함한 전 세계적인 발전과 민주주의적 가치, 관행의 전파에 대하여 개신교 선교사들 노력의 영향이다. 참고, Robert D. Woodberry, "The Missionary Roots of Liberal Democracy," *American Political Science Review* 106.2 (May 2012): 244-74. 서로 다른 종교와 문화적 환경 속 민주주의와 종교 사이의 관계에 대하여 통찰력 있는 분석은 다음을 참고, Ian Buruma, *Taming the Gods: Religion and Democracy on Three Continents* (Princeton: Princeton University Press, 2010).

를 각각의 방식으로 책임 있게 다루어야 하며, 그 문제들을 엉성하게 혼합해서는 안 된다. 기독교가 참된 종교라고 단언하는 것 자체는, 복음주의자들을 포함한 기독교인들이 동의하지 않는 문제인 구원의 범위에 대해 어떤 특정한 견해에 전념하도록 하지 않는다.[37] 그러나 이 문제는 주류 기독교인들이 진리에 대해 주장하는 것과 구별된다. 기독교가 참된 종교라는 주장과 구원의 범위에 대한 어떤 특정 견해 사이에는 논리적 연관성이 없다.

예를 들어, 기독교가 참된 종교라고 믿는 대부분의 사람도 궁극적으로 모든 사람이 구원받는 것은 아니라고 믿고 있다. 이것은 역사적으로 기독교인들 사이에서 지배적인 입장이었다. 그러나 어떤 사람들은 기독교가 참된 종교라고 믿으면서 구원론적 보편주의를 수용한다. 반대로, 대부분의 종교 다원론자도 보편주의자인 것은 사실일 수 있지만, 그들은 궁극적으로 모든 사람이 구원의 상태를 이룰 것이라 주장하기 때문에 종교다원주의에서 구원론에 입각한 참된 종교라는 것은 큰 의미가 없다. 다시 말해, 종교다원주의는 세계의 주요 종교들이 진리와 구원론적 효능에 관하여 대체적으로 동등하다는 입장을 유지하고, 이에 따라 종교들 사이에서 동등한 구원론적 접근을 용인하는 것이다. 상대적으로 적은 수의 사람들이 실제로 원하는 구원론적 목표를 달성할 수 있다는 입장을 유지하는 것은 종교다원주의자들의 구원에 대한 동등성과 일부 양립할 수 있

---

37) 참고, Clark Pinnock, *A Wideness in God's Mercy: The Finality of Jesus Christ in a World of Religions* (Grand Rapids: Zondervan, 1992); John Sanders, *No Other Name: An Investigation into the Destiny of the Unevangelized* (Grand Rapids: Eerdmans, 1992); Millard Erickson, *How Shall They Be Saved? The Destiny of Those Who Do Not Hear of Jesus* (Grand Rapids: Baker, 1996); John Sanders, ed., *What about Those Who Have Never Heard? Three Views on the Destiny of the Unevangelized* (Downers Grove, IL: InterVarsity, 1995); Christopher W. Morgan and Robert A. Peterson, ed., *Faith Comes by Hearing: A Response to Inclusivism* (Downers Grove, IL: InterVarsity, 2008); McDermott and H. Netland, *Trinitarian Theology of Religions*, chap. 4.

다. 따라서 구원의 범위에 대한 문제는 기독교 신앙 자체의 진리 문제와 별도로 다루어야 한다.

한 종교가 '참'되다는 것은 무엇을 의미하는가?

그렇다면 한 종교가 참되다고 말할 때, 이는 무엇을 의미하는가? 5장에서 나는 종교의 진리는 명제적 진리의 개념을 포함해야 하며, 그렇기에 다른 영역과 마찬가지로 종교의 진리는 명제, 믿음, 그리고 진술의 속성이라고 주장했다. 즉 종교에서 참과 거짓은 종교적 주장이나 가르침의 속성인 것이다. 어느 종교적 주장이 그것이 언급하는 상황과 그 주장이 단언하는 바와 같다면 참이다. 특정 상황의 형태가 가르침의 단언대로라면, 그것은 참이고, 그렇지 않다면, 그것은 거짓이 된다. 우리가 그 주장의 참을 알고 있는지 거짓을 알고 있는지 여부는 별개의 문제다. 따라서 "하나님께서 우주를 창조하셨다"는 것은, 하나님이 우주를 창조한 경우에만 참이다. "부처는 보리수나무 아래에서 깨달음을 얻었다"는 것은 부처가 보리수나무 아래에서 깨달음을 얻었을 때에만 참이다. "무함마드는 최후의 예언자다"라는 것은 무함마드가 최후의 예언자일 경우에만 참이다.

참이나 거짓은 특정한 종교적 주장이나 가르침에 적용된다. 그러나 한 **종교**에게 있어 참이라는 것은 무엇을 의미하는가? 종교는 단순히 종교적인 가르침이나 종교적 신앙 이상의 것을 포함하기 때문에, 우리는 이 책 전체를 통해 종교의 다차원적 성격을 강조해왔다. 종교는 가르침이나 교리뿐만 아니라 제도, 행동의 사회적 패턴, 윤리적 규범, 예식, 물리적 대상, 이야기나 서술, 경험, 성자(聖者) 또는 종교적 모범 등을 포함하는 복잡한 시스템이다. 게다가, 세계의 주요 종교들은 그들 안에 상당히 다양한 전통과 학파를 포함하는 방대한 시스템이며, 그런 전통들과 학파들이 같은 종교 안에서 상호 조화를 이루는 것도 아니다. 예를 들어 힌두교나 기독교의 일반적인 범주에 속하는 엄청나게 다양한 전통과 교단들을 생각해 보라. 또한 종교는 시간이 지남에 따라 그들의 가르침의 중요한 부분이 변하기도 하므로, 어떤 경우에는 후대의 전통이 이전의 전통을 실제로 계승했는지 확인하기가 어렵다. 이 모든 것은 특정 종교의 참이나 거짓을 말하는 것을 어렵게 하고, 심지어 오도하기도 한다.

신학자이자 철학자인 키스 워드(Keith Ward)는 종교의 다양하고 다차원적인 성격을 감안할 때, 우리는 어느 종교의 전통이 전체적으로 참인지에 대해 말하는 것을 가급적 지양하고, 어느 종교에 의해 전개된 특정 진리 주장의 참이나 거짓에 초점을 맞춰야 한다고 제안한다. 문화적, 사회적으로 밀접한 연관성을 가지고 있는 '종교 전통'이라는 용어를 사용하는 것은 그것이 참일 수도 있고 거짓일 수도 있는 그런 류의 것이 아니기 때문에 문제가 되는 것이다.

> 사회적 현상으로 볼 때, 종교 전통들은 문화적으로나 민족적으로 구별되는 삶의 형태다. 그것은 다양한 해석의 가능성과 많은 차원의 의미를 포함하고 있기 때문에, 사람은 대체적으로 태어나면서부터 그러한 전통에 속할 것이고, 그 안에서 많은 의미와 도덕적 가르침의 원천을 발견할 수 있다는 것이 분명해진다. 하나의 문화가 '참'되고 다른 모든 문화들은 '거짓'이라고 말하는 것은 터무니없어 보이므로, '종교 전통'이라는 표현의 사용은 그러한 전통을 '진리'와 비교할 수 없고, 따라서 문화 제국주의적 표현을 제외하고는, 그러한 표현이 하나의 문화를 다른 문화들보다 선호하는 것은 아니라고 사람들로 하여금 예민하게 말하도록 이끈다.[38]

---

38) Keith Ward, "Truth and the Diversity of Religions," *Religious Studies* 26.1

그러나 워드는 우리가 특정한 종교의 가르침이나 주장들에 대해서는 그것이 참인지 질문할 수 있음을 관찰한다. 이에 따라 워드는 우리가 종교에서 진리에 대한 문제를 고려할 때는, "진리와 함께 오며, 특정 진리 주장에 초점을 맞추고, 참과 거짓에 대해 적절하게 평가할 수 있는 그것들에 대한 특정한 해석에 대해 초점을 맞춰야 한다고 주장하게 되는 한계선의 정의(boundary-definition)의 모든 문제를 가지고 종교-문화적 전통에 대해 말하는 것을 삼가야 한다"고 강조한다.[39] 그렇다면 힌두교나 이슬람교의 '진리'에 대해 묻는 대신, "이승의 삶은 과거와 미래의 기나긴 생의 연속 중 하나이다" 또는 "알라는 무함마드에게 코란의 내용을 계시하였다"와 같은 종교적 주장의 진실을 세심히 살펴봐야 한다.

워드는 여기에서 중요한 무언가를 알아낸다. 어느 종교의 전통에 대한 진리를 말하는 것은, '종교 전통'이라는 용어가 종교의 다차원적 성격과 더 광범위한 사회문화적 현상들과 밀접한 관계를 바탕으로 하기 때문에 문제가 된다는 바로 이것이다. 종교는 단순한 교리 체계 이상의 것을 포함하기 때문에, 사회문화적 차원을 고려하는 것이 매우 중요하다. 그러나 우리가 이러한 다차원적인 용어로 종교를 단순하게 생각하는 한, 진리는 사회 제도나 문화적 행동 패턴과 같은 것에 적용되지 않기 때문에 종교에서 진리를 말하기가 어려워진다. 특정 문화나 예식에 대하여 참이나 거짓을 말하는 것은 이치에 맞지 않음에도, 우리는 섣불리 종교적 주장들의 참이나 거짓을 말할 수 있다고 생각한다.

게다가, 다양한 종교적 전통들은 훨씬 더 큰 체계나 집단의 일부분이기 때문에, 우리는 더 큰 종교 내에서 다양한 종교적 전통들을 말할 수 있다. 힌두교, 불교, 이슬람교, 기독교와 같은 종교들은 뚜렷하고 다양한

(March 1990): 4.
39) 같은 책.

많은 전통을 포함하는 커다란 집단들이다. 이러한 내부 전통들 사이의 차이가 충분히 뚜렷해지면, 무엇을 받아들이고 무엇을 받아들일 수 없는지에 대한 내부 사람들 사이의 지속적인 논쟁과 더불어, 종교의 정당한 경계에 대한 의문이 제기된다. 그리고 이는 기독교나 이슬람의 **진리**(the truth)에 대한 말을 문제 삼는다. 누구의 버전의 기독교인가? 어떤 종류의 이슬람교인가?

따라서 워드의 제안은 상당히 도움이 되고 또한 중요하다. 종교의 진리에 대해 질문할 때, 우리는 주로 특정한 종교적 주장이나 가르침의 진리 가치(the truth value)에 초점을 맞춰야 한다. 나는 이에 동의하지만, 우리가 진리의 관점에서 종교를 평가하는 것을 어떻게 온전히 행할 수 있을지는 모르겠다. 여기서 진단과 치료의 의학적 비유 측면으로, 종교들과 종교적 진리에 대한 키스 얀델의 묘사를 상기하는 것은 도움이 될 것이다. "어느 종교는 비-신적 지각에 의해 보편적이고, 깊고, 심하게 손상된 영적 질병의 진단을 제안하고 치료법을 제공한다. 진단이 정확하고 치료 효과가 있다면 그 특정 종교는 참되다. 진단과 치료는 무엇이 있는지에 대한 설명과, 진단과 치료의 내용에 의해 누구의 진리를 취하는지에 대한 설명의 설정에서 발생한다."[40] 진단과 치료에 대한 종교적 주장은 홀로 표현되지 않는다. 그런 주장들은 우리 자신, 세계, 그리고 종교적으로 궁극적인 존재를 이해하는 데에 있어서 상호 연결되어 특정한 방식을 형성하는 더 넓은 신앙의 망의 일부분이다. 신자들은 이러한 가르침을 '참'으로 받아들이고 일상생활에서 그 가르침에 따라 살 것으로 기대된다.

종교 공동체들은 특정한 주장을 제기하고 다른 주장들을 거부하는 경향이 있다. 예를 들어, 불교 신자들은 영속되는 실체적 영혼은 없다고 주

---

[40] Keith Yandell, "How to Sink in Cognitive Quicksand: Nuancing Religious Pluralism," in *Contemporary Debates in Philosophy of Religion*, ed. Michael L. Peterson and Raymond J. VanArragon (Oxford: Blackwell, 2004), 191.

장하지만, 힌두교도들과 자이나교도들은 그러한 영혼들이 있다고 주장한다. 우리는 어떤 목적을 위해 스스로 존재하는 영혼이 없다고 말하는 불교의 주장의 '참'을 고려할 수 있지만, 무아(無我)에 대한 가르침은 불교 신자가 이승의 삶을 어떻게 살고, 소망하는 열반을 어떻게 궁극적으로 이루게 되는지와 직접적 관계를 가지게 되는 더 큰 형이상학적 문제의 일부분이다. 영혼의 본성에 대한 서로 다른 의견들은 또 다른 문제 안에 내재되어 있다. 그래서 영혼의 실체를 부정하는 불교 신자는 그런 특정한 문제에 대해 힌두교 신자와 이견을 보일 뿐만 아니라, 실체에 대한 다른 미래상을 받아들이고, 결과적으로 다른 삶의 방식을 채택하게 된다. 이와는 대조적으로, 영혼과 브라만 사이의 본질적인 정체성에 대해 아드바이타 베단타 힌두교(Advaita Vedantin Hindu)가 옳다면, 불교 신자는 여러 가지 상호 관련 문제에 대해 잘못 생각하고, 팔정도(八正道)를 따르는 것은 무의미하게 된다. 다시 말해, 핵심적인 종교적 주장들은 고립되어 있지 않고, 현실과 삶의 패턴을 바람직한 것으로 이해하는 특정한 방법들을 수반하는 다른 신앙들과 연관된다. 이러한 신앙과 규범적 기대치가 특정 신자들의 공동체들에 의해 작용될 때, 종교의 다양한 차원은 우리가 종교라고 부르는 어느 정도 통합된 시스템 안에 응집된다. 특정한 주장이 특정한 종교 체계에 필수적이라는 점에서, 우리는 이러한 주장들이 '참'이라고 단언하면서 또한 현실과 삶의 패턴을 이해하는 부수적 방법을 정확하고 적절하다고 함축적으로 식별하고 있다. 이런 의미에서 우리는 그 종교를 참되다고 말할 수 있다. 그래서 기본적인 의미에서 특정한 종교적 주장이나 가르침은 참이나 거짓이지만, 우리가 어느 종교를 참되다고 말할 수 있는 부차적 의미도 있다. 어느 종교는 그 핵심 주장이 진리일 정도로 정말로 참되다.

어느 종교가 참되다면, 그 종교가 주장하는 **모든** 주장이 참이어야 한다는 의미인가? 세계의 주요 종교들 내의 다른 종파들이나 전통들은 그들의 전통 내에서조차 일부 가르침에 대해서는 서로 의견이 다르며, 그렇기 때문에 아마도 특정 종교의 신자들이 제기하는 모든 주장이 참이 될 수는 없을 것이다. 여기서 우리는 어느 종교에 필수적인 신앙이나 가르침과, 그렇지 않은 것을 구별해야 한다. 어느 종교 내의 모든 가르침이 똑같이 중요한 것은 아니다. 어떤 것들은 상대적으로 '덜 중요한' 것들이 있으며, 한 종교의 신자들은 그 종교의 신앙의 진리에 대해 서로 의견이 다를 수 있다. 예를 들어, 개신교 기독교인들은 세례의 적절한 형태를 놓고 서로 이견을 보이고, 불교 전통들은 승려들이 독신이어야 하는지에 대해 서로 이견을 보이고 있다. 그러나 한 종교 내 이러한 의견 불일치들은 무엇이 핵심적, 또는 본질적 신앙인가에 대한 사안이 아니다.

하지만 타 종교의 믿음들이 어느 면에서는(사회적으로나 윤리적으로나 철학적으로나) 훨씬 더 큰 의미가 있을 수 있고, 그 중에서는 너무나 훌륭해서, 한 사람이 그러한 타 종교 믿음들을 거부하면서 자신의 종교 안에서 덕망 있고 탁월한 신자가 된다는 것이 어려울 수도 있다. 윌리엄 크리스천(William Christian)은 이러한 훌륭한 믿음들을 두고 **주요한 믿음**(primary beliefs)이라고 말한다.[41] 또한 우리는 그런 타 종교의 믿음들이 해당 종교의 세계관에 필수적인 것으로 간주되는 것을 규정하기 때문에 그것들을 **규정적 믿음**(defining beliefs)으로 생각할 수도 있다. 규정적 믿음을 다음과 같이 생각해 보자.

> 규정적 믿음: 어느 특정 종교 R의 종교적 범위 내 있는 한 적극적인 우수한 참여자가 p의 수용을 수반할 때만 p는 R의 규정적 믿음이다.

---

41) William A. Christian Sr., *Doctrines of Religious Communities: A Philosophical Study* (New Haven: Yale University Press, 1987), 1-2, 5-11.

어떤 믿음이 규정적 믿음인지를 결정하는 것은 종종 논란이 되는 문제인데, 어느 종교의 신자들은 때로 이 질문에 대해 그들 사이에서 뚜렷한 이견을 보인다. 종교 내부자들이 이러한 규정적 믿음에 정확히 어떤 것이 포함되어야 하는지에 대해 다른 내부자들과 이견을 보일 수 있다 할지라도, 종교 내부자들이 특정 믿음을 자기 종교에 대한 규정적 믿음으로 간주하는 것은 분명해 보인다. 게다가, 많은 경우에 우리는 규정적 믿음의 완전한 목록을 제공할 수 없더라도, 적어도 몇 가지 규정적 믿음은 식별할 수 있다. 예를 들어, 코란에서 알라가 인류에 대한 자신의 뜻을 계시했다는 믿음은 이슬람의 규정적 믿음처럼 보일 것이다. 이 주장을 명백히 부인하는 사람을 이슬람교 신자로 인정받는 것은 상상하기 어렵다. 마찬가지로, 우주를 창조한 영원한 하나님에 대한 믿음은 일반적으로 기독교의 규정적 믿음으로 받아들여진다. 부처가 깨달음을 얻고 그로 인해 고통의 원인을 알게 되었다는 믿음은 대체적으로 불교의 규정적 믿음으로 받아들여진다. 여기서 중요한 것은 이러한 것들에 대해 모든 이슬람교 신자나 기독교 신자 또는 불교 신자들이 동의하는 것이 아니라(정말로 중요한 사안에 대해 완전한 합의가 존재하는가?), 오히려 주류 무슬림, 기독교인, 불교인으로 간주되는 사람들 대부분이 이를 받아들일 것이라는 점이다.

나는 우리가 규정적 믿음이 참일 경우에만 종교를 참되다고 말할 것을 제안한다. 기독교가 참이 되려면 기독교의 규정적 믿음이 참이어야 한다. 그것들이 참이라면 기독교는 참되고, 그것들이 거짓이라면 기독교는 거짓이다. 위의 문장에서 사용된 '기독교'라는 단어에는 중요한 양면성이 있다. 기독교의 규정적 믿음을 말할 때, 나는 서술적 의미와 규범적 의미 또는 이상적 의미 모두에서 '기독교'를 사용하고 있다. 한편으로 나는 AD 30년경 예루살렘의 예수 그리스도와 그의 초기 제자들로부터 생겨났고, 그 후 20세기 동안 온 세상에 걸쳐 예수를 따르는 자들의 다양한 공동체를 포함하여 전 세계적으로 확장되고 있는 경험적 전통에 대해 말하고 있다. 여기서 관심사는 수세기 동안 주류 기독교인들이 기독교 신앙에 필수적인 것으로 간주해 온 것이다. 그러나 나는 또한 기독교인들의 공동체가 어떤 모습이어야 하는지, 특히 하나님과 예수에 대한 어떤 믿음이 기독교인들의 사고와 행동을 형성하는지를 나타내기 위해 '기독교'를 규범적 또는 이상적 의미로 사용하고 있다. 기독교의 역사는 규범적인 것으로 받아들여지는 것, '성경'에 계시된 것으로서의 예수 그리스도의 복음, 그리고 특정 장소와 특정 시대에 복음의 이상을 살아가고 있는 기독교 공동체의 실제 긍정적이고 부정적인 현실들 사이의 지속적인 긴장의 이야기로 볼 수 있다.

기독교의 규정적 믿음

기독교에 대한 규정적 믿음이 있는가? 기독교인들 모두가, 혹은 적어도 대부분의 기독교인이 진정한 기독교에 필수적인 것으로 인정하거나 인정해야만 하는 일련의 믿음이 있는가? 여기에는 셀 수 없이 다양한 관점들이 기독교 규정에 포함된다. 로마가톨릭, 동방 정교회, 개신교 교파들(그리고 각 교파 안에서 또 많은 교단)로의 보편적인 종교들의 분류에 더하여, 이와 같은 전통적 종교들의 분류와는 직접적으로 연관이 없는 아시아와 아프리카 내에서의 기독교에 대한 새로운 표현들이 있다. 또한 기독교 가르침에 대해서 신학적으로 전통적 또는 보수적인 이해와, 자유주의적 신학의 구분도 존재한다. 이 모든 집단이 공통적으로 가지고 있는(만약 그러한 것이 있다면) 믿음은 무엇인가?

위와 같은 광범위한 종교적 다양성을 감안할 때, 가능한 한 가지 선택은 기독교의 진리 자체에 대한 논의를 포기하고, 제2차 바티칸 공의회에서 나타나는 로마가톨릭의 신앙, 자유주의 개신교, 복음주의 기독교 등

등 기독교의 특정한 종류에 대한 진리나 혹은 거짓에 대해 말하는 것이다. 그러면 기독교의 한 특정 형태에 대한 규정적 믿음들이 식별될 필요가 있을 것이고, 위의 질문은 이러한 특정한 믿음이 참인지 거짓인지를 가르는 사안이 된다. 이러한 판단에 의하면 어떤 형태의 기독교는 참일 수도 있지만 다른 것들은 그렇지 않을 수 있다.

또 다른 선택지는, 지난 20세기 동안 기독교인들 사이에 벌어진 많은 논의에 대한 엄청난 다양성을 인정하면서, 반드시 전부는 아니더라도 기독교인들 대부분이 받아들이고 지지하는 몇몇 핵심적인 것들을 식별하려고 노력하는 것이다. 이것은 기독교 신앙의 중심에 있는 것과 관련이 있는 최소한적 접근법이며, 기독교인들이 보통 동의하지 않는 2차 또는 3차적 사안들과는 관련이 없다. 넓은 의미에서 나는 이 두 번째 접근법이 어떻게 진행될 수 있는지 제안할 것이다.

기독교 신앙의 핵심은 예수 그리스도의 복음, 또는 기쁜 소식이다. '복음'이라는 용어는 예수 그리스도의 완전한 구원 사업을 가리키는 간단명료한 방식이 되었다. 따라서 2010년 10월 남아프리카공화국 케이프타운(Cape Town)에서 열린 제3차 로잔 세계복음화회의(the Third Lausanne Congress on World Evangelization)에서 나온 케이프타운 공약은 "복음은 나사렛 예수의 삶과 죽음과 부활의 역사적 사건을 기쁜 소식으로 알린다. 예수는 약속된 메시아 왕인 다윗의 후손으로서, 하나님은 오직 그를 통해 그의 나라를 세우셨고 세상의 구원을 위해 활동하였고, 아브라함에게 약속한 대로 세상의 모든 민족이 복을 받을 수 있게 하셨다"라고 선언한다.[42]

우리는 또한 사도 바울이 고린도후서 5장 19절에서 "하나님께서 그리스도 안에서 세상을 자기와 화목하게 하셨다"고 한 말을 기독교 메시지

---

42) The Cape Town Commitment: A Confession of Faith and a Call to Action; The Third Lausanne Congress, Didasko Files (Peabody, MA: Hendrickson, 2011), Ⅰ.8.B, p. 23, http://www.lausanne.org/en/documents/ctcommitment.html.

의 핵심을 표현한 것으로 생각할 수 있다. 여기서 우리는 신약성서 전반에 걸친 지배적인 주제에 대한 간결한 진술을 하고 있는데, 이 주제를 단호히 거부하면서 기독교적이라고 확인할 수 있는 기독교 전통을 상상하기는 어렵다. 바울의 진술은 거룩하고 정의로운 하나님에 대한 확실한 믿음, 인간의 죄와 하나님과의 화해의 필요성, 나사렛 예수의 삶과 죽음과 부활, 그리고 예수와 하나님과의 관계 등, 성경적 사고와 전제들의 넓은 맥락 안에서 이해되어야 한다. 따라서 "하나님께서 그리스도 안에서 세상을 자기와 화목하게 하셨다"는 것은 기독교의 핵심 메시지를 간결하게 표현한 것으로 받아들여질 수 있지만, 그 의미와 중요성을 제공하는 넓은 일련의 믿음 안에서 이해되어야 한다. 더욱이 그 진술 자체에는 "하나님은 존재한다", "하나님과의 화해는 예수 그리스도를 통해 이루어진다"와 같은 특정한 함축적 의미가 있다. 바울의 진술이 기독교 신앙의 핵심에 있는 것에 대한 부분적인 표현으로 받아들여진다면, 그의 진술을 알리거나 그것에 수반되는 일부 믿음은 기독교의 필수적 또는 규정적 믿음으로 간주될 수 있다. 그렇다면, 고린도후서 5장 19절이 기독교의 일련의 어떤 규정적 믿음에도 반드시 반영되어야 하는 기본적인 기독교적 주제를 표현한다고 가정해보자. 다음과 같은 선언은 바울의 진술의 의미를 알리는 더 넓은 성경적 주제에서 파생된 것으로서 기독교의 규정적 믿음 중 하나로 이해될 수 있다.

1. 모든 것을 창조하셨고, 도덕적으로 순수하고 정의로운 창조주 하나님이 존재한다.
2. 인간과 세상은 죄를 통해 하나님으로부터 멀어지게 되었다.
3. 죄 많은 인류를 포함한 세상이 하나님과 화해할 수 있는 것은 예수 그리스도를 통해서다.

위의 1~3이 고린도후서 5장 19절에 분명하게 명시되어 있지는 않지만, 고린도후서 5장 19절이 고린도후서와 성경 전체의 넓은 맥락 안에서 이해된다면, 위와 같은 선언들(혹은 이것들과 비슷한 것)이 고린도후서 5장 19절에 전제되어 있는 것은 분명하다. 그렇다면 위의 1~3에 대한 믿음은 기독교의 규정적 믿음 가운데 하나로 받아들여지는 것이 타당하다. 이런 선언들과 어떤 다른 규정적 믿음들이 참이라면 기독교는 참되고, 그것들이 거짓이라면 기독교는 거짓이다.

참된 종교가 하나 이상 있을 수 있을까? 기독교의 규정적 믿음이 참이라고 해도 다른 종교들의 규정적 믿음도 참일 가능성이 있는가? 그 대답은 부분적으로 우리가 '종교'를 얼마나 넓게 또는 좁게 이해하느냐에 달려 있다. 예를 들어, 우리가 위의 첫 번째 옵션을 채택하고 복수의 기독교 전통들을 생각해본다면, 과연 참된 규정적 믿음을 가진 기독교의 형태가 둘 이상 있을 수 있는가 하는 것이 논의되어야 할 문제다. 예를 들어, 개신교 감리교와 그리스 정교회가 단순히 구별되는 기독교 전통들이 아닌 서로 완전히 다른 종교로 간주된다면, 문제는 그들이 상호 양립할 수 있고 서로 참된 규정적 믿음을 가지고 있느냐 하는 것이다. 만약 그렇다면, 두 종교를 모두 참된 종교라고 말하는 것이 타당하다.

그러나 종교에 대해 말할 때, 우리는 보통 감리교나 그리스 정교회와 같은 특정한 전통을 염두에 두지 않고 오히려 힌두교, 불교, 이슬람교와 같은 세계 주요 종교들을 염두에 두고 있다. 기독교가 참이라면 이 종교들 중 어느 것이라도 동시에 참일 수 있을까? 여기서 문제는 기독교와 힌두교, 불교, 이슬람교의 규정적 믿음들이 모두 양립할 수 있다고 주장하는 것이 타당한가 하는 것이다. 나는 아니라고 생각한다. 만약 이러한 종교들의 핵심 가르침이-힌두교 내부의 다양성을 감안할 때, 모든 힌두교 전통이 수용하는 일련의 핵심 주장을 식별하는 것은 매우 어렵다-그들 자신의 전통 안에서 이해된다면, 참된 규정적 믿음을 가진 두 개 이상의 종교가 있다고 생각하는 것은 타당하지 않다. 결정적인 순간에 각 종교는 다른 종교들이 부정하는 것을 긍정하고, 다른 종교들이 긍정하는 것을 부정하기 때문이다. 어떤 종교는 영원한 창조주 하나님의 존재를 말하는가 하면, 다른 종교는 이를 부인하고, 다른 종교들 중 그 어떤 것도 전통적으로 기독교 신앙의 핵심이었던 예수 그리스도에 관한 기독교의 핵심적 가르침을 받아들이지 않는다. 몇몇 타 종교들이 규정적 믿음 1과 2를 긍정할 수 있지만, 오직 기독교만이 3을 핵심적 믿음으로 받아들인다.

예수

예수 그리스도가 기독교 신앙의 중심이라고 말하는 것은 분명한 것을 진술하는 것이다. 고린도후서 5장 19절에 나타난 바울의 진술은 기독교에 대한 예수 그리스도의 중심성을 바르게 지적한다. 기독교인들은 전통적으로 하나님이 다른 어느 누구에게도 존재하지 않는 방식으로 나사렛 예수 안에 존재하며, 그 안에서 활동했다고 주장해왔다. 초기 기독교 공동체는 예수를 위대한 스승이자 지도자일 뿐만 아니라, 신비적 의미에서 어떻게든 하나님과 동일시되는 사람으로까지 생각하였다. 이것은 결국 여러 신조의 진술에서 예수가 하나님이 성육신하고, 완전한 하나님, 그리고 완전한 인간이라는 것을 명확히 하였다. 예수를 완전한 하나님, 완전한 인간인 주님과 구세주로 믿는 것은 기독교인들에 의해 정통 기독교의 필수적인 교리로 간주되어 왔다.

그러나 오늘날 모든 기독교인은 예수 그리스도가 기독교 신앙의 중심이라는 것에 분명히 동의하겠지만, 예수가 진정 하나님의 성육신이고, 완전한 하나님이며, 완전한 인간이라는 가르침을 모두 받아들이는 것은 아니다. 또한 모든 기독교인이 예수가 모든 사람을 위한 유일한 주님이자 구세주라는 생각을 받아들이는 것도 아니다. 오늘날 기독론은 예수에 대해 전해오는 그 본질과 의미에 대한 광범위한 관점과 함께 격동하고 있다. 신학자 칼 브라튼(Carl Braaten)은 많은 수정주의 기독론과 그런 류의 종교 신학에 대한 논쟁들의 의미에 대해 언급하면서 "우리는 현대 기독론에서 하나님의 세 위격(니케아 신조)과 그리스도의 두 본성(칼케돈 신조)을 둘러싼 고대의 논란만큼 커다란 충돌을 직면하고 있다"그 말한다.[43] 결정적인 문제는 다음과 같다. "예수는 하나님이 보편적으로 모든 종교를 통해 이루는 구원의 모델인가? 아니면 예수 안에서 일어나는 일은 하나님이 세상에 전하는 구원의 유일한 구성적 사건(constitutive cause)인가?" 비록 20세기에 전자의 해석이 신학적 자유주의 그룹에서 더 수용되긴 했지만, 주류 정통 기독교의 전통은 후자의 입장을 일관되게 유지해왔다. 그러나 오늘날 기독교 신학자들 사이의 기독론에 대한 논쟁이 수세기 동안 예수 그리스도의 신성과 인성에 관해 주목할 만한 합의가 있었다는 사실을 모호하게 만들어서는 안 된다.

기독론, 즉 예수의 본성 정체성에 대한 이런 문제의 중요성은 다원주의자 존 힉에 의해 더욱 수면 위로 올라왔는데, 그는 예수를 '하나님의 성육신, 완전한 하나님, 완전한 인간'으로 보는 전통적인 기독교의 이해가 옳다면 기독교만이 유일한 참된 종교라고 인정한다.

> 정통 기독교에서는 전통적으로 나사렛 예수가 세상의 죄 때문에 죽기 위해 사람이 되었고, 이것을 세상 끝까지 선포하기 위해 교회를 세웠으며, 그리하여 진심으로 예수를 주님이며 구세주로 받아들이는 모든 사람이 그의 속죄의 죽음으로 인해 의인이 되고, 영원

---

43) Carl Braaten, *No Other Gospel! Christianity among World Religions* (Minneapolis: Fortress, 1992), 8.

한 생명을 상속받게 해주는 하나님의 성육신, 즉 예수는 거룩한 삼위일체의 제2위격인 성자라고 말한다. 이로부터 세계의 종교들 가운데 기독교만이 사람이 된 하나님에 의해 직접 세워졌다는 결론이 따른다. 하나님은 하늘에서 땅으로 내려와 기독교로 알려지게 된 구원 운동을 시작한 것이다. 이러한 전제에서 보면, 하나님은 모든 인간이 구원받는 이 새로운 생명의 흐름으로 들어가서 기독교가 모든 세계적 믿음을 대신하도록 바라는 것이 분명해 보인다. 기독교만이 다른 어떤 종교 전통도 제공할 수 없는 삶의 충만함을 제공하는 하나님의 종교이기 때문에, 기독교라는 종교의 발현은 예외 없이 모든 사람을 위해 하나님이 의도한 것이 된다.[44]

우리가 보았듯이 힉은 예수 그리스도의 성육신과 신성에 대한 정통 기독교의 이해를 거부하고, 예수를 많은 위대한 종교지도자 중 하나로 간주하는 은유적 견해에 찬성한다. 그러나 힉은 전통적이고 정통적인 기독교의 관점이 옳다면, 예수는 다른 많은 사람 중에서 단지 하나의 위대한 종교 지도자로만 간주될 수 없고, 하나님이 나사렛 예수 안에서 완전히 독특한 방식으로 존재하고 활동했다고 올바르게 본다.

여기서 성경의 내용을 깊이 논할 수는 없겠지만, 신약성경은 예수 그리스도를 모든 인류의 유일한 주님이자 구세주인 하나님의 독특한 성육신으로 일관되게 제시하고 있는 것이 분명하다고 나는 생각한다. 신약성경에서 예수는 단순히 다른 위대한 종교적인 인물들 중 한 명으로 묘사되지 않는다. 요한복음은 예수님을 "하나님과 함께 계셨고, 하나님이셨던," 즉 "만물이 지은 바 된" 선재하는 말씀(로고스)과 동일시하면서, "말씀이 육

---

44) John Hick, "A Pluralist View," in *Four Views on Salvation in a Pluralistic World*, ed. Dennis L. Okholm and Timothy R. Phillips (Grand Rapids: Zondervan, 1996), 51-52.

신이 되어 우리 가운데 거하신다"(요 1:1, 4, 14)라고 단언한다. 히브리서는 "옛적에 선지자들을 통하여 여러 부분과 여러 모양으로 우리 조상들에게 말씀하신 하나님이 이 모든 날 마지막에는 아들을 통하여 우리에게 말씀하셨으니 이 아들을 만유의 상속자로 세우시고 또 그로 말미암아 모든 세계를 지으셨느니라"(히 1:1-2)라고 선언한다. 성육신은 인류에 대한 하나님의 자기 계시의 정점이다.[45]

신약성경 전체에 걸쳐 때로는 명시적으로, 그리고 때로는 암묵적으로 인간 예수는 히브리 성경의 족장들과 예언자들에게 자신을 계시하신 영원한 창조주 하나님 야훼(여호와)와의 유례없는 정체성 관계에 놓여 있다. 예수는 죄를 용서(막 2:5-11)하고, 세상을 심판(마 19:28, 25:31, 46)하고, 죽은 자들에게까지 생명을 주고(요 5:21, 25-29, 11:17-44), 안식일의 목적을 해석하는 데 있어서 하나님의 권위로(막 2:23-27) 말하는 것과 같이, 오직 하나님만이 하실 수 있는 권한을 수행하는 것으로 나타난다. 예수님은 자신을 본 사람은 누구든지 "아버지를 보았다"(요 14:9)라고도 선언한다. 그것은 유대교의 유일신론의 맥락에서 상당히 놀라운 주장이다. 예수는 출애굽기 3장 14절의 "나는 스스로 있는 자"와 자신을 동일시하고, 그렇게 함으로써 자신을 하나님과 동일시하는 것으로 이해된다(요 8:58). 사도 바울은 하나님의 모든 "충만(pleroma)"이 예수의 인성 속에 존재한다고 단언한다. "아버지께서는 모든 충만으로 예수 안에 거하게 하신다"(골 1:19, 2:9).

물론 이런 식으로 성서 본문에 호소하는 것은 신약성경에 있는 나사렛 예수의 삶과 가르침의 묘사가 신뢰할 수 있다는 것을 전제로 한다. 역사

---

45) 성육신에 대해 도움이 되는 논의는 다음 문헌들을 참고. *The Incarnation*, ed. Stephen T. Davis, Daniel Kendall, and Gerald O'Collins (New York: Oxford University Press, 2002); Oliver D. Crisp, *Divinity and Humanity: The Incarnation Reconsidered* (Cambridge: Cambridge University Press, 2007); T. V. Morris, *The Logic of God Incarnate* (Ithaca, NY: Cornell University Press, 1986); Simon Gathercole, *The Preexistent Son: Recovering the Christologies of Matthew, Mark, and Luke* (Grand Rapids: Eerdmans, 2006).

적 예수와 성경적 설명의 신뢰성에 관한 문제들은 매우 복잡하다. 나는 이와 관련된 주요 문제점들과 사안들을 충분히 알고 있지만, 예수와 초기 기독교 공동체에 대한 신약성경 묘사의 신뢰성을 받아들일 충분한 이유가 있다고 확신한다. [46]

일부 신학자들은 예수 자신은 성육신에 대한 정통 기독교의 가르침 같은 것을 전혀 가르치지 않았으며, 이는 기독교 교회의 후세들이 만들어낸 교리적 '혁신'이었다고 때로 말하곤 한다. 이런 기독론은 종종 불교의 발전과 병행하는 것으로 확인되기도 한다. 예를 들어, 많은 사람은 고타마가 원래 그의 추종자들에 의해 단지 깨달음을 얻은 비범한 인간으로 간주되었지만, 수 세기가 지나는 동안 그는 점차적으로 대승불교의 전통 안에서 거의 신격화된 인물, 즉 트리카야(삼존불)의 일부인 다르마카야(법신, 부처의 본질)의 인간적 발현이라는 생각을 견지한다. 이와 마찬가지로, 예수도 원래 그의 추종자들로부터 단지 좋은 선생일 뿐 아니라, 어쩌면 심지어 메시아로도 이해되었지만, 시간이 흐르면서 단순한 사람 이상의 숭배를 받게 되었다는 말이 있다. 그리스 형이상학의 영향 아래에서 기독교인들은 그를 하나님의 아들, 그다음에는 성자 하나님, 그리고 마지막으로 정교한 삼위일체론의 관점에서 성 삼위일체의 제2위격으로 생각하게 되었다. 이러한 평행 이론은 존 힉에 의해 제안된 바 있다.

---

[46] 도움이 되는 논의는 다음 문헌들을 참고, N. T. Wright, *The New Testament and the People of God*, vol. 1 of *Christian Origins and the Question of God* (Minneapolis: Fortress, 1992); 같은 저자, *Jesus and the Victory of God*, vol. 2 of *Christian Origins and the Question of God* (Minneapolis: Fortress, 1996); Richard Bauckham, *Jesus and the Eyewitnesses: The Gospels as Eyewitness Testimony* (Grand Rapids: Eerdmans, 2006); Larry Hurtado, *Lord Jesus Christ: Devotion to Jesus in Earliest Christianity* (Grand Rapids: Eerdmans, 2003); Paul Rhodes Eddy and Gregory A. Boyd, *The Jesus Legend: A Case for the Historical Reliability of the Synoptic Jesus Tradition* (Grand Rapids: Baker Academic, 2007); Mark Allan Powell, *Jesus as a Figure in History*, 2nd ed. (Louisville: Westminster John Knox, 2013).

고타마는 완벽한 깨달음을 얻었고, 그에 따라 직접 지식의 권위를 가지고 말했지만, 단지 인간적 스승이었다. 그의 죽음 후에 그는 점차 발전하는 불교 문헌에서 숭고한 의미로서 복된 사람과 숭고한 사람으로 자주 언급되었다. 그의 많은 전생에 대한 일화들이 인기를 얻었고, 그의 초자연적인 잉태, 출생 및 어린 시절에 대한 전설이 생겼다. … 삼존불에 대한 후기 대승불교 교리는 로고스와 그것이 전개된 성육신 사상에 대한 요한복음의 교리와 비슷하다. 예수가 영원한 삼위일체에서 성부와 하나의 실체를 가진 선재적 말씀/성자의 성육신이었듯이, 고타마는 천상의 부처가 지상으로 발현된 것이며, 모든 부처는 영원한 법신의 궁극적인 실체의 하나이다. 따라서 고타마 사후 약 5세기 후에 발전된 대승불교 철학은 5세기 칼케돈 공의회에서 완성된 기독론과 유사하다.[47]

힉에 따르면, 예수 그리스도의 신성에 대한 기독교의 가르침은 대승불교에서 고귀한 부처의 개념을 만들어 낸 불교의 과정과 유사한 오랜 진화 과정의 산물인 것이다.

이 주장에 대하여는 해야 할 논의가 많지만, 여기서 우리는 예수와 고타마를 구별하는 한 가지 중요한 점에 국한할 것이다. 고타마의 생애와 초기 팔리어 저술 사이의 상당한 시간적 차이, 그리고 초기 소승불교 전통과 삼존불에 대한 후기 대승불교의 가르침의 차이를 고려하면, 고타마의 본질과 의미는 불교 전통 내에서 점진적으로 발전한다는 관점에서 생각하는 것이 타당하다. 그의 죽음으로 받아들여진 날짜에 따라 고타마의 죽음과 초기 팔리어 문헌 사이에는 약 300~400년의 차이가 있으

---

[47] John Hick, *Disputed Questions in Theology and the Philosophy of Religion* (New Haven: Yale University Press, 1993), 47.

며, 삼존불의 숭고한 관점을 가진 대승불교 원서는 훨씬 더 후대의 것이다.[48]

그러나 예수의 경우와 신약성서는 불교의 경우와는 상당히 다르다. 신약성서 저술 자체 내에서 기독론적 이해의 일부 발전을 식별할 수 있지만, 예수와 창조주 하나님을 동일시하는 '고등 기독론'(high Christology)은 실제로 우리가 기독교 신앙과 예전에 대해 알고 있는 가장 초기의 증거들에서 많이 발견된다. 이는 수세기 후 기독교 교회에 의한 혁신으로 설명될 수 없다.

신약성서의 모든 글은 AD 90년경에 완성되었다(그 중 상당수는 이보다 상당히 일찍 완성되었다). 따라서 AD 30년 또는 33년 예수의 죽음과 신약성서의 완성 사이에는 기껏해야 대략 60년 정도의 간격이 있다. 이것은 예수를 단지 위대한 지도자로 보는 관점으로부터 창조주 하나님이 인간이 되었다는 관점으로 급격하게 변화하기에는 충분치 않은 시간이다. 신약성서 학자 몰(C. F. D. Moule)은 시간이 지남에 따라 점진적인 과정에 의해 원시적인 '하위' 기독론에서 '고등' 기독론이 발전했다는 주장은 사실상 맞지 않는다고 주장한다. 오히려 반대로, 그는 예수를 존경받는 스승으로 부르던 것으로부터 거룩한 주님으로 찬양하는 것으로의 변화는 "신약성경에 반영된 예수에 대한 다양한 판단은 본질적으로 처음부터 이미 존재했던 것을 설명하려는 시도일 뿐이다. 그것들은 어떠한 새로운 개념을 계속해서 추가하는 것이 아니라, 단지 거기에 이미 있던 것을 끌어내고 표현하는 것일 뿐이다"라는 해석이 가장 적절하다고 주장한다. 몰의 주장처럼, 예수는 "**애초부터** 조만간 신약성서 시대에, 예를 들어, '주님'으로, 심지어 어떤 의미에서는 '하나님'으로 설명하게 된 방식으로 적절히 묘사될 만한

---

48) 참고, Keith Yandell and Harold A. Netland, *Buddhism: A Christian Exploration and Appraisal* (Downers Grove, IL: InterVarsity, 2009), 10-15, 200-201, 206-9.

이미 그런 인물이었다."⁴⁹⁾ 그리스도의 신성에 대한 가장 고등의 기독론과 가장 명확한 단언 중 일부는 신약성경(롬 9:5; 빌 2:5-11; 골 1:15-17, 19; 2:9 참조)의 초기 문서로 널리 받아들여지는 바울 서신들에 잘 나타난다. 마찬가지로 마틴 헹겔(Martin Hengel)은 하나님의 아들이라는 호칭이 기독론에 뒤늦게 첨부된 것이 아니라, AD 50년 이전에 이미 예수에게 적용되었다고 주장하기도 한다.⁵⁰⁾

이와 관련하여 신약성경이 쓰이고 있을 때 이미 시행되고 있던 초기 기독교인들의 종교적 관행들을 고려하는 것이 상당히 도움이 된다. 래리 허타도(Larry Hurtado)는 예수에 대한 숭배가 초기 신약성경 저술에 의해 전제된다는 것을 보여준다. 따라서 초기 추종자들(대부분 유대인)이 예수를 하나님으로 숭배하던 관습은 이 글들보다 훨씬 더 이른 시기에 시행되었다는 말이 된다.⁵¹⁾ 허타도는 대략 AD 30년에서 50년 사이, 기독교 운동이 일어난 초기 몇 십 년 안에 "예수는 종교적 신앙의 대상으로 대우받았고, 놀라운 방식으로 하나님과 연관되었다"는 것을 보여준다.⁵²⁾ 그는 다음과 같은 사실을 강조한다. "예수 숭배의 기원은 너무 이르기 때문에 사실상 어떤 진화론적 접근법도 역사적인 설명으로써는 효과가 없다. 대략 서기 50~60년경부터 초기 기독교 저술들은 이미 기독교 공동체가 발견된 곳마다 예수에 대한 집단적 신앙을 그들의 익숙하고 규정적 특징으로 전제

---

49) C. F. D. Moule, *The Origin of Christology* (Cambridge: Cambridge University Press, 1977), 2-4. 원문의 강조 사용.
50) Martin Hengel, *The Son of God: The Origin of Christology and the History of the Jewish-Hellenistic Religion* (Philadelphia: Fortress, 1976), 2, 10.
51) Larry W. Hurtado, *One God, One Lord: Early Christian Devotion and Ancient Jewish Monotheism* (Philadelphia: Fortress, 1988), 같은 저자, *Lord Jesus Christ: Devotion to Jesus in Earliest Christianity* (Grand Rapids: Eerdmans, 2003); 같은 저자, *How on Earth Did Jesus Become a God? Historical Questions about Earliest Devotion to Jesus* (Grand Rapids: Eerdmans, 2005).
52) Hurtado, *Lord Jesus Christ*, 2.

하고 있다(고전 1:2)."53)

예수에 대한 이러한 신앙은 매우 일찍부터 이루어졌으며, 따라서 기독론의 발전적 단계들의 영향과는 관계없는 산물이 아닐 뿐만 아니라, "비할 데 없는 강도와 표현의 다양성으로 나타나게 되었는데, 우리는 당시의 종교 환경에서 그와 같은 비유를 찾을 수 없다." 게다가 허타도는 "인간 예수를 하나님으로 숭배하는 것과 같은 이렇게 독특하고 강한 신앙은 배타적 유일신론의 확고한 입장 안에서, 특히 주류(그리고 그 후에는 익숙한) 기독교가 될 것을 예측하고 그것을 확립하는 데 도움을 주었던 초기 기독교인들의 공동체 내에서 특징적으로 제시되고 표현되었다"고 주장한다. 54) 여기서 중요한 것은, 예수에게 신성을 부여한 것은 단지 유대교의 유일신론을 수정한 것이 아니다. 영국의 신학자 리처드 바우컴(Richard Bauckham)이 주장하듯, 그것은 "예수를 하나이신 이스라엘의 하나님의 고유한 정체성 가지며, 이러한 유일한 하나님과 동일시하는 것"을 수반한다. 55) 따라서 신약성경 저술의 초기 흐름에 명백히 나타난 고등 기독론을 고려해보면, 예수를 하나님의 성육신으로 믿는 것이 대승불교에서 발견되는 부처의 숭배와 유사한 예수 시대 이후의 발전이라는 주장은 지지될 수 없다.

---

53) Hurtado, *How on Earth Did Jesus Become a God?*, 25.
54) Hurtado, *Lord Jesus Christ*, 2-3.
55) Richard Bauckham, *Jesus and the God of Israel* (Grand Rapids: Eerdmans, 2008), 3.

7장
종교의 다양성, 그리고 신앙의 이유

　종교의 다양성에 대한 인식은 새로운 현상이며, 20세기 후반만 해도 유럽인들과 북미인들이 종교적 타자들과 조우하는 것을 꺼려하지 않았다고 쉽게 추정할 수 있다. 그러나 그렇지 않다. 사실 16세기와 17세기경 유럽인들의 탐험으로 인해 신세계(the New World)에 살고 있는 민족들에 대한 관심이 급증했으며, 아시아, 아메리카, 아프리카 주민들이 가지고 있던 다른 신앙과 종교적 관습들에 대한 보고를 통해서 기독교의 진리에 대한 상대주의와 회의주의가 가중되었다.

　위대한 화학자이자 철학자인 로버트 보일(Robert Boyle, 1627~91)은 이 사안으로 인해 깊은 고민을 했던 이들 중 하나였다. 독실한 기독교인이었던 보일은 그의 한 친구가 표현한 근심을 다룬 에세이를 썼다: 여러 다른 종교들이 서로 상충되는 주장을 지녔음을 고려해 보았을 때, 가장 현명한 판단은 어떤 종교든 진리로 받아들이는 것이지 않을까? '종교의 다양성에 대하여'(De diversitate Religionum)에서 보일은 "현명한 기독교인은 종교의 수와 다양성으로 인해 불안해 하지 않는다"고 말함으로써 이에 응답한다.[1] 그러나 보일은 종교의 다양성으로 나타나는 회의주의가 도전하

---

1) Bobert Boyle, "De diversitate Religionum," in *The Works of Robert Boyle*, ed. Michael Hunter and Edward B. Davis (London: Pickering & Chatto, 2000), 14:237.

는 힘에 대해 잘 알고 있었다. 그는 다음과 같이 표현한다.

> 다시 말해서, 우리가 각각 다른 신앙의 체계로 세분화되는 네 개의 위대한 종파들, 즉 기독교인, 유대교인, 이슬람교인, 그리고 다신교인으로 나누어지는 수많은 인구가 있는 이 세상에 얼마나 많은 나라가 있는지를 관찰한다면, 그리고 우리가 이제는 더 나아가서 그 각각의 사람들이 어떠한 확신을 가지고 자신들의 종교와 이상을 신봉하는지를 고려한다면, (비평가들이 말하는 것처럼) 신중함과 절제력을 가진 이라면 그 누구도 각 종파마다 그 신자들 사이에 박학다식한 사람들이 있으며, 그토록 다양한 견해와 서로 상충되는 종파들로 둘러싸인 채로 하나이며 유일한 진실된 종교로 받아들이라고 상상도 못할 것이다. 특히 어떤 이들은 그 어떤 종교도 전적으로 진리일 수는 없다고 의심하는 반면, 자신의 종교가 진리이며, 오직 하나의 진정한 종교가 있다고 생각한다.[2]

보일은 당시 대부분 사람이 기독교를 유일하고 참된 종교로 받아들이던 곳에서 살았다. 그러나 종교적 회의주의와 상대주의는 점점 더 많은 사람에게 매력적인 선택사항이 되어갔다. 그리고 보일은 각 종교의 불일치로 나타나는 도전의 타당성을 감지하고 있었다. 트레비스 덤스데이(Travis Dumsday)는 이러한 곤경에 대해서 다음과 같이 설명한다.

> 다양성으로 인해 나타나고 있는 회의론자들의 우려 속에서 어떻게 기독교의 신앙이 참되다고 증언할 수 있는지가 그 문제의 기저에 있다. 보일의 관심사는 왜 하나님이 다양성을 허락하셨는지, 혹은 구원이 이러한 세상에서 얼마나 정확하게 나타날 수 있는지에 있지

---
2) 같은 책, 237-38.

않았다. 그의 관심사는 오히려 이처럼 엄청난 수의 경쟁 상대들에 직면했을 때 누구든 종교(보일의 경우에는 기독교)를 선택함에 있어 스스로가 정확하다는 것을 어떻게 합리적으로 믿을 수 있는지에 있었다.[3]

이는 오늘날 많은 사람에게 반향을 불러오는 사안이다. 여러 종교들의 불일치를 비추어 보았을 때, 자신의 종교적 확신이 진실이며, 그 확신과 일치하지 않는 신앙들은 잘못되었다고 자신할 수 있는 사람이 있을까? 만약 그런 사람이 있다 하더라도, 어떻게 그가 어떤 종교가 진리인지를 결정하겠는가? 보일은 자신의 입장에서 덤스데이의 말을 빌려 다음과 같이 응답한다. "이 모든 차이에도 불구하고 종교적 진리를 향한 적절하고 객관적인 조사를 이행하는 것은 바람직한 동시에 도덕적으로 필연적이다. 그리고 만약 누군가가 그리한다면, 기독교가 가장 이치에 맞는 종교로 드러날 것이다."[4] 보일은 기독교인들이 상대되는 종교의 주장들을 의식하고 있음에도 불구하고, 기독교의 윤리적 가르침에 대한 숭고한 본질('교리 자체의 신성함')과 타 종교들에 대한 기독교의 우월성을 보여주는 성서에 나오는 기적들의 근거들에 호소함으로써 기독교 신앙이 진리라는 확신을 가질 수 있다고 주장한다.

---

3) Travis Dumsday, "Robert Boyle on the Diversity of Religions," *Religious Studies* 44 (2008): 318.
4) 같은 책, 320. 모든 사람이 보일만큼 자신 있게 말하지는 않을 것이다. Jean Bodin (1530~96)은 유럽 내 종교적 갈등에 의해 매우 큰 고민을 하였고, 이로 인해 유럽 밖에 있는 타 종교 전통들을 잘 인지하고 있었다. 그의 저서 *Colloquium of the Seven about Secrets of the Sublime*(1593년 나왔지만 1857년까지는 출판되지 않았다)에서, 가톨릭 신자, 칼빈주의자, 루터교인, 무슬림, 유대인 그리고 어느 종교로도 식별되지 않는 두 사람, 총 일곱 사람이 종교적 불일치와 진리에 대한 격렬한 대화를 나눈다. 이 대화에서 기독교인이 묻는다, "기독교가 진정한 종교이고 유일한 종교라는 것을 누가 감히 의심할 수 있는가?" 다른 누군가가 대답한다. "거의 대부분의 세상이." 다음 저서에서 인용. J. Samuel Preus, *Explaining Religion: Criticism and Theory from Bodin to Freud* (New Haven: Yale University Press, 1987), 3.

오늘날 우리는 우리를 당혹스럽게 만드는 다양한 종교들의 주장에 대해 보일보다도 훨씬 더 많이 의식하고 있다. 현대에 종교에 관하여 만연해 있는 회의주의는 적잖은 부분에 있어 이러한 불일치에 기인한다. 6장에서 나는 우리에게 적절한 자격이 주어지면 하나의 참된 종교가 있다는 관점에서 충분히 생각할 수 있으며, 만약 기독교의 본질적인 의미를 규정하는 신앙이 진실되다면 기독교가 참된 종교일 것이라고 주장한 바 있다. 그러나 종교의 다양성과 불일치를 깊이 생각해보면, 기독교의 유신론이 진리라고 믿는 것이 진정 합리적일까?

종교의 다양성에 대한 인식론적인 질문들은 다양한 방식으로 표현될 수 있다. 우리는 한 가지 구체적인 질문에 관심이 둬야 한다. **오늘날 존재하는 여러 가지 종교적이거나 비종교적인 세계관들을 고려해 보았을 때, 기독교의 유신론의 중심적 주장을 왜 진리로 받아들여야 하는가?** 확실히 이는 다룰만한 가치가 있는 단 하나의 질문은 아니며, 심지어 가장 중요한 질문도 아니다. 그러나 이 질문은 기독교 신자들에게나 기독교인이 될지를 고려하는 이들 모두에게 있어 점차 절박한 사안이 되고 있다. 이 질문은 신실한 기독교인이나 기독교인이 아닌 사람의 관점 모두에게서 나올 수 있다. 기독교인에게는 이 사안이 종교의 다양성과 불일치에 대한 의식이 기독교가 주장하는 유일한 진리에 대한 신앙을 향한 의문의 인식론적인 정당화로 이어지는가의 여부와 관련되어 있다. 기독교인들은 종교들의 의견 충돌에도 불구하고 그들이 받아들인 것을 정당화하면서 기독교의 핵심 신앙을 뒷받침할 수 있는 적절한 근거를 제공할 필요가 있는가?

지금은 특정한 종교적 신조가 없지만 기독교의 주장들을 받아들일지의 여부를 고려하고 있는 사람은 어떨까? 이런 의사결정 과정에 있어 종교 간 충돌에 대한 의식을 고려해야만 하는가? 아니면 예수 그리스도의 신성을 뒷받침하는 근거를 포함하여 기독교의 복음서에 대해 주의 깊고 논리정연한 설명을 듣는 신실한 무슬림을 고려해 보라. 이슬람의 교리에 상충되는 차이와 새로운 근거에 대한 그러한 관심이 그 무슬림의 신앙의 정당성에 영향을 미칠까?

이는 단순히 학술적인 질문이 아니다. 보통 사람들은 정기적으로 종교적인 대안적 관점들을 평가하고 그 종교를 선택, 또는 변경을 한다. 때로 침례교인이 불교도가 되고, 무신론자가 바하이교도로 개종한다. 힌두교도가 로마가톨릭교인이 되기도 하고, 몰몬교도가 불가지론자가 되기도 한다. 사람들은 이런저런 종교들의 가르침을 수용하는 것이 합리적인지의 여부를 판단하고 결정한다. 어떤 이들은 문제가 되는 주장이 "이치에 맞다"고 결론을 내리고, 그 주장을 하는 종교의 신실한 신자가 된다. 다른 이들은 그런 종교적 주장을 광신적이거나 합리적인 토대가 없는 것으로 간주하여 종교의 신앙들을 거부한다. 또 어떤 이들은 자신들이 공언한 것의 진리에 대한 확신을 잃고 종교에 대한 헌신을 포기하거나, 그 종교의 가르침을 더 이상 믿지 않으면서도 종교 활동에 계속 참여한다. 이처럼 여러 방향으로의 종교적 유동성이 많이 존재한다. 비록 항상 그러한 것은 아니지만, 많은 경우 종교의 주장들에 대한 '합리적인 고려'가 이러한 결정에 있어 요인이 되곤 한다.

종교들의 불일치, 또는 의견 충돌은 피터 바이른(Peter Byrne)이 "동등한 사람들 간의 갈등"(peer conflict)이라고 부르는 것을 양산한다.[5] 그러나 문제를 일으키는 것은 불일치 그 자체만이 아니다. 로버트 맥킴(Robert McKim)이 관찰했듯이,

> 주목할만한 점은 다양한 신앙이 존재한다는 사실에만 있는 것이

---

[5] Peter Byrne, "A Philosophical Approach to Questions about Religious Diversity," in *The Oxford Handbook of Religious Diversity*, ed. Chad V. Meister (New York: Oxford University Press, 2010), 30.

아니다. 사려 깊고 신중하게 생각하는 이들, 지적이고 명석하고 정직하며 사색적인 동시에 진지한 이들, 왜곡, 과장, 작화를 피하는 이들, 적절한 때에 자신의 무지를 인정하는 이들, 신앙을 가지는 과정에서 유의미한 고려로 비추어지는 것에 의존하는 이들, 즉 이처럼 현명한 사람들도 그 신앙들을 유지한다는 사실 역시 주목할 만하다.6)

이와 유사하게, 폴 그리피스(Paul Griffiths)는 상반되는 주장을 하는 이들이 신뢰할 만하고 권위 있는 사람들로 인식될 때, 자신의 신앙에 대한 확신이 상실되는 일이 증가한다는 점을 관찰하였다.7) 옳은 말이다. 비록 모든 종교에는 악당과 위선자들이 있지만, 많은 기독교인, 힌두교도, 불교 신자, 무슬림들은 지성적이고 양심적이며, 도덕적으로 존경할만한 이들이다. 즉, 딱 보더라도 신뢰할만한 사람들인 것이다. 동등한 사람들끼리의 갈등이, 특히 도덕적으로 존경할 만하고 지성적인 참여자들이 수반될 때, 다른 사람의 주장이 신앙적으로 잘못된 것이라는 암시와 더불어 자신의 종교적 주장을 믿음에 있어 정당화될 수 있는지의 여부에 대한 의문이 나타난다. 바이런은 이 사안의 중심으로 우리를 이끈다.

동등한 사람들끼리의 갈등을 고려해 보면, 종교가 궁극적인 것에 대한 참된 이론을 지니고 있다는 판단과, 신실한 신자들이 궁극적인 것에 대한 믿음에 대해 권한을 가지고 있다는 판단에는 심각한 문제가 있을 수밖에 없다. 내가 언급한 '권한'은 종교적인 믿음에 대해 실질적인 진리를 나타내는 근거를 의미한다. 종교적 확신을

---

6) Robert McKim, *Religious Ambiguity and Religious Diversity* (New York: Oxford University Press, 2001), 129.
7) Paul Griffiths, *Problems of Religious Diversity* (Oxford: Blackwell, 2001), 75.

가질 자격으로 인해 서로 다른 종교를 넘어 인식상으로 동등한, 혹은 동료의 위치에 있는 사람들이 자신의 신앙을 형성하고 유지하는 데 있어서, 인식적인 의무들이 깨지지 않는 영역에서 인식상으로 동등한 위치에 있는 사람들이 모두 종교적 확신을 가질 자격이 있다는 점을 인정하는 것과, 동등한 사람들끼리의 갈등이라는 현실이 조화를 이루기는 너무나 쉽기 때문에 이 권한은 중요하다. 이런 최소한의 측면에서, 무신론자들이 많은 종교인의 신앙이 비록 잘못되었다고 해도 그 신앙을 가질 자격이 있다는 것은 분명 인정할 수 있다. 마치 유럽에서 코페르니쿠스 시대 이전의 천문학자들이 지구를 중심으로 우주가 있으며 지구가 우주의 중심에서 정지해 있다고 믿을 자격이 있었던 것처럼 말이다. 그러나 권한은 정의되는 것과 다른 문제이다. 만약 "실질적인 진리를 나타내는 근거들"이 "오히려 있을법한 신앙을 만들어내는 근거들"을 의미한다면, 양립할 수 없는 두 가지 신앙 모두가 타당성을 지닌다는 것은 불가능하다.[8]

인식론적인 정당성(바이런의 용어로는 '권한')에 있어서 주요한 사안은 매우 논란이 많다. 그리고 개념의 의미나 이를 얻어내는 조건들에 대해서는 합의된 바가 거의 없다.[9] p라는 신앙이 참되다는 점을 **아는** 것과, p가 참

---

[8] Byrne, "Philosophical Approach," 30.
[9] 인식론에 대해 유용한 입문적 저술은 다음 저서들을 참고. Richard Fumerton, *Epistemology* (Oxford: Blackwell, 2006); Noah Lemos, *An Introduction to the Theory of Knowledge* (New York: Cambridge University Press, 2007); Matthias Steup, *An Introduction to Contemporary Epistemology* (Upper Saddle River, NJ: Prentice-Hall, 1996); Paul K. Moser, Dwayne H. Mulder, and J. D. Trout, *The Theory of Knowledge: A Thematic Introduction* (New York: Oxford University Press, 1998); 종교적 인식론은 다음을 참고, Michael Peterson, William Hasker, Bruce Reichenbach, and David Basinger, *Reason and Religious Belief*, 5th ed. (New York: Oxford University Press, 2013); William J. Wainwright,

되다는 **믿음에 있어서 정당화되는 것** 사이에는 중요한 구별점이 존재한다. 예를 들어, 진리가 지식에 있어 필수적인 조건이며, 그렇기에 누군가는 p가 사실 참되다는 조건에서만 그 p를 안다고 주장할 자격이 있다는 점이 널리 받아들여지고 있다. 만약 그 p가 잘못되었다면, 그는 그 p를 알 수 없는 것이다.

이와는 반대로, 정당성(justification)은 꼭 지식의 소유와 같은 방식으로 진리와 연결되는 것은 아니다. 적절한 환경에서는 p가 사실은 잘못되었다고 해도 p를 믿음에 있어 정당화될 수 있다. 정당성, 즉 타당한 이유는 사람과 관련된 것이고, 맥락과 관련된 것이다. 그래서 특정한 배경이 되는 신앙들과 관련된 조건들을 고려하면, 어떤 사람은 p를 믿는 데 있어 정당화될 수 있는 반면, 다른 배경이 되는 신앙과 조건을 가진 사람은 그럴 수 없다. 비록 정확하고 자세하게 설명하기는 어렵지만, 정당성은 규범적인 요소를 지니고 있다. p를 믿음에 있어 정당화된다는 것은 믿는 사람이 인식론적으로 적절하거나 바람직한 상태에 있다는 것을 의미한다. 신앙에 대한 정당화 부재는 보통 인식론적으로 부족하다는 것을 암시하는 것이다.

정당성에는 정도(degree)가 있기에, 우리는 한쪽 끝으로는 정당성에 대한 약한 감각을 두고, 반대편 끝으로는 정당성에 대한 강한 감각을 지닌 채 연속체를 그려볼 수 있다. 정당성에 대한 약한 감각을 지니면 둘 이상의 사람들이 양립불가능한 것들을 믿는 일은 합리적이다. 여기서 정당성은 약하고 관대한 의미를 지닌다. 한 사람이 p를 믿는 것은 합리적일 수 있지만, 또다른 사람은 p를 믿지 않거나 p와는 양립불가능한 q라는 다른 명제를 믿는 것 역시 합리적일 수 있다. 그러나 또한 정당성에 대해서 더 강력하거나 규범적인 개념들이 존재한다. 예를 들어, 보통의 인지 작

---

ed., *The Oxford Handbook of Philosophy of Religion* (New York: Oxford University Press, 2005).

용 능력을 지닌 미국의 성인들에게는 "지구가 평평하다"는 믿음은 정당화되지 않는다. 누군가가 지구가 평평하다고 믿는 것은 어떤 면에서는 인식상의 의무를 다하는 데에 실패하는 것이다. 위에 인용된 바이런이 말한 최소한이거나 약한 정당성의 측면에서 동등한 사람들끼리의 갈등에 반응하는 것은 기독교인들(그리고 타 종교인들)이 종교적인 서로 간 불일치에도 불구하고 그리하는 것처럼 믿는 것에 있어서의 인식론적인 권리 안에 있도록 하기 위해서 오늘날에는 대중적이다. 그러나 우리가 앞으로 보게 되듯이, 이는 상당한 대가가 따른다. 동일한 조치가 서로 매우 다른 종교적 주장들을 제기하는 사람들 모두에게 열려 있기 때문이다.

이 장에서 우리는 먼저 종교의 다양성을 고려했을 때, 기독교인, 특별히 엘빈 플랜팅가(Alvin Plantinga)가 이 사안에 보인 반응을 숙고해보면서 한 사람이 자신의 신앙에 충분한 합리적 이유를 가지고 있어야 하는지의 여부에 대한 질문을 검토해볼 것이다. 나는 기독교인이 신앙의 근거나 이유를 제공하는 것에서 거리를 둔 채로 완전하게 기독교 신앙을 받아들일 자격이 있다고 주장하는 관점은 불충분하다고 주장할 것이다. 모든 기독교인이 자신들의 신앙을 유지할만한 논리적이고 훌륭한 이유를 제공할 것으로 예상되지는 않는다. 하지만 특정한 환경에서 신자들이 자신의 신앙을 가지는 적절한 이유를 가지는 것은 매우 중요하기에, 그러한 이유를 제공해야 하는 특별한 부담이 기독교 공동체의 지도자들에게 부과된다. 비록 나는 여기에서 기독교의 주장의 진실성을 위한 찬성론을 펴지는 않을 것이나, 넓은 측면에서 기독교 유신론의 포괄적인 사례가 나타나는 방식의 개요를 제시하는 것으로 결론을 내리려 한다.

플랜팅가, 종교적 불일치, 그리고 근거

17세기 로버트 보일은 기독교 유신론을 받아들이는 것에 대해 설득력 있게 설명함으로써 종교의 다양성으로 인한 도전에 대응하였다. 사람들이 보일의 주장을 실제로 설득력 있게 여겼는지의 여부와는 무관하게, 많은 기독교인은 종교의 다양성이 심각한 도전을 제기한다는 그의 확신에 동의할 것이다. 보일의 확신과 더불어 기독교인들은 자신들의 신앙에 대해 충분한 이유와 근거들을 제시해야 한다. 그러나 이러한 생각은 많은 기독교인이 자신의 믿음에 대해 충분한 이유를 충분히 제시하지 않아도 그 믿음을 유지하고 있는 것처럼, 신앙 또는 믿음은 어떠한 이유 없이도 충분히 합리적일 수 있으며 종교의 다양성으로 인해 이 사실은 바뀌지도 않는다고 주장하는 상당수 영향력 있는 철학자, 또는 신학자들에 의해 거부되었다.

존 로크(John Locke), 데이비드 흄(David Hume), 임마누엘 칸트(Immanuel Kant)의 시대 이래로, 기독교적 신념들을 가지는 것에 대해 합리적일 수 있도록 한 신자가 자신의 믿음에 대한 충분한 증거를 제시해야만 한다는 것은 널리 받아들여져 왔다. 이러한 상정은 종종 '증거주의'(evidentialism)라고 불리는 관점인데, 이런 관점에 따르면 특별한 수준에 있는 몇몇 신앙의 사례들을 제외하고, 한 신앙에 대한 헌신의 힘은 그 신앙에 대한 증거, 또는 근거와 비례한다. 종교적 회의론자들은 기독교의 신앙이 사용 가능한 증거로서는 불충분하게 뒷받침되기에, 기독교 유신론을 믿는 것이 합리적이지 않다고 주장한다. 많은 기독교 변증가들은 증거주의자들이 설정한 용어들을 받아들이고, 그러면서 기독교의 주장에 대한 근거가 실제로 충분한 설득력이 있기에 신앙이 정당화될 수 있다는 것을 보여주려고 노력해왔다.

그러나 1980년대 이래로, 엘빈 플랜팅가와 그 외 사람들은 증거주의와 기독교에 대한 증거주의자들의 도전에 대해 신랄한 비판을 수반하는 독특한 관점인 개혁된 인식론(Reformed epistemology)이라고 불리는 사조를 옹호해왔다. 플랜팅가는 지난 반세기 동안 가장 영향력 있는 종교철학자 중 한 명이다. 그리고 그는 종교적 인식론에서의 논쟁의 본질을 거의 독보적으로 바꾸어 놓은 인물이다.[10] 비록 그의 저작은 여러 사안을 함축하고 있지만, 여기에서 우리는 종교의 다양성과 플랜팅가의 주장들 사이의 관계에 초점을 둘 것이다. 그 주장들은 다음과 같다. (1) 신에 대한 믿음은 '적절하게 기초적'일 수 있다는 것과, (2) 기독교의 신앙은 논증이나 증거에 대한 호소와는 무관하게 '타당성을 지닐' 수 있다는 것이다. 비록 이 두 주장은 서로 구별되어 별개의 사안이지만, 이 두 주장 모두 기독교인이 기독교의 중심적인 주장에 대해 '충분한 이유들'을 제공할 필요가 없으며, 신을 믿는 것은 그 어떤 근거나 논증 없이도 '전적으로 올바르고 합리적이며, 이성적'일 수 있다는 플랜팅가의 확신을 반영하고 있다.[11]

"Reason and belief in God"(1983)이라는 매우 중요한 글에서 플랜팅가는 기독교 유신론에 대한 믿음이 충분한 근거로 뒷받침되지 않기 때문

---

10) Alvin Plantinga의 중요한 작업들 중에서 다음 문헌들을 참고, *Faith and Rationality: Reason and Belief in God*, ed. Alvin Plantinga and Nicholas Wolterstorff (Notre Dame, IN: University of Notre Dame Press, 1983); *The Nature of Necessity* (Oxford: Clarendon, 1974); *God, Freedom, and Evil* (Grand Rapids: Eerdmans, 1974); *Warrant: The Current Debate* (New York: Oxford University Press, 1993); *Warrant and Proper Function* (New York: Oxford University Press, 1993); *Warranted Christian Belief* (New York: Oxford University Press, 2000); 그리고 *Where the Conflict Really Lies: Science, Religion, and Naturalism* (New York: Oxford University Press, 2011).
11) Alvin Plantinga, "Reason and Belief in God," in *Faith and Rationality: Reason and Belief in God*, 17. 이에 대해 도움이 되는 개요와 Plantinga의 프로젝트에 대해 동조하는 비평은 다음을 참고, James Beilby, "Plantinga's Model of Warranted Christian Belief," in *Alvin Plantinga*, ed. Deane-Peter Baker (Cambridge: Cambridge University Press, 2007), 125-65; James Beilby, *Epistemology as Theology: An Evaluation of Alvin Plantinga's Religious Epistemology* (Aldershot, UK: Ashgate, 2006).

에 비합리적이라는 비판을 분석하며, 이러한 비판을 "고전적인 근본주의(Classical foundationalism)"의 맥락 안에 위치시킨다. 플랜팅가에 따르면, 이러한 고전적 근본주의는 근대에 앵글로 아메리카의 철학에서 지배적이었다는 것이다. 근본주의는 정당화된 믿음들의 집합이 "**기초적 믿음(또는 신앙)들**(한 주체가 그 어떤 정당화할 수 있는 이유의 부재 시에도 유지하는 데 있어 정당화된다는 믿음)로 이루어져 있으며, 다른 모든 믿음들이 적어도 부분적으로는 그러한 기초적 믿음으로부터 정당화를 이끌어낸다"고 주장하는 인식론적 정당화 이론이다.[12] 기초적 믿음이란 어떤 사람이 지니고 있는 다른 믿음들로 뒷받침되거나 그로부터 무언가를 이끌어내지 않고도 받아들여지는 믿음을 말한다. 근본주의 모델에서 기초적 믿음은 다른 믿음들이 정립되는 기초를 형성한다. 기초적 믿음을 가지고 적절한 조건에 있는 사람은 스스로 적절한 믿음을 찾을 수 있다. 그렇기에 인식론적으로 온당한 기초적 믿음은 적절히 기초적인 믿음으로 불린다.

플랜팅가가 정의한 것처럼, 고전적 근본주의는 p라는 믿음이 온당하게 기초적인 믿음이거나, 하나 이상의 온당한 기초적인 믿음들로부터 추론할 수 있다면, 그 p라는 믿음은 충분히 합리적이라고 주장한다. 이는 올바르게 기초적인 믿음들에 대해 매우 제한된 부류만을 말하는 것이다. 그래서 **오직 감각들(senses)에 있어 명백하고 자명하거나 뿌리깊**

---

[12] James van Cleve, "Why Coherence Is Not Enough: A Defense of Moderate Foundationalism," in *Contemporary Debates in Epistemology*, ed. Matthias Steup and Ernest Sosa (Oxford: Blackwell, 2005), 168. 원문의 강조 사용. 다음 문헌들도 참고, Laurence Bonjour, *The Structure of Empirical Knowledge* (Cambridge, MA: Harvard University Press, 1985), 26-28; Noah Lemos, *An Introduction to the Theory of Knowledge*, chap. 3. 온건한 근본주의 형태들에 대하여 두 명의 복음주의 철학자들의 유용한 논의는 다음을 참고, J. P. Moreland and Garrett DeWeese, "The Premature Report of Foundationalism's Dmise," *Reclaiming the Center: Confronting Evangelical Accommodation in Postmodern Times*, ed. Millard Erickson, Paul Kjoss Helseth, and Justin Taylor (Wheaton, IL: Crossway, 2004), 81-108.

은 믿음들만이 기초적 믿음이 될 수 있다. 감각에 있어 분명한 믿음에는 감각 경험에 대한 보고(예: "큰 소리가 들린다")를 구성하는 믿음이 포함된다. 여기서 '자명한 믿음'이란 그 믿음이 너무나 자명하기에 그 용어의 뜻을 이해함에 있어 자명한 믿음에 대한 진술의 진실(또는 거짓)을 즉시 볼 수 있는 것(예: "2+2=4" 또는 "미혼남성은 결혼을 하지 않은 남성이다")을 말한다. 뿌리 깊은 믿음이란 진심을 담아 말한다면(예: "나는 고통을 느낀다") 틀릴 수 없는 믿음을 말한다. 고전적 근본주의는 p가 감각(또는 의미), 자명한 것들, 뿌리 깊은 것들에 있어 분명하거나 온당한 추론 절차를 통해 그와 같은 하나 이상의 믿음으로부터 유추될 수 있는 믿음이라면 p에 더한 믿음은 합리적이라고 주장한다. 플랜팅가는 이러한 고전적 근본주의에 대해 두 가지 문제를 제시하며 강하게 비판을 한다.[13] 첫째는, 고전적 근본주의에 대한 진술 자체가 모든 이성적 믿음들에 대해 규정하는 조건을 충족시키지 못하기 때문에, 자기지시적으로 일관성이 없다는 것이다. 그것은 제대로 기초적인 믿음도 아니며, 그러한 믿음들에서 합리적 결론이 파생될 수도 없다. 그렇다면 그 자체의 방식으로는 불합리하다고 일축해야 한다. 둘째, 그는 고전적 근본주의는 우리가 일반적으로 완벽하게 합리적으로 받아들이는 많은 믿음을 배제하기 때문에 제대로 된 기초적 믿음에 대한 기준이 너무 제한적이라고 지적한다. 예를 들어, 고전적 근본주의의 기준에 따르면 다른 정신세계의 실체, 내세, 기억의 일반적인 신뢰도에 대한 믿음, 또는 5분 전에 우주가 단순히 존재하게 된 것이 아니라는 믿음은 모두 거부될 것이다. 왜냐하면 그것들은 고전적 근본주의의 기준에 대한 적절한 기초도 아니고, 그 누구도 그러한 믿음으로부터 어떻게 추론될 수 있는지를 실증하지 못하기 때문이다. 비록 플랜팅가는 고전적 근본주의의 불충분함을 설명하지만, 그의 비평이 모든 형태의 근본주의를 반박하는 것으

---

13) Plantinga, "Reason and Belief in God," 59-63; 같은 저자, *Warranted Christian Belief*, 94-99.

로 이해해서는 안 된다. 그의 비판의 대상이 되지 않는 근본주의의 중간적인 형태들은 얼마든지 있기 때문이다.

고전적 근본주의가 허용하는 알맞은 기본적 믿음의 집합은 너무 제한적이며, 따라서 어떤 수용 가능한 형태의 근본주의는 이 집합을 확대해야 한다. 그러나 우리는 여기에 대해 얼마나 포용적이어야 하는가? 플랜팅가는 알맞은 환경에서는 기독교인에게 있어 신에 대한 믿음이 온당하게 기초적인 것이 될 수 있고, 따라서 증거에 대한 호소와는 별도로 인식론적으로 적절할 수 있다고 주장하면서 다른 근본주의자들을 넘어선다. "기독교 신앙이 정당화되려면, 기독교 신앙에서 논증이나 명제로 이루어진 증거가 필요하다고 생각할 이유가 전혀 없다. 기독교인들(사실 교육 수준이 높고, 현대적이며, 높은 문화적 의식을 지닌 기독교인들)은 얼마든지 그들의 신앙에 있어서 정당화될 수 있다. 설사 그들이 논증이나 증거에 근거하여 신앙을 지키지 않는다고 하더라도, 또는 그들의 신앙에 대해 좋은 논증을 인식하지 못하더라도, 그리고 실제로 그 어떤 것도 없다고 해도 말이다."[14]

알맞은 상황에서 "이 광대하고 복잡한 우주는 하나님이 창조하셨다"와 같은 믿음은 기독교인들에게 온당히 기초적인 것이 될 수 있으며, 하나님의 존재는 그러한 믿음으로 수반되기 때문에 하나님의 존재에 대한 믿음은 그에 따라 적절히 기초적인 것이 될 수 있다고 말할 수 있다. 그러한 믿음은 다른 믿음에서 유추되지 않으며, 증거나 논증으로 뒷받침될 필요도 없다. 그러나 플랜팅가에 따르면, 이러한 믿음을 근본적인 방법으로 유지하는 것은 (근거와 구별되는) 적절한 근거가 있기 때문에 임의적인 것이 아니다. 신에 대한 믿음의 근거는 분명한 지적 능력이 제대로 작동하고 적절한 상황에 있을 때 신에 대한 믿음을 불러일으키는 조건이나 정황이다. 이는 예컨대 한 사람이 믿음에 대한 기저를 제공하는 하늘을 바라보며 하나님의 존재를 감지하는 경험이다.

---

14) Plantinga, *Warranted Christian Belief*, 93.

Warranted Christian Belief에서 플랜팅가는 이러한 믿음이 온당히 기초적인 것일 때, 기독교인들이 하나님에 대한 특정한 진실을 안다고 할 수 있는지에 대한 문제를 다룬다. 플랜팅가는 기독교 신앙이 정당화될 수 있는지에 대한 관점에서 문제를 구성하는데, 여기서 '보증된'(warranted)이란, 진정한 믿음과 결합하여 지식으로 귀결되는 어떤 소유물(property)로 이해된다. '보장'(Warrant)은 "그 소유(또는 더 나은 표현으로는 **분량**)의 명칭으로서, 지식과 단순한 참된 믿음 사이에 차이를 만드는 것"이다. 보장, 또는 보증에는 적절한 기능이 연결되어 있기 때문에, 참되다는 점 이외에도, "믿음은 참된 믿음의 생성을 목표로 하는 설계에 따라 인지력을 적합하게 발휘할 수 있는 환경에서 제대로 기능하고 있는 인지 과정이나, 능력에 의해 생성되는 것만으로도 그 정당성을 갖는다."[15] 즉, 믿음은 적절한 환경에서의 설계에 따라 적절하게 기능하고 있을 때, 우리의 인식적 능력(지성의 구조와 인식의 경향)에 의해 생성되는 경우에만 타당성을 얻는다.

플랜팅가는 하나님과 창조에 대한 기독교의 가르침에 따라 그 설계를 이해하고 있으며, 이에 대해 존 칼빈(John Calvin)의 '신성의 감각'(the sensus divinitatis) 개념을 특별히 언급하고 있다. 하나님은 적절한 환경에서 우리의 인식 능력이 설계된 대로 기능할 때, 감각적 신성이 우리 내부에서 하나님에 대한 믿음을 만들어내는 방식으로 우리를 창조해 내었다. 더욱이, 플랜팅가에 따르면, 이러한 믿음들은 일반적으로 근거나 논증에 호소할 만한 산물이 아니다. 그러므로 만약 우리가 유의미한 믿음, 또는 신앙이 진실이라고 스스로 인정한다면, 기독교인은 증거나 논쟁에 대한 어떠한 호소와는 별개로 기독교 신앙에서 어떤 주장을 믿는 것이 정당화될 수 있다. 만약 그 믿음이 지식에 충분한 정도의 신빙성을 부여할 정도로 확고하게 유지된다면, 이 기독교인은 이러한 믿음이 사실임을 알고 있다고

---

15) 같은 책, ?. 원문의 강조 사용.

말할 수 있는 것이다.[16]

　새로운 증거나 논증을 도입하는 등 인식론적인 상황의 변화로 인해 더 이상 한 사람에게 적절한 기초가 되지 않거나 더 이상 타당성을 인정받을 수 없는 믿음이 생길 수 있기에, 적절한 근거와 보장에 대한 관념은 논파가 가능하다. 그래서 플랜팅가는 기독교 신앙에 대한 반대가 단순히 무시될 수 없게 하기 위하여 적절한 기초나 보장에 대해 잠재적으로 좌절하는 것들이 있을 수 있다는 점을 인정한다.[17] 적절한 근거와 보증은 한 사람의 이성적 구조, 배경 신앙, 그리고 그 사람의 상황에 관련이 있으며, 그 믿음 또는 신앙에 대해 패배되는 것들이 상당히 많다면 그 믿음은 더 이상 온당하게 기초적인 것이 될 수 없다. 따라서 악의 문제나, 성서적으로 높은 수준의 비판이나, 프로이트(Freud)와 포이어바흐(Feuerbach)의 투영이론(the projection theories)과 같은 반대에 대해 응답을 하여 그런 것들이 지지될 수 없는 것으로 나타나게 해야 한다. 그러나 플랜팅가는 기독교 신앙의 합리성이나 정당성에 대한 반대(그가 정당한 권리에 따른 질문이라고 부르는 것)는 기독교의 핵심적 주장(사실상의 질문)의 진실성 문제와 무관하지 않으며, 따라서 "기독교 신앙에 대한 무신론의 자신감 있는 이의제기는 유신론의 합리성, 정당성, 지적인 존중성, 이성적인 정당성과 같은 것에 대한 것이 아니라 유신론에 대한 **진리**여야 할 것이다"라고 주장한다.[18] 따라서 플랜팅가는 비평가들이 기독교 유신론이 어떤 식으로든 비이성적이거나 지적으로 부족하다고 단순히 주장할 것이 아니라, 그 신앙이 어떻게든 거짓이라는 것을 보여줘야 한다고 생각한다. 기독교 신앙이 거짓으로 드러나지

---

16) Beilby, "Plantinga's Model of Warranted Christian Belief," 127.
17) 좌절시키는 것(a defeater)은 신앙을 가지기 위한 인식적 정당성이나 보장을 제거하는 조건이나 사고력이다. p라는 신앙에 대해 논박하는 defeater는 p를 직접적으로 공격하는 사유다. 따라서 이는 p를 믿을 수 있는 근거를 제공한다. 결과적으로 defeater는 p의 근거나 p를 생산해내는 메커니즘의 신뢰성을 의심해 볼 수 있는 바탕을 제공함으로써, p를 믿는 것에 대한 정당성을 약화시킨다.
18) Plantinga, *Warranted Christian Belief*, 191.

않는 한 기독교인은 신에 대한 어떤 신앙을 적절히 기초적인 것으로 받아들이는 데 충분히 정당화될 수 있으며, 이러한 믿음도 타당성을 얻을 수 있다는 것이다.

플랜팅가는 하나님이 존재하거나 기독교의 중심적인 주장들이 참되다는 것을 증명했다고 말하고 있지 않다. 그의 주장은 오히려 기독교인들이 이해하는 것처럼 **만약** 하나님이 존재하고, 하나님에 대한 기독교인의 믿음이 위에서 규정한 다른 타당성의 요건들을 충족한다면, 기독교인의 신념은 타당성을 얻을 것이며 그에 따른 지식을 구성한다는 것이다. 그러나 회의론자들은 기독교의 신조가 실제적으로 **진실**인지 알고 싶어한다. 플랜팅가는 그의 방대한 양의 저서 *Warranted Christian Belief*의 말미에 다음과 같은 질문을 한다. "하지만 그것(기독교 신앙)은 사실인가? 이 질문은 정말 중요한 질문이다. 그리고 여기서 우리는 이 영역에서 기독교 신앙에 대한 어떠한 반대, 장애, 장애물들을 제거하려는 철학의 역량을 넘어서고 있다. 나의 생각을 말하자면, (물론 철학이라는 이름을 빌리지 않고), 나에게는 그것이 실제로 진실처럼 보이고, 그리고 가장 중요한 진실이라고 말할 수 있다."[19]

종교의 다양성에 대한 인식이 인식론적 수식(calculus)을 변화시키는가? 한 기독교인이 하나님에 대한 그의 믿음을 적절히 기초적인 것으로 취급할 자격이 있는 상황이 있다고 해도, 이러한 상황에서 하나님에 대한 믿음이 어떤 증거에 입각한 논증을 요구하도록 종교의 다양성에 노출되는 것이 조건을 바꾸지 않는가? 각 종교 간 배타적 진리에 대한 경쟁적 주장들을 고려할 때, "내 종교는 진실"이라고 주장하는 사람은 누구나 증거를 제시할 것으로 기대되어야 오히려 타당하지 않을까?

*Warranted Christian Belief*을 후에 확장시켜 수록한 중요한 글에서 플랜팅가는 근본적인 종교적 불일치에 직면할 때에도 기독교인들은 이유

---

[19] 같은 책, 499.

나 근거에 호소하여 자신의 신앙을 변호할 필요가 없다고 주장한다.[20] 그는 어떤 사람들에게 있어 다양성에 대한 인식은 때때로 신앙에 대한 자신감을 해친다고 말한다. "적어도 어떤 기독교인들에게 있어서는, 사람들의 종교적 반응이 엄청나게 다양한 것에 대한 인식이 기독교 신앙에 대한 확신의 수준을 떨어뜨리는 것 같다."[21] 그러나 이것은 단지 일부 사람들이 종교적 다양성에 어떻게 반응하는가에 대한 사회학적 또는 심리학적 사실에 지나지 않으며, 자신의 믿음에 대하여 합리적인 태도를 갖는 것에 대해서는 아무런 함의가 없다. 플랜팅가는 믿음의 근거와 이유를 갖는 것이 기독교 신앙에 대한 확신이 줄어든 사람에게는 도움이 될 수 있다는 것을 인정한다. 그러나 이는 심리적으로 안심이 되도록 할 수는 있어도, 기독교의 핵심 주장을 합리적으로 받아들이고 또 그것을 타당하게 설명하기 위해서는 필요치 않다.

놀랄 것도 없이, 위에서와 같이 플랜팅가가 주창한 '개혁 인식론'(Reformed epistemology)은 기독교 철학자들이 개혁 인식론의 장점을 놓고 의견이 엇갈리면서 격렬한 논쟁을 불러일으켰다.[22] 물론 과도한 형태의 증거주의에 대한 수정으로서의 이 개혁 인식론은 중요한 성과를 제공하였다. 개혁 인식론자들은 당연하게도 우리가 수용하는 많은 공통된 믿음들에 대해 '충분한 근거'를 만들 수 있다고 기대할 수는 없다고 지적한다. 우리의 여러 믿음은 기본적인 믿음이고, 의심의 여지가 없는 많은 믿음 또한 타당하게 기본적인 것이다. 그리고 우리는 모든 사람이 그들의 믿음에

---

20) 참고, Alvin Plantinga, "Pluralism: A Defense of Religious Exclusivism," in *The Rationality of Belief and the Plurality of Faith*, ed. Thomas D. Senor (Ithaca, NY: Cornell University Press, 1995), 191-215; 같은 저자, *Warranted Christian Belief*, 422-57.
21) Plantinga, *Warranted Christian Belief*, 456.
22) Douglas Geivett, Greg Jesson, Richard Fumerton, Keith Yandell, and Paul Moser의 *Warranted Christian Belief*에 대한 학술토론회 참고, *Philosophia Christi* 3. 2 (2001): 327-400.

있어 합리적일 수 있도록 신에 대한 믿음에 충분한 근거를 제공할 수 있어야 하는 것은 아니라는 것을 인정해야 한다. 많은 평범한 기독교인은 그들의 신앙에 대해 어떤 중요한 근거를 제시하기 어려울 것이고, 그렇게 할 수 없다고 그들 모두가 비이성적이라고 주장하는 것은 분명 타당치 않다. 이를 고려하며, 플랜팅가가 적절한 상황에 있는 일부 사람들에게 신에 대한 믿음이 적합한 기본이 되는 것은 전적으로 합리적일 수 있다고 말한 것이 옳다고 가정해 보자. 이 가정의 논리에 따른다 하더라도 신에 대한 믿음이 모든 상황에서 모든 기독교인에게 타당하게 기초적인 것이 되지는 않는다. 플랜팅가 주장의 단순명쾌성에 필요한 충분조건을 명시하는 것은 상당히 어렵고 논쟁의 여지 또한 있다.

실증적 문제와 인식론적 질문을 구분하는 것은 매우 중요하다. 종교의 다양성에 대한 인식이 자신이 가진 신앙에 대한 확신을 감소시키는지의 여부는 경험적인 문제이고, 그렇게 되는 것이 틀림없는지의 여부는 인식론적인 문제다. 로버트 우트노우(Robert Wuthnow)와 다른 학자들에 의한 실증적 연구는 종교의 다양성에 대한 지속적인 노출이 자신의 신념에 불안정한 영향을 미칠 수 있다는 것을 보여준다.[23] 그러나 사람들은 다양성에 대해 각기 다른 방식으로 반응하는데, 어떤 사람들은 이에 대해 깊게 신경을 쓰고, 다른 사람들은 그렇지 않다. 다양한 요소들이 한 사람의 반응에 관련되어 있다. 자신의 신앙에 대해 초기에는 높은 확신도를 가진 사람들은 확신도가 낮은 사람들보다는 덜 고민할 것이다.

기독교인들이 종교적 다양성에 반응하는 방식에 대한 실증적 문제와 관련하여, 기독교 신자들의 이상화된 단일한 견해를 기초적(즉, 추론에 의한 방식이 아닌) 방식으로 기독교 신앙을 특징적으로 수용하고, 다양성이나 종

---

[23] 참고, Robert Wuthnow, *America and the Challenges of Religious Diversity* (Princeton: Princeton University Press, 2005); Wade Clark Roof, *Spiritual Marketplace: Baby Boomers and the Remaking of American Religion* (Princeton: Princeton University Press, 2005).

교적 불일치에 특별히 구애받지 않는 것으로 플랜팅가는 해석한 듯 보인다. 그는 "일반적인 경우, 기독교 신앙은 즉각적이며 기초적으로 형성된다. 예를 들어 기독교 신앙은 성서나 교회의 신뢰성에 대한 논증으로 진행되지 않는다"고 말한다.[24] 하나님에 대해 올바르게 기초적 신앙을 가진 이는 특이하고 드문 형태의 기독교인이 아니라, 전형적인 신자임을 믿을 수 있게 된다. 비록 플랜팅가가 종교의 다양성으로 인해 어떤 사람들은 신앙의 확신이 훼손될 수 있다는 것을 인정하지만, 이것이 진정한 성숙한 신자들에게는 표준이 아니라는 인상이 주어진다.

하지만 이런 견해가 대부분 기독교인에게 정말 해당될까? 플랜팅가가 제안하는 것보다 종교의 불일치, 종교 간의 의견 충돌에 대한 기독교인들의 반응은 훨씬 더 다양하다. 켈리 제임스 클라크(Kelly James Clark)는 다음과 같이 진술한다. "종교의 다양성에 대한 인식에 다양한 방식으로 영향을 받는 기독교 신자들은 다양하며, 이에 따라 유효한 다양한 반응을 이끌어내고 있다. 플랜팅가는 기독교인이 종교의 다양성에 직면했을 때 자신의 신앙이 보증되려면 어떤 생각을 해야 하는지에 대한 모델을 제공하는 하나의 상황을 설정하였다. 그런데 그러한 인식론적 상황에 있는 기독교인들이 몇이나 되는가?"[25] 많은 신자에게 기독교적 책무를 받아들이게 되는 과정은 복잡하고 다채로우며, 수많은 요소를 수반한다. 베일비(Beilby)는 다음과 같이 말한다. "성령을 통한 내적 감동과 같은 성령학적 요인 외에 개인적, 사회적, 실증적 요인들이 복합적으로 혼합된 것에 근거한 일반적인 기독교인의 종교적 신앙의 사례가 더 많을 가능성이 있다."[26] 성령의 내적 감동은 복음의 진리에 대한 확신을 생산하는 데 있어서 다양한 요소들과 함께 또는 다양한 요소들을 통해서 작용될 수 있다.

---

24) Plantinga, *Warranted Christian Belief*, 259.
25) Kelly James Clark, "Pluralism and Proper Function," in Baker, *Alvin Plantinga*, 177.
26) Beilby, "Plantinga's Model of Warranted Christian Belief," 148.

많은 경우에 있어서 기독교 주장의 근거에 대한 깊은 사고가 기독교에 전념하는 것에 중요한 역할을 하고 있으며, 이것이 성령의 일과 상충된다고 생각할 이유가 없다. 어떤 신자들은 종교의 다양성에 직면하더라도 하나님에 대한 기초적인 믿음이라는 플랜팅가의 윤곽에 부합할 수 있지만, 그보다 더 많은 사람은 그들의 믿음이 여전히 받아들여질 수 있는지의 여부에 대해 깊이 고심하고, 그들의 종교적 헌신에 대한 이유를 진지하게 고려함으로써 인지적 부조화를 해결하려고 노력한다.

실증적 질문과 관계없이, 종교간 불일치에 대한 인식이 자신의 신앙에 대해 근거와 이유를 갖는 일이 필요한 데 있어 어떤 영향을 주어야 하는가? 비록 우리가 특정한 환경에서 누군가가 그런 믿음의 이유를 제시하지 않고 신을 믿는 것이 전적으로 적절할 수 있다고 인정한다 하더라도, 종교의 다양성이 우리의 인식론적 기대를 변화시킬까? 게리 구팅(Gary Gutting)은 많은 사람이 제기하는 질문을 다음과 같이 표현한다: "어떻게 한 신자가 자기 신앙에 대해서는 아무런 이유도 없이 믿을 자격이 있음이 아주 명백하다고 순진하게 주장할 수 있는가? 종교적 신앙에 대해 많은 사고를 하면서, 신에 대한 믿음을 단순히 진정으로 기초적인 것이라 보지 않는 정직하고 지적인 사람들이 많이 있다는 사실이 있다는 것을 진정 모르는가?"[27] 내세의 실체나 일반적인 영적 기억의 신뢰성에 대한 믿음은 부분적으로 진실 여부에 있어서 심각한 논쟁이 거의 없기 때문에 적절하게 기초적인 것으로 널리 받아들여지고 있지만, 신에 대한 믿음은 그렇지 않다. 지적이고 도덕적으로 존경받을 만한 많은 사람이 신의 존재에 대해 분명하게 동의하지 않는다. 구팅의 표현대로 "양측에 있는 명백히 유능한 판사들 사이에서 한 주장에 대해 [불일치]가 만연해 있을 때, 각 주장을 주장하거나 부인하는 사람들이 자신의 입장을 변호하며 정당화할 필

---

27) Gary Gutting, "The Catholic and the Calvinist: A Dialogue on Faith and Reason," *Faith and Philosophy* 2 (1985): 241.

요가 있다고 인정하는 것이 상식적이지 않은가?"[28]

여기서 문제는 베일비가 플랜팅가의 "종교적 인식론에 대한 최소한적 접근법(minimalist approach)"이라고 부르는 것에 관한 것이다.[29] 우리는 플랜팅가의 주된 관심사가 기독교인들이 그들의 형이상학적인 헌신을 고려할 때 어떻게 자신의 신앙에 대한 인식론적 상태를 생각해야 하는가에 대한 질문이라는 것을 알아야 한다. 플랜팅가는 기독교 유신론의 진리를 주장하려고 하거나 심지어 회의론자들에게 기독교의 주장을 받아들일 충분한 이유가 있다는 것을 보여주려고 하는 것이 아니다.[30] 결과적으로, 그의 결론은 꽤 수수하다. 적절한 환경에 있는 기독교인들은 자신들의 신앙의 상당 부분을 올바르게 기초적인 방식으로 유지하는 것이 가능하다. 그리고 만약 기독교 신앙의 주장이 사실이라면, 그러한 믿음도 정당화될 수 있고, 결과적으로 신에 대한 지식이 생길 수 있다. 비록 플랜팅가의 이러한 논의는 도움이 되긴 하지만, 많은 사람을 만족시키지는 못한다. 상충되는 종교의 진리에 대한 주장들의 맥락에서, 많은 사람은 기독교 신조를 포함한 어떤 특정한 관점을 사실로 받아들이거나, 적어도 다른 대안들보다 진실일 가능성이 더 높은 것으로 받아들일 이유를 여전히 찾고 있다.

나아가 플랜팅가의 미니멀리즘으로 인해 원칙적으로 다른 종교의 신자들도 플랜팅가가 기독교 신앙을 옹호하는 것과 유사한 방식으로 각자의 신앙의 타당성을 옹호할 수 있는 상황이 초래된다. 자신의 종교적 믿음에 대해 적절한 단순명쾌성을 호소하는 일은 다른 종교의 독실한 신자들에게도 가능한 일이다. 예를 들어, 필립 퀸(Philip Quinn)은 다음과 같이 말한다. "이것은 어떠한 무리도 할 수 있는 일종의 게임이다. 무함마드 추

---

28) Gary Gutting, *Religious Belief and Religious Skepticism* (Notre Dame, IN: University of Notre Dame Press, 1982), 83.
29) Beilby, "Plantinga's Model of Warranted Christian Belief," 145.
30) 같은 책, 129, 133, 139-40.

종자, 부처의 추종자, 문선명의 추종자까지도 이런 게임에 동참할 수 있다."[31] 왜 하나님을 믿는 신앙이 기독교인들에게는 적절히 기초가 되지만 타 종교들 안에 있는 근본적인 신앙들은 그렇게 되지 않고, 같은 원리로 그 타 종교 신자들에게는 그들의 신앙이 그들에게 기초적 신앙이 되는지 세밀히 파악하기란 쉽지 않다.[32] 예를 들어, 궁극적인 현실은 야타(Sunyata), 즉 공허하다는 믿음을 포함한 선불교의 중심적 통찰은 깨달음의 경험에서 직접적으로 인식된다고 한다. 이는 이성적인 논쟁의 산물이 아니다. 이에 대한 근거와 논증은 깨달음을 얻는 데 있어서 역효과를 낼 수 있다. 더구나 깨달음의 경험은 분명한 주장을 근거로 한다. 따라서 공허함을 궁극적인 실제로 믿는 것이 선불교인들에게 기초적인 믿음이 될 수 있다. 이 또한 선불교인들에게도 진정으로 기초가 되는 것일까? 그렇다. 하지만 개혁 인식론에서는 왜 이것이 그렇게 될 수 있는지 보여줄 만한 것이 없다. 개혁 인식론을 통해 기독교 신자들은 자신들의 신앙이 사실이라고 주장하는 데 있어서 자신의 인식의 반경 안에 있도록 메커니즘을 제공받을 수 있지만, 다른 종교의 신자들이 그들 각자의 종교적 전통 안에서 이와 같은 원리를 적용하는 데에는 그 이해의 한계를 보인다.

또한 현 시점에서 플랜팅가가 보증 및 적절한 기능에 대한 논의에 호소하는 것도 큰 도움이 되지 않는다. 그의 논의는 단지 무엇으로 적절한 기능이 구성되는지, 혹은 무엇이 신뢰할 수 있는 믿음(신앙) 형성의 메커니즘인지에 대한 문제로 옮겨지기 때문이다. 플랜팅가의 주장에 대해 윌리엄

---

31) Philip Quinn, "In Search of the Foundations of Theism," *Faith and Philosophy* 2.4 (1985): 473. 다음 문헌들도 참고, Beilby, "Plantinga's Model of Warranted Christian Belief," 143-44; William Wainwright, *Philosophy of Religion*, 2nd ed. (Belmont, CA: Wadsworth, 1999), 167-70; Robert McKim, *Religious Ambiguity and Religious Diversity*, 182.
32) 이 부분은 아드바이타 베단타 힌두교(Advaita Vedanta Hinduism)에 대한 레퍼런스로서 다음 문헌에 의해 정밀하게 주장되었다. Rose Ann Christian, "Plantinga, Epistemic Permissiveness, and Metaphysical Pluralism," Religious Studies 28 (December 1992): 568-69.

해스커(William Hasker)는 "한 종교 신도가 경험적에 근거한 신앙이 정당하다고 단언하는 것은 합리적이며, 그가 그러한 믿음을 창출하는 과정이 인식론적으로 신뢰할 수 있을 만큼 **신뢰도 있는 논지**를 확언하는 것은 합리적"이라고 말한다.[33] 그러나 해스커는 종교 간의 불일치가 믿음 형성의 메커니즘을 신뢰하는 종교들의 주장을 약화시킨다고 지적한다. 예를 들어, 불교 신자들은 인격적 창조주 하나님에 대한 믿음은 거짓이며 인지능력의 오작동의 산물이라고 주장하기 때문에, 그러한 믿음(유신론적 믿음)을 만들어내는 메커니즘은 신뢰할 수 없다고 한다. 그렇다면 기독교와 불교 사이의 논쟁은 단순히 어떤 믿음이 제대로 된 기초가 될 수 있는지에 대한 의견 불일치가 아니다. 이는 인지능력의 적절한 기능을 구성하는 것이 무엇인지와 관련되어 있으며, 그 문제를 해결하기 위해서는 기독교 전통이나 불교 전통에 있어 중심이 되는 형이상학적 주장들의 진실로서 지니는 가치를 두고 판단해야 한다.

플랜팅가의 최소한적 접근방식으로 기독교인이 아니지만 기독교가 참된 종교인지, 이성적으로 다른 대안보다 바람직한지, 그 여부를 판단하려는 사람이 어떠한 지침도 제공받을 수 없다는 것이 더 큰 문제이다.[34] 종교적인 질문들에 관하여 숙고하는 많은 사람은 종교의 기본적인 가르침이 '이치에 맞는' 것인지, 아니면 그것을 진실이라고 받아들일 만한 충분한 이유와 근거가 있는지 여부를 최선을 다해 검토한다. 기독교 신앙의 핵심 가르침을 믿을 만한 이유를 묻는 성실한 질문자는 적절한 믿음에 있어 좋은 이유를 포함하는 사려 깊은 답변을 받을 자격이 있다.

다른 신앙적 대안들보다 기독교 신앙을 선호하는 이유를 제공하려는 시

---

33) William Hasker, "Proper Function, Reliabilism, and Religious Knowledge: A Critique of Plantinga's Epistemology," in *Christian Perspectives on Religious Knowledge*, ed. C. Stephen Evans and Merold Westphal (Grand Rapids: Eerdmans, 1993), 82-83, 원문의 강조 사용.
34) 참고, Richard Swinburne, "Plantinga on Warrant," *Religious Studies* 37 (2001): 206-7.

도는 일반적으로 자연신학이나 긍정적 변증과 동일시되는데, 플랜팅가는 자연신학에 대해 양면적인 태도를 지닐 뿐이다. 그는 한편으로 종교의 다양성이 있는 경우에도 신에 대한 합리적 믿음을 위해 자연신학이 필요하다는 생각을 분명히 거부한다. 또한 그는 자연신학을 통해 종교 간의 불일치라는 기본적인 문제 해결의 전망에 대해서도 낙관적이지 않다. 그럼에도 불구하고, 그는 자연신학에는 몇몇 훌륭한 신학적 논거가 있다고 생각하고, 일부 사람들에게 어떤 이득이 될 수도 있다는 점은 인정한다.[35]

앨스턴과 종교적 불일치

윌리엄 앨스턴(William Alston)의 *Perceiving God*[36]은 종교적 믿음의 합리성을 종교적 경험에 근거를 두어 설명하는 책이다. 앨스턴은 "믿음을 형성하는 관례," 즉 신앙을 형성하는 종교적 관행들을 살펴본다. 그는 (1) 물리적 세상에 대한 신앙을 야기하며 감각에 의한 인식에 의존하여 우리 주변의 물리적 세상에 접근을 제공하는 관행들과, (2) 신자에게 신에 대한 경험이나 '지각'을 제공함으로써 신에 대한 믿음을 만들어내는 종교적 관행들, 이 두 부류의 관행들 사이에 결정적 유사점을 유추한다. 감각에 의한 인식과 신에 대한 인식 양쪽 모두에서, 믿음은 특정한 신앙에 대한 관행이나, 적절한 믿음의 형성을 초래하는 사회적으로 확립된 관행에 참여

---

[35] 참고, Alvin Plantinga, "The Reformed Objection to Natural Theology," in *Proceedings of the American Catholic Philosophical Association* 54 (1980): 49-62; 같은 저자, "The Prospects for Natural Theology," in *Philosophy of Religion*, 1991, ed. James E. Tomberlin, *Philoscphical Perspectives* 5 (Atascadero, CA: Ridgeview, 1991), 287-315; 같은 저자, "Two Dozen (or So) Theistic Arguments," in *Alvin Plantinga*, 203-27.

[36] William P. Alston, *Perceiving God: The Epistemology of Religious Experience* (Ithaca, NY: Cornell University Press, 1991).

함으로써 형성된다. 두 경우 모두 엄격히 순환적이지 않은 방식 안에서는 그 믿음의 관행들의 신뢰성을 정당화하는 것이 가능하지 않다. 그러나 우리는 양쪽 모두의 경우 안에서 적절한 믿음과 부적절한 믿음의 구별을 위한 절차를 설정하였다. 이에 따라, 앨스턴은 명백한 믿음의 관행 및 실천을 통해 형성된 신앙은 정당화될 수 있다고 주장한다. 만약 아주 '과잉적인 것'(신념을 반박하거나 훼손하는 요인)이 없다면, 이 역시 '부적절하게 정당화되지 않은' 것으로 간주될 수 있다. 그래서 기독교인은 개인적인 하나님에 대한 경험이나 인식에 근거하여 하나님을 믿는 것을 합리적으로 정당화할 수 있다.

이제, 앨스턴 자신이 인식하고 있듯이, 종교의 다양성은 이 논지에 대해 이중의 도전을 보여준다. 첫째로, 앨스턴의 주장은 하나님에 대한 기독교적 경험에 근거하여 기독교 신앙의 합리성을 지지하고 있지만, 그의 이런 주장은 원론적으로 타 종교 수행자들의 신앙적 경험에 근거하여 그들의 신앙의 합리성도 지지하게 된다. 결론적으로 앨스턴의 주장은 종교적인 믿음의 합리성에 대한 설득력 약한 개념 정도를 지지하는 것이지만, 그러나 비록 이러한 믿음들이 실제로 상호 양립할 수 없더라도 서로 다른 종교 공동체들이 모두 각자의 신념을 유지하는 데에는 합리적일 수 있다. 그럼에도 불구하고, 여기서 더 중요한 것은, 종교의 다양성이 믿음 형성을 하는 종교적 신앙의 관행들에 대하여 일반적인 신뢰성에 대한 앨스턴의 논지를 사실상 약화시키고 있다는 점이다. 이 부분에서 감각적 인식과 종교적 인식의 차이는 매우 중요하다. 감각적 인식을 위한 믿음의 관행들은 다양한 사람들 사이에서 존재하는 내세에 대한 유사한 믿음들을 양산하는 반면(불교도와 기독교인에게 물은 똑같이 젖는다), 타 종교에서 믿음의 실천은 기독교와 현저하게 다르며, 서로 양립할 수 없는 믿음으로 귀결된다. 따라서 종교의 다양성으로 인해 기독교 공동체를 포함한 특정 종교의 믿음의 관행에 대한 신뢰성에 의문이 제기되는 것이다. 이는 종교적 신앙 형성에 있어서 한 가지 형태의 관행만이 유일하게 신뢰받을 수 있다 하더라도, 그것이 정확히 어떤 것인지에 대해 의문의 여지 없이 누구에게나 설득 가능한 분명한 방식을 가지고 있지 않기 때문이다. 앨스턴은 이러한 반대론의 맹점을 인정하면서도, 기독교인이 "내가 주인이고 내가 세상에서 나의 활동을 지도하는 데 있어 매우 도움이 되는 관습을 확고하게 지키는 것"과 "하나님에 대한 경험에 기초하여 기독교 신앙을 계속 간직하는 것은 여전히 합리적일 수 있다"고 결론을 짓는다.[37]

존 힉(John Hick)은 앨스턴의 주장에 응답하며, 만약 기독교인이 자신의 신앙이 유일하게 참되다고 믿는 것을 정당화한다면, 기독교인들은 자신들 각각의 경험에 근거하여 다른 종교의 추종자들에 대한 대부분의 믿음이 사실상 거짓이라고 결론을 지을 수밖에 없기 때문에, 만약 그렇다면, 전 세계적으로 종교적 경험을 바탕으로 한 대부분의 종교 신앙들은 사실상 거짓이라고 결론을 지게 된다고 말한다. 따라서 힉은 한 특정 종교 집단의 구성원들이 다른 종교 집단의 관행이 정당하지 않을 때 **자신들의 유별난 관행이 믿을 만하고, 또한 자신들의 믿음이 정당하다고 가정하는 것은, 독립적 근거에서 정당화될 수 없다면 이는 단순히 자의적일 뿐이라**고 주장한다.[38] 윌리엄 웨인라이트(William Wainwright)는 이와 유사하게 기독교 신앙의 합리성이 확립되려면, 신앙 형성에 대한 믿음의 실천을 수용하는 것은 '기독교 세계관'의 우월성을 확립하는 경험적이고 형이상학적 주장을 도입해야만 한다고 말한다.[39] 앨스턴은 비록 이런 가능성을 추구하지 않았지만, 다른 대안들에 비해 기독교 신앙의 인식론적 우월성을

---

[37] 같은 책, 274.
[38] John Hick, "The Epistemological Challenge of Religious Pluralism," *Faith and Philosophy* 14.3 (1997): 278. 힉의 에세이는 재출판 된다. John Hick, *Dialogues in the Philosophy of Religions* (New York: Palgrave, 2001), 25-36.
[39] William J. Wainwright, "Religious Language, Religious Experience, and Religious Pluralism," in Senor, *Rationality of Belief and the Plurality of Faith*, 187.

확립하는 데 있어 어느 정도 역할을 하는 자연신학에 개방적이기는 했다. *Perceiving God*의 뒷부분에서 그는 이렇게 말한다. "신앙의 종말을 앞두고 기독교 신앙의 진리를 위해 중립적인 출발점부터 논쟁하려는 시도는 오늘날 철학과 자유주의적 신학계에서 흔히 언급되는 것보다 훨씬 더 심각한 우려가 될 만하다. 나는 신학적 형이상학을 뒷받침하기 위해 많은 것을 할 수 있고, '기독교의 증거'를 권장하는 방법으로 어떤 일도 할 수 있다고 믿는다."40)

신앙의 이유를 제시하는 것

종교 철학자 데이비드 베이싱어(David Basinger)는 앨빈 플랜팅가와 같은 개혁 인식론자들과는 다른 접근방식을 취하면서, 종교적 이견이 있는 상황에서는 기독교인들이 자신의 신앙에 대해 몇 가지 긍정적인 이유를 제공할 준비가 되어 있어야 한다고 주장한다. 그는 400년 전 로버트 보일을 비판했던 반대론의 영향을 인정한다. "만약 사실 성실하고 박식한 사람들이 신의 본질에 대해 다른 견해를 지닌 경우라면, 특정 관점을 지지하는 이가 혼자만이 진리를 지니고 있다고 정당하게 주장할 수 있는가? 혹은 적어도 다른 모든 사람보다 진리에 더 가깝다고 주장할 수 있는가?"41) 베이싱어는 종교의 불일치에 지속적으로 노출될 경우 "믿음, 혹은 그 신앙에 있어서 동등한 사람들끼리의 갈등"이 야기될 수 있으며, 이는 "서로 동의하지 않는 견해를 지닌 사람들이 (1) 동등한 정도의 지식을 지니고 있고, 즉, 우리가 가지고 있는 만큼의 많은 관련 정보에 접근할 수

---

40) Alston, *Perceiving God*, 270.
41) David Basinger, *Religious Diversity: A Philosophical Assessment* (Burlington, VT: Ashgate, 2002), vii.

있으며, (2) 서로 동등하다는 것을 의심할 객관적인 이유가 없는 상황에 직면하는 것이다. 즉 그들은 우리만큼 진리를 확언하고자 하는 욕구를 진실하게 가지고 있는 것이다."[42]

기독교 신자는 인식론적으로 동등한 사람들끼리의 갈등에 어떻게 대응해야 할까? 베이싱어는 플랜팅가의 주장처럼 한 신자가 자신의 '인식의 권리' 안에 머무르며 신앙의 이유를 제시하지 않고 지속적으로 믿는 것이 인식상으로 적절할 수 있다는 것을 인정한다. 그러나 진리를 극대화하고 오류를 최소화하고자 하는 신앙인은, 누구나 자신의 신념을 받아들일 만한 타당한 이유가 있는지 재조사해야 하는 인식상의 의무도 있다. 베이싱어가 말하는 '베이싱어의 법칙'은 다음과 같이 규정한다. "종교적 배타주의자가 진리를 극대화하고 오류를 피하고자 한다면, 중대한 서로 동등한 사람들 사이에 나타나는 인식상의 갈등을 해결하려고 노력해야 할 소명적 의무를 지니고 있다."[43] 다시 말해, 적절한 환경에서 종교의 다양성에 대한 인식의 결과로 동등한 사람들 사이에서 나타나는 인식상의 갈등을 겪는 신자들은 "자신의 배타성의 핵심을 이루는 신앙이 정말로 계속해서 받아들일 가치가 있는지" 여부를 판단하기 위한 노력을 통해 자신의 신앙을 재검토할 의무가 있다는 것이다.[44] 자신의 종교가 참되고 다른 종교는 참되지 않다면서 자신의 신앙이 재평가의 대상이 되는 걸 거부하는 것은 실로 정당하지 않다. 물론 누구나 수용 가능한 신앙에 대해 설득력 있는 이유를 생각해낼 필요는 없다. 이는 불가능한 이상이다. 그러나 신자는 자신의 믿음이 어떤 유의미한 이유로서 그의 신앙에 토대를 마련하는지 판단하려고 노력해야 한다. 기독교인이 대립되는 타 종교의 주장들에 비추어, 자신의 신앙에 책임을 가지고 이를 재평가하려고 노력

---

42) 같은 책, 11.
43) 같은 책.
44) 같은 책, 27.

하며, 그 대립되는 견해들을 거부해야 할 타당한 이유를 찾지 않는 한에 있어서, 기독교인은 합리적으로 자신의 신앙을 유지할 수 있을 것이다.

오늘날 존재하는 많은 종교적 세계관과 비종교적 세계관들을 고려해 볼 때, 왜 기독교의 유신론적 신앙에 대한 주장을 진리로서 받아들여야 하는가? 위에서 살펴보았듯이, '베이싱어의 법칙'은 동등한 사람들 사이에서 나타나는 인식의 갈등을 경험하는 기독교 신자가 자신의 신앙을 유지하는 이유를 재검토하여 정당성이 있는지 살펴봐야 한다고 주장한다. 그러나 동시에 베이싱어는 그러한 합리적인 평가로 무엇이 양산될 수 있는지에 대해서는 상당히 신중하게 예상하고 있다. 합리적 고찰을 통해 기독교인들은 자신들의 믿음을 계속 유지할 수 있지만, 종교적 회의론자나 불교 신자들의 관점의 급격한 변화를 불러오기에는 충분하지 않을 수 있다. 예를 들어, '베이싱어의 법칙'의 요건을 충족한다는 것은, 어떤 상황에서는 둘 이상의 상호 양립할 수 없는 종교적 세계관들을 지지하는 사람들이 각자의 신념을 고수할 수 있다는 것을 의미할 수 있다. "특정한 종교 사안에 있어 양립할 수 없는 배타적 관점에서는 사실 한 쪽만 정확할 수 있지만, 각 관점의 지지자들은 원칙적으로 그들만이 진실을 가지고 있다고 주장할 수 있다."[45]

다음 두 사안의 사이에는 긴장이 있다: (1) 동등한 사람들 사이에서 나타나는 인식상의 갈등 상황에 처한 신자들이 그들의 신앙을 유지할 만한 충분한 이유가 있는지 재점검해 보라는 베이싱어의 요구, (2) 상충되는 주장들에 대해 합리적으로 평가함으로써 나올 수 있는 결과에 대한 낮은 기대치. 베이싱어는 서로 상충되는 종교적 관점들을 논하면서, "객관적이고 의심의 여지가 없는 방식으로 하나의 관점이 실제로 옳다는 것을 증명할 방법은 없다"고 거듭 주장한다.[46] 종교 간의 기본적인 논쟁을 합리적

---

[45] 같은 책, 7.
[46] 같은 책, 65. 다음도 참고, 12-13, 31, 38-40, 61, 65, 104.

으로 해결할 수 있는 '객관적'이고, 질문의 여지가 없는 방법은 없다. 베이싱어는 때로 '객관적 기준의 집합'을 모든 이들이 인정하는 기준과 동일시하지만, 그는 그의 책 어디에서도 독자들에게 '객관적인'이란 단어의 정의를 제공하지 않는다.[47] 만약 그가 말한 객관적 기준의 집합이 '객관적인'의 의미라면, 어떤 중요한 사안에서도 그런 의미에서 객관적 기준이 향유되기에 그의 주장은 그리 놀랍지 않다. 그러나 왜 우리는 객관적 기준이 모든 관련 당사자들이 받아들일 수 있는 기준이라고 가정해야 하는가? 이보다 더 자연스럽고 유용한 의미는, 개별적이거나 집단적인 인간의 의식 상태로부터 논리적으로든 존재론적으로든 독립적이기 때문에 의문의 여지가 없거나 자의적이지 않은 한 기준일 것이다. 따라서 그런 기준들은 어떤 주어진 시간에 어떤 집단이 받아들이게 되는 것의 산물일 뿐만 아니라, 그런 산물로만 축소될 수도 없는 것이다. 이렇게 이해하면 종교 간의 논쟁을 해결할 수 있는 객관적 기준이 전혀 없다고만 볼 수도 없다.

아마도 여기서 베이싱어가 말하고자 하는 바는, 그러한 논쟁에 사용될 수 있는 자의적이지 않은 기준이 **어느 정도** 있다는 것은 당연하겠지만, 특정한 주장에 이러한 기준을 적용하는 것은 어떤 종교 체계가 더 진실일 가능성이 높은지를 판단하는 데는 별로 도움이 되지 않는다는 점일 것이다. 따라서 그는 다음과 같이 말한다. "자체적 일관성, 포괄성과 같은 기준에 대한 숙고는 특정 선택사항들을 배제시킬 수 있겠지만, 인식론적 논쟁의 대부분의 경우를 중립적이고 의문의 여지가 없는 방식으로 해결할 수 있는 기준은 존재하지 않는다."[48] 그러나 '베이싱어의 법칙'과의 긴장은 여전히 남는다. 만약 우리가 기본적인 종교간 논쟁들을 판단할 수 있는 자의적이지 않은 기준에 접근할 수 없다면, 한 신자가 적절히 "자신의 관점을 다른 상충되는 관점들보다 우월하다고 계속 간주하는 이유"를

---

47) 같은 책, 13. 다음도 참고, 34, 38, 62, 65.
48) 같은 책, 31.

분명히 하기 위해서 그의 신앙을 재검토해야 할 인식론적 의무가 있다는 것은 무엇을 의미하는가?[49] 이러한 이유들이 종교적 신자들에게 단순히 설득력 있게 이해되는 것으로 봐야 하는지, 아니면 종교적 회의론자나 타 종교의 신자를 포함한 어떤 사람의 견해를 설득력 있는 것으로 받아들여야 하는 것인지는 명확하지 않다.

폴 그리피스는 베이싱어와 마찬가지로 동등한 사람들 사이에서 나타나는 인식상의 갈등의 경우, 자신의 종교적 헌신에 대한 이유를 제공하는 것이 중요하다고 말한다. 그리피스는 기독교 신학자이고, 철학자이자 불교에 대해서도 전문가다. 그는 다양한 종교계의 진보된 진리 주장들이 서로 상충되는 경우, 종교계 안에 있는 지성적 지도자들이 서로 상충되는 주장들에 대응해야 할 의무가 있다고 주장한다. 특정 종교집단의 지성적 지도자들이 자신의 핵심 교리의 일부 또는 전부가 다른 종교집단의 대표자들이 제기한 일부 주장과 양립할 수 없다고 믿게 된다면, 그들은 그들의 주장이 정당하지 않거나 그들의 주장으로 자신들의 신앙이 위협받지 않는다는 것을 보여주려고 노력함으로써 상대방의 주장에 대응할 의무가 있다는 것이다.[50]

그리피스는 이런 의무에는 인식론적 요소와 도덕적 요소가 모두 존재한다고 분명하게 주장한다.[51] 각 종교 공동체는 자신들의 교의를 참된 것으로 간주한다. 따라서 한 종교 공동체가 자신들의 신앙과 상충되는 주장들을 마주하면, 그로 인해 나타나는 문제들 때문에 신자들이 그동안의 신앙을 유지하는 것이 인식상으로 적절하지 않게 되는지를 고려하는 것은 인식론적인 의무이다. 게다가 대부분의 종교는 자신들의 가르침이 진리라고 받아들이고 행동하는 것이 구원을 가져다주는 상당한 가

---

49) 같은 책, 99.
50) Paul Griffiths, *An Apology for Apologetics: A Study in the Logic of Interreligious Dialogue* (Maryknoll, NY: Orbis Books, 1991), 3.
51) 같은 책, 15-16.

치가 있다고 여긴다. 만약 한 종교 공동체가 인류가 일반적인 병리 현상으로 고통받고 있고, 자신들의 중심적인 신앙적 주장이 사실이며, 이러한 믿음들을 받아들이고 적절하게 행동하는 것이 그런 문제로부터 해방되는 성과를 가져올 수 있다고 믿는다면, 그 종교 공동체는 그들의 신앙의 진리로 고통받는 인류를 설득하기 위해 적절한 방법으로 노력하면서, 그 노력의 결과를 자신들의 종교 전통 외부의 사람들과 공유할 윤리적 의무가 있다. 이와 더불어 적절한 상황에서 자신들의 주장을 사실로 받아들여야 하는 이유 또한 제공해야 할 것이다. 그리피스가 종교계의 지성적 지도자들의 관점에서 이러한 의무들을 해석하고 있다는 것은 매우 의미심장하다. 물론 이는 모든 구성원에게 동등하게 부과되는 것은 아니다. 우리는 8장에서 다종교적 맥락으로 종교 변론의 영역에 대해 논의하면서 본 지점으로 돌아올 것이다.

종교적 모호성

종교의 불일치가 있는 알맞은 환경에서 각 종교의 신자들은 자신들의 신앙의 정당한 이유를 제공해야 할 의무를 지닌다고 가정해 보자. 우리는 상충되는 종교의 교리들에 대한 합리적인 고찰로 한 가지 내지는 일련의 주장이 분명히 다른 주장들보다 더 큰 지지를 받는 결과가 초래될 것이라 예상해야 할까? 아니면 기껏해야 서로 다른 종교 공동체의 구성원들이 비록 그 신앙들이 전부 진리일 수는 없더라도 각자의 신앙이 동등하게 정당화될 수 있는 약한 합리성으로 만족해야 하는가? 이러한 질문에 대한 일반적인 반응은 종교적 모호성, 또는 대로 인식론적 동등함(epistemic parity)의 논지에 호소하는 것이다. 이는 종고적 신앙과 관련된 근거에 기초한 숙고나 합리적 고찰은 특정한 종교 전통이 타 종교에 비해 우월하다는 것을 합리적으로는 보여줄 수 없다는 견해다. 그런 합리적 고찰을 위한 자료는 매우 모호하기 때문에, 이러한 견해를 따르는 자들은 주요 종교들이 자신들의 기본적인 주장에서 인식론적 동등성을 거의 누리고 있다. 만약 이 논지가 건강한 것이라면, 어떤 특정한 종교의 관점이 더 많은 근거로 뒷받침되어 있거나 다른 종교보다 진리일 가능성이 더 높다는 것을 보여주려고 애쓰는 것은 의미가 없을 것이다. 기껏해야 다양한 종교 공동체의 구성원들이 각자의 주장이 모두 사실일 수는 없더라도 모두 자신들처럼 합리적으로 믿는다는 결론을 내릴 수 있는 정도이다.

종교적 모호성은 5장에서 검토한 존 힉의 종교 다원주의 모델에서 중요한 요소다. 힉은 모든 경험에는 해석('~로서의 경험')이 포함되어 있으며, 이러한 해석은 종교 문제에 있어서 의미 있는 인식이나 도덕적 판단보다 더 큰 역할을 한다고 주장한다.[52] 고전적인 신학적 주장이 종교 간 불일치의 상황에서 결정적인 결론을 내지 못하는 것으로 판단하고, 이런 기독교의 전통적 주장을 거부한 힉은 종교적인 질문에는 피할 수 없는 모호함이 남아 있다고 주장한다.

> 우주는 불가해한 모호성을 간직하고 있는 것 같다. 어떤 면에서는 이 모호성으로 인해 종교적인 반응이 차단되는 반면, 또 다른 측면에서는 종교적 반응을 필요로 한다. 이로 인해 종교적인 믿음과 자연주의적인 믿음이 모두 허용되지만, 결코 떨쳐낼 수 없는 상반되는 가능성으로 인해 각각의 경우에서 문제가 나타난다. 그러므로 종교적 믿음과 경험에 대한 어떠한 현실적인 분석, 그리고 종교적 신념의 합리성에 대한 어떠한 현실적인 변론도 이 체계적인 모호성

---

52) John Hick, *An Interpretation of Religion: Human Responses to the Transcendent*, 2nd ed. (New Haven: Yale University Press, 2004), chaps. 8-10.

이라는 상황에서 출발해야 한다.[53]

종교적 모호성은 종교에까지 확장되어 어떤 하나의 종교도 이성적으로 다른 종교보다 우위에 있다는 것을 실증할 수는 없다고 말하는 것이다.

힉에 의하면, 각 종교의 신자들이 그들이 이제까지 해왔던 대로 믿는 것을 합리적이라 여기게 만드는 결정적인 요인은 종교적 체험이다. 그는 다음과 같이 말한다. "하나님 앞에서 사는 것처럼 자신들의 삶을 경험하는 사람들은, 하나님의 실상을 믿는 것, 경험을 바탕으로 상황에 대한 믿음을 형성하는 것만큼이나 합리적이다."[54] 그러나 힉은 이 원칙이 다른 종교의 신자들에게도 적용된다고 보기 때문에, 기독교 신앙의 합리적인 우수성을 증명할 수 있는 근거를 아예 제공하지 않는다. 기독교인들은 그들의 경험에 기초하여 믿음 생활을 할 수 있지만, 이슬람교도나 힌두교도, 불교도 역시 그럴 수 있다는 결론인 것이다.

로버트 맥킴(Robert McKim)은 종교적 모호성의 원인이 되는 종교의 불일치에 근거하여 자신의 논지를 전개한다.

> 세상이 종교적으로 모호하다고 하는 것은 세상이 지적인, 정직한 사람들이 종교적으로든, 세속적으로든, 다양한 방법으로 해석할 여지가 있다는 것을 의미한다. … 의견의 불일치가 있는 것은 의견의 불일치가 나타나는 문제들이 모호하다는 것을 암시한다. 특히 종교 분야에서 불일치가 나타나는 것은 종교 분야가 제시 가능한 근거들이 한 방향만을 가리키지 않는 분야임을 시사한다. 그리고 종교가 무엇을 말하고자 하는지에 대한 문제는 우리가 무엇을 믿

---

53) 같은 책, 124. 유신론적 주장들에 대한 힉의 논의는 다음을 참고, John Hick, *Arguments for the Existence of God* (London: Macmillan, 1970); 같은 저자, *Interpretation of Religion*, chaps. 5-6.
54) Hick, *Interpretation of Religion*, 120.

어야 하는지가 불분명하다는 점을 나타낸다.⁵⁵⁾

맥킴은 이후 그의 저술에서 종교에 관해서 이른바 '극도로 풍부한 모호성'을 주장한다. 이는 ⑴ 다양한 종교적 주장에 대한 관련 근거가 풍부할 때, ⑵ 그 근거가 다양하고, 다면적이며, 복합적일 때, ⑶ 근거에 대한 특정 해석의 옹호자들에게 특히 적합한 근거의 요소가 있을 때, ⑷ 서로 다른 해석의 옹호자들이 서로 동의하지 않을 때, ⑸ 위의 사안 때문에, 그 근거를 통해 다른 쪽을 제쳐두고 어느 한쪽이 뒷받침되는지 여부를 구별하는 것이 매우 어려울 때, ⑹ 관련 근거가 너무나 '과다하여' 그 누구도 작은 부분 이상의 증거에 근접할 수 없을 때 성취되는 조건이다.⁵⁶⁾

이러한 모호성을 감안할 때, 신자들의 적절한 대응은 자신들의 신앙에 있어서 온건한 회의주의와 신중함을 채택하는 것이다. 이런 맥락에서 맥킴은 다음과 같이 말한다. "신에 대한 특정 종교의 교리에 대한 세부적인 확실성이 필수적이거나 적절할 것 같지 않다. 그리고 잘해봐야 믿음에 대해 다소 신중하게 접근하는 것이 적절할 것 같다." 알맞게 신중한 접근법은 "하나님의 본성이나 목적에 대한 서로 다른 기술들, 특히 그 세부사항들에 있어 다른 설명들도 마찬가지로 모두 사실일 가능성이 높은 것으로 보는 것이며, 확신하기 어려운 것을 올바른 방향으로 시도하는 것으로 보는 것이다. 그 결과는 유신론자들이 지배적인 유신론적 전통들에 의해 만들어진 하나님에 대한 많은 주장에 대하여 회의적이 되는 것이다."⁵⁷⁾

힉과 맥킴의 종교적 모호성에 대한 견해는 오늘날 실제로 상당한 호소력을 지니고 있으며, 로버트 우트노우 같은 종교 사회학자들이 추구하

---

55) Robert McKim, *Religious Ambiguity and Religious Diversity* (New York: Oxford University Press, 2001), 25, 181-82.
56) Robert McKim, *On Religious Diversity* (New York: Oxford University Press, 2012), 137-39.
57) McKim, *Religious Ambiguity and Religious Diversity*, 123-24.

는 '영성' 또는 '여정'이라고 칭한 것들과 부합한다.58) 웨이드 클라크 루프 (Wade Clark Roof)는 미국의 베이비붐 세대에 대한 그의 연구를 반영하면서, "종교에 대한 의문은 이제 더 공공연하게 인정받고, 어쩌면 이전 세대들보다 더 중요한 종교적인 역할을 안게 될 것이다. 이는 세계가 더욱 세속적으로 되면서 신성한 것들을 담아둔 그 모든 경전이 그 의미를 잃게 된다는 뜻이 아니다. 세계는 그전의 미국인들이 알고 있었던 것과는 다른 규모로 개개인에게 상당한 수준의 의사결정 및 책임의 능력을 요구하는 여러 대체 가능한 길들로 이루어진 거대한 미로처럼 되었다. 그리고 이는 가장 근본적으로 영적인 것을 수반한다."59) 루프의 주장이 오늘날 많은 사람이 종교적으로 모호한 세상에 살고 있다는 힉과 맥킴에 동의한다는 사실은 거의 의심할 여지가 없다. 이에 따르면, 우리는 한 종교적인 관점이 다른 종교보다 더 참될 가능성이 있다는 주장을 의심해야 한다.

그러나, 그 사회학적 실체들은 인정한다 해도, 인식론적 혹은 규범상의 사안들을 무시할 수 없다. 일부 쟁점에 대해 광범위한 종교적 이견이 있다는 것은 분명하지만, 이것이 꼭 정확한 입장은 없다거나, 혹은 여러 제시될 수 있는 근거 때문에 다른 견해들을 제쳐두고 한 가지 견해만이 선호되지 않는다는 결과로 이어지는 것은 아니다. '하나님은 존재하신다'는 명제가 그 반대 명제보다 더 명백하거나 이성적인 지지를 받지 못하는 것은 과연 위의 경우일까? 아니면 소승불교나 자이나교도의 핵심적 주장이 정통 기독교의 주장과 같은 정도로 합리적인 지지를 받고 있다는 것이 정말 사실일까? 나는 그렇게 생각하지 않는다.

각각의 진리 주장이 서로 엇갈리는 문제를 성공적으로 해결하고자 하는 일에 대한 기대는 종종 불가능할 정도로 높게 나타난다. 예를 들어,

---

58) 참고, Roberty Wuthnow, *After Heaven: Spirituality in America since the 1950s* (Berkeley: University of California Press, 1998).
59) Wade Clark Roof, *Spiritual Marketplace*, 47, 313.

기독교의 주장이 불교에 비해 합리적으로 우수하다고 판단되려면, 그 근거를 조사하는 모든 합리적인 사람이 기독교에 유리한 근거가 기독교가 불교보다 이성적으로 우월하다고 동의할 수 있을 만큼은 되어야 한다고 가정하는 경우가 많다. 만약 이것이 충족시켜야 하는 기준이라면, 기본적인 입장이 회의론이나 종교적 모호성이라는 것은 별로 놀랄 일이 아니다. 하지만 왜 모든 합리적인 사람들이 동의해야 한다고 예상하는가? 물리 과학, 역사, 정치, 경제, 철학에서 진정한 의미의 논쟁은 거의 그 기준에 부합하지 않는다. 이러한 분야들에서 완전한 만장일치가 없음에도 불구하고, 우리는 정기적으로 활발한 토론을 하고, 우리의 능력을 최대한 발휘하여, 어떤 관점이 가장 확고한 근거에 기초하여 지지를 받고 있는지 판단하며, 이를 통해 그 관점이 다른 것보다 이성적으로 우수하다고 결론짓는다. 그렇다면 문제는, 우리가 모든 합리적인 사람을 설득할 수 있는 기독교 신앙을 위한 주장을 제시할 수 있을지가 아니라, 대체 가능한 다른 주장들보다 기독교 신앙의 주장을 받아들여야 하는 더 강력한 이유가 있는지의 여부이다.

자연신학

나는 종교의 불일치의 다양한 상황 안에서 기독교인들이 단지 하나님에 대한 믿음이 그들을 위한 것이라고 주장하는 것만으로는 충분하지 않으며, 또한 그 상황들로 인해 기독교 신앙에 있어서 어떠한 인식론적 규범도 위반되지 않는다고 주장하였다. 종교의 다양성의 상황 속에서 기독교인들은 다른 종교 전통들의 주장보다 그들의 주장을 받아들여야 하는 적절한 이유와 근거를 제공하는 것은 중요하다. 그런 이유들을 제공하려는 시도를 흔히 자연신학(natural theology)이라고 부르는데, 이것은 신성한 성경의 권위나 특별 계시로 받아들여지는 것에 의존하지 않는 전제에 근거하여, 하나님의 존재나 자연에 대한 주장을 확립하려는 시도로 널리 이해될 수 있다.[60] 종종 자연신학은 건강한 연역적 논쟁을 통해 하나님의 존재를 결정적으로 '증언'하려는 시도로 인정된다. 일부 중세 신학자들과 철학자들로부터 유래된 지배적인 기독교 전통은 하나님의 존재를 확실히 증명하려고 노력한다. 스콧 맥도날드(Scott MacDonald)는 이 전통을 '논증 과학의 일종'으로 특징짓는데, "(1) 감각에 의한 인식에 있어 자명하거나 명백하거나, (2) 연역적으로 유효한 근거로부터 도출하여 감각 인식에 있어 자명하거나 명백한 (궁극적인) 전제"로 구성한다.[61] 이러한 접근방식은 13세기부터 19세기 초까지 철학과 신학에 막대한 영향을 끼쳤으며 오늘날에도 여전히 매우 유능한 옹호자들이 있다.

이 접근법의 매력은 쉽게 알 수 있다. 만약 누군가가 하기로 한 일을 성공적으로 완수하는 하나님의 존재에 대한 연역적 주장을 공식화할 수 있다면 그 문제는 해결된다. 그것은 하나님이 존재한다는 것을 확실히 규명하며, 그에 따라 무신론적 세계관과 신의 실상을 부정하는 종교적 세계관을 반박할 것이다. 하나의 논증을 통해 많은 대체 가능한 관점들을 없애고, 기독교 유신론에 대한 결정적인 믿음의 진리를 확립할 수 있을 것이다.

그러나 전능한 하나님의 존재에 대해 연역적인 주장을 펴는 것은 매우 어려운 작업이다. 연역적 주장은 단정적으로 성립시키거나 결론적인 진리를 수반한다. 최소한 그 주장은 타당해야 하고 그 주장에 대한 전제들은

---

60) 참고, Eugene Thomas Long, ed., *Prospects for Natural Theology*, Studies in Philosophy and the History of Philosophy 25 (Washington, DC: Catholic University of America Press, 1992); Charles Taliaferro, "The Project of Natural Theology," in *The Blackwell Companion to Natural Theology*, ed. William Lane Craig and J. P. Moreland (Oxford: Wiley-Blackwell, 2012), 1-23.
61) Scott MacDonald, "Natural Theology," in *Routledge Encyclopedia of Philosophy*, ed. Edward Craig (London: Routledge, 1998), 6:708.

모두 사실이어야 한다. 한 주장은 그 주장에 대한 전제가 모두 진실이면서, 결론이 거짓으로 귀결되는 것이 논리적으로 불가능할 정도로 그 형식이 타당하다면 유효하다. 유효한 주장 양식의 예는 다음과 같다.

만약 A이면 B이다.
A이다.
그러므로 B이다.

이런 형태라면 어떤 주장도 타당할 것이다. 그러나 타당성만으로는 불충분하다. 또한 전제들이 전부 사실일 필요가 있다. 양식이 유효하고 모든 전제가 참인 주장은 온당한 주장이다.

그러나 하나님 존재에 대한 문제와 같은 연역적 주장을 논쟁 해결에 이용하려면 단순히 온당함 이상의 것이 필요하다. 또한 그 주장을 통해 지식이 확장되기 위해서는 회의론자에게도 설득력을 가질 필요가 있다. 따라서 설득력 있는 연역식 주장은 그 논거가 온당하다는 점에서 객관적일 뿐만 아니라, 특정 청중을 설득하려는 의도라는 점에서 인간관계적 주장이기도 하다. 한 중요한 논의에서 조지 마브로즈(George Marvrodes)는 논의의 '설득력'과 그 자체의 '설득력 있음'을 구별한다. 한 주장은 설득력이 있을 때만 N이라는 특정 사람에게 납득이 되지만, 우선 그 주장 자체가 타당할 때만 설득력을 지닌다. "N은 논의의 결론으로부터 추론한 진술들로부터 따로 추론할 필요도 없이 각각의 전제가 참되다는 것을 안다."[62]

---

62) George Mavrodes, *Belief in God: A Study in the Epistemology of Religion* (New York: Random House, 1970), 34. 다음 문헌들도 참고, Keith Yandell, *Philosophy of Religion: A Contemporary Introduction* (London: Routledge, 1999), 169-70; William J. Wainwright, "Theistic Proofs, Person Relativity, and the Rationality of Religious Belief," in *Evidence and Religious Belief*, ed. Kelly James Clark and Raymond J. VanArragon (New York: Oxford University Press, 2011), 82-88.

다시 말해, 바람직한 것은 주장의 논거 양식이 유효하고, 전제가 모두 사실이며, 전제가 사실이라고 알려져 있거나(또는 그렇게 보일 수 있으며), 우리(회의론자 포함)는 결론의 진실보다 전제의 진실에 대한 신뢰가 더 큰 주장인 것이다. 전제 중 하나의 진실에 대해 합리적인 의심이 있다면 그 결론에 대해서도 합리적인 의심이 있을 것이다.

결론이 논란이 되고 논쟁이 될 때 위에 나타난 모든 조건을 충족시키는 연역적인 논거를 내놓는 것은 극히 어렵다. 연역적 이론 주장의 가장 일반적인 형태는 우주론에 대한 주장이며, 많은 철학자는 여러 우주론 주장 중 하나가 타당하다고 확신하고 있다. 예를 들어 다음과 같은 주장들을 고려해 보라.[63]

1. 우연적 존재(a contingent being)는 존재한다.
2. 이 우연적 존재에 대한 원인이나 설명이 있다.
3. 이 존재의 원인이나 설명은 우연 자체가 아닌 다른 무언가이다.
4. 이 우연적 존재의 원인이나 설명에는 다른 우연적 존재 또는 우연적이지 않은 존재(필연적인 것)가 포함되어야 한다.
5. 우연적 존재만으로는 우연적 실체의 존재를 야기하거나 설명할 수 없다.
6. 따라서 이 우연적 존재의 원인이나 설명에는 반드시 우연적이지 않은 존재가 포함되어야 한다.
7. 그러므로 필연적인 존재는 존재한다.

---

63) 이 주장은 다음 저서에 들어있다. Michael Peterson et al., *Reason and Religious Belief*, 90. 유신론적 주장들에 대해 도움이 되는 논의는 다음을 참고, Keith Yandell, *Philosophy of Religion: A Contemporary Introduction* (London: Routledge, 1999), 167-211; Craig and Moreland, *Blackwell Companion to Natural Theology*; and J. P. Moreland, Chad V. Meister, and Khaldoun A. Sweis, eds., *Debating Christian Theism* (New York: Oxford University Press, 2013).

우연적 존재란, 존재는 하지만 존재하지 않았을 수도 있는 존재다. 우주 전체는 인간과 산이 그렇듯이 우연적, 혹은 우발적이다. 이것들 중 어떤 것도 존재하지 않을 것이라는 것은 논리적으로 가능하다. 하지만 그들은 존재한다. 왜일까? 이러한 논거는 우연하지 않은 존재만이 우연한 실체가 존재한다는 사실을 설명하거나, 혹은 설명할 수 있다고 주장하는 것이다. 철학자들을 포함하여 많은 사람은 이러한 논거가 설득력 있다고 생각한다. 그 결론은 하나님을 말하지 않지만, 우연의 실체가 존재하게 되는 것에 대해 인과적으로 책임이 있는 우연하지 않은 존재가 유신론자들이 하나님이라고 부르는 실체와 같다고 가정하는 것은 타당하지 않다.

하지만 위의 전제 중 두 가지는 분명 논란이 있다.[64] 전제 2는 모든 우발적 독립체들은 왜 그것이 존재하는지에 대한 이유나 설명을 가지고 있다고 간주하는 충분한 사유에 대한 원리와, 우리가 그것이 모든 우연적인 것들에 대해 진실이라는 것을 알고 있는지의 질의에 대한 비평들에 의존한다. 즉 이 전제는 모든 우연한 실체가 존재에 대한 이유나 설명이 내재되어 있다는 것을 알고 있으며, 이 논거에 대한 비판자들은 우리가 이것이 모든 우연한 것에 있어 진실임을 알고 있는지에 대해 의문을 제기하는 것이다. 일부 사람들은 또한 전제 5가 사실인지의 여부에 다음과 같이 의문을 제기한다: 왜 우리는 우연적 현실로서의 우연적 실체에 대해 적절히 설명할 수 없다고 믿어야 하는가? 나에게는 두 가지 전제 모두 매우 그럴듯하게 여겨지지만, 그것들이 진실이라는 것을 정말로 알고 있는지 여부에 의문을 제기하는 사람들이 있다. 여기서 나의 논점은 단순히 그 전제들의 논거가 하나님이 이미 존재한다고 믿지 않는 누군가에게 설득력을 가지려면 최소한 회의론자들을 설득하여 전제 2와 전제 5를 받아들이게

---

64) 참고, Peterson et al., *Reason and Religious Belief*, 90-93.

해야 한다는 것이다. 회의론자가 둘 중 어느 전제도 납득할 수 없다면, 그에 따른 결론도 문제가 될 것이다. 이것은 단순한 연역적 논증의 본질이다.

그러나 우리는 자연신학을 연역적인 유신론적 주장으로만 생각해서는 안 된다. 예를 들어, 초기 현대의 존 로크(John Locke), 조셉 버틀러((Joseph Butler), 윌리엄 페일리(William Paley)는 기독교 신앙을 위한 귀납적이면서 개연론에 의거한 논증을 발전시켰다. 그렇다면 우리는 훨씬 더 일반적인 의미에서 자연신학을 신성하고 특별한 계시의 권위에서 유래된 것이 아닌 전제들로부터 기인한 기독교적 유신론을 지지하는 주장을 내놓으려는 어떤 시도라고 생각할 것이다. 의심할 여지 없이, 자연신학의 가장 인상적인 최근 사례들 중 하나는 리차드 스윈번(Richard Swinburne)이 지속적으로 추진한 개연론에 의거한 논쟁이다. 근거에 대해 풍부하고 엄격한 논의 끝에, 스윈번은 다음과 같이 결론을 짓는다. "우리들이 가진 총체적인 근거에 비추어 볼 때, 기독교적 유신론이 그렇지 않은 것보다 더 개연성이 있다. … 종교적 비전에 대한 시기들 안에서 너무나 많은 사람의 경험은 자연과 역사가 어떤 가능성을 보여주는지, 인간과 우주를 만들고 지탱해 주는 하나님이 있다는 것을 확증한다."65) 스윈번이 옳다면, (나는 그가 옳다고 생각한다) 그렇다면 종교적인 모호성에 대해 강력하게 주장하는 견해는 포기되어야 한다. 왜냐하면 사실상 기독교적 유신론을 부인하기보다 그것을 선호하는 데에 타당한 근거들이 있기 때문이다.

오늘날 자연신학은 세속적 무신론의 도전뿐만 아니라, 종교의 불일치로 촉발된 사안들도 고려해야 한다. 일찍이 1960년 기독교 분석 철학자

---

65) Richard Swinburne, *The Existence of God*, 2nd ed. (Oxford: Clarendon, 2004), 342; 다음 문헌들도 참고, 같은 저자, *The Coherence of Theism* (Oxford: Clarendon, 1977; rev. ed., 1993); *Faith and Reason* (Oxford: Clarendon, 1981); *Responsibility and Atonement* (Oxford: Clarendon, 1989); *Revelation* (Oxford: Clarendon, 1992); *The Christian God* (Oxford: Clarendon, 1994); and *Providence and the Problem of Evil* (Oxford: Clarendon, 1998).

이자 힌두교와 불교 사상에 대한 권위자인 니니안 스마트(Ninian Smart)는 기독교인들에게 "왜 불교인이 아니라 기독교인이 되어야 하는가?"라는 화두를 던졌다.[66] 1961년 한 저술에서 스마트는 다음과 같이 진술한다.

> 종교적 경험에 대한 어떤 호소(직관적이든 그렇지 않든)는 필연적으로 기독교인뿐만 아니라 불교 신자들과 다른 종교 신자들의 경험에 대한 숙고로 이어져야 하며, 따라서 종교적 경험이 다른 종류의 교리와 연결되는 방식에 대한 숙고로 이어져야 한다. 이러한 조사를 통해 사람들은 종교적 믿음의 다른 형태들 사이에서 선택할 수 있는 기준이 무엇인지 묻게 될 것이다. 그리고 변론적인 관점에서 볼 때, 다른 어떤 것보다 자신의 신앙을 받아들이는 이유를 제시할 필요가 있다.[67]

스마트는 종교를 초월하여 서로 경쟁하는 진리들의 문제를 심각하게 여기는 새로운 종류의 자연신학을 옹호한다. 앞서 1장에서 보았듯이, 스마트는 종교를 복잡하고 다차원적인 현상으로 이해하는데, 각각의 종교 전통들은 인간성, 우주, 종교적 궁극성을 해석하는 관점에서 특정한 세계관이나 핵심 신앙의 집합을 나타낸다. 스마트는 다양한 세계관들의 진리나 합리성에 대한 평가를 포함하는 일종의 '세계관 분석'을 요구한다. 따라서 '비교문화 종교철학'(cross-cultural philosophy of religion)의 주요 과제는 '세계관 사이에서 진리 판단 기준을 명확히 하는 것'이다.[68] 스마트는 이 프

---

66) 참고, Ninian Smart, *A Dialogue of Religions* (London: SCM, 1960), 11.
67) Ninian Smart, "Revelation, Reason and Religions," in *Prospect for Metaphysics: Essays of Metaphysical Exploration*, ed. Ian Ramsey (London: Allen & Unwin, 1961), 92.
68) Ninian Smart, "The Philosophy of Worldviews, or the Philosophy of Religion Transformed," in *Religious Pluralism and Truth: Essays on Cross-Cultural Philosophy of Religion*, ed. Thomas Dean (Albany: State University of New

로젝트를 '연한 자연신학'(soft natural theology)이라고 말한다. 스마트는 세계관을 평가할 때 적용할 수 있는 자의적이지 않은 기준이 있다는 점을 인식하면서도, 우리가 문제를 결정적으로 해결할 수 있는 압도적일 정도의 실증적 논거를 갖고 있다고 생각하지 않는다.

물론 그 연함에 있어 정도는 있다. 스마트는 종교의 다양성과 관련해 자연신학이 단정적일 것 같지 않다는 것을 정확하게 인식했지만, 세계관 분석을 통해 성취될 수 있는 것에 대한 기대에는 지나치게 신중했다. 확실히 종교의 다양성에 대한 사안들의 복잡성을 최소화해서는 안 되지만, 반대로 과장해서도 안 된다. 우리는 이미 하나님의 존재에 대해 하나 이상의 타당하고 설득력 있는 연역적 논증이 존재할 수 있는 가능성을 고려한 바 있다. 만약 많은 사람이 믿는 것처럼 그러한 논증이 있다면, 기독교 유신론의 규정적(defining) 믿음을 받아들이고, 무신론적인 종교 세계관들의 규정적 믿음을 거부하는 설득력 있는 사유가 분명 있다.

또한 신중한 이성적 분석을 통해 몇몇 종교 전통들이 주장해 온 특정 주장들에 의문을 제기할 수 있다. 예를 들어, 우리는 힌두교, 불교 또는 자이나교에서 특정한 종류의 자기성찰적 경험에 근거한 종교적 경험의 인식론과 주장들을 숙고할 수 있다. 힌두교도들 내에서의 니르구나 브라만(Nirguna Brahman)이나 불교도들 내에서의 공(emptiness)에 대한 실제적 경험을 받아들이는 것이 기독교 유일신론의 개인적 하나님에 대한 경험을 받아들이는 것만큼 합리적인가? 키스 얀델(Keith Yandell)은 힌두교나 불교의 중심적 형태로 나타나는 자기성찰적인 깨달음 경험은 앞서 그가 제시한 바와 같이 비논리적이고 일관성이 없기 때문에 참될 수 없다고 설득력

York Press, 1995), 24. 다음 문헌들도 참고, 같은 저자, *Reasons and Faiths: An Investigation of Religious Discourse; Christian and Non-Christian* (London: Routledge and Kegan Paul, 1958); "Soft Natural Theology," in *Prospects for Natural Theology*, 198-206; *Worldviews: Crosscultural Explorations of Human Beliefs*, 2nd ed. (Englewood Cliffs, NJ: Prentice-Hall, 1995).

있게 주장해 왔다.[69] 그가 옳다면, (그리고 나는 그가 옳다고 생각한다) 이는 경험에 근거한 종교적 주장들에 중요한 의미를 가진다. 마찬가지로, 많은 사람이 주장하는 것처럼, 고전 불교에서 아나타(무아)라는 개념이 확실히 비논리적이라면, 이는 불교 전통의 중심 교리들을 거부할 수 있는 결정적 근거를 제공한다.[70]

타당하고 설득력 있는 연역적인 유신론적 논거들이 있다 하더라도, 기독교 유신론의 결정적 믿음을 받아들이기 위한 알맞은 사유를 제공하는 것은 하나님의 존재에 대해 단순히 변론하는 것 그 이상을 수반할 것이다. 성경에 있는 하나님의 계시와 예수 그리스도의 사역에 관련된 다른 중심적 기독교 주장들 또한 잘 설립될 필요가 있을 것이다. 연역적 주장들은 이러한 역할을 할 것이지만, 그러나 그런 주장들은 기독교 유신론을 위한 사례를 설립하는 데에 요구되는 모든 것을 할 수 없다. 여기서 더 유망한 것은 누적된 사례들을 가지고 논증하는 것(a cumulative-case argument)이다. 다시 말해, 우리의 신앙적 체험의 다양한 차원들로부터 증언에 입각한 자료의 광범위한 다양성에 관한 신중한 분석을 통해 기독교 유신론에 대한 강력한 사례들이 설립될 수 있도록 최선의 설명을 요하는 추론에 의한 논의를 하는 것이다.[71]

누적 사례 접근법은 어느 정도 설명이 필요한 세상 안에 있는 요소들의

---

69) 참고, Keith Yandell, *Philosophy of Religion*, chaps. 12-13; 같은 저자, *The Epistemology of Religious Experience* (New York: Cambridge University Press, 1993), chaps. 8-9, 13-14.

70) 참고, Yandell, *Philosophy of Religion*, chap. 12; Keith Yandell and Harold A. Netland, *Buddhism: A Christian Exploration and Appraisal* (Downers Grove, IL: InterVarsity, 2009).

71) 누적 사례 논거에 관한 부분은 다음을 참고, Basil Mitchell, *The Justification of Religious Belief* (Oxford: Oxford University Press, 1981); and William J. Abraham, "Cumulative Case Arguments for Christian Theism," in *The Rationality of Religious Belief: Essays in Honour of Basil Mitchell*, ed. William J. Abraham and Steven W. Holtzer (Oxford: Clarendon, 1989), 17-37.

다양성을 식별하는 것으로 시작한다. 이런 요소들은 다양성은 우주, 인간의 지각과 지향성, 도덕적 가치들과 원리들의 객관성과 그러한 원리들에 대한 우리의 인지, 세상에 있는 선함과 아름다움, 그러한 선함과 아름다움을 알아보는 인간의 능력, 단순한 이생과 물리적 세상보다 더 많은 진상을 간직한 여러 문화와 역사적 시대들을 가로지르는 광범위한 신앙, 시대와 문화를 가로질러 하나님과의 조우가 있는 체험들, 이 외 많은 것들에 대한 미세 조정(the fine-tuning)과 우연성을 포함할 것이다. 또한 기독교 유신론에 대한 누적 사례 논증은 대략 1,500년이 넘는 성경의 놀라운 구성과, 성경이 말하고 있는 인간의 삶, 교훈, 죽음, 그리고 나사렛 예수의 분명한 부활, 그리고 초기 기독교 공동체의 급격한 성장과 같은 요소들을 포함할 것이다. 이러한 현상들 중 어느 것도 기독교 유신론의 진리를, 개별적으로든 집단적으로든, 수반하지 않는다 하더라도, 기독교 유신론(혹은 기독교 신학)은 이런 요소들에 대해 다른 대안들(예: 다른 종교들의 주장)보다 더 타당한 해명을 제공한다. 기독교 유신론이 거짓이라면, 진정 그렇다면 이러한 것들을 기술하기가 상당히 어렵다. 그러나 반면, 기독교 유신론이 사실이라면, 그러면 우리는 이러한 진상들에 만족스러운 해명을 가지게 되는 것이다. 더 나아가서, 기독교 유신론이 참이라면, 그러면 (최소한 몇몇은) 이러한 것들은 우리가 이 세상에서 정확하게 맞닥뜨리는 현상들의 종류다. 예를 들어, 도덕적으로 선하고 거룩한 창조주 하나님의 현실을 고려해 보았을 때, 우리의 현실이 도덕적 가치들을 포함하며 인간은 도덕적 인지를 할 수 있다는 것은 그리 놀랄 일이 아니다.

위와 같은 논쟁에서 개인적 판단에 대한 피할 수 없는 척도가 있을 수 있겠지만,

그것이 그러한 판단들이 필연적으로 임의적이어야 한다고 꼭 의미하지는 않는다. 윌리엄 아브라함(William Abraham)이 말하듯이, "단순히 개인적 판단이란 일종의 공식적 셈법을 사용하지 않고 증거를 따져 볼 수 있는

능력을 뜻한다."[72] 적절한 자연신학이 여러 세계관을 검사하기 위한 알고리즘 절차를 만들어 내거나, 기독교 유신론에 대항할 확정적이고 절대적인 논거를 제공할 것이라고 기대할 사유는 없다.

기독교 유신론에 대한 누적 사례 논증에 창의적이고 유용한 접근은 고전적 유신론의 논거들은 하나님의 실체를 가리키는 '자연적 신호'(natural signs)에 근거하여 이해되어야 한다고 주장해온 에반스(C. Stephen Evans)에 의해 제시되었다.[73] 이런 자연적 신호들은 연역적, 혹은 귀납적 논증의 발달에 쓰일 수 있음에도, 그것들은 "논증이나 그 과정의 부분이 되는 의식적 추론 없이 하나님의 실체를 또한 가리킬 수 있다." 다시 말해, 그런 신호들은 '하나님에 대한 비추론적 지식'을 제공할 수 있는 것이다.[74] 따라서, 그것들은 하나님의 실체에 대한 직접적이고 비추론적인 증거의 일종을 제공한다. 유신론적 주장들은 전형적으로 자연적 신호들을 공식적인 논증으로 발전시키며 그 신호들에 대한 측면들을 이해한다. 그러나 그렇게 함으로써, 그 주장들은 논쟁의 여지가 있는 최소한 한 가지 전제를 포함하게 된다. 비록 공식적 논거가 결정적이지 않는다 해도, 에반스가 자연적 신호라 부르는 그 근본적인 통찰은 여전히 증거 가치를 가질 수 있다. "한 신호에서 발전된 주장이 한 강압적 주장으로 실패하더라도, 그 신호는 여전히 하나님을 가리키고 하나님에 대한 지식을 그 신호를 적절하게 읽어낼 수 있는 자들에게 가능하게 할 것이다."[75] 유신론적 자연의 신호들은 "타당하게 하나님에 대한 믿음에 유력한 증거를 제공하는 것으로 보여질 수 있다."[76]

에반스는 우주론적 논증의 중심에 있는 자연적 신호는 '불가사의하고

---

72) Abraham, "Cumulative Case Arguments," 34.
73) C. Stephen Evans, *Natural Signs and Knowledge of God: A New Look at Theistic Arguments* (New York: Oxford University Press, 2010).
74) 같은 책, 45, 154.
75) 같은 책, 3.
76) 같은 책, 184.

난해'하거나, 우주적 경이(cosmic wonder)로서의 세상에 대한 경험이라 주장한다. 우주론적 논증들은 우주의 우발성과 같은 해명을 필요로 하는 그러한 특징들을 들고 분간하는 '사색적인 시도들'이다. 왜 아무것도 없는 것이 아니라 무언가가 있다는 것인가? 왜 무(無) 이상의 것이 존재하는가? 이에 대해 에반스는 이렇게 말한다. "우리가 우주 안에 있는 대상들이나 우주 전체를 조우하고 이 자연의 질서를 '우발적'으로 볼 때, 우주적 경이에 대한 체험은 단순히 자연적 세상의 창조함에 대한 인식일 것이다."[77]

목적론적 논증들은 '유익한 질서'의 자연적 신호에 기반을 둔다. 에반스는 이렇게 말한다. "자연적 세상은 그 질서가 올바르게 자리 잡혀 잘 돌아가는 복잡한 구조들의 많은 예시를 정연하게 담고 있다. 이 질서는 한 뛰어난 디자이너, 강력하면서 좋은 목적들을 위해 돌보는 한 지성인(a Mind)의 결과다."[78] 유익한 질서의 한 예는 우주의 미세한 조정이나, 탄소를 기반으로 하는 삶을 위해 반드시 얻어야 하는 조건들의 복잡한 집합이다.[79]

에반스는 도덕적 논증에 내재된 두 가지 자연적 신호들을 본다. 그것은 (1) 책임감 있는 도덕적 존재로서 우리 스스로의 경험과, (2) 인간의 특별한 가치와 존엄성에 대한 우리의 지각이다.[80] 에반스는 무신론자조차 도덕적 의무의 힘과 인간의 존엄성에 대해 느낀다고 다음과 같이 말한다. "사람들이 인간은 왜 가치를 갖는가에 대한 타당한 기술(記述)이 부족할 때조차 인간의 가치를 그들이 계속해서 단언한다는 사실은 신호의 힘이 있다는 것을 보여준다."[81]

---

77) 같은 책, 63.
78) 같은 책, 90.
79) 참고, Robin Collins, "The Teleological Argument: An Exploration of the Fine-Tuning of the Universe," in *Blackwell Companion to Natural Theology*, 202-81.
80) Evans, *Natural Signs and Knowledge of God*, 132.
81) 같은 책, 147.

마지막으로, 에반스는 우주론적, 목적론적, 그리고 도덕적 논증의 핵심에 있는 자연적 신호들을 다음과 같이 요약한다:

> 우주적 경이는 자연적인 우주 뒤에 무엇이 존재하더라도 해명을 필요로 하는 우발적인 것들보다 더 확실하고 안전한 방법이 있다고 시사한다. 이는 현실에 대해 우리의 세상에서 우리가 조우하는 일시적 현실들보다 더 견고하고 확실한 이해를 가지고 있다. 유익한 질서는 우주의 뒤에 있는 것은 그 질서의 목적과 의도가 분명해 보이기에 뛰어나고 총명한 존재가 있다는 것을 시사한다. 우리가 지니고 있는 도덕적 의무는 우주의 뒤에 무엇은 인격적이고 도덕적 선함을 돌본다고 시사한다. 그 실체는 의무를 창조할 수 있는 존재여야 한다.[82]

에반스가 자연적 신호들로 식별하는 것은 기독교 유신론을 위한 종합적인 누적 사례 논증을 구성하는 것으로 사용될 수 있고, 이에 따라 다른 종교적, 또는 비종교적 대안들보다 기독교 유신론을 채택하기 위한 강력한 사유와 근거들이 있다는 것을 보여줄 수 있다.

---

82) 같은 책, 185.

8장
종교적 다양성 속에서 예수의 제자로 살아가기

　세계무역센터와 미국 국방성 건물에 일어났던 최악의 9.11 테러 9주기를 한 주 앞둔 시점에, 플로리다 주에 있는 한 작은 교회의 목사가 전 세계적 관심을 받게 되었다. 세계 곳곳의 사람들은 2010년 9월 11일에 이슬람의 코란을 태우라는 하나님의 계시를 받았다며 엄숙하게 발표하는 테리 존스(Terry Jones)를 호기심과 두려움이 섞인 시선으로 바라보았다. 이 기이한 목사는 금세 언론 매체의 중심 주제가 되었다.
　대중의 반응은 대부분 부정적이었다. 많은 사람이 코란을 태운다는 것 자체를 천박하게 여겼을 뿐만 아니라, 코란을 태운 이후 과격한 이슬람교도들이 폭력적인 반응을 할 것이라는 예상이 지배적이었기 때문이다. 해당 날짜가 다가오자 데이빗 페트라에우스 장군, 힐러리 클린턴 국무장관, 심지어 버락 오바마 대통령까지 존스 목사에게 코란을 태우려는 계획을 포기하라고 요청을 하였다. 국방장관 로버트 헤이츠는 테리 존스 목사와 직접 통화를 하기까지 했다. 이에 9월 11일 바로 직전에 존스 목사는 자신의 결정을 재고했고, 하나님께 자신에게 코란을 태우지 말라는 말씀을 다시 내려달라고 요청했다. 그리고 9월 11월이 되었을 때, 파키스탄과 아프가니스탄에서 시위가 있었음에도 불구하고 테리 존스가 이슬람의 경전을 공개적으로 모독하지 않았다는 안도가 전 세계로 퍼져나갔다.

그러나 그 안도는 잠시뿐이었다. 2011년 3월 21일, 존스 목사는 코란에 관한 모의재판을 열고 공개적으로 코란 경전을 불태워 버렸다. 그리고 자신들의 경전을 불태운 일에 화가 난 아프가니스탄 마자르 샤리프(Mazare Sharif)와 칸다하르(Kandahar) 지방의 폭도들은 유엔기지와 몇몇 서방의 산물들을 공격해 16명의 사망자와 90명이 넘는 사상자를 냈다. [1]

이 비극적이고도 교훈적인 사건은 21세기 초의 불안정하고 복잡한 세계의 모습을 보여준다. 또한 이 사건은 오늘날 우리가 살아가는 세계에 종교가 얼마나 실재적이고 중요한 공적 역할을 하는지를 우리에게 알려주는 역할을 한다. 국제기구, 군대, 공공 정책, 사업과 마케팅 분야에서 일하는 사람들은 모두 다양한 사회 안에서 종교가 어떤 일을 하고 있는지를 이해하는 것이 얼마나 중요한지를 잘 알고 있다. 뿐만 아니라 이 슬픈 사건은 기독교 지도자들, 특히 미국 복음주의자 진영의 리더들이 각 종교의 움직임을 이해하는 것이 얼마나 중요한 것인가를 잘 보여준다고 할 수 있다.

이와 같은 사건들은 몇 초 안에 사진과 메시지를 전송할 수 있는 글로벌 사회에서 살아가는 것이 우리에게 큰 도전이 된다는 점을 시사한다. 만약 코란을 불태우겠다는 위협이 50년 전에 일어났다면, 그 위협은 대중 매체의 흥미를 거의 자극하지 못했을 것이고, 코란을 태우는 사진들이 전 세계로 퍼져나가는 데에 며칠이라는 시간이 걸렸을 것이다. 그러나 세계화는 우리가 살아가는 지역과 세계 간의 복잡한 상호연관 관계(interconnectedness)를 만들어냈다. 플로리다의 존스 목사는 칸다하르의 즉각적인 반응을 불러일으키게 된 것이다. 따라서, 오늘날의 기독교 지도자

---

[1] Kevin Sieff, "Florida Pastor Terry Jones's Koran Burning Has Far-Reaching Effect," *Washington Post*, April 2, 2011, http://www.washingtonpost.com/local/education/florida-pastor-terry-joness-koran-burning-has-far-reaching-effect/2011/04/02/AFpiFoQC_story.html.

는 우리가 교회의 작은 다락방에서 말한 이야기가 몇 분 사이에 인터넷을 통해 전 세계적으로 퍼져나갈 수 있다는 사실을 인식하고 있어야 한다.

어떤 사람들은 코란을 태운다는 위협이 불러일으킨 정서에 충격을 받기도 했을 것이다. 종교는 강력하면서도 휘발성 강한 사회적, 정치적 힘이다. 그리고 오늘날 사회의 관찰자들은 종교에 뿌리를 둔 사회적 긴장과 폭력에 대해 점점 더 진지하게 인식해가고 있다. 과격한 이슬람교도들이 일으키는 폭력이 가장 많은 집중을 받고는 있으나, 마크 유어겐스마이어(Mark Juergensmeyer)와 다른 학자들은 지난 세기에 이슬람뿐만 아니라 모든 세계 주요 종교의 종교 전통들이 종교적 폭력을 행사했다는 사실을 우리에게 일깨워준다. 2)

무엇보다도 존스 목사 사건은 기독교 사역에 몸담고 있는 사람들에게 심각한 문제의식을 불러일으킨다. 코란을 불태운 사람은 다름 아닌 기독교 목사였다. 비록 그를 일반적인 기독교 목사로 보기 힘들지만(그는 자신이 보수 기독교의 가장자리에 위치한다고 주장한다), 어찌 되었든 그는 기독교 지도자였다. 그렇다면 왜 기독교 사역자가 하나님께서 자신에게 그런 일을 하라고 직접적으로 말씀하셨다고 생각하게 되었는가? 또한 타 기독교인들은 그런 주장에 대해 어떻게 반응해야 하는가?

플로리다의 존스 목사가 미국인이었다는 것과 그가 태운 경전이 이슬람교의 경전 코란이었다는 사실은 상징적인 중요성을 가지고 있다. 왜 테리 존스 목사가 힌두교의 경전인 바가바드 기타(Bhagavad Gita)나 유교의 문헌들이나 불교의 로투스 수트라(the Lotus Sutra of Buddhism)를 태우지 않고 코란을 태웠을까? 누군가가 위에 나열한 경전 중 하나를 태운다는 사실은 바보 같아 보일 것이며, 실제로 그가 태운 경전이 코란이었다는

---

2) Mark Juergensmeyer, *Global Rebellion: Religious Challenges to the Secular State, from Christian Militias to Al Qaeda* (Berkeley: University of California Press, 2008).

것은 미국 기독교가 이슬람에 갖고 있는 호기심과 혐오를 드러낸다. 미국 기독교인들에게, 특히 2001년 있었던 9.11 테러 이후, 이슬람은 더 이상 단순한 하나의 종교가 아니라 완전히 다른 타자가 되었다. 이슬람교도들의 이미지는 많은 미국 기독교인들 사이에서 강렬한 감정을 불러일으키는데 이 감정은 불교도나, 힌두교도, 몰몬교도들을 떠올릴 때에는 수반되지 않는 감정이다. 토마스 키드는 *American Christians and Islam*[3]에서 미국 기독교인들이 이슬람교와 이슬람교도들을 비난해 온 역사가 17세기까지 거슬러 올라간다고 말하고 있다.

코란을 태우는 일은 분명 상징적인 행동이었지만, 존스 목사가 한 행동은 단순히 자신의 종교적 신학적 주장만을 드러내는 것이 아니라, 그리스도에 대한 자신의 헌신과, 이슬람이 거짓 신을 숭배하는 종교이기 때문에 그 종교를 거부한다는 공개적인 선언 또한 포함한다. 뿐만 아니라 9.11 테러 이후 미국의 국수주의적 맥락에서 존스 목사의 행동은 강력한 사회적 정치적 의미를 지니고 있다. 비록 코란을 불태운 사건에서 존스 목사의 신학적 확신이란 요소는 의심의 여지 없이 중요하지만, 코란을 모독함으로써 존스 목사는 미국적 기독교적 정체성과, 미국 예외주의, 그리고 기독교 예외주의에 대한 자신의 이해를 강하게 피력하고 있는 것이다. 이처럼 존스 목사의 행동은 오늘날 종교가 민족, 국가, 정치 등의 문제와 어떻게 밀접하게 얽혀 있는지를 보여주는 하나의 예가 된다.

그러나 위와 같은 문제는 단순히 코란을 태우는 일이 적절한 일인가 아닌가에 관한 논의보다 더 넓고 깊은 문제를 내포하고 있다. 미국은 아주 빠르게 종교적 다원성을 지닌 나라가 되어 가고 있다.[4] 그렇다면 타 종

---

3) Thomas S. Kidd, *American Christians and Islam: Evangelical Culture and Muslims from the Colonial Period to the Age of Terrorism* (Princeton: Princeton University Press, 2009).
4) 참고, Charles L. Cohen and Ronald L. Numbers, eds., *Gods in America: Religious Pluralism in the United States* (New York: Oxford University Press, 2013).

교 신자들을 존중할 때, 무엇이 적절한 행동인가? 존스 목사가 코란이 하나님의 말씀이라는 주장에 동의하지 않는 것에는 크게 문제될 만한 요소가 없다. 사람들은 종교적 문제에 관해 항상 동의하지는 않는데, 이는 미국적 시스템의 독특한 요소 중 하나가 종교적 양심의 자유이기 때문이다. 사람들은 자신들이 원하는 것을 믿거나 믿지 않을 자유가 있다. 그러나 존스 목사는 왜 코란을 태우는 것이 진정한 기독교인과 미국 시민이 '해야만 하는 일'이라고 생각했던 것일까? 이것은 종교 다원성과 불일치로 특징지어지는 자유 사회에서 살아갈 때에 나타나는 모호성과 복잡함을 잘 보여주고 있다. 법 분야에 종사하는 사람들은 존스가 코란을 태울 합법적 권리를 가지고 있다고 말한다. 그러나 그렇다고 해서 코란을 '태워야만' 했는가? 그리고 바로 이 지점에서, 많은 다른 실례들이 보여주듯이 우리는 자유 발언의 권리와 종교적 표현의 자유가 상식과 예의라는 가치와 부딪치는 것을 보게 된다. 한 사람이 자유를 누리고 다양성의 사회에서 무언가를 합법적으로 할 수 있는 것과, 그 사람이 선량한 국민으로서 무엇을 해야만 하는가 사이에는 중요한 구분점이 있다. 좋은 국민이란 국민으로서의 미덕을 개발하는 것, 즉 단순히 법을 어기지 않도록 노력하는 일이나 자신의 권리를 유지하는 일을 넘어 도덕적 소양을 지니는 것을 의미한다. 그리고 이것은 때로 더 높은 공공의 선을 위하여 자신이 누릴 수 있는 권리를 제한한다는 것 또한 의미한다.

  그렇다면 21세기 종교다원주의의 사회에서 예수 그리스도의 제자들은 어떻게 반응하며 살아야 하는가? 이와 관련하여 계속해서 새로운 질문들이 등장하고 있고, 기독교 지도자들은 자신들이 묻는 복잡한 질문들에 대해 이제야 통찰하기 시작하였다. 과거부터 지금까지 군건히 이어져 내려오는 원리들을 가르치는 것은 분명 중요하지만, 21세기라는 특정한 시대에 속해 있는 다양한 나라의 종교적, 문화적, 정치적 맥락들은 아직도 개척되지 않은 미지의 영역이므로 새로운 사고의 방식 또한 도입되어야 한다. 과거에 무엇이 행해졌는가를 단순히 반복하는 것으로는 부족하다. 뿐만 아니라, 기독교 지도자들은 이 새로운 사고의 방법을 개발하는 일에 있어 주도권을 잡고, 다른 기독교 지도자들이 세워 놓은 틀에 반응하는 것에 만족해서는 안 된다. 기독교인들은 예수를 주(Lord)로 모시는 것에 어떻게 견고히 헌신하여야 하는가를 깊이 고려하면서, 동시에 우리가 속한 사회가 지니는 다양성을 올바른 방법으로 포용하는 좋은 국민이 될 수 있는가를 다른 기독교인들의 좋은 예를 통해 인도받아야 할 것이다.

나는 이 책의 마지막 장에서 미국의 기독교인들이 직면하고 있는 현실적 문제에 집중하고자 한다. 또한 여기에서 논의되는 일반적인 원리들은 다른 지역의 기독교인들에게도 충분히 적용될 수 있을 것이다. 오늘날 많은 나라는 정치 체계로서 민주주의를 택하고 있으며, 종교 표현의 자유라는 가치를 지지한다. 또한 그러한 나라들은 다양한 종교를 믿는 국민으로 구성되어 있다. 지역적 맥락을 살펴보는 경우에는, 지역마다 각각 독특한 점과 다른 점을 가지고 있겠지만, 그보다 더 큰 맥락에서는 각 지역의 종교적 전통이나 문화적 독특성에도 불구하고 여러 사회가 가지고 있는 문제들이 비슷할 것으로 예상된다. 전 세계의 기독교 지도자들은 예수 그리스도의 제자가 된다는 것과 동시에 급변하는 세계의 양상 속에서 좋은 국민이 된다는 것이 무엇인가를 진지하게, 또한 창의적으로 고민해야 한다. 따라서 나는 이 장에서 이와 관련된 사안들에 대해 어떻게 기독교인들이 생각을 해야 하는지에 관한 원리들을 살펴볼 것이다. 내가 제시하는 사항들이 그 모든 원리를 하나도 빠짐없이 포함하고 있지는 않다는 사실을 미리 밝힌다.

예수의 제자들과 좋은 국민들

기독교인들은 중요하게 받아들이고 신중하게 방향을 잡아야 하는 두 가지의 의무를 지니고 있다. 성경은 하나님께서 세상을 다스리시는 주권을 갖고 계시며 예수 그리스도의 주 되심이 삶의 모든 양상에 적용된다는 것, 그리고 기독교인들이 비기독교적인 사회의 권위들에 순종하고 따를 합법적 의무를 갖고 있다는 사실을 분명하게 밝힌다. 바리새인들이 예수님께 가이사에게 바치는 세금에 관해 물었을 때 (암묵적으로 로마법의 합법성을 인정하면서), 예수님께서는 하나님을 향한 의무와 로마 제국을 향한 의무를 구별하는 대답을 하셨다. "이에 이르시되 그런즉 가이사의 것은 가이사에게, 하나님의 것은 하나님께 바치라 하시니"(마 22:21). 성경의 저자들은 성경의 다른 부분에서도 이방 민족의 권위가 가지는 합법성을 인정할 뿐만 아니라 예수님의 제자들에게 다스리는 권세에 순종하는 일에 모범이 되는 삶을 살라고 권면한다(롬 13:1-7; 벧전 2:13-17).

확실히 할 것은, 국민으로서의 의무가 예수님의 제자로서의 의무를 침해하는 지점에서는 기독교인들이 사람의 권위가 아니라 하나님의 권위에 순종해야 한다는 점이다 (단 3:16-18; 6:10, 21-22; 행 4:19-20; 5:29). 오늘날 세계의 많은 곳에서, 예수님을 따른다는 것은 내가 속해 살아가는 행정 구역의 어떤 요구들에 대항해야 하는 것을 의미하기도 하고, 때로는 그렇게 하기 위해 내가 손해를 입기도 한다. 그러나 오늘날 미국에서 기독교인들이 종교적 다양성을 마주하면서 부딪치는 대부분 문제는 국민으로서의 의무와 기독교인으로서의 의무가 상충 불가능한 영역에 속하지 않는다.

정치적으로, 국교를 세우는 것을 금지하고 종교의 자유를 보장하는 헌법에 있어서 미국은 공화정을 따르고 있다. 미국 수정 헌법의 첫 번째 조항은 "의회는 국교를 정하거나 종교의 자유를 침해하는 법률을 만들 수 없다."라고 명시한다. 이 조항이 1791년 처음 등장했을 때 얼마나 새롭고 급진적인 사항이었는가를 우리는 쉽게 잊는 듯하다. 역사를 통틀어 대부분 사회에서 통치자가 믿는 종교는 곧 그가 다스리는 국민의 종교였고, 통치자는 종교의 자유에 대해 크게 관심을 갖지 않았다. 따라서, 유럽 전역이 기독교를 믿던 시절, 종교 표현의 자유는 그 가치를 인정받지 못했다. 그러나 미국이 독립을 이루는 과정에서 상황이 바뀌었고, 오늘날 미국의 기독교인들은 종교 표현의 자유를 옹호하는 미국 체제의 수혜자들이 되었다.

미국 공화정 설립자들에게 기독교가 어떤 영향을 미쳤는가와, 미국이 기독교 국가인가에 관한 논의는 오랫동안 계속되어 왔다.[5] 역사적으로 미국은 계몽주의와 더불어 기독교적 가치와 원리의 영향력 아래에 있었고, 국민의 다수가 여전히 스스로를 기독교인이라 말한다. 그러나 이와 같은 인구 통계적인 측면을 제외하고서는 미국은 국교가 없으므로 기독교 국가라고 불릴 수 없다. 또한 특정 영역들에서 미국 사회가 기독교적 가치와 원리로부터 큰 영향을 받는 것은 사실이지만, 미국 사회의 또 다른 측면들은 비기독교적인 가치와 원리를 좇고 있기도 하다. 심지어 미국 사회가 명백하게 기독교적 이상향을 추구하는 곳에서도 실제로 그 가치를 따르는 일에는 실패하기도 한다. 더욱이, 오늘날 미국 사회는 증가하는 무신론자들 인구와 더불어 다양한 종교적 전통들이 존재한다. 그리고 이와 같은 종교적 다양성은 앞으로 더욱 두드러지게 나타날 것으로 예상된다.

미국 기독교인들에게 예수 그리스도의 제자가 된다는 것은 미국의 법적, 사회적 규범이 예수의 제자로서의 책임과 불일치하지 않는 이상, 나

---

[5] 이에 대한 문헌은 방대하지만, 유용한 논의들은 다음 문헌에서 찾을 수 있다. Edwin S. Gaustad, *Proclaim Liberty throughout All the Land: A History of Church and State in America* (New York: Oxford University Press, 1999); 같은 저자, *Faith of the Founders: Religion and the New Nation, 1776~1826* (Waco: Baylor University Press, 2011).

라의 규범을 잘 지키며 훌륭하고 책임감 있는 국민으로서 살아가는 것을 의미한다. 그리스도의 제자이자 좋은 국민이라는 이중 의무는 최소한 세 가지의 구별된 차원에서 논의되어야 한다. 첫 번째 차원은, 타 종교인들과의 개인적 관계, 즉 어떻게 기독교인들이 다른 종교를 가진 이웃, 일터의 동료, 학교의 친구들과 관계를 맺고 소통하는가에 관한 차원이다. 두 번째는, 공적 영역 등의 더 넓은 사회에서 어떻게 기독교인으로서의 모습과 행동을 보여주는가에 관한 차원이다. 마지막으로 세 번째는, 세계적 차원, 즉 세계화된 사회에서 기독교인들이 전 세계적 차원으로 기독교인으로서의 정체성과 행동을 나타내는 것이다. 이 세 가지 차원을 논의할 때 우리에게 필요한 것은 세 차원을 모두 다룰 수 있는 종합적이고 새로운 체계이다. 그러나 여기에서는 그러한 체계를 제공하기보다는 이 문제들을 가지고 고군분투하는 기독교인들에게 올바른 방향을 제시해 줄 수 있는 몇 가지 원리들을 이야기해 보고자 한다.

종교적 다양성 안에서 그리스도의 증인 됨

기독교 신앙은 특정한 사람들이나 특정 지역에 국한되어 있는 지역적, 민족적 종교가 아니다. 이는 불교나 이슬람교와 마찬가지로 기독교는 특정 지역을 초월해 곳곳으로 퍼져나간 종교이기 때문이다. 기독교 복음은 그 자체로 선교적이며, 따라서 예수 그리스도의 제자들로 하여금 지리적, 계급적, 민족적, 종교적 경계를 넘어 모든 사람을 회개와 예수 그리스도를 모시는 헌신된 삶으로 인도하도록 해왔다. 복음은 구원과, 하나님과의 화해를 다루는 좋은 소식으로서 죄와 악으로 신음하는 세상에 반드시 전파되어야 한다. 그러므로 예수의 증인 됨과 전도는 기독교 교회들이 선택하거나 선택하지 않을 수 있는 그런 사항이 아니다. 그리스도를 따르는 자들은 자신이 속한 지역에서 시작해 점차적으로 지리적, 민족적, 문화적 경계를 넘어 "땅 끝까지"(행 1:8) 그리스도의 증인이 되어야 한다.

헬라어 "*euangelizomai*"에서 유래된 전도(evangelism)는 복음(*euangelion*), 즉 좋은 소식을 가져가 선포하는 것을 의미한다. 사도 바울은 복음이 우리 죄를 위한 그리스도의 죽으심, 장사되심, 그리고 3일만에 부활하신 사건이라 말하였다(고전 15:1-4). 복음은 "모든 믿는 자에게 구원을 주시는 하나님의 능력"이다(롬 1:16). 따라서 기독교인들이 전도를 통해 선포하는 좋은 소식은 예수가 구원자이시자, 주님이시며, 그의 이름을 믿는 자들은 죄로부터의 용서와 구원, 내주하시는 성령의 역사를 통한 새 생명, 그리고 궁극적으로는 하나님과의 영원한 사귐을 얻게 된다는 것이다.

20세기 동안 복음 전파의 필요성은 주로 마태복음 28장에 기록된 예수님의 지상명령에 기반을 두고 있었다. 특히 이것은 자신들의 선교신학에서 마태복음 28장 본문에 우선순위를 둔 복음주의자들 사이에서 인기가 있었다. 하지만 복음주의자들은 종종 마태복음 28:18-20을 마태복음의 다른 본문과 분리한 채 다루어 왔다. 그리고 이와 같이 마태복음의 전체에서 분리된 본문의 이해는 기독교인들로 하여금 예수에 관한 기본 지식, 죄 사함의 가능성, 또 이 두 가지가 불러오는 하나님과의 화해에 관해서 다른 민족에게 단순히 전하라 명령한다는 피상적 이해를 야기하였다. 위와 같은 '정보'들이 다양한 나라나 민족들에게 한 번 전파되면, 기독교인들은 예수님의 지상명령이 수행되었다고 단순하게 결론지을 수 있다는 것이다.

그러나 마태복음 28:18-20 본문은 따로 떨어져 있는 말씀이 아니다. 데이빗 보쉬(David Bosch)는 "마치 이 본문이 마태복음 밖에 있는 것처럼 이 본문을 마태복음의 외부로 옮겨서 홀로 살아남도록 하고, 이 본문이 본래 속해 있는 마태복음과 아무런 관련이 없는 말씀으로 다루는 일은 용납될 수 없다"라고 말한다.[6] 다시 말해, 마태복음 28:18-20 본문은 마태복음 본문 전체의 맥락 안에서 이해되어야 하는 것이다. 그리고 이렇게 해당 본문을 이해하면, 예수께서 이 본문을 통해 훨씬 더 풍성하고도 전적인 명령을 하셨다는 사실이 명백해진다. 본문은 다음과 같이 말한다.

> 예수께서 나아와 말씀하여 이르시되 하늘과 땅의 모든 권세를 내게 주셨으니 그러므로 너희는 가서 모든 민족을 제자로 삼아 아버지와 아들과 성령의 이름으로 세례를 베풀고 내가 너희에게 분부한 모든 것을 가르쳐 지키게 하라 볼지어다. 내가 세상 끝날까지 너희와 항상 함께 있으리라 하시니라.

이 본문의 강조점은 모든 민족을 "제자로 삼다"(*matheteusate*)에 있다.[7]

여기에서 우리는 두 가지의 관찰을 할 수 있다. 첫 번째, 예수 그리스도를 따르는 자들은 모든 사람을 제자로 만들어야 한다. 예외는 없다. 그리고 모든 사람이라는 말은 다른 종교를 독실하게 믿는 사람들도 포함한다. 즉, 예수의 지상명령은 종교가 없거나 무신론자인 사람만을 제자로 만들라는 말씀이 아니라 말 그대로 모든 사람을 제자로 만들라는 말씀이다. 그러므로 만약 그리스도를 따르는 사람들이 자신들이 섬기는 주, 그리스도께 신실하다면, 그 기독교인들은 다른 종교에 헌신되어 있는 사람들 사이에서 그리스도를 증언하는 일을 포기해서는 안 된다.

두 번째로, 예수의 지상명령은 제자를 만들라는 말씀이지, 기독교인을 만들거나 사람들을 기독교로 개종시키라는 말씀이 아니다. 그리스도를 증언하는 일에 있어서 가장 중요하고 강력한 것은 특정 종교를 단순히

---

[6] David Bosch, *Transforming Mission* (Maryknoll, NY: Orbis Books, 1991), 57.
[7] 참고, D. A. Carson, "Matthew," in *The Expositor's Bible Commentary*, ed. Frank E. Gabelein (Grand Rapids: Zondervan, 1984), 3:595-96; R. T. France, *The Gospel of Matthew* (Grand Rapids: Eerdmans, 2007), 1115.

믿는 신자가 되는 것이 아니라, 예수 그리스도의 진정한 제자가 되는 것이다. 앤드류 월스(Andrew Walls)가 개종자와 진정한 제자, 이 두 가지가 어떻게 다른지 잘 설명하고 있다. 월스에 따르면, 기독교로 개종을 한 자가 된다는 것은 가치관, 삶의 우선순위, 생각의 방식 등의 내적 변화 없이, 기독교라는 표식을 받아들이며 외면적 행동의 변화만 있다는 것을 의미한다. 반대로 진정한 제자는 가치관, 삶의 우선순위, 생각의 방식 등이 변화되며, 세계에 관해 새로운 방식으로 이해하게 되므로 그 변화가 외면적인 변화까지 불러오는 삶을 살게 된다. 또한 진정한 제자는 변화된 방식으로 삶을 이해할 뿐만 아니라, 자신이 속한 언어권, 문화권 안에서 복음의 원리를 삶으로 살아낸다.[8] 따라서 지상명령에서 말씀하는 제자를 만드는 일에 있어, 기독교인들은 단순한 기독교 개종자를 만드는 것이 아니라, 그리스도를 따르는 헌신되고 진정한 제자를 세워야 하는 것이다.

그렇다면 위와 같은 "제자를 삼는 것"은 무엇을 의미할까? 보쉬는 '제자'(mathetes)가 마태복음에 73번이나 등장하는 것에 주목한다. 보쉬는 "제자라는 주제는 마태가 교회와 선교를 어떻게 이해하고 있는가의 핵심이다."라고 말했다.[9] "제자를 삼는 일"은 단순히 예수에 관한 정보를 다른 사람들에게 전하는 것보다 분명 더 많은 것을 포함하고 있다. 제자를 만드는 일에 있어, 우리는 성령의 힘을 통해서 사람들을 세워 나가야 한다. 그래서 그들이 예수가 그의 제자들에게 알려주셨던 모든 것에 순응하며 살 수 있도록 말이다. 산상수훈이나 비유를 통한 말씀 등, 마태복음을 아우르는 모든 예수의 가르침은 제자가 어떤 모습으로 살아가야 하는지를 우리에게 알려준다. 마태복음 22장에는 예수의 가장 중요한 가

---

8) Andrew Walls, "Culture and Conversion in Christian History," in *The Missionary Movement in Christian History* (Maryknoll, NY: Orbis Books, 1996), 51-53.
9) David Bosch, *Transforming Mission*, 73. 마태복음 안에서의 제자도에 관하여는 다음을 참고, Michael J. Wilkins, *Discipleship in the Ancient World and Matthew's Gospel*, 2nd ed. (Grand Rapids: Baker, 1995).

르침 중 하나가 등장한다. 마태복음 22장에서 종교 지도자들은 예수님께 구약 성경의 모든 명령 중, 무엇이 가장 중요한 명령인지를 묻는다. 그리고 그 질문에 관한 예수님의 대답은 기독교인들이 어떻게 지상명령을 수행해야 하는지에 관한 방향성을 제시해 준다.

> 그 중의 한 율법사가 예수를 시험하여 묻되, 선생님 율법 중에서 어느 계명이 크니이까? 예수께서 이르시되 네 마음을 다하고 목숨을 다하고 뜻을 다하여 주 너의 하나님을 사랑하라 하셨으니 이것이 크고 첫째 되는 계명이요, 둘째도 그와 같으니 네 이웃을 네 자신 같이 사랑하라 하셨으니 이 두 계명이 온 율법과 선지자의 강령이니라 (마 22:35-40; 참조. 신 6:4-5; 막 12:28-34; 눅 10:25-37)

예수의 제자는 자신의 전 존재로 하나님을 사랑하고 그의 이웃을 자기 자신을 사랑하듯 사랑해야 한다. 그리고 오늘날 미국에서 한 사람의 이웃이란 종교가 없는 사람들뿐만 아니라 다른 종교에 헌신된 사람들 또한 의미하고 있다.

예수의 또 다른 중대한 명령은 마태복음 7:12에 등장하는 황금률 말씀이다. "그러므로 무엇이든지 남에게 대접을 받고자 하는 대로 너희도 남을 대접하라 이것이 율법이요 선지자니라"(마 7:12). [10] 예수의 말씀에 녹아 있는 윤리적 명령은 어떻게 예수의 제자들이 타 종교인들 사이에서 복음을 전하고 증인의 삶을 사는가를 포함해, 어떻게 다른 사람들을 대해야 하는지에 관한 많은 시사점을 던져주고 있다. 즉, 예수의 지상명령, 하나

---

10) 이 황금률은 많은 윤리적 체계들이 포괄되고 많은 문화들의 도덕적 관례들이 반영 된다는 기본적인 도덕적 원리를 분명히 말한다. 이는 예를 들어 〈논어〉와 같은 곳에서 찾아볼 수 있다. 참고, *Confucius: The Analects*, trans. D. C. Lau (London: Penguin Books, 1979), 112(12. 2), 135(15. 24). 참고, Harry J. Gensler, *Ethics and the Golden Rule: Do unto Others* (New York: Routledge, 2013); Jeffrey Wattles, *The Golden Rule* (New York: Oxford University Press, 1996).

님을 사랑하고 이웃을 사랑하라는 그 말씀, 그리고 황금률은 예수의 가르침의 중심에 위치하며 예수의 제자는 어떤 모습이어야 하는가를 정의 내려 주는 것이다. 그러므로 예수의 지상명령을 수행할 때, 예수의 제자들은 하나님과 이웃을 사랑하라는 말씀과 황금률을 지키며 지상명령을 수행해야 한다. 이에 우리는 기독교인들이 다른 종교의 신자들을 향해 최소한 세 가지의 의무를 지니고 있음을 알게 된다. 첫째, 타 종교인들을 예수님의 제자로 삼아야 한다. 둘째, 타 종교인들을 사랑해야 한다. 셋째, 기독교인들이 대접받고 싶은 그 방식으로 타 종교인들을 대접해야 한다.

오늘날 세계가 지니고 있는 여러 긴장을 고려할 때, 기독교인들이 예수 그리스도의 복음을 증언하는 일에 있어서 성경의 말씀에 충실할 뿐만 아니라 다른 종교인들을 존중하고 그들에게 민감하게 접근하는 새로운 방식을 도입하는 일은 매우 중요하다. 그리고 종교다원주의의 사회에서 그리스도를 증언하는 데 필요한 몇 가지 원리들을 제시하는 일에 관하여, 나는 아주 중요한 두 가지 최근의 성명을 염두에 두고자 한다. 하나는 복음주의자 진영에서, 다른 하나는 에큐메니컬 진영에서 작성한 것으로 두 가지 모두 위에서 언급한 본문과 각 본문의 메시지들을 자신들의 성명에 반영하고 있다.

2011년, 5년간의 연구와 숙고와 대화 끝에 바티칸 교황청, WCC(the World Council of Churches), 그리고 WEA(the World Evangelical Alliance)는 〈다종교 세계에서 그리스도인의 증언: 행동을 위한 지침(Christian Witness in a Multi-religious World: Recommendations for Conduct)〉이라는 선언문을 공동으로 발표하였다. 공동 선언문이라는 특성에도 불구하고 이 선언문은 다종교적 맥락에 놓여 있는 사람들에게 좋은 지침을 제공해 준다. 또한 기독교인들의 증인 됨은 2010년 10월 남아프리카 공화국에서 열린 세 번째 로잔 대회(the Lausanne Movement)에서 작성된 신학적, 선교학적으로 풍성한 〈케이프타운 서약(The Cape Town Commitment)〉의 내용들을 반영한다. 이 케이프 타운 서약은 이전의 로잔 대회에서 작성된 문서, 특히 로잔 언약(the Lausanne Covenant, 1974)과 마닐라 선언(the Manila Manifesto, 1989)에 기초하고 있다. 따라서 이후의 내용에서 나는 〈다종교 세계에서 그리스도인의 증언〉과 〈케이프 타운 서약〉에 등장하는 주제들 중에 오늘날 기독교 증인들을 위해 특별히 중요한 몇 가지를 언급하고자 한다.

1. 타 종교인들 사이에서 예수 그리스도의 복음을 증언하는 일은 선택적인 것이 아니라 기독교 교회를 위해 필수적인 일이다. 〈케이프 타운 서약〉은 "예수 그리스도와 그 분의 가르침의 전 세계적 증인이 되는 임무에 헌신한다"로 시작한다.[11] 그리고 나서 〈케이프 타운 서약〉은 죄로 인한 인류의 타락, 예수 그리스도께서 모든 이들의 구주가 되심, 기독교인들이 "하나의 교회가 되고, 믿고, 순종하고, 복음 전체를 나누고, 전 세계로 가서 모든 나라를 제자 삼는다"는 전통적인 교리를 재선언한다.[12] 이와 비슷하게, 〈다종교 세계에서 그리스도인의 증언〉 선언문은 "선교는 교회의 심장부에 위치해 있다. 하나님의 말씀을 선포하고 이를 세계에 증언하는 일은 모든 기독교인에게 필수적인 일이다. 동시에, 모든 인류에 대한 사랑과 존중을 가지고 복음의 원리에 따라 복음을 전하는 일도 중요하다."라고 선언하고 있다.[13] 두 선언문의 핵심은 그리스도인들이 예수 그리스도가 주님이시라는 것을 증언하냐 하지 않느냐가 아니라 '어떻게' 증언하는가에 놓여 있는 것이다.

---

11) *The Cape Town Commitment: A Confession of Faith and a Call to Action; The Third Lausanne Congress*, Didasko Files (Peabody, MA: Hendrickson, 2011), preamble, p. 6, http://www.lausanne.org/en/documents/ctcommitment.html.
12) 같은 책, 8.
13) Christian Witness in a Multi-religious World, http://www.oikoumense.org/en/resources/documents/wcc-programmes/interreligious-dialogue-and-cooperation/Christian-identity-ins-pluralistic-societies/Christian-witness-in-a-multi-religious-world. Preamble.

2. 기독교인들은 하나님의 사랑을 따라 복음의 증인이 되어야 한다. 〈다종교 세계에서 그리스도인의 증언 선언문은 기독교 증언을 예수님의 지상명령과 연결시킨다. "기독교인들은 하나님께서 모든 사랑의 근원이 되심을 믿고, 자신들의 증언함에 있어서도 이를 따라 사랑의 삶을 살며 자신의 몸과 같이 자신의 이웃을 사랑해야 한다(참조: 마 22:34-30; 요 14:15)."14) 이와 비슷한 맥락에서, 〈케이프 타운 서약 또한 기독교 선교에 있어서의 사랑의 중요성을 다음과 같은 아름다운 언어로 설명하고 있다: "하나님의 선교는 하나님의 사랑으로부터 흘러나온다. 하나님의 사람들의 선교는 하나님을 향한 우리의 사랑과 하나님께서 사랑하시는 모든 것들을 향한 사랑으로부터 흘러나온다."15) 〈케이프 타운 서약〉은 또한 "이웃을 네 몸과 같이 사랑하라에서 이웃은 타 종교의 사람들까지 포함한다."라고 말하며, 선교에 있어서 지상명령이 그 중심에 있음을 알린다.16) 그리스도인의 증언은 하나님과 타인을 향한 사랑으로부터 나와 그 사랑을 반영한다.

3. 그리스도인의 증인 된 삶은 다른 이들을 존중하는 마음, 겸손함과 도덕적 진실함을 지녀야 한다. 기독교인의 삶에 있어 도덕적 진실함과 겸손함에 관한 요구는 〈다종교 세계에서 그리스도의 증언 선언문의 기초가 되는 항목이다. "기독교인들은 진실성, 관대함, 긍휼히 여김, 겸손함으로 행동하도록 부름 받았으며, 모든 오만함, 무시, 경멸을 극복하도록 부르심 받았다(참조: 갈 5:22)."17) 그리스도의 증인들은 남자나 여자나 도덕적 진실함, 겸손함, 말에서의 정직함, 어려움에 처한 사람들을 향한 공감과 관대한 마음, 행동에 있어서의 자비로움을 지닌 사람들이 되어야 한다.

---

14) 같은 책, "Principles," 1.
15) *The Cape Town Commitment*, Ⅰ.1, p. 9.
16) 같은 책, Ⅱ.C.1, p. 47.
17) Christian Witness in a Multi-religious World, "Principles," 3.

이와 비슷하게, 〈케이프 타운 서약〉도 복음화를 순한 개종과 구별하며, 그리스도인들에게 겸손하고 존중하는 증인, 양심적이고 윤리적인 증인이 될 것을 요구한다.

> "우리는 복음화에 있어서 좋은 소식을 나누도록 부르심 받았지만, 마땅치 않은 개종에 관여하라고 부르심 받지는 않았다. **복음화**(Evangelism)는 이후에 등장하는 사도 바울의 예처럼 설득력 있고 이성적인 주장을 포함하긴 하지만, 복음에 대한 정직하고 열린 선언, 즉 듣는 자들이 그들의 마음을 여는 것에 있어 그들의 자유를 남겨두는 선언을 하는 것을 뜻하기도 한다. 우리는 다른 믿음을 가진 사람들을 민감하게 대해야 하며, 그들에게 개종을 강요하는 그 어떠한 접근도 거부한다." 이와 반대로 **개종**(Proselytizing)이란 "우리 중의 하나"가 되고, "우리의 종교를 받아들이고," "우리 교단에 들어오라고" 다른 사람들을 강요하는 시도들을 의미한다.[18]

〈케이프 타운 서약〉은 기독교인들로 하여금 "강압적이고, 비윤리적이고, 기만적이고, 무례한 모든 형태의 증언을 거부하라"고 말하고 있다.[19] 이 서약문은 기독교 증인들의 과거 실패에 대해 솔직하게 인정한다. "사랑의 하나님의 이름으로, 우리는 무슬림들, 힌두교인들, 불교인들, 그리고 우리와 다른 종교적 배경을 지닌 사람들과 우정의 길을 모색하지 않은 우리의 실패에 대해 회개합니다. 예수의 영을 통해 우리는 앞으로 그들을 향한 사랑과 선의와 환대를 먼저 보일 것입니다."[20]

〈다종교 세계에서 그리스도인의 증언〉선언문은 이렇게 말한다. "기독

---

18) *The Cape Town Commitment*, Ⅱ.C.1, p. 47.
19) *The Cape Town Commitment*, Ⅱ.C.1.A. p. 48.
20) 같은 책, Ⅱ.C.1.B, p. 48.

교인들은 진실하고 정중하게 말해야 한다. 기독교인들은 다른 종교를 믿는 사람들에 대해 배우고 그들을 이해하기 위해 들어야 한다. 그리고 기독교인들은 타 종교인들 안에 있는 진실함과 선함을 보기 위해 노력해야 한다. 어떠한 언급이나 중대한 접근은 상호 간의 존중 안에서 시행되어야 하며, 타 종교에 관해 잘못된 증언을 하지 않도록 노력해야 한다."[21] 무엇보다도 이는 타 종교인들을 묘사하는 일에 있어서 기독교인들이 공평하고 정직해야 하며, 호도하는 설명을 추구하는 것을 거부하며, 공포나 혐오를 선동하는 언어에 대항하는 것을 의미한다. 이웃에 대한 거짓 증거를 하지 말라는 10계명의 말씀은 타 종교인들을 묘사하는 일에도 적용된다(출 20:16). 〈케이프 타운 서약문〉은 우리로 하여금 종교 상호간 증언의 가능성이 기독교인에게 나타나는 도덕적 진실함과 그리스도를 닮음에 직접적으로 연관되어 있다는 점을 시사한다. "세계의 복음화와 그리스도의 신성을 아는 것은 우리가 실생활에서 그리스도께 순종하는가 안 하는가에 따라 도움을 받거나 방해를 받을 수 있다."[22] 안타깝게도, 그리스도인들의 증인 된 삶은 기독교인들이 어떻게 삶을 살아가고 다른 사람들을 대하는가에 있어서 그리스도를 닮음의 부족함으로 인해 종종 훼손되곤 한다.

〈케이프타운 서약문〉은 다른 성경적 주제들 또한 우리와 타 종교인 간의 상호관계의 지침이 되어야 한다고 말하고 있다. "우리는 우리를 예수 그리스도의 제자로 부르신 부르심에 대해 다른 믿음을 가진 사람들을 성경적 의미에서 우리의 이웃으로 여김으로써 응답한다. 그들 또한 하나님의 형상으로 지음받은 사람들이며, 하나님께서 사랑하시고 그리스도께서 그들의 죄를 위하여 죽으신 사람들이다."[23] 타 종교에 헌신하는 사

---

21) Christian Witness in a Multi-religious World, "Principles," 10.
22) *The Cape Town Commitment*, "Conclusion," 71.
23) 같은 책, Ⅱ.C.1, p. 47.

람들을 포함한 모든 사람이 하나님의 형상으로 지으심 받았다는 사실은 우리가 타 종교인들을 어떻게 이해하고 그들과 어떻게 관계를 맺어야 하는가에 관한 중요한 시사점을 던져준다(창 1:26-27; 5:1-3; 9:6; 고전 11:7; 약 3:9). 예수의 제자들과 타 종교인들이 가지는 많은 차이점에도 불구하고, 하나님으로부터 지음을 받은 피조물이라는 점에서 우리는 모두 기본적인 공통점을 지니고 있는 것이다.

하나님의 형상으로 지음 받았다는 사실이 함축하는 여러 가지 의미들 중 한 가지는, 기독교인들이 타 종교인들에 관해 생각하는 데에 있어 사용할 수 있는 기본적인 틀을 제공하고 있다. 만약 타인을 볼 때 그 사람이 힌두교도인지, 불교도인지, 이슬람교도인지를 기본 틀로 사용한다면, 기독교인들과 타 종교인들 사이의 차이점은 극복되어야 할 장애물들과 함께 더욱 더 견고해질 것이다. 이와는 반대로, 타 종교인들도 하나님의 형상으로 지음 받고 하나님께 사랑을 받는 동등한 인간임을 가장 기본적인 사항으로 생각한다면, 이것은 다른 어떤 차이점들보다 더욱 더 기본적이고 근본적인 공통점을 인식하는 것을 의미한다. 모든 인간은 하나님의 형상으로 지음을 받은 피조물이라는 점에서, 하나님께 반역한 죄인들이라는 점에서, 하나님의 구속하시는 은혜가 필요한 비참한 자들이라는 점에서 공통점을 공유하고 있다. 기독교인과 이슬람교도와 힌두교인 사이의 차이점은 굉장히 실재적이다. 하지만 가장 기본적인 공통점에 비하면 그러한 차이점들은 부차적이라 할 수 있다.

4. 그리스도인의 증인 된 삶은 종교 상호간 대화의 적절한 형태를 포함해야 한다. 이런 맥락에서 〈케이프 타운 서약문〉은 "타 종교를 믿는 사람들과 적절한 대화의 장"의 필요성을 논하고 있다. 그리고 이러한 대화는 그리스도의 독특함, 복음의 진실성에 대한 자부심과 타 종교

인들에게 귀 기울이는 일을 결합시키는 것을 의미한다.²⁴⁾ 〈다종교 세계에서 그리스도인의 증언〉은 다음과 같이 선언하고 있다. "종교다원주의적 사회에서 그리스도인의 증언이란, 다른 종교와 문화권에 속한 사람들과의 대화에 참여하는 것을 의미한다."²⁵⁾ 많은 복음주의자는 종교 상호간의 대화에 대해서 의심스러운 눈초리를 보내기도 하는데, 이것은 이런 종교간 대화에 주요하게 참여하고 있는 사람들이 제시하는 것들이 복음화와 그리스도의 증인 됨과는 양립할 수 없는 것으로 보이기 때문이다. 물론 상당수의 부분에서 대화가 어떻게 이해되고 진행되느냐에 달려 있는 것은 분명하다. 그러나 종교 간 대화의 영향과 그 결과가 제대로 해석되기만 한다면, 대화 그 자체에는 복음주의적 헌신과 양립할 수 없는 요소가 없다고 볼 수 있다. 오히려 오늘날 전 세계적인 종교의 현실을 고려할 때, 기독교 지도자들이 타 종교인들과의 심도 있는 대화에 참여하지 않는다면 그들의 선교에 있어 책임감 있게 임하는 것은 어려울 것이다.²⁶⁾

5. 그리스도인들은 예수를 증언하는 일에 있어서 폭력과 힘의 남용을 거부한다. 그리스도인들은 예수를 증언하는 일과 힘 사이에 상관관계가 있다는 것을 알고 주의해야 한다. 물리적 폭력은 당연히 허용될 수 없다. 그러나 힘의 남용은 정신적, 사회적, 경제적, 정치적 조작이나 강압의 형태로도 나타날 수 있다. 〈다종교 세계에서 그리스도인의 증언〉은 "기독교인들은 정신적, 사회적 폭력을 포함해서 모든 종류의 폭력과 증언

---

24) 같은 책, II.C.1, c and e, p. 72.
25) Christian Witness in a Multi-religious World, "A Basis for Christian Witness," 4.
26) 참고, Terry C. Muck, "Interreligious Dialogue: Conversations That Enable Christian Witness," *International Bulletin of Missionary Research* 35.4 (October 2011): 187-92; Gerald McDermott and Harold A. Netland, *A Trinitarian Theology of Religions* (New York: Oxford University Press, 2014), 277-83. Douglas McConnell, "Missional Principles and Guidelines for Interfaith Dialogue," *Evangelical Interfaith Dialogue* 1 (Winter 2010): 3-6.

하는 일에 있어서의 힘의 남용을 거부하도록 부르심을 받았다. 기독교인들은 또한 예배의 장소, 신성한 상징이나 문서를 유린하거나 파괴하는 행위 등을 포함하여 종교적인 권위나 비종교적인 권위로부터 행해지는 폭력, 불공평한 차별과 강압을 거절한다"라고 말한다.[27] 종교적 폭력이나 힘의 남용은 주로 같은 민족 내에 존재하는 다른 종교가 문제가 될 때, 민족 간 갈등으로 나타난다. 〈케이프타운 서약〉은 이와 같은 갈등에 과거 기독교인들이 어떻게 연관되었는가에 관하여 다음과 같이 고백하고 있다.

> 우리는 슬픔과 부끄러움을 갖고 가장 심각했던 민족 간 폭력, 탄압적 사건 중 일부 사건들에 기독교인들이 공모자였음을 인정한다. 또한 그러한 갈등들이 일어났을 때 대다수 교회가 탄식할만한 침묵으로 일관했음 또한 인정합니다. … 복음을 위하여 우리는 이러한 일들을 회개하고, 기독교인들이 참여했던 종교 간 갈등, 정의롭지 못한 일, 억압들에 대한 회개를 요청합니다. … 우리는 교회가 세계적으로 민족 간 화해를 위해 일하는 가장 좋은 모델이 되고, 갈등 해소를 위해 가장 적극적으로 일하는 옹호자가 되는 그 날을 고대합니다.[28]

제자들 안에서 발견되어야 하는 모습에 대하여 열거하시며 예수께서는 "화평하게 하는 자는 복이 있나니 그들이 하나님의 아들이라 일컬음을 받을 것임이요"(마 5:9)라고 말씀하셨다. 예수님의 제자들이 폭력과 박해에 반응할 때, 더 심한 폭력이 아니라 화해를 위한 희생을 감내하며 힘쓸 때,

---

27) Christian Witness in a Multi-religious World, "Principles," point 6.
28) *The Cape Town Commitment*, Ⅱ.B.2, p. 40.

이것은 하나님의 은혜가 지닌 변화의 힘에 대한 강력한 증언이 된다.[29]

위의 각 원리들은 다종교적 세계에서 살아가는 그리스도의 증인들에게 필요한 풍성한 의미를 담고 있다. 그러나 만약 우리가 이 중 단순히 하나의 원리를 가지고 일반적인 원리로서 문제를 축소하고자 한다면, 예수님께서 마태복음 7장 12절에서 말씀하신 가르침에 따른 그리스도인의 증인 된 삶은 매우 어려워질 것이다. "그러므로 무엇이든지 남에게 대접을 받고자 하는 대로 너희도 남을 대접하라 이것이 율법이요 선지자니라"(마 7:12). 어떻게 기독교인들이 타 종교인들 사이에서 복음화에 참여할 수 있을까? 기독교인을 자신이 믿는 종교로 개종시키고 싶어 하는 타 종교인이 기독교인인 나를 어떻게 대해주었으면 하는가? 예수를 증언하는 일에 있어서, 기독교인들은 타 종교인들을 내가 대접받고 싶어 하는 방식으로 대해야 할 것이다.

변증과 종교의 다양성

오늘날 기독교 증인들은 상충되고 경쟁적인 다양한 가치관으로 가득한 세계 속에서 살아가고 있다.[30] 각 종교의 많은 신자는 다음과 같은 중요한 질문을 맞닥뜨린다: **오늘날의 종교적이기도 하고 비종교적**

---

29) David W. Shenk, "The Gospel of Reconciliation within the Wrath of Nations," *International Bulletin of Missionary Research* 32.1 (January 2008): 3-9; Miroslav Volf, *Exclusion and Embrace: A Theological Exploration of Identity, Otherness, and Reconciliation* (Nashville: Abingdon, 1996).

30) 이 부분의 이전 버전은 다음을 참조. Gerald McDermott and Harold A. Netland, *A Trinitarian Theology of Religions: An Evangelical Proposal* (New York: Oxford University Press, 2014), 283-92; Harold Netland, "Interreligious Apologetics," in *Christian Apologetics: An Anthology of Primary Sources*, ed. Khaldoun A. Sweis and Chad V. Meister (Grand Rapids: Zondervan, 2012), 39-45.

이기도 한 다양한 세계관들을 고려했을 때, 왜 기독교의 주장만을 진리라고 받아들여야 하는가? 이 질문은 매우 자연스럽고 합리적인 질문이며, 그에 따른 합리적인 대답을 받을만한 질문이다. 많은 맥락에서 이것은 기독교 복음의 진리를 받아들이는 데에 있어서 적절하고 설득력 있는 이유를 제공하는 것, 우리가 변증(Christian apologetics)이라고 알고 있는 것과 관련된다. 기독교 신앙은 대담하고 논쟁적인 주장들을 담고 있다. 따라서 많은 사람이 복음을 쉽사리 믿지 않는 것은 그리 놀라운 일이 아니다. 기독교 변증은 기독교를 향한 비판과 의심에 대하여 성경적으로 충실하고, 지성적으로 바르고, 그리고 문화적으로 적절한 방법으로 대답하고자 하는 시도이다. 즉 기독교 변증은 기독교 신앙을 받아들이는 일에 있어 회의적인 사람들을 적극적으로 설득하는 일이라고 할 수 있다.

그러나 기독교 변증은 기독교 공동체 안에서 논쟁이 되어왔다.[31] 그러나 이를 바르게 이해한다면, 변증은 오늘날 교회에서 중요한 역할을 수행할 수 있다. 기독교 진리를 수호하는 일에 있어 이성을 사용하는 것은 믿음이나 성령님의 일하심에 의지하는 것과 반대되는 일이 아니다. 하나님께서 세상을 창조하실 때 인간에게 선물로 주신 이성을 인간이 이를 사용하는 것이 신앙을 행사하는 일에 반드시 해가 되는 것은 아니며, 또한 예수 그리스도의 제자로서 책임감 있게 행동하는 것은 무엇이 경험적으로 볼 때 허용될 수 있고 허용될 수 없는가를 구분하는 데에 있어서 이성을 적절하게 사용하는 것을 요구한다.

변증은 오늘날 종합적인 기독교 증언의 한 부분이 되어야 한다. 존 스토트(John Stott)는 1974년 스위스 로잔에서 열린 제1회 세계 복음화 국제

---

31) 기독교 변증법의 다양한 접근법에 대한 논의는 다음을 참고, Steven B. Cowan, ed., *Five Views on Apologetics* (Grand Rapids: Zondervan, 2000); James K. Beilby, *Thinking about Christian Apologetics: What It Is and Why We Do It* (Downers Grove, IL: InterVarsity, 2011); and John S. Feinberg, *Can You Believe It's True? Christian Apologetics in a Modern and Postmodern Era* (Wheaton, IL: Crossway, 2013).

대회(The first Congress on World Evangelization)와 해당 대회에서 결의한 로잔 언약(The Lausanne Covenant) 이후 20년을 돌아보며 변증과 효과적인 복음 전도를 분명하게 연결시킨다.

> 우리 복음주의자들은 변증으로부터 복음전도를 분리시킨 모든 사건에 대해 회개할 필요가 있다. 우리와 다르게 사도들 중에는 그 어느 누구도 변증과 복음 전도를 따로 생각한 자가 없었다. 우리는 우리가 선포하는 복음에 관하여 논증해야 한다. 사도 바울이 베스도를 향해 "내가 참되고 온전한 말을 하나이다"(행 26:25)라고 말했던 것을 우리 또한 우리의 청중들을 향해 자신 있게 말할 수 있어야 한다. 우리는 모든 종교가 구원의 길이 된다는 오늘날의 다원주의에 복종할 수 없다. 이것과 반대로 오늘날 우리의 임무는 진리에 대한 주장이 평가될 수 있는 기준을 세우는 것, 그리고 예수 그리스도의 유일성과 절대성을 선포하는 것이다.[32]

〈케이프 타운 서약〉이 종교다원주의 세계에서 그리스도인의 증언에 있어 변증을 새롭게 강조하는 것은 주목할만하다. 〈케이프 타운 서약〉은 오늘날 그리스도인의 증언에 있어서 종교적 진리를 핵심 주제로 주장하는 일에 대해 회의적인 입장이 존재함을 올바로 잡아내고 있다. "우리는 건강한 변증을 통해 증언하는 일에 더욱 더 큰 노력이 기울여지길 고대한다." 책임감 있는 변증은 "가장 지성적이고 공적인 수준에서 성경적 진리를 공적 영역 안에서 변론하는 것에 종사하는 자들과," 평범한 신자들이 그들의 신앙에 자신감을 가질 수 있도록 하는 목회자들과 기독교 지

---

32) John Stott, "Twenty Years after Lausanne: Some Personal Reflections," *International Bulletin of Missionary Research* 19.2 (April 1995): 54.

도자들 모두를 참여시킨다.33) 지나치게 오랜 시간 동안 그리스도인의 증인 된 삶 특히 다종교적 맥락 속에서 변증을 위한 복음주의적 접근방식은 기독교 믿음의 진실성 등의 어려운 문제를 피하는 반지성주의와 실용주의가 지배적이었다. 변증은 다양한 형태와 다양한 정도의 지성을 활용할 수 있고, 각각 다른 문화적 맥락에 잘 들어맞도록 변화될 수 있다. 그러나 그 형태가 무엇이든지 간에, 변증은 항상 성경의 말씀에 충실해야 하며, 지적으로 책임감 있어야 하며, 문화적으로 섬세해야 한다.

믿음에 대한 이성적 이유를 제공해야 할 의무가 모든 신자에게 동일하게 주어지는 것은 분명 아닐 것이다. 어떤 경우는 교회에 속한 개인이 아니라, 전체 교회가 특정 의무를 부여받은 대상이 되기도 한다. 그러나 비록 모든 신자가 자신이 기독교의 주장을 받아들인 것에 대하여 적절한 이성적 이유를 제공할 수 없을지라도, 많은 평신도 기독교인은 자신들의 믿음을 비판적으로 돌아보아야 하는, 자신들의 믿음이 당위성을 지니는가 아닌가를 결정해야 하는 상황에 처하게 된다. 상충되는 견해에 맞닥뜨리는 대부분 평신도에게는 다음의 조건들에 자신이 속한다면 변증이 필요할 것이다: (1) 나는 기독교 신앙과 부딪치는 여러 주장에 대하여 깊은 고민을 해보았다. (2) 나는 깊은 고민을 하면서 예수 그리스도를 믿지 않을 만한 결정적인 이유를 발견하지 못했다. 나보다 더욱 신앙적으로, 신학적으로 탁월한 다른 기독교인들이 내가 고민하는 문제들을 깊이 논의하였고, 그들의 연구와 논의가 나의 믿음의 당위성을 입증해주었다. 위 세 가지 문제들과 같은 것에 대하여 더 큰 지적 호기심을 가지고 있거나, 관련 분야에 관한 교육을 받은 몇몇 사람들에게는 더 깊은 고민과 논의가 필요할 것이다. 또한 세 번째 조건은 기독교 지도자들에게 있어서 기독교 신앙에 주어지는 지적 도전들을 더 심도 있게 연구하고 고민하도록 만든다. 목회자들, 교단의 지도자들, 신학교 교수들, 다양한 학계에 포

---

33) *The Cape Town Commitment*, Ⅱ.A.2.A, p. 34.

진해 있는 기독교 지성인들, 이러한 지도자들은 기독교의 믿음을 명확히 하고 수호하는 일에 있어서 평신도들에게 요구되는 것보다 더 큰 의무가 지워지는 것이다.

변증은 아직 예수 그리스도를 따르지 않는 사람들에게 예수를 증언함에 있어 중요한 역할을 수행한다. 기독교인들은 여러 종교적 주장들을 받아들일 때, 받아들이는 이유를 깊이 고려하지 않은 채 단순하게 해당 주장을 받아들이지 않는다. 이는 반대로 다른 종교인들이나 종교가 없는 사람들도 마찬가지이므로, 기독교인들은 다른 사람들이 기독교 주장을 아무 숙고 없이 받아들일 수 있다고 생각해서는 안 된다. 서구 변증학의 대부분은 무신론자들이나 불가지론자들로부터 제기된 문제들에 초점을 맞추어 왔다. 예수 그리스도를 믿지 않는 사람들이 무신론이나 불가지론을 고수하는 것보다 기독교의 주장을 받아들이는 것에 더욱더 타당한 이유가 있음을 깨달았다는 사실은 매우 중요하다. '타당한 이유'로 여겨지는 것은 각 개인마다, 속한 상황마다, 더 넓게는 문화적 맥락마다 다소 달라질 것이다.

그렇다면 타 종교인들과의 대화에서도 변증을 사용할 수 있을까? 많은 사람은 기독교 변증을 유럽 계몽주의가 가져온 여러 도전에 대해 내놓은 현대 서구사회의 대답이라 생각한다. 그러므로 누군가는 현대 서구사회 내에 변증을 위한 자리가 있을지라도, 종교 간의 만남에서는 변증이 설 자리가 없다고 생각할 것이다. 일각에서는 아시아 종교들의 경우, 자신들이 믿는 종교의 진리나 합리성을 설명하지 않는 경향이 있기 때문에 변증은 서구사회의 소유물이라고 말한다. 아시아의 여러 종교적 전통들에서는 신학적 논의와 고민이 나타나지 않는다는 것이다.

그러나 이와 같은 결론은 심각하게 오도된 주장이다. 자신의 종교적 신념에 대한 합리적 이유를 제공하고 타 종교인들의 믿음에 대해 질문하는 것으로 이해되는 기독교 변증은 현대의 후기계몽주의(post-Enlightenment)

사회의 산물이 아니다. 오히려 변증은 초대 교회로 거슬러 올라간다. 2~3세기의 기독교 변증가들인 저스틴 마터(Justin Martyr), 클라우디스 아폴리나리스(claudius Apollinaris), 아테나고라스(Athenagoras), 타티안(Tatian), 안디옥의 데오필루스(Theophilus of Antioch), 알렉산드리아의 클레멘트(Clement of Alexandria), 터툴리안(Tertullian), 오리겐(Origen) 등, 이러한 신학자들이 기독교를 공격하는 사람들을 향해 기독교의 주요 신앙 내용과 실천을 옹호하는 중요한 주장들을 이미 했다. 어떤 변증가는 그리고-로만(Greco-Roman) 이교도 사상가들의 공격에 대하여 대답하였고, 또 어떤 변증가는 유대인들이 신약 성경의 주장을 받아들이도록 하기 위해 설득하는 데에 노력을 기울이기도 하였다.[34] 기독교의 교회 역사 전반에 걸쳐서, 기독교 사상가들은 이슬람교, 힌두교, 불교, 유교, 도교, 불가지론자, 무신론자들과 나누는 지적 대화 속에서 기독교 신학의 주요 주장들을 수호해왔다.[35]

더욱이 이성과 논쟁을 통해 자신의 종교적 신앙이 지니는 진리를 방어하고 다른 이들이 자신의 종교를 받아들이도록 설득하려는 노력은 아시아의 여러 종교 전통들에서도 오랜 역사를 지니고 있다. 비록 힌두교, 불교, 도교에 속한 몇몇 전통들은, 그들이 주장하듯, 이성을 초월하는 직접적이고 직관적인 종교적 체험을 강조하는 그들의 특징으로 인해 이성의 역할을 최소화시키는 것은 사실이지만, 이러한 종교들에 속한 많은 전통은 자신들의 주장을 지지하기 위해 이성에 기초한 엄격한 연구 작업을 계속 해왔다. 힌두교, 불교, 자이나교, 도교, 유교 등 각 종교를 가르치는 학파 사이에서 활발한 논의가 있어왔던 것이 사실이다. 예를 들어, 리처

---

34) 참고, Robert M. Grant, *Greek Apologists of the Second Century* (Philadelphia: Westminster, 1988); Mark Edwards, Martin Goodman, and Simon Price, eds. *Apologetics in the Roman Empire* (Oxford: Oxford University Press, 1999); Avery Dulles, *A History of Apologetics* (Philadelphia: Wesminster, 1971), chap. 2.
35) Harold Netland, "Interreligious Apologetics," in *Sweis and Meister, Christian Apologetics*, 39-45.

드 폭스 영(Richard Fox Young)은 힌두교에 대해 다음과 같이 관찰하고 있다.

> 철학적 관점 혹은 시스템인 다르샤나(darsanas)의 옹호자들은 타 종교의 주장들의 오류를 드러내면서 자신들의 의견이나 교리를 방어하려 노력한다. 하나의 예를 들어보자면, 브라마수트라스(Brahmasutras)에 관한 산카라(Sankara)의 주석은 다른 힌두교 사상가들, 불교도들, 자이나교도들, 유물론자들이 찬성하고 있는 브라마수트라스의 주요 이론들, 우주론, 형이상학론, 구원론 등에 관한 모든 이론을 반박하고 있다. 변증은 대부분 종교와 철학 고전 작품들 속에서 일부라도 등장하기 때문에, 경쟁적인 의견에 대한 비판이 짧게라도 나타나지 않는 작품은 불완전한 작품으로 보일 정도이다. 36)

힌두교, 불교, 자이나교 사이에 영원히 존재하는 본질적인 영혼이 있는가(힌두교, 자이나교는 동의했고, 불교는 이 의견을 거부했다) 혹은 창조주 하나님이 존재하는가(일부 힌두교는 동의했고, 자이나교와 불교는 이 의견을 거부했다)에 관한 세밀한 논의가 있었다. 37) 아시아 문화권에 기독교가 소개된 것은 힌두교, 이

---

36) Richard Fox Young, *Resistant Hinduism: Sanskrit Sources on Anti-Christian Apologetics in Early Nineteenth Century India* (Vienna: Institut fur Indologie der Universitat Wien, 1981), 13.
37) 하나님의 존재에 대한 불교의 비판에 대하여는 다음을 참고, Parimal G. Patil, *Against a Hindu God: Buddhist Philosophy of Religion in India* (New York: Columbia University Press, 2009); Arvind Sharma, *The Philosophy of Religion: A Buddhist Perspective* (Delhi: Oxford University Press, 1995); Gunapala Dharmasiri, *A Buddhist Critique of the Christian Concept of God* (Antioch, CA: Golden Leaves, 1988). 이러한 비평에 대한 분석은 다음을 참고, Paul Williams, "Aquinas Meets the Buddhists: Prolegomena to an Authentically Thomas-ist Basis for Dialogue," in *Aquinas in Dialogue: Thomas for the Twenty-First Century*, ed. Jim Fodor and Christian Bauerschmidt (Oxford: Blackwell, 2004), 87-117; Yandell and H. Netland, *Buddhism: A*

슬람교, 불교에게는 그들의 가르침과 삶의 방식에 대한 직접적인 위협이었다. 따라서 기독교 복음을 선포하는 일은 기독교 신학의 오류 및 비합리성을 찾아내 드러내고자 하는 힌두교, 이슬람교, 불교의 지성적 비판에 여러 번 부딪혔다.[38]

그러나 종교 상호 간의 변증은 오늘날 많은 사람에게 부적절하고 불쾌하다는 인상을 주고 있다. 이에 따라 폴 그리피스(Paul Griffiths)는 "종교 상호 간 대화의 목표와 기능에 있어서의 학계의 중요한 원칙"에 대해 말하는데, 이는 "이해가 유일하게 허용되는 목표이고, 자신이 속한 공동체 외의 다른 종교의 종교적 신념이나 실천을 판단하고 비판하는 일은 언제나 부적절하며, 자신의 공동체가 지키고 있는 믿음에 관해 적극적으로 옹호하는 일은 항상 지양되어야 한다" 라고 말한다.[39] 그리피스는 그의 책 *An Apology for Apologetics*에서 특정한 상황에서는 종교 공동체들이 종교 상호 간의 변증에 참여할 의무가 있다고 설득력 있게 주장하고 있다(본서 7장 참고).

종교의 다양성과 불일치를 인지하는 일은 기독교인들로 하여금 자신이 속한 종교 공동체에 관해 의문을 제기하는 결과를 낳을 수 있다. 이런 경우에 변증은 종교적 불일치로부터 오는 도전에 대답하는 일에 대하여 효과적인 역할을 담당할 수 있을 것이다. 변증을 통해 얻을 수 있는 또

Christian Exploration and Appraisal, 180-92.

38) 참고, Richard Fox Young, *Resistant Hinduism: Sanskrit Sources on Anti-Christian Apologetics in Early Nineteenth Century India*; R. F. Young and S. Jebanesan, *The bible Trembled: The Hindu-Christian Controversies of Nineteenth-Century Ceylon* (Vienna: Institut fur Indologie der Universitat Wien, 1995); Kenneth W. Jones, ed., *Religious Controversy in British India* (Albany: State University of New York Press, 1992); Harold Coward, ed., *Hindu-Christian Dialogue: Perspectives and Encounters* (Maryknoll, NY: Orbis Books, 1989); Paul J. Griffiths, ed. *Christianity through Non-Christian Eyes* (Maryknoll, NY: Orbis Books, 1990).

39) Paul Griffiths, *An Apology for Apologetics: A Study in the Logic of Interreligious Dialogue* (Maryknoll, NY: Orbis Books, 1991), ?.

다른 유익은 기독교 원리를 통해 종교적 다양성을 이해할 수 있도록 하는 올바른 종교철학을 가질 수 있다는 것이다. 그리피스는 자신이 가지고 있는 믿음에 대한 자신감을 잃어버리는 것이 부분적으로 자신의 종교적 신념을 통해 종교적 다양성과 불일치에 대한 적절한 설명을 제공하는 것에 실패하는 결과를 불러올 수 있다고 설명한다.[40] 만약 기독교인들이 왜 이렇게나 많은 종교적 불일치가 있는지에 관한 적절한 신학적 설명이 있다는 사실을 인지한다면, 인식론적인 도전은 어느 정도까지 완화될 수 있을 것이다. 그러나 그러한 설명의 체계가 부재한다면, 종교적 다양성을 인식한다는 사실은 오히려 큰 문제가 된다. 따라서 기독교인들에게 종교적 다양성을 설명할 수 있는 신학적 체계를 제공하는 적절한 종교 신학은 매우 중요하다.

종교 상호 간 변증에 관한 논의를 마무리하면서, 짧게 세 가지 이슈들을 짚고 넘어가고자 한다. 첫째, 종교 상호간 변증에서 다뤄지는 항목들은 무신론자나 불가지론자와의 대화에서 논의되는 맥락과는 다소 다르다. 특정 질문들, 예를 들어 하나님의 존재나 악의 문제에 관한 질문은 불교인이나 자이나교인들과의 대화에서처럼, 불가지론자와 무신론자들과의 대화에서도 비슷할 것이다. 예수 그리스도의 신성에 관한 논의 또한 무슬림, 힌두교인, 불교 신자와의 대화에서처럼 무신론자들과의 대화에서도 등장할 것이다.

그러나 다른 주제들은 특별히 종교 상호 간의 맥락에서 더욱 중요할 수 있다. 예를 들어, 어떻게 우리가 각 종교의 경전들이 신으로부터의 영감을 통해 쓰였다는 것을 알 수 있는가? 왜 기독교 성경은 하나님의 말씀으로 받아들이는 반면, 코란은 하나님의 말씀이 아니라고 하는가? 또한 많은 종교가 기적에 대해 이야기하는데 그 기적들이 모두 진실이라고 수

---

40) Paul Griffiths, *Problems of Religious Diversity* (Oxford: Blackwell, 2001), 73-75.

궁해야 하는가? 만약 아니라면 왜 우리는 성경에 나타나는 기적들은 믿지만 다른 종교의 경전에 기록된 기적들은 믿지 않는가? 뿐만 아니라, 특정한 신비의 경지에 도달하는 것이 절대적 존재에게 가는 직접적인 통로가 되는가? 아니라면 왜 아닌가? 우리는 다양한 종교에서 나타나는 종교적 체험에 관한 기록들을 어떻게 평가해야 하는가? 이 외에도 많은 질문을 할 수 있다.

기독교 변증에 있어서 일반적으로 가장 중요한 논의의 주제는 하나님의 존재 유무와 나사렛 예수의 정체성이다. 만약 영원하신 창조주 하나님이 존재하신다는 것을 믿을 만한 타당한 이유들이 있다면, 불교나 자이나교처럼 창조주 신의 존재를 부인하는 종교적 세계관을 거부할 타당한 이유 또한 있어야 한다. 만약 신약 성경에 나타난 예수가 완전한 하나님이면서 완전한 사람, 모든 인류를 위한 단 한 분의 주님이고 구원자시라는 것을 받아들일 만한 타당한 이유가 있다면, 예수 그리스도에 대한 믿음을 부정하는 모든 종교적 세계관을 거부할 만한 타당한 이유가 있어야 한다.

둘째로, 종교 상호 간의 변증에 참여하는 이들은 다른 종교 전통을 주의 깊게 공부해야 하며, 다른 종교적 세계관을 올바르게 이해하고 지나치게 단순화된 시각으로 타 종교를 언급해서는 안 된다. 종교 상호 간의 변증에 참여한다는 것은 많은 시간과 지적인 이해, 필요한 언어와 문맥을 철저히 배우는 것을 필요로 하며, 진지한 대화에 다른 종교의 지성인들과 함께 참여하는 것을 의미한다. 또한 종교 상호 간의 대하에서 책임감 있는 변증가는 다른 시각과 견해를 대하는 일에 있어 공평해야 하며, 타 종교가 주장하는 바 중에 무엇이 진실되고 옳은지를 기꺼이 인정하려는 마음가짐을 가질 뿐만 아니라 동시에 잘못된 것과 문제가 될 소지들을 타당하게 지적할 수 있어야 한다.

이에 더하여서 종교 상호 간 변증에 참여하는 변증가는 문화적으로 적절하게 설득할 수단들의 중요성에 대하여 특별히 섬세하게 접근해야 할 필요가 있다. 변증가들은 종교 상호 간의 만남이 종교적, 문화적 진공 상태에서 일어나는 것이 아니라는 사실을 반드시 인지해야 한다는 것이다. 이는 각 종교의 변증가들이 과거로부터 축적되어 온 각 종교 사이의 관계와 오늘날 있을 수 있는 오해의 소지들을 모두 가지고 종교 간 대화에 참여하기 때문이다. 따라서 도덕적으로 허용되며 문화적으로 적절한 설득의 수단들을 효과적으로 사용하는 것은 과거의 종교적 유산뿐 아니라 변증가들이 살아가는 오늘날의 현실 또한 포괄할 수 있어야 한다.

셋째로, 기독교 변증가들은 각 종교의 대화 참여자들 사이에서 힘의 위치에 대해 고려해야 한다. 타 종교인들이 자신들이 가지고 있던 믿음을 내려놓고 기독교의 핵심 주장들을 받아들이도록 하는 시도는 잘못된 힘의 사용, 특히 기독교인들이 상당한 문화적, 경제적, 정치적, 군사적 힘을 차지하고 있을 때, 이는 잘못된 힘의 사용으로 인식될 수 있다. 조작하려 하거나, 강압적이거나, 타인의 존엄성을 위협하는 어떠한 행위는 반드시 거부되어야만 한다. 특정한 맥락 속에서, 역사적 요인들은 종교 상호 간 변증가들을 특별히 더 섬세하게 변증에 접근하도록 만든다. 기독교가 문화적 우위, 인종차별주의, 박해, 혹은 경제적 착취와 밀접하게 연결되어있는 경우라면 이와 같은 상황에서 종교 상호 간 변증에 의문을 제기할 수밖에 없게 만드는 것이다. 따라서 기독교인들은 유대교나 이슬람교의 공동체들처럼, 기독교에 의해 크게 고통받았던 종교적 공동체와의 변증에 참여할 때 더욱 더 신중하게 접근해야 한다. 이에, 종교 상호 간 맥락에서 활동하는 변증가들은 기독교 메시지를 수호하는 일에 전문가가 될 뿐만 아니라, 친절하며 관대하고 기독교를 비판하는 사람들에게 존중과 온화함으로 반응해야 한다.

그리스도의 제자와 시민으로서의 미덕

기독교인들은 그리스도의 제자이기도 하지만 동시에 지역 사회의 일원이자 한 나라의 국민이며 세계화의 참여자이기도 하다. 따라서 다종교적 사회에서 적절한 방식으로 예수 그리스도를 증언하는 일은 시민으로서의 미덕을 갖추는 것과, 지역 사회와 더 넓은 세계적 공동체 이 둘 모두 안에서 선하고 책임감 있는 시민이 되는 것을 수반한다.[41] 기독교 철학자인 로버트 아우디(Robert Audi)는 국민으로서의 미덕을 다음과 같이 정의 내린다. "어떤 행동이 문제가 될 때, 선량한 시민 됨의 밑바탕이 되는 것은 그 시민의 성품에 뿌리를 두고 있지, 다른 것들, 예를 들자면 단순히 이기심에서 나온 협력 등이 아니다."[42] 그리고 "바로 그 미덕을 소유하는 것이 한 사람을 선량한 시민으로 만든다."[43] 시민으로서의 미덕에 따라 행동하는 것은 그저 법을 따르고 나쁜 일을 하지 않는 것보다 더 많은 것을 의미한다. 시민으로서의 미덕에 따라 행동하는 것은 "도덕적이거나 법이 요구하는 선한 행동이 아니라" 공공의 선에 기여하는 선한 행동인 "의무 이상의 일을 많이 실천하는 것"을 필요로 한다. 따라서 시민으로서의 미덕은 우리로 하여금 나 자신의 권리만 신경 쓰는 것을 넘어서 공공의 복지를 관심사로 삼을 수 있도록 만든다. "자유 민주주의 사회에서 살아가

---

[41] 예수의 제자와 시민으로서 그리스도인들이 갖는 이러한 이중적 의무가 발생하는 사안은 민족주의에 대한 적절한 관점이다. 이것은 국적과 관계없이 모든 그리스도인을 위한 사안이긴 하지만, 2001년 9월 11일에 있었던 테러리스트의 공격의 여파로 인해 특별히 미국 그리스도인들에게는 더욱 중요한 사안이다. 기독교 지도자들을 포함한 많은 그리스도인은 그리스도인 됨과 미국인임을 동일시하며 하나님의 의지를 가지고 "테러와의 전쟁"에 적대적인 반응을 하는 강경한 민족주의(jingoistic nationalism)에 휩쓸렸다. 참고, Wes Avram, ed., *Anxious about Empire: Theological Essays on the New Global Realities* (Grand Rapids: Brazos, 2004).

[42] 참고, Robert Audi, *Democratic Authority and the Separation of Church and State* (New York: Oxford University Press, 2011), 136.

[43] Robert Audi, *Religious Commitment and Secular Reason* (Cambridge: Cambridge University Press, 2000), 150.

는 시민들이 비록 지키지 않을 권리가 있음에도 불구하고 지켜야 한다고 여겨지는 기준이 있다. 예를 들면 상호 관심, 상호 존중 등이다."44) 아우디는 미국 기독교인들에게 기독교인에게 있어 시민으로서의 미덕이란 이웃을 사랑하라는 예수의 명령을 따르고 타인이 자신을 대우하길 원하는 방식으로 타인을 대하는 것이며, 이런 행동을 통해 점점 더 다원화되어가는 사회 속에서 시민으로서의 미덕을 보여주는 좋은 모범이 되라고 도전을 주고 있다.45)

그렇다면 미국의 기독교인들에게 예수의 제자가 된다는 것과 좋은 국민이 된다는 것은 무엇을 의미하는가? 정치적으로, 미국은 국교를 세우는 것을 금하고 종교적 자유를 보장하는 공화국이다.46) 또한 미국 사회는 놀라울 정도로 많아지는 종교 전통들을 통해 눈에 띄게 점점 다원화되고 있다.47) 역사적으로 미국은 기독교적 가치와 그 원리의 영향을 받아왔고, 오늘날까지도 많은 기독교 인구를 유지하고 있다. 그러나 작금의 미국 사회는 많고 다양한 종교 전통들을 가지고 있으며, 공개적으로 무종교를 표방하는 인구 또한 늘어나고 있다. 그리고 이와 같은 다원화의 추세는 다가오는 시대에 더욱 더 두드러질 것으로 보여진다.

공적인 분야에서 기독교인의 행동은 예수님께서 자신의 제자들에게 바라시는 수준의 도덕적 자질과 선량한 시민에게 기대되는 시민으로서의 미덕 모두를 나타내야 한다. 실제로, 예수님의 도덕적 기대에 맞춰 살아가는 것은 시민으로서의 미덕을 따르는 삶이라는 결과를 낳게 될 것이다.

---

44) 같은 책, 155, 85.
45) Audi, *Democratic Authority*, 136-38.
46) 미국 수정 헌법의 제1조의 의미와 영향은 끝없는 논쟁과 소송의 대상이 되어왔다. 관련 사안들에 대한 유용한 조사와 "종교적 중립성" 개념에 대한 변호는 다음을 참고, Andrew Koppelman, *Defending American Religious Neutrality* (Cambridge, MA: Harvard University Press, 2013).
47) 참고, Cohen and Numbers, *Gods in America*; Robert Wethnow, *America and the Challenge of Religious Diversity* (Princeton: Princeton University Press, 2005).

앞서 우리는 법적으로 허용되는 행동과 우리가 좋은 시민으로서 해야 하는 행동을 구분한 바 있다. 좋은 시민이란 단순히 자신의 눈앞의 이익을 추구하는 행동이 아니라 공공의 선을 증진시키는 공적인 행동을 통해 도덕적 자질의 좋은 표본을 보여주는 사람이다. 나는 미국 기독교인들이 시민으로서의 미덕을 보여줄 때 중요한 차이점을 만들어 낼 수 있는 공적 행동의 세 가지의 영역을 제시하며 본 장을 마무리하고자 한다. 그리고 이를 위해 나는 1988년 오스 기네스(Os Guinness)가 초안을 작성한 '윌리엄스버그 헌장'(The Williamsburg Charter)을 주요 문건으로 제시할 것이다. [48] 복음주의자인 기네스는 윌리엄스버그 헌장을 미국 수정 헌법 제1조에 나타난 종교의 자유 항목을 기리는 기념물로 작성하였다. 해당 헌장은 서로 너무 다른 가치관과 세계관을 지닌 사람들이 공적인 분야에서 풍성하고 시민적인 방식으로 주장할 수 있는 몇 가지 원칙들을 제시하고 있다. 윌리엄스버그 헌장은 "갈등이 정치적 존중을 강화하는 종교적 헌신이라는 합의로 우리를 이끌어 가는 공공의 삶을 꿈꾸는 것을 요청한다."[49] 이 헌장에는 다양한 종교적 전통에서 온 정계, 학계, 재계, 법조계, 종교계 등에 속한 100명 이상의 탁월한 지도자들이 서명하였다.

첫째, 기독교인들은 자신들의 종교적 권리만을 보호하려는 관심에서 더 나아가며, 모두를 위한 종교적 자유를 지키기 위해 힘써야 한다. 미국 안에서 주어지는 종교적 믿음과 실천에 관한 자유를 당연한 권리로 받아들이기 쉬우나, 미국의 기독교인들은 자유로운 종교 실천의 자유가 침범되지 않도록 언제나 주의해야 한다. 예수 그리스도의 제자이자 좋은 시민으로서 기독교인들은 기독교인으로서의 자유를 보존하는 것을 뛰어넘는 의무를 가지고 있다. 믿음을 실천할 수 있는 자유는 기독교인들뿐만

---

48) 윌리엄스버그 헌장은 Os Guinness에 포함된다. *The Case for Civility: And Why Our Future Depends on It* (New York: HarperCollins, 2008), 177-98; 다음 인터넷 사이트에서 조회 가능. http://www.religioustolerance.org/wil_burg.htm.
49) Guinness, *The Case for Civility*, 178-79.

아니라 다른 종교를 따르는 자들에게도 적용된다.

　미국 안의 공적인 장소에서 이루어지는 종교에 관한 복음주의적 논의들은 세상의 비기독교적 주장으로부터 기독교인의 권리를 보호하는 데에 크게 초점이 맞추어져 있다. 그러나 어떻게 기독교인들이 종교적으로 다양한 사회에서 모두를 위한 정의와 공정함을 추구하며 좋은 시민으로서 살아야 하는가에 관한 복잡한 질문에 대하여서는 거의 관심이 기울이지 않아 왔다. 이러한 사안들은 굉장히 복잡하며 군대 사역, 감옥 사역, 병원 사역, 공립 학교를 지도하는 일, 직원 채용과 거주지에 관한 법안, 예배 장소 건축의 허가, 종교적 상징에 대한 인식과 공적인 장소에서의 옷차림, 종교 기념일에 관한 공적 시선, 정부 기관과 정치적 활동에서의 종교적 상징을 사용하는 일 등의 영역에 직접적으로 영향을 미친다. 미국 수정 헌법 제1조는 기독교인만이 아니라 모든 사람에게 종교 표현의 자유를 보장한다. 정의와 현명함의 문제에 있어서, 종교적으로 다수에 해당하는 종교는 의도적으로 소수 종교의 권리를 옹호해야 한다. 이 문제는 전적으로 정의에 관한 문제이다.

　굳이 내가 권면하지 않더라도 소수 종교의 권리를 지키는 것은 사실 다수 종교의 관심사이기도 하다. 그리고 윌리엄스버그 헌장은 명백하고 우세한 종교 공동체들(예컨대 기독교와 같은)의 종교적 자유를 보호하는 것을 소수 종교의 종교적 자유를 보호하는 것과 연결시키며 이 상호 간의 관계를 황금률과 연결 짓는다.

　　우리는 누군가를 위한 권리가 다른 사람을 위한 권리이며, 모두를 위한 책임임을 확언한다. 개신교인을 위한 권리는 정교회 신자를 위한 권리이며, 이 권리는 가톨릭교인을 위한 권리이며, 이 권리는 유대교인을 위한 권리이며, 이 권리는 인본주의자를 위한 권리이며, 이 권리는 몰몬교 신자를 위한 권리이며, 이 권리는 이슬람교인을 위한 권리이며, 이 권리는 불교 신자를 의한 권리이자 공화정의 테두리 안에 있는 모든 다른 종교를 따르는 자들을 위한 권리이다. 이 권리들은 범세계적이며 상호 책임 있는 민주주의적 다양성의 전제이자 약속이다. 이러한 관점에서 헌법 제1조는 공공 정의의 요약이며 국민의 삶을 위한 황금률의 역할을 한다. 각각의 사람과 공동체가 자신들을 위해 지키고 싶은 권리를 다른 사람들을 위해 옹호할 때 권리는 가장 잘 지켜지며 그 책임은 가장 잘 실천될 수 있다.[50]

그러므로 기독교인들은 이슬람 교인들을 포함하여 종교적 소수자들의 종교적 자유를 지키는 일에 관심을 가져야 한다. 기본적인 기독교의 정의 원리와 하나님의 형상으로 지음 받은 타인의 존엄성 원리에 헌신한다는 것은 기독교인으로 하여금 타 종교인, 심지어 자신들과 큰 종교적 불일치가 있는 사람들일지라도 그들의 법적, 사회적 권리를 옹호하는 것을 뜻한다.

시민으로서의 미덕이 가지는 두 번째 시사점은, 공적인 담론과 공공 정책의 문제에 관한 논의들과 관련되어 있다. 1960년대부터 좌파와 우파 정치 진영은 상대 진영을 공개적으로 신랄하게 비난하였고, 이에 소위 문화 전쟁이라 불리는 이 양상은 미국 사회를 황폐화시켜 왔다. 특히 공적인 정치에서 종교적, 도덕적 문제가 관심사로 대두될 때에 진영 간의 불일치는 상대 진영을 공격하고 왜곡하고 조롱하는 일로 퇴색되었다. 슬프게도 그중에서 기독교인들은 가장 악랄한 공격자들이었다. 그러나 이와 같은 지독한 공적 담론에 참여하는 것은 시민으로서의 미덕을 가진, 그리스도의 제자들에게 기대되는 모습과는 어울리지 않는다. 예수 그리스도의 제자들은 진리의 사람들이며 이것은 다른 사람들이 서 있는 위치에 대하

---

[50] 같은 책, 193.

여 틀리게 이야기하거나 왜곡하는 것을 의미하지 않는다. 골로새서는 "너희 말을 항상 은혜 가운데서 소금으로 맛을 냄과 같이 하라 그리하면 각 사람에게 마땅히 대답할 것을 알리라"(골 4:6)라고 말씀하고 있다.

윌리엄스버그 헌장은 공적인 장소에서 신중하게 말하는 것이 가지는 중요성에 대해 바르게 강조하고 있다. 왜냐하면 공적인 장에서 신중하게 발언함으로써 타인에 대해 허위진술을 하거나 불필요한 적의를 막을 수 있기 때문이다. "정중함은 다원적인 사회에서 언어를 사용하고 문제들을 다루는 일에 있어서 아주 조심스럽게 접근하도록 하는 의무를 지운다."[51] 물론 진정한 의견 충돌의 경우에는 그 차이가 인정되고 열정적인 논의가 필요할 것이다. 그러나 이와 같은 차이점을 논하는데 사용되는 대화는 반드시 정중하고, 섬세하며 진실되어야 한다. 윌리엄스버그 헌장은 공적 불일치를 다루는 네 가지 유용한 원리를 제시한다.[52] (1) "반대할 수 있는 권리를 주장하는 사람들은 해당 사안을 토론에 붙여야 한다는 의무를 먼저 인식해야 한다." 단순히 다른 사람의 의견에 동의하지 않거나 반박하는 것으로는 충분하지 않다. 많은 사람에게 영향을 미치는 중요한 공적 불일치는 진지한 공적 토론의 주제가 되어야만 한다. (2) "비판할 권리를 주장하는 사람들은 서로를 이해해야 하는 의무를 먼저 인식해야 한다." 너무나도 자주, 다른 의견에 관한 공적인 비판은 이와 관련된 문제들을 이해할 충분한 시간이 주어지기도 전에 비판부터 먼저 제시되어 왔다. (3) "영향을 끼칠 권리를 주장하는 사람들은 선동하지 않을 의무를 먼저 인식해야 한다." 이것은 논쟁을 포기하라는 요구가 아니다. 종교적 사안을 포함한 공적인 갈등들은 종종 굉장히 논쟁적인 성격을 띠어 왔다. 그러나 상반되는 의견을 두고 벌어지는 열정적인 토론이 언제나 다른 사람들을 선동할 필요는 없다. (4) "참여할 권리를 주장하는 사람들은

---

51) 같은 책, 188.
52) 같은 책, 194-97.

설득할 의무를 먼저 인식해야 한다." 설득은 법안을 통과시키기 위해 충분한 표를 확보하는 것보다 더 많은 것을 의미한다. 설득은 또한 특정한 의견을 받아들여 마음이 변화되게 할 수 있는, 납득할 만한 이유를 제공하는 것 또한 의미하기 때문이다. 뿐만 아니라, 보다 넓은 사회적, 문화적 맥락에서 설득이란 사회의 설득 구조를 바꾸며 문화적 힘의 중심에 중요한 변화를 가져오는 것을 의미한다.

시민으로서의 미덕에 부합하며 행동하는 것이 차이점을 만들어 올 수 있는 세 번째 영역은 우리가 가지고 있는 종교적 헌신이 공공 정책의 측면에서 우리의 결정에 얼마나 영향을 미칠 수 있는가와 관련되어 있다. 이 분야는 매우 복잡하고 논란이 많으며, 이에 대한 쉽거나 깔끔한 답은 찾기 힘들다. 기독교인들이나 타 종교인들이 공공 정책에 접근할 때 종교적 가치나 신념이 어떠한 영향도 미치지 말아야 한다고 전제할 필요는 없다. 그러한 제한은 헌법 제1조가 염두에 두고 있는 사항도 아니며, 종교를 가진 사람들이 그들이 헌신하는 핵심 가치로부터 그 어떤 영향도 받지 않는 것은 불가능하기 때문이다.

기독교인들이 공공 정책을 결정할 때 항상 기독교적 가치를 따라야 한다는 것은 매우 구미에 당기는 제안처럼 들린다. 민주주의 사회에서는 다수가 사회를 다스린다. 그러므로 누군가는 만약 기독교인들이 사회의 다수를 차지하고 투표권의 51%를 확보한다면, 기독교인들이 기독교적 가치와 원리에 따라 법률을 제정할 것이라고 생각할 것이다. 소수의 의견은 투표를 통해 산산이 조각날 것이다. 이와 같은 발상에 대해 논의할 수 있는 것이 많지만, 중요한 몇 가지만 얘기하자면, 이러한 발상은 공공 정책과 정치를 힘의 정치로 변질시키는 결과를 낳는다. 어떤 안건이든 간에 가장 많은 표를 지닌 공동체가 투표의 결과를 결정지을 수 있기 때문이다. 그렇게 된다면 사회는 다양한 이익 집단 사이에서 벌어지는 힘의 싸움에 의존할 수밖에 없는 지경에 이르게 된다. 이와 같은 상황이 기독교인이 다수를 차지하는 한, 매혹적으로 보일 수 있으나, 일본처럼 기독교인이 사회에서 아주 소수인 경우에는 덜 매혹적으로 보일 것이다. 종교와 공공 정책을 이야기하는 데에 있어 허용되는 일반적인 체계는 기독교인들이 다수인 경우뿐만 아니라 소수인 경우에도 적용될 수 있어야 한다. 더욱이, 모든 기독교인이 성경의 가르침을 공공 정책에 적용하는 일에 동의하는 것 또한 아니다. 그러므로 정치적 힘을 위한 싸움은 기독교인들과 타 종교인들 사이에서뿐만 아니라 기독교 내 다양한 그룹들에서도 일어난다. 이런 경우를 모두 종합해 살펴보았을 때, 이런 노골적인 힘의 정치가 정말 가장 좋은 길인가?

공공 정책을 결정하는 일에 있어 종교적 헌신에 대해 질문하는 조금 더 원리적인 접근은 황금률로 돌아가 황금률을 정책 갈등에 적용하는 것이다. 황금률에 나타나는 원칙은 개인들 간의 관계에 대한 문제만 연관 있는 것이 아니라, 종교적으로 다양한 사회에서 더 넓은 사회적, 정치적 문제와도 관련되어 있다. 황금률은 기독교인들이 주류 인구인 사회, 소수 인구인 사회, 양쪽 모두에 적용될 수 있으나, 특별히 전자와 더 관련된다. 종교적 다수를 차지하는 미국의 그리스도인들이 단순히 그들의 종교적 헌신에만 기대어 공공 정책을 결정해야만 하는가? 만약 상황이 반대라면, 그래서 다수 인구가 무신론자이거나 힌두교인이거나 이슬람교인이고, 기독교 인구가 소수를 차지하면 어떻게 될 것인가? 황금률의 중심에는 생각을 통해 경험한다는 사실이 놓여 있다. 만약 상황이 반대라면, 우리는 타자의 입장에 놓여 있는 우리를 발견하게 될 것이고, 내가 타자를 대하는 그 방식으로 나는 대접을 받고 싶을까? 만약 아니라면, 우리 또한 우리 행동의 방식에 대해 재고해야 할 것이다. 로버트 아우디는 종교적 장소를 위한 그의 원칙과 공공 정책을 결정하는 일에서의 동기를 개발하는 일에 기반하여 황금률의 상호성을 다음과 같이 설명한다.

다원화된 사회에서 살아가는 양심적이고 도덕적으로 올바른 종교적 시민들이 자신들의 자유를 보호하고 추구하며, 종교와 상관없이 시민들을 향한 존중을 표현하는 기준을 향상시키는 일에 있어 무엇을 원해야 하는가? … 내가 나의 사회에서 종교적 다양성을 인식하고 있다면 제안하고 싶은 한 가지 대답은 나의 열정을 제한한다는 것이다. 왜냐하면 나는 다른 사회적, 정치적 이상과 종교적 믿음을 가진 사람들이 자신들의 열정을 제한하길 원하기 때문이다.[53]

아우디의 주장은 상당 부분 타당하지만, 공공 정책 결정을 위한 종교적 배경에 대한 질문들에 황금률을 적용하는 아우디의 지혜를 이해하기 위해서 꼭 아우디가 제시하는 특정한 주장에 전부 동의해야 할 필요는 없다.

타인이 자신에게 해주기를 바라는 방식을 따라 도덕적 진실함과 시민으로서의 미덕을 보여주는 것을 통해, 그리고 예수님께서 말씀하셨고 신약 성경 전체에 반복되어 나타나는 가치들을 살아내는 것을 통해(마 5~7장; 22:37-40; 또한 롬 12:9-21; 약 2:8-26; 벧전 2:11-25), 예수님의 제자들은 예수 그리스도 안에서 나타나는 하나님의 은혜와 자비에 대한 강력한 증인들이 될 것이다. 〈케이프 타운 서약〉은 종교적으로 다양하고 다원화된 사회에서 그리스도의 제자들이 어떠해야 하는지에 관한 간결한 개요를 제시하고 있다. "하나님을 거부하거나 왜곡하는 사회에서 하나님을 사랑하는 일은 하나님에 대한 대담하지만 겸손한 증언, 하나님의 아들 그리스도의 복음의 진리에 대한 풍성하지만 관대한 수호, 그리고 성령 하나님의 확실하고 설득력 있는 일에 대한 기도와 신뢰를 요구한다."[54]

---

53) Audi, *Religious Commitment and Secular Reason*, 84-85.
54) *The Cape Town Commitment*, Ⅰ.2.B, p. 12.

찾아보기

종교 폐지 31-32
아드바이타 베단타 181, 185, 232, 239, 263
이성의 시대 90
불가지론 105, 146, 227, 279, 315, 386, 390
알몬드 필립 40
윌리엄 앨스턴 235, 335,
종교적 모호성 240, 244, 279, 343, 344-46, 353, 365
부처 아미타불 136
변증 382-92
에드윈 아놀드 191, 194
아소카 왕 130
마명 127
로버트 아우디 393
프랜시스 베이컨 91
바하이 171, 272
A. W. 베이커 195
조나단 반스 92
칼 바르트 31-35
데이비드 베이싱어 338-42
리처드 바우컴 310
존 비티 73
베일비 330
루스 베네딕트 211
피터 버거 103, 173
진 프레드릭 버나드 47
애니 베산트 161, 191, 193
아킬 빌그라미 191
요하네스 블라우 36
헬레나 페트로브나 블라브스키 147
지복의 몸 134
존 볼리 85

데이빗 보쉬 370
종교적 경계 66
로버트 보일 311-13
칼 브라튼 303
브라만 51, 80, 176, 183, 198, 232
토켈 브레키 180
동인도회사 49
스티브 브루스 104
부처 131, 134
고타마 126-27, 130-31, 134-35, 140, 143-45, 149, 155, 159, 163, 188, 194, 306-07
사성제 126
달라이 라마 137, 155, 171, 223, 269
다르마 30, 53
법신 134
겔루크 전통 137
팔리어 대장경 130
정토파 136
상하 132
보편주의 118, 205, 290
델버트 버켓 171
유진 버노프 143
조셉 버틀러 353
케이프 타운 서약 374-81
윌리엄 캐리 175
폴 카루스 158
호세 카사노바 44, 109
윌리엄 캐버너프 62
나얀 챈다 85
차테르지 194
기독론 198, 203-07, 303, 306, 308-10
복음주의자 362, 370, 374, 380, 384
종교간 대화 207, 380
추아 211, 215
윈스턴 처칠 189
켈리 제임스 클라크 330

클레멘트 387
식민주의 49-49, 57, 84, 87, 125, 140-42, 147, 172, 174-75, 180, 190, 201
공산주의 66
유교 40, 66-67, 70, 119, 363, 387
양심 100, 181, 197, 203, 316, 365
우주론 351, 388
바스코다가마 174
도교 30, 64, 79, 135, 165, 209, 387
나랜드라나트 다타 179
스와미 비베카난다 51, 179, 184, 230
리스 데이비즈 143
그레이스 데이비 108
리차드 도킨스 268
데니스 디데로트 93
디 노이아 32
도겐 70
하인리히 두물린 160
트레비스 덤스데이 312
루이스 뒤프레 91, 100
에밀 더크하임 102
동양주의 166
섹스투스 엠피리쿠스 92-93
공 139, 355
중생 132-33, 136, 139
슈사쿠 엔도 208-17
계몽주의 85, 89-100, 142, 164, 193, 368, 386
스테판 에반스 358
증거주의 320, 328
배타주의 182, 267-68, 271
미국 수정 헌법 367, 395-99
프랑스 혁명 90
로버트 프라이캔버그 175
근본주의 107, 322-24
모한다스 간디 177, 189-203, 207-08, 214, 217, 228

제이 가필드 145
피터 게이 94
클리포드 기어츠 74
앤서니 기든스 86
찰스 그랜트 50
게렛 그린 31
로널드 그린 287
폴 그리피스 221, 316, 389
황금률 397
라차드 곰브리크 132, 152
오스 기네스 272, 395
게리 구팅 331
텐진 갸초 137, 268
데이비드 하디맨 189
샘 해리스 268
윌리엄 해스커 333
마틴 헨겔 309
돈 데이비드 헤와비타른 150
존 힉 61-62, 67, 203-08, 214-16, 228, 230-35, 238, 240-61, 268, 274-79, 288, 303-07, 337, 344-47
폴 히버트 69, 74
크리스토퍼 히친스 268
데이비드 흄 70, 94-96, 320
래리 허타도 309
토마스 헉슬리 146
제국주의 175, 265
성육신 80, 95, 97, 171, 174, 182, 187, 196, 198, 204-08, 215, 302-07, 310
신지학 협회 146-51
신토 43, 62-63, 76, 79, 124, 151, 156, 187
스탠리 존스 202
테리 존스 361
제이슨 조셉슨 54
마크 주겐스마이어 86, 265
엥겔베르트 캠퍼 139

임마누엘 칸트 91, 96-97, 233, 320
찰스 킴볼 268
로버트 키살라 121
카조 키타모리 212
클리드 클럭혼 74
폴 니터 24, 79
킴 노트 41
A. L. 크로버 74
한스 큉 267-68, 279
베아트리체 어스키네 레인 161
로잔 대회 374-75, 384
프랭크 르치너 85
존 레논 18
고트홀트 에프라임 레싱 98
존 로크 91, 320, 353
로저 로만 74
도널드 로페즈 138-39, 143-44, 152-53
스콧 맥도날드 349
리처드 매드슨 120
대승불교 133-36, 146, 150, 163-64, 241, 306-08, 310
소승불교 130-34, 136, 149, 150, 162-63, 225, 307, 347
에드워드 마이트란드 119
데이비드 마틴 107-08
마르크스주의 66, 70
히로마사 마세 214
토모코 마수자와 40, 72
조지 마브로즈 350
로버트 맥킴 261-63, 315, 345, 346-47
데이비드 맥마한 142, 154, 164
몽케 칸 138
안리 모리모토 215
몰몬교 62, 171, 315, 364, 396
몰 308-09
프리드리히 막스 뮬러 143
조지 뮬러 196

앤드류 머레이 195
카야고 나가오 160
나가르주나 70
나카무라 하지메 127, 129, 163
로날드 내쉬 68
자연주의 49, 232, 240-41, 244, 251
자연신학 334-35, 338, 348-49, 353, 354-55, 358
신베단타 179
존 네틀랜드 25
로널드 노이펠트 178
레슬리 뉴비긴 90
아이작 뉴턴 94
D. T. 나일스 34
발산의 몸 134
니시타 키타로 158
브랜드 농브리 44
제프리 오디 49-50
헨리 스틸 올콧 146-52
루돌프 오토 146
윌리엄 페일리 353
사도 바울 76, 187, 299, 305, 370, 377, 384
아드리안 페닝턴 211
버나드 피카르 47
앨빈 플랜팅가 253, 319, 320-34, 338-39
플라톤 92
마르코 폴로 138-39
스티븐 프로테로 149-50, 225
엘리스의 파이로 92
필립 퀸 332
사르브팔리 라다크리슈난 51, 183-88
비노스 라마찬드라 187
라마크리슈나 181
이안 리더 122-24
힌두 르네상스 173, 177-79
낭만주의 99, 142

웨이드 클라크 루프 347
장 자크 루소 98-99
라모한 로이 50
조셉 룬조 252
사티아그라하 200
로저 슈미트 64, 66, 68
H. R. 스콧 193
산상수훈 193, 200-01, 372
샹카라 263, 275
로버트 샤프 157, 165
에릭 샤프 53, 178
니니언 스마트 63-64, 66, 68-70, 77, 186, 354-55
저드슨 스미스 264-65
윌프레드 칸트웰 스미스 54-56, 235-38, 245-46
나단 소더블롬 146
신지학자 151, 193-94
스리랑카 76, 129, 130, 147, 149, 174, 204
로드니 스타크 111, 122
존 스토트 383
가이 스트룸사 46
안나 선 54, 67
로렌스 수틴 146
D. T. 스즈키 155, 158-69
리차드 스윈번 353
찰스 테일러 112-19
노토 텔 157
종교신학 19-20, 35, 37
신지학 협회 146-51
사도 도마 175
조슈아 서로 60, 62
티베트 76, 130, 137-40, 147, 155, 269
C. P. 틸러 40
폴 틸리히 35-38
로저 트리그 246

세 몸의 부처 134
에른스트 트룈치 40
에드워드 버넷 테일러 72
피터 반데르 비어 118, 121
데이비드 비샤노프 66
미로슬라프 볼프 269-71
볼테르 94, 99
윌리엄 웨인라이트 337
앤드류 월스 372
윌리엄 와드 50
키스 워드 261, 292
롭 워너 102, 105
스티븐 워너 106
말콤 워터스 86
알렌 와츠 79
막스 베버 84, 102
존 C. B. 웹스터 192
루브룩의 윌리엄 138
마크 윌리엄스 213
윌리엄스버그 헌장 395
브라이언 윌슨 103
루드비히 비트겐슈타인 61, 70
World Council of Churches 374
World Evangelical Alliance 374
세계종교의회 150, 181
로버트 우트노우 329, 346
키스 얀델 62, 64, 66, 260, 294, 355
팽강 양 64-67
페레스 자고린 100

기독교와 종교 다원성

초판 1쇄 발행일 2021년 2월 22일

- ■지은이   헤롤드 네틀랜드
- ■옮긴이   박운조
- ■펴낸이   방주석
- ■본문편집 민상기
- ■표지디자인 방나예
- ■영업책임 정진혁
- ■펴낸곳   베드로서원

- ■주 소   10252 경기도 고양시 일산동구 고봉로 776-92
- ■전 화   031-976-8970
- ■팩 스   031-976-8971
- ■이메일   peterhouse@daum.net
- ■등 록   2010년 1월 18일 / 창립일 : 1988년 6월 3일

책값은 뒤표지에 있습니다.
ISBN 979-11-973100-3-4 03230

베드로서원은 말씀과 성령 안에서 기도로 시작하며
영혼이 풍요로워지는 책을 만드는 데 힘쓰고 있으며,
문서선교 사역의 현장에서 세계화의 비전을 넓혀 가겠습니다.

ⓒ이 출판물은 저작권법에 의해 보호를 받는 저작물이므로
무단 전재와 무단복제를 할 수 없습니다.